행정학개론

성균관행정연구회

권향원 · 김대건 · 김미경 · 라휘문 · 박 윤
박충훈 · 신 열 · 오수길 · 이미애 · 이상미
조경훈 · 주희진 · 최남희 · 최정우 · 최준규

도서출판 대영문화사

머·리·말

시대는 조금씩 다르지만, 명륜동에서 보낸 추억을 공유하고 있는 분들이 힘을 모아 주셨습니다. 각 전공 분야에서 훌륭한 활동을 하고 계신 교수님, 박사님들께서 친교와 우정을 넘어 첫 번째 저작을 함께하게 된 것입니다. 어쩌면 진작 이루어졌어야 했던 일이었겠지만, 이제라도 뜻을 모아 새로운 시작을 함께할 수 있게 되어 다행이라는 생각이 듭니다. 기꺼이 뜻을 모아주신 많은 분들께 깊은 감사를 드립니다.

이 책은 총 15장으로 구성되었습니다. 제1장과 제2장은 서론에 해당하는 내용으로서, 행정학에 대한 기본적인 이해를 바탕으로, 추구하는 방향성에 대해서도 확인할 수 있습니다. 제3장부터 제5장까지는 전통적인 행정학에 대한 내용이라 할 수 있으며, 각각 조직, 인사, 재무 분야에 대한 내용을 담았습니다. 제6장은 정책 및 정책학에 대한 기본적인 내용이며, 신공공관리론의 측면에서 제7장은 성과관리와 평가, 제8장은 공공기관에 대해 설명하고 있습니다. 한편, 우리나라에서 지방자치가 성숙해져 가고 있는 오늘날의 시점에서, 지방행정과 지방재정에 대해 학습할 필요가 있습니다. 각 제9장과 제10장에서 확인할 수 있으며, 더 나아가 제11장에서는 정부간 관계에 대해서도 설명하고 있습니다. 최근 시민의 참여에 따른 새로운 유형의 정책의사결정 및 행정운영에 대한 관심이 높으며, 동시에 사회의 복잡성으로 인해 정부의 역할이 변화하고 있습니다. 제12장과 제13장에서 시민과 함께하는 공공 영역을 살펴볼 수 있습니다. 마지막으로, 제14장과 제15장에서는 디지털 정부와 미래의 행정에 대해 제시하면서, 앞으로 행정학에서 고민해야 할 부분을 담았습니다.

이 책은 이러한 전반적인 구성을 통해 행정학에 대한 기본적인 이해와 함께, 새로운 시각으로 미래의 행정을 그려볼 수 있는 시각을 제시하고자 하였습니다. 『행정학개론』은 행정학을 처음으로 접하면서 만나는 책이지만, 다른 한편으로는 모든 분야를 압축적으로 담고 있어 오히려 어렵게 느껴질 수 있습니다. 이러한 우려를 잘 알고 있기에, 가능하면 각 분야의 기본적인 내용을 흥미롭게 담을 수 있도록 저자들께서 함께 고민해 주셨습니다. 이 책을 읽으시는 독자들께서 부디 행정학이라는 사회과학 분야의 진지한 이야기들을 흥미롭게 여겨주시기를 기대합니다.

2022년 11월

저자 일동

차•례

제 4 장 인사행정 _ 박윤 87

제 5 장 재무 _ 최정우 109

제1장

행정학의 기초이론

오수길

제1절

개요

1 정당한 권위의 부여

1) '악의 평범성'과 '영혼 없는 공무원'

1932년 오스트리아 나치당에 입당한 아돌프 아이히만(Otto Adolf Eichmann)은 1933년 들어 나치당이 불법화되자 독일로 이주해 독일 나치당 친위대의 군사교육을 받고 1934년부터 친위대 보안국에서 일했다. 1938년부터는 오스트리아 빈에서 유대인 추방 책임을 맡았고, 1941년 나치가 '유대인 절멸'을 결정한 뒤에는 그 집행 책임을 맡았다. 제2차 세계대전에서 나치 독일이 패망하면서 미군 수용소에 수감되었던 아이히만은 신분을 숨기고 1946년 탈출에 성공하여 1950년에는 아르헨티나로 도주하였다. 나치 추적자로 유명했던 검사 프리츠 바우어(Fritz Bauer)의 집요한 추적 끝에 드디어 1957년 아이히만의 정보가 이스라엘 모사드 요원들에게 넘겨졌고, 붙잡힌 아이히만은 국제적으로 주목을 받은 7개월 간의 재판을 통해 1962년 사형을 당했다.[1)]

아이히만은 재판과정에서 자신은 단지 국법과 관료제 내부의 명령체계에 복종한 공무원이자 시민이었을 뿐이라고 항변했는데, 그의 재판과정에 참여한 철학자 한나 아렌트(Hannah Arendt)는 『예루살렘의 아이히만: 악의 평범성에 대한 보고서(*Eichmann in Jerusalem*)』(1963)라는 저작을 통해 '악의 평범성(banality of evil)'이라는 개념을 정리했다. 악의 평범성이라는 개념은 악이 평범하다는 의미가 아니라 자신의 행동을 비판적으로 사고하지 않고 일상적이고 기계적으로 반복했다는 의미이다. 아이히만은 '법의 정신'이 아니라 히틀러(Adolf Hitler)의 명령을 국가의 법으로 생각해 유대인 학살을 집행했다는 것인데, 악의 평범성이라는 개념은 관료주의나 공무원의 생각이나 행동을 논의할 때 자주 등장한다.

지난 2008년 1월 제17대 이명박 정부 대통령직 인수위원회가 국정홍보처의 업무보고를 받는 자리에서 한 고위공무원이 '공무원은 영혼이 없다'라고 발언했는데, 관료제에

1) 독일 정부 내에 남은 나치당의 잔당과 협력자들에 맞서 아이히만을 찾아내는 데 성공한 프리츠 바우어의 활약은 <집념의 검사 프리츠 바우어>(The Pople vs. Fritz Bauer, 2015)로 영화화되었다.

서 공무원의 판단과 재량의 한계를 말할 때 인용되곤 하는 말이 되었다. 노무현 정부의 언론개혁 시도를 비판하는 인수위원에게 공무원으로서 대통령의 명령을 어쩔 수 없이 따랐다는 항변이었다. 2009년에는 기획재정부 장관이 "기획재정부 공무원은 자본주의와 시장경제를 지키는 보루인 만큼 영혼을 가져도 좋다"라는 발언을 했다. 그런데 2010년 그가 국회에 출석해 "중소기업 감세안을 반대하던 기획재정부가 왜 갑자기 찬성으로 돌아섰느냐?"라는 국회의원의 질문에 대해 "그래서 공무원은 혼이 없다고 하지 않느냐?"라고 답변하기도 해 모순된 인식을 보여주었다. 박근혜 정부에서는 많은 공무원이 위법한 지시를 따랐다고 비판받거나 처벌을 받기도 했다.

한편, 1998년 5월 12일에는 1997년 11월 21일 정부가 국제통화기금(International Monetary Fund: IMF)에 구제금융을 신청하게 된 '국가부도' 위기(IMF 외환위기)의 책임자로서 강경식 당시 경제부총리(1997년 3월 5일부터 11월 19일까지)가 국회 청문회에 섰다. 그는 이때는 국회의원이 되었는데, "대통령과 장관의 국정 수행을 위한 최고 정책 판단에 대해 검찰수사를 통해 잘잘못을 가리는 것도 전례 없는 일이다"라는 발언을 했다. 그러나 1997년 3월 한국개발연구원(KDI)이 외환위기의 가능성이 커서 대책 마련이 시급하다는 내용이 담긴 보고서를 당시 재정경제원이 회수했다는 지적도 있어 논란이 되었다.[2)]

2021년에는 코로나바이러스감염증-19(COVID-19) 방역 조치에 따른 자영업자나 소상공인의 영업 손실을 보상하는 방안의 법제화를 두고 기획재정부에서 "손실보상을 법제화한 나라는 찾기 어렵다"라는 반응을 보이자 국무총리가 "이 나라가 기획재정부의 나라인가?"라며 화를 낸 적도 있다. 이는 2022년 1월 국회가 30조 원 규모의 추가경정예산(추경) 편성을 주문했을 때 재정 여력이 없다던 기획재정부가 윤석열 정부가 들어서고 난 뒤에는 53조 원 규모의 추경안을 내자, 초과 세수를 숨겨놓았다가 정권이 바뀌면 내놓기로 했던 것 아니냐는 의혹으로 이어졌다.

---

2) 1997년 12월 3일 IMF로부터 총 195억 달러의 구제금융을 지원받는 양해각서를 체결하는 것으로 시작한 IMF 관리체제는 2000년 12월 4일 김대중 대통령이 "국제통화기금의 모든 차관을 상환하였다"라고 공식 발표한 뒤 2001년 8월 23일에 공식 종료되었다. 이 시기를 다룬 영화 <국가부도의 날>(2018)의 마지막 장면은 "국가에 대해, 정부에 대해, 권력층에게 내 권리를 내어주는 건 무지로부터 시작된다. 그들은 그것들을 이용해 배를 불리고, 안정을 취하고, 권력을 세습한다. 다수의 민중들은 끊임없이 그들을 의심하고, 사고하고, 비판해야 한다"라는 내레이션으로 끝난다.

2) 정치적 딜레마와 정치적 정당성

샤피로(Shapiro, 2017: 13)는 "우리가 정부에 충성을 다해야 할 때는 언제이고, 거역해야 할 때는 언제인가?"라는 문장을 통해 '아주 오래된 정치적 딜레마'라는 문제를 제기한다. 아이히만이 '악의 평범성'을 보였다면, 권위에 대해 기계적으로 복종하지 않고 그릇된 정치적 권위에 맞선 사람들도 있다는 것이다. 소크라테스(Socrates), 마르틴 루터(Martin Luther), 토머스 모어(Sir Thomas More), 바츨라프 하벨(Vaclav Havel), 넬슨 만델라(Nelson Mandela), 아웅산 수치(Aung San Suu Kyi) 등이 그들이다.

그런데 샤피로(Shapiro, 2017: 13-14)는 아이히만 재판의 예를 들며, 정부의 정당한 권위에 반드시 한계가 있어야 하지만, 어떤 한계를 부여하고 한계를 어떻게 부여할 것인가의 문제는 아주 까다로운 문제라고 주장했다. 이스라엘 특공대가 아르헨티나에 숨어 있는 아이히만을 체포하는 과정에서 아르헨티나 법과 국제법을 위반했고, 아이히만이 범죄를 저지를 당시에는 존재하지 않았던 나라(이스라엘)의 법정에서 재판을 받았으며, 특별법에 의해 처형되었다는 것이다. 그래서 한나 아렌트는 아이히만이 이스라엘 법정이 아니라 국제법정에 세워졌어야 했다고 주장하기도 했다.

"우리의 충성을 요구하는 법률과 국가 행위가 그럴 자격이 있는지는 누가, 어떤 기준으로 판단해야 할까?"라는 샤피로(Shaprio, 2017: 14)의 문제 제기를 다듬어 본다. 그는 공리주의, 마르크스주의, 사회계약론, 반계몽주의, 민주주의 등 다섯 가지의 정치철학을 통해 정치적 정당성 문제를 다룬다. 공리주의자들은 행복을 극대화하려는 정부의 의지와 능력에 따라 정부의 정당성이 확보된다고 주장한다. 마르크스주의(Marxism)에서는 정치기구가 착취를 승인하면 정당성을 잃고, 인간의 자유를 증진하면 정당성을 얻게 된다고 본다. 사회계약론에서는 피통치자의 동의가 바로 국가 정당성의 근원이다. 인간 자유의 이상을 주장하는 '계몽주의 기획'을 반대하는 반계몽주의자들은 개인의 삶을 형성하고 여기에 의미를 부여하는 공동체적 가치의 구현 여부에 따라 정치적 정당성을 평가할 수 있다고 말한다. 민주주의자들의 경우, 정부 결정의 영향을 받는 사람들이 결정 과정에 참여하여 유의미한 역할을 하고, 정부나 정부정책에 반대하여 다른 대안으로 대체할 수 있는 기회가 유의미할 때 정부의 정당성이 있다는 입장을 내세운다.

2 국가의 기원과 지배의 정당성

1) 국가의 기원과 특징

독일의 사회과학자 베버(Weber, 2021: 12-14)는 과거의 씨족사회를 비롯하여 정치적 결사체들을 사회학적 관점에서 설명했다. 19세기 후반과 20세기 초의 국가에 관한 논의는 주로 법학 관점에서 규범적으로 접근하는 경우가 많았는데, 국가가 수행하는 고유의 업무가 아니라 국가가 가진 특수한 수단을 준거로 하여 근대 국가를 정의한다는 것이 사회학적 관점이다. 그가 보기에 국가를 규정하는 '영토'라는 특징 외에 그 영토 내에서 '정당한 물리적 폭력 또는 강권력'을 성공적으로 독점하고 있는 유일한 정치적 결사체가 바로 국가라는 것이다. 그리고 정치란 "국가들 사이에서든 국가 내 집단들 사이에서든, 권력에 관여하고자 하는 분투 노력 또는 권력 배분에 영향력을 행사하고자 하는 분투 노력"이라고 한다.

근대 국가의 형태는 17세기 유럽에서 종교적 갈등으로 인한 정치적 문제에 대한 대응책으로 발명되었고, 유럽 제국주의의 확장과 더불어 전 세계로 퍼져나갔으며, 비공식적인 부족 체제, 봉건 체제이나 제국, 그리고 도시국가나 도시연합과 같은 경쟁적인 정부형태들을 대체할 수 있는 정부조직의 틀이 되었다(Spruyt, 1994; Dryzek & Dunleavy, 2014: 1). 드라이젝과 던리비((Dryzek & Dunleavy, 2014: 2-7)는 국가의 핵심적인 특징과 연관된 특징을 〈표 1-1〉과 같이 정리한다.

표 1-1 국가의 핵심적 특징 및 연관된 특징

핵심적 특징	연관된 특징
국가는 • 일련의 통합된 제도이다. • 주어진 영토와 특정한 사회를 통제한다. • 집단적으로 구속력을 가지는 결정을 내리고 집행한다. • 물리적 힘에 대한 정당한 사용을 독점하고 있다. • 주권을 추구한다. • 다른 사회와 구분되는 공적 영역에서 작동한다. • 시민권을 결정하고 출입을 통제한다.	국가는 • 공동의 이익을 추구한다고 주장한다. • 중요한 집단에 의해 정당성을 갖는다고 인정된다. • 발전된 관료제와 조세제도를 가지고 있다. • 헌법과 법률 체계를 가지고 작동한다. • 다른 국가들에 의해 국가로 인정받는다.

출처: Dryzek & Dunleavy(2014: 2).

첫째, 국가는 일련의 조직된 통치 제도로서 국가의 단일성과 구성요소의 조화를 강조하지만, 다양한 행위자가 상이한 목표를 추구하면서 발생하는 갈등과 다양성도 고려해야 한다. 둘째, 국가는 상당한 수의 인구가 살아가는 특정한 영토 내에서 작동하는데, 국가 내의 사회가 분열하여 일체감과 상호작용이 약할 수도 있고 다른 영토로까지 확장될 수도 있다. 셋째, 국가제도는 집단적으로 구속력이 있는 결정을 내리고 모든 사람이 그 결정을 준수하도록 일련의 통치기구들을 활용한다. 넷째, 국가는 경찰이나 군대를 통해 영토 내에서 물리적 힘을 독점적으로 사용한다. 다섯째, 국가는 '다른 모든 사회 제도에 대한 제한되지 않는 권력', 즉 주권을 가질 수 있어야 한다. 내전이나 강한 국가에 의한 강제력 행사는 주권을 확보하지 못한 상황이다. 여섯째, 국가는 특정 개인이나 조직만의 관심사라 할 수 있는 사적 영역과는 다른 공적 영역에서 작동한다. 여기에는 정부활동만이 아니라 국가제도에 영향을 끼치거나 사회의 작동 방식을 변화시키려는 모든 정치적 활동이 포함된다. 일곱째, 국가는 그 구성원인 국민 또는 시민을 분명히 정의하고, 영토를 출입하는 시민과 다른 사람들을 통제할 수 있어야 한다.

이러한 핵심적 특징 외에도 일반적으로 국가가 추구하고 달성하는 특징들이 있다. 첫째, 국가는 인위적이고 정치적인 창조물이므로 공유하는 역사나 경험, 민족이나 도덕적·헌법적 원칙 등으로 국가를 정당화해야 한다. 둘째, 국가는 실질적인 지지 기반을 만들어야 하는데, 사회 내의 중요한 집단이 구성원들에 의해 정당성을 인정받아야 한다. 셋째, 근대 국가는 세금에 의해 재정적으로 지원되는 공식적이고 위계적인 조직, 즉 관료제에 의해 운영되므로 세금을 효과적으로 징수할 수 있어야 한다. 넷째, 근대 국가는 헌법과 법률 체계에 의해 사회적 활동을 규제하고, 헌법은 정부제도 자체를 통제하는 데도 활용된다. 다섯째, 국가는 다른 국가들에 의해 '국가'로 인정받아야 안정화를 위한 권리를 국제법상으로 부여받는다.

현대 행정학의 대상이 되는 국가는 주로 '공화국(republic)'이라 할 수 있다. 공화국이란 '법과 공공선에 기반을 두고 주권자인 시민들이 만들어낸 정치공동체'이다(Viroli, 2006: 15). 공화국을 주창하는 공화주의 정치사상은 공화국과 자유의 존속을 위해 시민윤리 또는 시민의 덕성이 필요하다고 주장한다는 점에서 다른 정치사상과 구분된다(Viroli, 2006: 18). 비롤리(Viroli, 2006: 49)는 오늘날 민주주의 사회에서도 자의적인 권력과 예속적인 상태가 계속되어 시민적 문화가 심각하게 위축되고 있는데, 공화주의가 병약에 빠져버린 민주주의를 치료하는 데 기여할 수 있다고 본다. 프랑스 계몽사상가 루소(Jean-Jacques Rousseau)가 '모든 사람에게 똑같이 제한을 가하는 법에만 복종하는 것'이 자유이므로, 특권이 존재한다면 자유가 상실된 상태가 된다고 말한 것도 같은 맥락에서 이해할 수 있다(Viroli, 2006: 44-45).

2) 합법적 지배와 근대 국가의 발전

프랑스의 계몽사상가 루소의 이론에 따르면, 모든 사람은 저마다 본디부터 침범하거나 박탈할 수 없는 '주권'을 지닌다. 그러나 개인이 개별적으로 해결할 수 없는 공적인 일을 해결해 줄 정부를 세우기 위해 인민이 결집하여 일부 권리를 정부에 양도하기로 한다. 헌법은 인민이 주권을 양도해 정부를 조직하는 일종의 계약이다(Yang, 2018: 195). 국가를 '다수의 가족과 그들의 공유물로 이루어진, 주권에 의한 정당한 통치'라고 정의한 프랑스의 정치사상가 장 보댕(Jean Bodin)은 국가만이 질서의 수호자이므로 주권이 존재해야 국가가 성립한다고 보았다. 장 보댕은 절대왕정과 왕권신수설을 옹호하기 위해 신민(臣民)의 동의를 필요로 하지 않는 최고 권력이자 영속적 · 단일적 · 초법적 권력을 국가의 주권으로 본 것이다. 그러나 국가가 존속하려면, 지배집단의 물리적 폭력이나 강권력의 정당성을 피지배집단이 받아들여야 할 것이다(이기라, 2022).

베버(Max Weber)는 신성화된 관습, 개인의 카리스마, 합법성 등 세 가지로 지배집단의 권위를 정당화하는 근거를 제시한다(Weber, 2021: 15-18). 첫째, 신성화된 관습의 권위란 씨족사회의 가부장이나 고대 사회의 황제 또는 술탄과 같은 가산제 군주가 국가를 사적이고 자의적으로 운영하는 전근대 국가의 권위를 말하는 것으로, 이를 '전통적 지배'라고 한다. 둘째, 개인의 카리스마에 의거한 권위란 비범한 개인의 천부적이고 특출한 지도력에 따르는 권위를 말하는 것으로, 이를 '카리스마적 지배'라고 한다. 종교 지도자와 같은 예언자, 페리클레스(Pericles)와 같은 전쟁지도자뿐만 아니라 시민의 직접 투표로 뽑힌 통치자나 정당 지도자들도 여기에 포함될 수 있다. 셋째, 합법성에 의거한 권위란 타당한 법규, 합리적인 절차에 따른 권한, 법이 규정하는 의무에 따르는 권위를 말하는 것으로, '합법적 지배'라고 한다.

지배의 정당화 근거가 무엇이든 간에 지배를 위해서는 행정(Verwaltung, Administration)의 역할이 필요하다. 이를 위해 정당한 권력을 가진 통치권자에게 복종하는 사람들이 있어야 할 것이고, 물리적 폭력이나 강권력을 행사하기 위한 인적 · 물적 재화가 있어야 한다. 중세 봉건시대에는 군주가 신하에게 내리는 봉토가 있었을 것이고, 근대 공무원 제도에서는 봉급을 말하는 것이다. 근대 국가는 군주와 신분제 집단의 권한을 박탈하여 물질적 행정 수단을 행정 관료나 직원들로부터 철저히 분리하는 과정을 거쳐왔다. 신분제로 조직된 정치 결사체에서는 물적 행정 수단의 전부 또는 일부가 통치자와 종속관계에 있는 행정관리들의 수중에 있었던 것이다(Weber, 2021: 19-23).

왈도(Waldo, 1997: 61-65)는 이것을 정부의 구조, 이념, 환경과 같은 '국가체제'의 변천과 정부의 과업이나 기능과 같은 '국가 역할'의 변화로도 설명한다. 국가체제의 변천은 18세기 후반부터의 국민화, 민주화, 사회화로 설명될 수 있다고 한다. 국민화(국민주의)란 프랑스의 루이 14세(Louis XIV, 1638~1715)가 "짐이 곧 국가"라고 표현한 것과는 달리 루이 16세(Louis XVI, 1754~1793)가 국민들에 의해 처형된 뒤 국가가 '군주의 소유'에서 '국민의 소유'로 바뀐 것을 말한다. 민주화(민주주의)란 국민화한 국가의 민주화를 의미하는 것으로, 선거권이 보편화되고 개별 시민이 국가와 정부를 소유하게 되었다는 것이다. 사회화는 정부가 일반이익과 공익을 지향하는 공적 소유화를 말한다. 이 과정에서 도시교통과 같은 오래된 영역은 물론 환경보호와 같은 새로운 영역이 정부의 업무에 포함되고, 아동이나 노인 보호와 같은 사적 영역도 정부 업무의 영역이 된 것이다. 이러한 국가체제의 변천에 따라 국가 역할이 달라지는데, 국가가 행정에 많은 기능을 할당하고 부여함으로써 행정의 역할이 확대되었다.

국가는 일반적으로 정부의 장치를 말한다. 이러한 제도는 공적인 비용으로 재정에 의해 유지된다는 점에서 국가는 '시민사회'와 구별된다. 국가가 '정부의 다양한 제도, 관료, 군대, 경찰, 법원, 사회 안전 체제 등'을 포함하는 것이기에 전체 정치체제와도 동일한 것으로 여겨진다. 그런데 국가의 구성요소를 '국민, 영토, 주권'이라고 하는 것에서 알 수 있는 것처럼, 제도적인 장치는 단지 국가의 권위를 표현하는 것일 뿐이다. '사회의 다른 모든 결사와 집단들의 위에 우뚝 서는 최고의 권력', 즉 주권이 국가를 규정한다. 또한 국가는 영토적으로 제한된 경계를 넘는 사람과 재화의 흐름을 통제하며 제한된 경계 내에서만 주권을 주장할 수 있다. 그리고 영토적으로 제한된 경계 내에 거주하는 이들에 대해 국가는 강제적인 관할권을 행사하고 이러한 권위는 강제력에 의해 지탱된다(Heywood, 2007: 110-112).

정부를 좁은 의미에서 보면 행정부를 지칭하는 것이지만, 일반적으로 국가와 정부의 의미를 동일시하는 경향이 있다. 그럼에도 국가와 정부는 구분하여 생각해볼 수 있다(Heywood, 2007: 112-113). 국가가 포괄적인 결사로서 전체 공동체를 포함하고 공적 영역을 이루는 제도를 망라한 것이라면, 정부는 국가의 한 부분이다. 국가는 지속적이며 영속적인 실체인 반면, 정부는 일시적이다. '상해 임시정부'와 같이 국가 없이도 정부는 가능할 수 있지만, 국가는 정부 없이 유지될 수 없다. 정부는 국가의 정책을 만들어 실행하는 책임을 지는 국가의 '두뇌'라 할 수 있으며, 이러한 정부가 국가에 주권적인 표현을 부여하는 것이다. 정부는 다른 국가 단체, 경찰, 군대, 또는 교육이나 복지 체제 등에 명령을 내리거나 통제하면서 국가를 존속시키기 위해 다양한 국가 기능을 이행한다. 국가는 공적 질서를 유지하고 사회를 안정시키며 장기적인 번영과 국가이익을 실현시킴으로써 사회의 영구적인 이익을 반영하는 것으로 여겨지지만, 정부는 집권한 정치인의 당파성과 이념적인 선호에 영향을 받는다. 나아가 국가제도의 정치적인 중립을 유지하기 위해 관료적인 방식으로 충원된 공무원들이 실제로는 중립을 지키지도 못하고 자의적으로 국익이나 공익을 판단하는 일도 생긴다.

제2절

행정의 등장과 행정학의 기원

1 행정의 등장

1) 문명과 행정

영국 국왕 헨리 8세(Henry Ⅷ, 1491~1547)가 교황과의 갈등 끝에 1534년 국교를 설립한 이후 국교파의 박해를 피해 네덜란드로 이주했던 분리주의자(Congregational Separatists)들은 산업사회에 적응하지 못하고 천신만고 끝에 아메리카 대륙의 뉴잉글랜드로 이주를 결정하게 되었다. 1620년 메이플라워호(Mayflower)에 올랐던 41명의 분리주의자들은 함께 탑승한 '이방인(Strangers)' 61명과 함께 플리머스(Plymouth)에 정착하며, '순례자들(Pilgrims)'이라 불렸다. 이 순례자들은 입항하기 전에 이방인들의 반발을 해소하면서도 종교적인 이상은 물론 메이플라워호에 투자한 투자자들의 이윤을 실현하기 위해서는 개척할 식민지에서 상생의 정치공동체를 만들어야 한다고 판단했다. 이렇게 하여 선상에서 작성한 협약문서를 '메이플라워 협약'이라고 한다(김영기, 2014).

김영기(2014: 97)는 메이플라워 협약의 의의를 다음과 같이 서술한다.

> 메이플라워 호에 동승해 대서양을 횡단한 순례자와 이방인, 일부 선원들이 함께 식민지를 개척하려는 공동의 목적을 위해 동등한 지위와 권한을 가지고 하나의 정치 공동체를 창설하고, 필요한 질서를 창안해 유지하며, 법률 등을 제정하고, 공직자 선출을 통해 정부기관을 구성하며, 그 법률과 정부에 복종할 것을 신을 증거자로 삼아 자발적으로 서약해 작성한 합의 문서라고 할 수 있다.

뉴잉글랜드 타운은 자유민 회의에서 '마을의 토지의 분할, 교회의 건립, 목사의 채용, 새 이주민의 수용 여부' 등 타운의 복지와 관련된 모든 일을 토론으로 결정했다. 타운의 집회에는 의무적으로 모두가 참석해야 했으며, 불참자는 벌금을 내야 했다. 타운 정부의 출발 초기에는 어떤 공직자도 선출하지 않았고, 제도화되지도 않았으며, 전적으로 비공식적인 방식으로 운영되었다. 그리고 타운의 운영을 위한 조직이 상존하지도 않았고, 집회의 회수나 빈도도 일정하지 않았으며, 집회의 구체적 역할도 미리 정해진 것은 없었다(Zimmerman, 1999: 18-19).

오늘날 뉴잉글랜드의 '타운미팅(Town Meeting)'은 시민참여의 대명사로 일컬어지곤 하지만, 국가나 정부의 기원과 진화를 이해할 수 있게 해주기도 한다. 그리고 공공의 일이 발생하고 복잡해지면서 공공의 업무를 처리하기 위한 행정의 등장도 보여준다. 왈도(Waldo, 1997: 17-24)는 문명의 발전과 관련하여 '행정'을 두 가지 의미로 설명한다. 첫째는 그 시대 사람들이 '행정적'이라고 보는 모든 과정과 활동을 말하는 것이다. 둘째는 이러한 과정과 활동이 더 바람직한 방향으로 나아가는 데 관심을 두는 자각을 말한다. 인류 문명은 '진보적이고 세련되고 교양 있고 인간적인' 성과와 혜택을 가져다주었지만, '불편, 불의, 무자비, 공포, 불평등, 폭력, 전쟁' 등 비극적인 행로도 보여주었다. 문명의 발전 과정에서 행정은 불가피하게 얽혀 밀접한 관련성을 가져왔다.

즉, 행정은 "어느 한 목적만을 수행하는 단순한 수단이 아니라 다양한 많은 목적을 수행하는 일련의 발전된 기술 및 수단"(Waldo, 1997: 18)인 것이다. 그는 '정돈된 복잡성의 증대'는 대부분 행정 수단에 의해 가능했다고 본다. 행정은 역사와 더불어 발전해온 예술, 기술, 양식, 절차 등과 밀접한 관련을 맺으며 발전해왔고, 일반적으로는 시간이 지남에 따라 행정 기술은 양적으로든 질적으로든 증가되어왔다는 것이다.

2) 행정의 개념과 의의

행정의 어원을 라틴어에서, 행정이라는 용어의 의미를 정부부서 내외에서 찾았던

던사이어(Dunsire, 1973)의 개념 정의를 통해 왈도(Waldo, 1997: 112-115)는 '행정'의 의미를 어원적인 측면에서 정리하였고, 관리(management)와 정책(policy) 개념과도 구분한다. 행정의 어원은 라틴어 'administrare'에서 찾을 수 있는 것으로, '돕는다, 보조하다, 봉사하다'라는 의미와 '관리하다, 지휘하다, 통치하다'라는 의미가 있다. 행정가들은 봉사도 집행도 해야 하므로 행정에는 명령에 대한 복종과 집행에서의 창조성이라는 이중적인 의미가 있다는 것이 그의 주장이다.

또한 ① 비사법적인 기관에 의한 법의 집행, ② 법이나 정책의 집행을 위한 원칙 설정과 지휘 또는 감독, ③ 결정을 위한 복잡한 정책적 고려사항 분석 및 균형점 제시(Dunsire, 1973: 228-229) 등을 행정이라 할 수 있기 때문에 '관리'라는 용어와 동일시할 수는 없다고 한다. '무엇을 운영한다'라는 의미가 있는 관리라는 용어는 기업 쪽에 더 적합한 용어라는 것이다.[3] 그리고 '정책' 개념의 경우, 정치행동의 필수적인 요소이므로 사실상 정치를 의미하는 것일 수 있지만, 정치와 정책을 구별하는 것이 유익하며 타당할 경우가 많다고 그는 지적했다.

2 행정학의 기원

1) 윌슨의 '행정연구'

아일랜드계 이민자의 후손인 우드로 윌슨(T. Woodrow Wilson, 1856~1924)은 1913년 민주당 후보로 미국 제28대 대통령으로 당선되었고, 1917년에는 재선에 성공했으며, 국제연맹(League of Nation) 창설이라는 공로로 1919년에는 노벨상을 받기도 했다. 그는 1884년 「의회정부론(Congressional Government)」을 완성하여 1885년 1월에 출간한 것이 학문적 가치를 인정받아 존스 홉킨스 대학교(Johns Hopkins University)에서 박사 학위를 받게 된다. 정권교체에 따라 공무원이 모두 교체되는 엽관제(spoil system)의 폐

3) 왈도(Waldo, 1997: 113-114)는 1930년에 영역되어 출판된 페이욜(Henri Fayol)의 저서 『산업과 일반행정(*Industrial and General Administration*)』이 1949년에는 『산업과 일반관리(*Industrial and General Management*)』라는 제목으로 다시 번역되어 출판된 것을 들어 기업계나 교육계에서 '관리'라는 용어에 더 많은 관심을 갖게 된 것이라고 보았다. 1980년대 이후 민간 기업의 효율성 원리를 공공부문에 도입하고자 했던 신공공관리론(New Public Administration: NPM)은 '행정'과 구분되는 '관리'를 특별히 강조했는데, 기획과 결정, 인사와 같은 기능보다 지휘, 동기부여, 성과관리와 같은 기능을 중시하는 것이다.

해를 지적하고 새로운 학문 영역으로 행정학이 필요하다는 주장을 담은 1887년 그의 논문 「행정연구(The Study of Administration)」(Wilson, 1887)로 행정학의 창시자 또는 행정학의 아버지라고 불리게 되었다.[4)]

윌슨 이전에도 독일과 프랑스에서는 '관방학(cameral science)'이라는 학문 영역에서 행정에 대한 연구가 있었다. 그런데 이러한 관방학은 군주의 지배 질서를 효율적으로 유지하는 것이 주된 관심사였고, 이후 행정법학으로 발전하여 행정의 성문법 체계를 정립하게 되었다. 반면, 미국에서는 행정의 제도적 기반을 구축하기보다는 능률적인 행정의 원리를 찾는 관리주의 시각에서 행정연구를 한 것으로 볼 수 있다(강용기, 2014: 19-21).

윌슨(Wilson, 1887: 197)은 행정연구의 목적을 첫째, 정부가 적절하고도 성공적으로 수행할 수 있는 것이 무엇인지, 둘째, 어떻게 하면 정부가 이들 적절한 일을 가능한 가장 효율적이고 가능한 가장 최소의 비용으로 수행할 수 있는지를 발견하는 것이라고 제시한다. 그리고 행정연구의 역사, 행정연구의 주제, 행정연구의 방법을 검토한다.

"행정은 정부의 가장 분명한 부분이고, 작동하는 정부이다. 행정은 집행부이고 운영 영역이며, 정부의 가장 가시적인 측면이다. 그리고 정부 자체만큼 오래된 것이다" (Wilson, 1887: 198). 그런데 대부분의 정치학자가 정부의 구성 문제에만 관심을 둘 뿐 행정에 대해서는 관심을 두지 않았다. 어떻게 하면 법을 '현명하고, 공평하고, 신속하며, 마찰 없이 운영할 수 있을까?' 하는 문제는 '실행할 때의 세부항목(practical detail)'으로 여겨졌다는 것이다. 정부의 기능은 복잡하고 어려워졌으며 빠르게 증가함에 따라 '국가의 이념은 행정의 도의(conscience)'가 되었다(Wilson, 1887: 201).

Wilson(1887: 209)은 '행정의 영역은 업무의 영역(The field of administration is a field business)'이라고 밝히면서 서두르고 다투는 정치나 논란의 여지가 있는 헌법 연구와 떨어져 있다고 했다. 행정연구의 목적은 "혼란과 낭비의 경험으로부터 벗어날 집행방법을 찾고, 이를 안정적인 원칙으로 뿌리내리게 하는 것이다"(Wilson, 1887: 210). 하

---

4) 윌슨이 미국 행정학의 창시자로 인정받은 것은 그의 사후(1924년) 한참 지난 시기의 일이다. 그의 논문이 처음 인용된 것은 최초의 행정학 교과서라 할 수 있는 화이트(L. D. White)의 『행정학입문(*Introduction to Public Administration*)』(1926)에서였다. 1939년 미국행정학회(ASPA) 창설 이후 1940년에 창간된 『미국행정학회지(*Public Administration Review*)』가 윌슨의 논문을 다시 게재하려 했으나 원저작권을 가진 『미국정치학계간지(*Political Science Quarterly*)』가 이를 거절하고, 1941년 겨울호에 논문의 복사본을 서평과 함께 다시 게재함으로써 다시금 그의 논문이 주목받게 되었다(강용기, 2014: 20-21).

지만 그는 행정이 기술적인 세부사항에 한정되는 것이 아니라 정치적 지혜와 정치적 진보에 직접적으로 연결되어 있다고 했다. 행정의 질문이 정치의 질문이 아니며, 정치는 정치인의 영역이고 행정은 기술 관료의 영역이지만, 행정의 기능과 행정의 기능이 아닌 것을 구분하기는 어렵다고 한 것이다. 정치적 '관리'와 헌법적 원리 속에서 혼란스러워하며 누비게 될 것이라고도 했다.

"정부 행동을 광범위하게 기획하는 것은 행정적이지 않고, 그 계획을 구체적으로 집행하는 것이 행정적"이라 할 수 있는데, "행정연구는 철학적으로 보면, 헌법적 권위의 적절한 배분을 연구하는 것과 밀접하게 연결되어 있다. 능률적이기 위해서는 행정연구를 통해 어떤 책임이 관료들에게 틀림없이 부여될 수 있을지를 발견해야 하고, 권한과 책임을 나눌 최선의 방법을 발견해야 한다"(Wilson, 1887: 213). "신뢰는 삶의 모든 관계에서 힘이 된다. 헌법 개혁가의 과업이 신뢰의 조건을 창출하는 것이라면, 행정 조직가의 과업은 신뢰를 보장한다는 분명한 책임감으로 행정을 수행하는 것이다"(Wilson, 1887: 213). 즉, 윌슨은 단순한 관리나 효율적인 집행만을 주장한 것은 아님을 알 수 있다.

2) 행정의 역할과 창조성

일반적으로 사람들이 공공서비스는 비효과적이며 비능률적이라고 생각하는 경향이 있다는 것을 인정하면서도 왈도(Waldo, 1997: 39-47)는 '행정의 위력(power)과 창조성'을 일곱 가지 관점으로 제시한다. 이를 통해 행정의 발전 과정을 이해할 수 있다.

첫 번째 관점은 위에서 언급한 것처럼, 행정이 문명의 출발에 기여했고, 문명은 행정이 힘과 창조성을 발휘하는 데 기여했다는 것이다.

두 번째 관점은 "더 나은 정부도 있을 수 없고 더 나쁜 정부도 있을 수 없으며 단지 상이한 정부만 있을 뿐"인 것처럼, 행정 기술은 사라져가는 것도 있고 풍부해지는 것도 있으므로 상호보완적이라는 관점을 가질 필요가 있다는 것이다.

세 번째 관점은 사회계약론이 말하듯 사회계약 이전의 인간 상태인 '자연 상태'가 본래 존재한다기보다는 정부, 정부 내 사람들, 정부에 반대하는 사람들, 관련자들 모두에 의해 창조된다는 것이다.

네 번째 관점은 공공부문이 민간부문보다 덜 효과적이고 비능률적이라기보다는 정부 기능에서는 '경제적 합리성'만이 아니라 '정치적 합리성'과 '사회적 합리성'이 모두 중요하게 고려된다고 보아야 한다는 것이다. 즉, 정부가 경제활동을 용이하게 하기도 하고 제약하기도 하지만, 정부 기능이 경제적 생산성과 이윤을 극대화하는 데 초점을 두지 않는다. 다양한 이해관계자들의 요구와 갈등을 조정하거나 관리해야 하기도 하고, 사회적 약자를 위한 고려가 반드시 필요하기도 하다.

다섯 번째 관점은 행정기구 없는 정부란 존재하지 않고, 정부 없는 정부 행정체제란 정치활동에 불과하다는 것이다.

여섯 번째 관점은 과학을 '구체적인 변형을 위한 통제'라고 이해할 수 있듯이 행정기술은 사회 기술의 중심이 될 수 있고, 법 기술이나 경제 기술과 상호작용하여 단일의 모습으로 나타날 수 있다는 것이다.

일곱 번째 관점은 국가의 자료 및 국가에 속하는 자료를 다루는 통계학(statistics)의 어원이 국가(state)인 것처럼, 사회과학과 자연과학은 행정의 측면에서 상호작용하고 있다는 것이다.

왈도(Waldo, 1997: 49-50)는 행정을 문명의 필수요건으로 본다. 문명이 발달할 수 있는 기초와 틀을 제공한 것이 행정이라고 보는 것이다. 구체적인 목적이나 활동 분야로 나뉠 수는 있겠지만, 정부와 관련되고 있다는 점에서 본질적으로는 하나의 흐름으로서 '공공행정'에 관한 것이라고 한다. 그런데 고대부터 현재까지 '공적인 것'과 '사적인 것'의 구분이 대부분의 정부에서 용이하지 않았고, '농업, 광업, 야금술, 상공업, 의학, 교통, 공학, 교육' 등 모든 분야에서 중요한 역할을 담당한 것이 행정이므로, 행정 앞에 '공공(public)'을 굳이 붙이지 않아도 될 정도라고 그는 주장했다.

제3절

행정학의 발전과 접근방법

1 행정학의 발전

1) 정치와 행정의 관계

왈도(Waldo, 1997: 102-103)는 초창기 행정학자들이 '정치행정이원론'을 주장했지만, 그 이후에는 이를 주장하는 사람이 거의 없는 것 같다고 말했다. 그에 따르면, 행정학 발달에 매우 중요한 영향을 미친 윌슨(T. Woodrow Wilson)조차도 '결정과 집행', '정치와 행정', '의지와 대응 행동' 등으로 정부를 구분할 수 있다고 했지만, 그 구분이 엄격하게 이뤄질 수 있다고 주장한 것은 아니다. 또한 정치행정이원론을 제기한 굿노(Goodnow, 1900) 역시 정부체제가 '국가의지의 표현'(정치)과 '국가의지의 집행'(행정)이라는 두 가지 기능을 갖는다고 주장했지만, 정부 실체가 복잡하여 분석의 논리와는 차이가 있음을 인식했다고 한다. 굿노(Frank J. Goodnow)의 초점은 '정직하고 책임감 있으며 여론에 민감한 정당'을 확보하는 데 있었고, 이를 위해서는 적절한 행정 장치가 발전되어야 한다고 보았다는 것이다.

현대 정부가 입법, 행정, 사법이라는 헌법상의 기능 외에 집행과 선거 등 다섯 가지 기능이 있다고 주장한 윌로비(Willoughby, 1927)를 비롯한 이후의 학자들은 행정가가 정치에 참여하는 것이 피할 수 없는 현상이며, 정치와 행정을 엄격히 구분하는 것이 현실 세계에서는 불가능할 것이라고 했다. 행정학의 영역이 확장되면서 어떻게 정의하고 어떤 원칙에 따라 행동해야 하는지를 정하지 못하고 있다 하여 왈도(Dwight Waldo) 자신이 '행정학의 정체성 위기'를 말하기도 했지만, 다른 분야의 이념, 방법이나 기법 또는 원리 등을 더 많이 수용해야 한다는 주장이 많고 학문적으로든 실제적으로든 정치행정이원론은 여전히 유용할 수 있고 현실적이라고 할 수 있다(Waldo, 1997: 103-105).

2) 정책과 집행

정책분석, 정책연구, 정책과학 등의 이름으로 정책 분야가 발전되어온 데 대한 왈도(Waldo, 1997: 109-110)의 평가는 다음과 같다. 첫째는 복잡한 문제들이 계속 증가하여 더 나은 해결책을 추구하게 되었다는 것이다. 둘째는 사회과학 외의 다른 학문 분야를 망라하여 그 지식과 기법을 활용함으로써 해결책을 모색해 왔다는 것이다. 그는 행정학이 이들 새로운 정치 분야로 이어진 데 대해 행정학은 '희생자인 동시에 수혜자'라고 표현했다. 정치학은 '정책' 영역을 통해 행정학이 새로운 영역의 학문으로 나아갈 수 있음을 제시하기도 했지만, 이는 한편으로 행정학의 정체성을 흐리는 요인이 되기도 했다. 어쨌든 행정학은 정책 기관들과 경쟁하며 동등한 입장에서 정책분석을 활성화하기 위해 노력해 왔다고 할 수 있다.

집행과 관련 연구도 정책분석 연구에서 파생된 것이면서도 확장된 영역이라 할 수 있다. 왈도(Waldo, 1997: 110)는 정책집행에 대한 연구가 "새로운 지적 영역의 추구, 실행이 없는 결정은 쓸모없는 생각이라는 점, 정책분석가들이 단기간에 과잉 공급될지도 모른다는 인식, 그리고 새로운 산출물이 개발되어야 한다는 인식 등이 어우러져 등장한 것으로 볼 수 있다"라고 했다. 워싱턴 D.C.(Washington, D.C.)에 있는 연방정부의 사회사업이 왜 지방정부인 오클랜드(Oakland)에서 실패했는지를 연구한 프레스맨과 윌다브스키(Pressman & Wildavsky, 1973)의 『집행론(*Implementation*)』은 정책집행에 대한 새로운 관심을 촉구했다. 일선 행정가의 리더십에 관한 연구를 촉발시킨 립스키(Lipsky, 1980)의 일선 관료제에 관한 연구도 유사한 흐름으로 이해할 수 있다.

2 행정학의 접근방법과 새로운 거버넌스

1) 행정학의 접근방법

행정은 많은 복잡한 관심사와 기능을 포함하고 있어서 학문 분야로든 이론이든 일관성이 부족하다. 그럼에도 행정의 기능에 대한 상이한 관점에서 비롯되는 세 가지 접근방법을 도출할 수 있다(Rosenbloom & Kravchuk, 2002: 15). 입법부, 행정부, 사법부라는 정부 기능과 관련하여 행정의 역할에 대한 세 가지 관점으로 관리적 접근방법(managerial approach), 정치적 접근방법(political approach), 법적 접근방법(legal approach)을 들 수 있다.

관리적 접근방법은 민간부문에서 관리와 성과를 강조하는 것과 유사하다. 정치적 접근방법은 행정의 '공공성'을 강조한다. 법적 접근방법은 주권, 헌법, 규제의 중요성에 주목하여 행정을 법적인 문제로 본다. 이러한 접근방법은 행정의 실제 운영에서 상이한 가치와 절차적 · 구조적 차이를 나타내게 된다. 시민을 상이한 방식으로 보게 되고, 지식을 발전시키는 방법에서 상이한 관점을 채택하게 된다. 관리적 접근방법에서는 민간부문과 마찬가지로 효율성을 강조하게 될 것이다. 정치적 접근방법에서는 효율성보다는 효과성이나 대응성에 더 관심을 둘 것이다. 법적 접근방법에서는 사법적 기능과 마찬가지로 특정 상황에서 법을 적용하고 집행하는 행정 역할을 강조할 것이다.

스틸만(Stillman, 1990)은 미국의 행정학이 국가를 적극적으로 인식하지 않고(stateless) 발전해왔다고 주장했다. 행정을 정치와 엄격히 구분할 수 있다고 여겨 정치의 결정을 집행하는 영역으로 행정을 국한함으로써 정책집행의 효율성을 제1의 가치로 삼게 되었다는 것이다(김정부, 2021: 179). 행정과 관료제는 단지 공공서비스를 제공하는 차원의 봉사 역할뿐만 아니라 공공의 행동을 제약하거나 유도하면서 통치하는 역할을 수행해왔다. 국가는 다양하고 이질적이며 심지어 상호대립적일 수 있는 조직과 기구로 구성되어 있는데, 주류 행정학은 '좋은 행정' 또는 '좋은 국가'라는 틀 속에서 통합적인 이념을 제시할 뿐 그 구성요소와 특성에 대해서는 특별한 관심을 기울이지 않았다. 이것이 공동체의 다양하고 대립적인 가치를 포용하는 '정치공동체 모형'보다 효율성을 최우선의 가치가 주류 행정학의 지배적인 가치가 된 원인이었다는 것이다(김정부, 2021: 189-191).

2) 난제의 시대와 새로운 거버넌스

피에르와 피터스(Pierre & Peters, 2003: 16-18)는 거버넌스(governance)에 대한 관심이 높아진 것은 20세기 정치발전의 순환이 끝났다는 것을 뜻한다고 정리한다. 첫 번째 국면은 20세기 들어 서구 세계에서 민주 정부가 공고화된 시기이다. 제2차 세계대전 이후인 두 번째 국면은 규제, 경제적 재분배, 사회에 대한 정치적 영역의 확대 등 공공서비스 제공과 복지국가 프로그램이 증가하면서 정부가 높은 위치를 차지한 시기이다. 세 번째 국면은 복지국가의 문제점이 누적되면서 정부가 사회문제의 해결책으로서가 아니라 문제의 원인이라는 비판을 받게 된 시기이다. 이에 대한 대안으로 1970년대 말부터 민영화, 규제완화, 공공지출 감축, 조세 삭감 등 정부역할을 줄이는 '신자유주의'가 부상하였고, 행정에서는 시장 중심의 철학을 바탕으로 하는 '신공공관리론(New Public Management: NPM)'이 확산되었다. 네 번째 국면은 1990년대 이후 정부의 새로운 모델과 역할을 모색한 시기로서 신공공서비스론(New Public Service: NPS)과 같은 새로운 거버넌스(new governance)에 대한 논의가 촉발되었다.

거버넌스의 어원은 '조종(pilot, steer)'을 의미하는 그리스어 동사 'kuberman'으로까지 거슬러 올라갈 수 있다고 한다. 그리고 플라톤(Plato)은 통치체제의 설계를 지칭하는 의미로 사용했다고 한다(Kjær, 2007: 13). 거버넌스란 넓은 의미에서 보면, '사회생활이 조정되는 다양한 방식'(Heywood, 2007: 106)을 말한다. 이렇게 보면, 20세기 정치발전 순환과정 전반에 걸쳐 사회생활의 조정은 정부의 역할이 증대되어 온 것이므로 거버넌스가 정부(government)와 동일시되었기에 거버넌스에 대한 별도의 논의가 필요하지 않았을 수 있다. 즉, 계층제, 시장, 네트워크와 같은 다양한 거버넌스 양식이 있지만, 주로 정부관료제 중심의 계층제식 거버넌스가 지배적인 상황이었던 것이다.

그런데 사회문제가 복잡해지고 사회생활의 조정이 어려워지면서 공공부문과 민간부문(공적 영역과 사적 영역)의 협력이 증가하고, 민간부문의 경영기법이나 정책 네트워크가 더욱 중요해지게 되었다. 또한 정부 그 자체도 복잡해지고 미디어에서부터 세계무역기구나 세계경제포럼과 같은 초국가적인 또는 준국가적인 조직들의 영향력이 커지면서 거버넌스를 다차원적으로 고려하게 되었다.

난제(wicked problems)란 다음과 같은 문제들을 말하는 것으로(Rittel & Webber, 1972: 155-169), 단지 문제가 어렵다는 정도가 아니라 문제의 성격과 상황이 이전과는 전혀 다르다는 점을 강조하고 있다. 또한 그렇기에 난제의 시대에 거버넌스는 정부 외의 비정부 행위자들과 그 영향력이 매우 커진, 문제 해결 중심의 협력적 거버넌스(collaborative governance)이어야 함을 보여주는 것이기도 하다. 피에르와 피터스(Pierre & Peters, 2003: 54)가 적절히 지적한 것처럼, 거버넌스의 시각은 "보다 합의적이고 협력적인 시각을 기꺼이 수용하고, 잠재적인 장벽을 피할 수 있는 보다 창조적인 방안에 대해 생각"하는 것이다.

첫째, 쉽게 정의되지도 않고, 어떤 해결책이 제안될 때까지 충분히 이해될 수도 없다.

둘째, 문제를 막을 수 있는 합의된 규칙이 전혀 없다.

셋째, 참이나 거짓인 해결책이 있는 것이 아니라 단지 서로 더 좋은 해결책이거나 더 안 좋은 해결책이라고 볼 뿐이다.

넷째, 어떠한 즉각적이고도 궁극적인 해결책은 없다. 할 수 있는 것을 다했다고 느끼는 정도일 수 있다.

다섯째, 시행착오를 통해 배울 수 있는 기회가 없기 때문에 모든 해결책이 일회적인 것이고, 모든 시도가 중요하다.

여섯째, 잠재적인 해결책을 열거할 수도 없고, 계획으로 구체화할 수 있도록 잘 묘사될 수도 없다.

일곱째, 모든 난제는 본질적으로 고유한 것이다. 다른 난제에 일반화할 수 없다.

여덟째, 모든 난제는 또 다른 난제의 징후라고 여겨질 수 있다.

아홉째, 난제를 대표하는 불일치를 설명할 방식이 다양하다. 어떤 설명을 선택할 것인가가 해결책의 성격을 결정한다.

열째, 과학에서는 어떤 문제에 대한 해결책이 논박할 수 있는 가설일 수 있지만, 정책과 기획에서는 해결책이 사람들에게 영향을 줄 수 있기에 결과에 책임을 지게 되어 있다.

다양한 난제에 직면하여 다각적이고 다층적인 문제 해결 모색과정에서 지역, 국가, 국제 수준에 이르는 다양한 수준의 거버넌스를 주목하게 된다. 피에르와 피터스(Pierre & Peters, 2003: 105)는 이를 세 가지 형태의 정치 권력 이동으로 논의한다. 즉, 지역과 지방으로 정치체계의 권력이 하향 이동(moving down)하고, EU나 국제무역기구 같은 범국가기구로 권력이 상향 이동(moving up)하며, 통제권이 선출직 공무원에서 비정부 기구나 기업 등으로 외부 이동(moving out)한다는 것이다.

제4절

행정의 가치와 윤리

1 행정의 이념과 가치

행정이념(행정가치)은 "행정의 이상적인 형태에 대한 관념과 그것의 실현을 위한 실천을 요청하는 규범을 표현하는 것"을 말한다(임의영, 2016: 259-260).[5] 행정이념은 행정 활동의 주체들이 그 규범적 행동 경로를 구성해나가는 행동규범이나 지침이 되는 것이다. 그런데 행정이념은 가치이기 때문에 행정활동의 다양한 주체들에게 서로 다르게 받아들여지고 다양한 모습으로 나타날 수밖에 없다. 다양한 이념은 조화와 갈등이라는 역동적인 관계 속에서 행정 내외의 요인에 의해 우선순위가 달라진다. 주도적인 행정이념이 서로 다를 수밖에 없는 정치적 리더십의 교체, 정부조직의 계층적 분화나 정부 부처의 기능적 분화에 따라 목표나 가치가 달라질 정부관료제의 특징, 행정혁신의 논리와 방법 등 내적 요인, 그리고 정당들의 이념과 같은 정치적 환경, 경제성장과 그

5) 김호섭(2019: 42-43)은 '행정이념'이라는 용어가 널리 사용된 것은 1972년 박동서 교수의 『한국행정론』의 영향이라고 말한다. 그런데 이 용어를 해외 행정학 문헌에서는 찾아보기 어렵고, 특정한 정치적 · 경제적 색채를 보이므로 행정에서는 바람직한 모습이라는 뜻의 '행정가치'라는 용어를 쓰는 것이 좋다고 주장한다.

에 따른 시민의식의 성숙과 같은 경제적 환경, 사회 내 다양한 집단들의 역학관계와 같은 사회적 환경 등 외적 요인의 영향을 받을 것이다.

임의영(2016: 262-279)은 본질적 행정이념, 절차적 행정이념, 수단적 행정이념을 구분하여 정리한다. 본질적 행정이념은 공적 활동으로서 행정이 본질적으로 추구하는 정의, 공익, 자유, 평등과 같은 가치를 말한다. 절차적 행정이념은 본질적 행정이념을 추구하는 데 따라야 할 절차를 말한다. 절차적 행정이념에는 합법성, 민주성, 형평성, 중립성, 책임성, 투명성 등이 포함된다. 수단적 행정이념은 궁극적인 목적을 달성하게 할 수 있는 수단적인 가치를 말한다. 여기에는 능률성, 효과성, 생산성/효율성 등이 포함된다.

김민주(2017: 71-72)는 '주체의 행동과 사고에 영향을 주는 내재화된 지향성'을 가치라고 보면서 가치의 주관적 성격으로 인해 사람들이 다양하면서도 서로 다른 가치를 가지고 있기에 어떤 가치가 더 좋고 바람직한 가치인지에 대한 끝없는 논쟁이 있을 수 밖에 없다고 말한다. 하나의 실체이자 존재로서 정부도 내재화된 지향성으로서 가치를 갖게 되는데, 공익, 자유, 평등, 형평성, 효율성, 효과성, 가외성 등을 대표적으로 소개한다(〈표 1-2〉 참조).

표 1-2 행정가치의 의미와 쟁점

가치	의미	쟁점
공익	• 행정가치와 이념의 최우선 – 실체설: 사익을 총합한 것이 공익이 아니라 사익을 초월하는 공익이 존재 – 과정설: 사익 간의 조정과 합의 과정을 거쳐 공익이 도출	• 실체설: 사익을 간과하거나 무시할 가능성 • 과정설: 사안이나 시대에 따라 다르게 규정
자유	• 인간의 본질적 속성으로서 인간의 실존과 관련 – 적극적인 자유: 자기결정과 선택 – 소극적인 자유: 외부의 방해나 장애물 등으로부터 속박되지 않은 상태	• 사회 질서와 불가분의 관계이므로 무한한 허용에 따른 것이 아니라 최대한 보장을 위한 노력의 결과로 구현
평등	• 동등한 대우 – 절대적 평등: 차별 없는 대우 – 상대적 평등: 조건에 기반한 동등한 대우	• 기회의 평등을 보장한 후에도 선천적인 장애와 같이 개인의 노력이나 선택의 결과가 아닌 데 대해 보충
형평성	• 분배(배분)의 모습을 판단하는 기준 • 조건에 기반하여 용인될 수 있는 차별적 분배	• 사회적 형평성: 수직적 형평성과 수평적 형평성을 포괄 – 1960년대 미국의 신행정론(New Public

	– 수평적 형평성: 동일한 조건일 때 동등하게 취급 – 수직적 형평성: 동일하지 않은 조건이라면 동등하지 않게 취급	Administration) – 인종 문제, 성차별 문제, 빈곤 문제 등 심각한 사회문제에 대한 대응 – 사회보장 프로그램이 개별 인간을 간과했다는 비판 존재
효율성	• 투입 대비 산출의 비 – 적은 투입량으로 많은 산출량을 생산해 내는 것 – 투입량의 변화가 없더라도 산출량을 높이는 것	• 공익과 같은 행정가치를 효율성으로 판단할 수 있는지 논란
효과성	• 목표 달성도 – 애초에 설정한 목표를 얼마나 달성했는지를 검토	• 재원이 충분하지 못한 상태에서 바람직한 가치인지 논란
가외성	• 중복, 중첩, 남는 것, 잉여, 여분 – 정부활동의 불확실성을 줄이고 안정성을 높이며 정부에 대한 신뢰와 적응력을 제고	• 원자력발전소의 방호벽 두께를 두껍게 할수록 나중에 발생할 수 있는 사태에 대한 대응 비용보다 더 효율성 보유

출처: 김민주(2017: 72-95)를 정리.

2 공직 윤리와 전환적 행정가

한센(Hansen, 1999: 225-226)에 따르면, 아리스토텔레스(Aristotele)가 행정활동을 수행하는 공직과 관련하여 다음과 같은 원칙을 나열했다고 한다.

첫째, 모든 시민은 공직자 선출권과 공직자가 될 권리를 가진다.
둘째, 누구나 차례로 공직을 맡아야 한다.
셋째, 특별한 기능을 요하는 소수의 공직 외에는 모든 공직은 추첨을 통해 선발한다.
넷째, 공직자가 되는 데는 재산요건이 적용되어서는 안 된다.
다섯째, 군사활동과 관련된 공직 외에는 누구나 동일한 공직을 한 차례 이상 맡아서는 안 된다.
여섯째, 공직의 수행 기간도 가능한 한 짧아야 한다.
일곱째, 모든 일은 민회가 결정해야 하고 공직자단은 결정하지 않는다.
여덟째, 공직자에게는 봉급을 지불해야 한다.
아홉째, 장기간 직무 수행이 관행이 된 공직은 그 권한이 제한되어야 하며, 추첨으로 선발해야 한다.

이는 막스 베버(Max Weber)가 말한 관료제의 원칙과 크게 다르지 않은 것으로, 아리스토텔레스는 "시민 모두가 모여서 결정을 내리는 데 반해, 공직자단은 그러한 결정을 위한 준비는 할지언정 직접 결정하는 일은 아무것도 없다"라고 했다는 것이다(Hansen, 1999: 228; 김영기, 2014: 37-38).

공무원이 행정행위의 옳고 그름을 판단할 때 준거할 수 있는 윤리적 기준을 행정가치라 할 수 있다. 행정은 크게 두 가지의 윤리적 사조(ethos)를 반영해 왔는데, 민주주의 사조와 관료주의 사조이다(김호섭: 2019, 23-24). 민주주의 사조란 보편적 원리 또는 의무론적 규칙에 바탕을 두는 것으로, 사회체제 내 보편적인 도덕질서이다. 관료주의 사조란 행정조직 내의 관리적 관점에서 비롯된 가치이다. 행정가치의 성격이 다양한 주체들에 의해 서로 달리 받아들여지고 조화와 갈등 속에서 우선순위가 달라질 수 있는 역동적인 문제라면, 이를 준거로 윤리기준을 적용하는 공무원의 역할과 자세는 좀 더 성찰적이어야 할 것이다. 사회문제가 더욱 복잡해지고 어려워지며 변화가 빠른 난제의 시대에는 더욱 그렇다.

1990년대 말 전 세계적으로 새로운 거버넌스를 모색하던 시기에 킹과 스티버스(King & Stivers, 2001: 58)는 다음과 같은 명제들을 제시한 바 있다. 첫째, 정부가 직접 지식의 민주주의를 지향하지 않는다. 대의 체제에서는 사람들의 생생한 경험은 배제되고 과학이나 논리에 의해 제공되는 지식만이 인정된다는 것이다. 둘째, 시민을 위한 법이 개인으로서의 정체성은 배제하고 보편적인 법률이 사람들을 추상적인 시민으로 만든다. 셋째, 행정은 개별 시민을 위해 일한다기보다는 사례를 대상으로 일을 하기 때문에 개별 시민은 하나의 사례로 축소된다. 넷째, 대의 민주주의는 현실 속의 사람은 무시되고 추상적인 이성의 범주 속에서 소외를 낳는다.

이를 극복하기 위해서는 도구적인 접근방법과 해석으로만 훈련된 행정가들이 비판적 전문가로서, 그리고 전환을 위한 행위자로서 봉사해야 한다고 그들은 지적한다(King & Stivers, 2001: 149-150). 즉, 전환적 행정가는 다음과 같은 가정을 받아들이는 사람이라고 한다. 첫째, 사회적 · 역사적으로 구성된 권력관계가 우리의 생각과 이상에 근본적으로 영향을 준다는 점을 인식하는 것이다. 둘째, 사실과 세계의 가치나 규범적인 평가가 결코 분리될 수 없다고 이해하는 것이다. 셋째, 모든 시민이 민주적 철학가가 될 수 있다는 잠재력을 인식하는 것이다. 시민들이 모순을 인식하고 이를 해결하기 위해 자신들의 경험에서 새로운 방식을 창출할 수 있다는 말이다. 넷째, 행정가는 전문지식뿐만 아니라 시민들이 경험을 바탕으로 변화를 위해 행정에 접근할 수 있게 하는 역할을 수행할 수 있다는 것이다.

참고문헌

강용기(2016). 『우드로우 윌슨과 행정연구』. 서울: 대영문화사.
김민주(2017). 『정부는 어떤 곳인가: 행정학의 이해와 활용』. 서울: 대영문화사.
김영기(2014). 『뉴잉글랜드 타운정부론』. 서울: 대영문화사.
김정부(2021). 행정과 국가: 푸코의 통치성 관점에서. 이동수 편, 『지배에서 통치로: 근대적 통치성의 탄생』, 175-216. 고양: 인간사랑.
김호섭(2019). 『현대 행정의 가치와 윤리』. 고양: 대영문화사.
이기라(2022). 『왜 국가인가: 근대 국가와 정치혁명』. 서울: 소소의책.
임의영(2016). 『행정철학』(개정증보판). 서울: 대영문화사.

Dryzek, John S. & Patrick Dunleavy(2014). 『민주주의 국가이론: 과거 뿌리, 현재 논쟁, 미래 전망』. 김욱 역. 서울: 명인문화사. *Theories of the Democratic State*. London: Palgrave Macmillan, 2009.
Dunsire, Andrew(1973). *Administration: The Word and the Science*. NY: Wiley.
Goodnow, Frank J.(1900). *Politics and Administration*. NY: Macmillan.
Hansen, Mogens Herman(1999). *The Athenian Democracy in the Age of Demosthenes: Structure, Principles, and Ideology*. Oklahoma: University of Oklahoma Press.
Heywood, Andrew(2007). 『현대 정치이론』. 이종은 · 조현수 역. 서울: 까치; *Political Theory: an Introduction*. London: Palgrave Macmillan, 2004.
King, Cheryl Simrell & Camilla Stivers(2001). 『반정부 시대의 행정』. 오수길 · 고성철 · 김태훈 역. 서울: 대영문화사; *Government is Us: Public Administration in an Anti-Government Era*. NY: Sage Publications, Inc., 1998.
Kjær, Anne Mette(2007). 『거버넌스』. 이유진 역. 서울: 오름; *Governance*. Cambridge, UK: Polity Press.
Lipsky, Michael(1980). *Street Level Bureaucracy: Dilemmas of the Individual in Public Services*. NY: Russell Sage Foundation.
Pierre, Jon & B. Guy Peters(2003). 『거버넌스, 정치 그리고 국가』. 정용덕 외 역. 서울: 법문사; *Governance, Politics and the State*. NY: St. Martin's Press, 2000.
Pressman, Jeffrey L. & Aaron Wildavsky(1973). *Implementation: How Great Expectations*

in Washington are Dashed in Oakland; Or, Why It's Amazing that Federal Programs Work at all, This Being a Saga of the Economic Development Administration as Told by Two Sympathetic Observers Who Seek to Build Morals on a Foundation of Ruined Hopes. Berkeley: University of California.

Rittel, Horst W. J. & Melvin M. Webber(1973). Dilemmas in a General Theory of Planning. *Policy Sciences*, 4: 155-169.

Rosenbloom, David H. & Robert S. Kravchuk(2002). *Public Administration: Understanding Management, Politics, and Law in the Public Sector*(5th ed.). NY: McGraw-Hill.

Shapiro, Ian(2017). 『정치의 도덕적 기초』. 노승영 역. 파주: 문학동네; *The Moral Foundations of Politics*. Yale: Yale University, 2003.

Spruyt, Hendrik(1994). *The Sovereign State and its Competitors*. Princeton, NJ: Princeton University Press.

Stillman, Richard J.(1990). The Peculiar 'Stateless' Origins of American Public Administration and the Consequences for Government Today. *Public Administration Review*, 50(2): 156-167.

Viroli, Maurizio(2006). 『공화주의』. 김경희・김동규 역. 고양: 인간사랑; *Repubblicanesimo*. Roma, Bari: Gius Laterza & Figli S.p.a, 1999.

Waldo, Dwight(1997). 『왈도의 행정학강의』. 김영성・심재권 역. 서울: 한울아카데미; *The Enterprise of Public Administration: A Summary View*. Novato, CA: Chandler & Sharp Publishers, Inc., 1980.

Weber, Max(2021). 『소명으로서의 정치』. 박상훈 역. 서울: 후마니타스; Johannes Winckelmann(ed.). *Politik Als Beruf*. Tübingen: J.C.B. Mohr(Paul Siebeck), 1958. (original, 1919).

Willoughby, W. F.(1927). *Principles of Public Administration*. Baltimore: The Johns Hopkins Press.

Wilson, Woodrow(1887). The Study of Administration. *Political Science Quarterly*, 2(2): 197-222.

Yang, Zhao(2018). 『미국 헌법을 읽다: 우리의 헌법을 더 잘 이해하기 위하여』. 박다짐 역. 파주: 도서출판 유유; 打造新世界: 費城會議與美國憲法. 台北: 左岸文化, 2015.

Zimmerman, Joseph F.(1999). *The New England Town Meeting: Democracy in Action*. Westport, Connecticut: Praeger.

제2장

행정의 개혁과 혁신

권향원

제1절

문제 제기: 왜, 우리는 행정의 개혁과 혁신을 필요로 하는가?

1 변화관리의 필요성

세상은 끊임없이 변화한다. 이러한 변화의 흐름 속에서, 개인은 끊임없이 적응하고 맞추어 가지 않고서는 살아가기 쉽지 않다. 가령, 오늘날 하루가 멀다하고 새로운 스마트 기기가 소개되고 있다. 드론, 클라우드, 나스(NAS) 등 과거에는 존재하지 않던 새로운 것들의 끊임없는 등장으로 인하여 우리는 새로운 기술을 학습하고, 변화에 맞게 습관과 행태를 바꾸는 등 지속적인 적응 노력을 수행할 압력을 받게 된다. 변화에 뒤처지게 되면, 사회 속에서 경쟁력을 상실하게 되고 자칫하면 도태될 수 있기 때문이다.

행정(public administration)이 직면하고 있는 현실 역시 이와 크게 다르지 않다. 기존 정부조직의 구조와 일하는 방식도 사회의 변화에 맞추어 혹은 앞서서 지속적으로 변화되고 개선될 필요가 있기 때문이며, 이러한 소위 '변화관리(change management)'[1]의 성공 여부에 따라 국가발전, 국민행복, 사회안정 등과 같이 행정이 추구하는 가치가 달성될 수 있을 것이기 때문이다.

그러나 유감스럽게도 행정은 자주 변화의 속도를 따라잡지 못하고, 기존의 타성에 젖은 채 기존의 방식을 되풀이 하는 보수성을 보이곤 한다. 이러한 바탕에는 다음과 같은 몇 가지 동기를 들 수 있다.

① 첫째, 무릇 누구에게든 자신에게 익숙한 기존의 방식은 편안함과 아늑함을 주는 반면, 새로운 변화와 개선은 별도의 노력과 불편을 야기하기 마련이라는 점이다. 따라서 조직과 개인은 새로운 방식을 거부하고, 기존의 경로를 고집하는 관성을 가지게 되는데, 특히 우리에게는 관가와 공직의 이러한 행태를 비꼬기 위한 '무사안일(無事安逸)'과 '복지부동(伏地不動)' 등의 용어가 익숙하다. 전자는 변화를 거부하는 마인드나 분위기를 의미하고, 후자는 자기에게 주어진 일에 수고를 다하지 않는 태도를 의미한다. 그러나 이는 큰 실패와 불행을 야기할 수 있다는 점에 문제가 있다. 관련한 다음의 자료

1) 변화관리란, 중대한 환경변화에 대응하여 성과를 향상시키는 방향으로 조직을 관리하는 것을 의미한다.

를 보자.

관련 개념 **소극행정과 적극행정**

소극 행정	■ 소극행정 • 소극행정이란, 공무원의 직무태만이나 부작위[2] 등으로 국민의 권익을 침해하거나 국가 재정상 손실을 발생하게 하는 행위를 의미한다. • 소극행정은 공직자의 무사안일과 복지부동 행태를 의미하며, 다음과 같은 유형이 확인된다. – 적당편의: 문제 해결을 위해 노력하지 않고, 적당히 형식만 갖추어 부실하게 처리하는 행태 – 업무해태: 합리적인 이유없이 주어진 업무를 게을리 하거나 불이행하는 행태 – 탁상행정: 법령이나 지침 등의 변화에도 불구하고, 과거 규정에 따라 업무를 처리하거나, 기존의 불합리한 업무관행을 그대로 답습하는 행태 – 기타 관 중심 행정: 직무권한을 이용하여 부당하게 업무를 처리하거나, 국민 편익을 위해서가 아닌 자신의 조직이나 이익만을 중시하여 자의적으로 처리하는 행태
적극 행정	■ 적극행정 • 공무원이 불합리한 규제의 개선 등 공공의 이익을 위하여 창의성과 전문성을 바탕으로 적극적으로 업무를 처리하는 행위 • 적극행정은 공직자가 다음과 같은 유형의 행태와 태도를 보이는 것을 의미한다. • 행태적 측면 – 통상적으로 요구되는 정도의 노력이나 주의의무 이상을 기울여 맡은 바 임무를 최선을 다해 수행하는 행위 등 – 업무관행을 반복하지 않고 가능한 최선의 방법을 찾아 업무를 처리하는 행위 등 – 새로운 행정수요나 행정환경 변화에 선제적으로 대응하여 새로운 정책을 발굴·추진하는 행위 등 – 이해충돌이 있는 상황에서 적극적인 이해조정 등을 통해 업무를 처리하는 행위 등 • 규정의 해석·적용 측면 – 불합리한 규정과 절차, 관행을 스스로 개선하는 행위 등 – 신기술 발전 등 환경변화에 맞게 규정을 적극적으로 해석·적용하는 행위 등 – 규정과 절차가 마련되어 있지 않지만 가능한 해결방안을 모색하여 업무를 추진하는 행위 등

출처: 적극행정 운영규정 제2조(정의)[3]

2) 부작위: 마땅히 해야 할 것으로 기대되는 일정한 행위를 하지 않는 일. 불행위(不行爲). 소극 행위. 순화어는 '일부러 안 함'(출처: 옥스퍼드 사전).

3) 국민권익위원회(https://www.acrc.go.kr/menu.es?mid=a10301010100).

위 자료는 '소극행정'과 '적극행정'의 개념을 대비하여 보여주고 있다. 여기에서 소극행정은 가령 공직자가 부당한 규제개선을 소홀히 하여 새로운 산업의 발전을 저해하거나, 변화하는 환경에 발맞춘 안전관리를 소홀히 하여 큰 재난을 야기하도록 하는 등 게으르고 보수적인 행태를 꼬집기 위하여 대두된 개념이다. 그리고 적극행정은 이와 대칭되는 개념이라고 할 수 있다.

② 둘째, 공직자가 주어진 일을 처리해 내느라 너무 바쁘고 힘겨워 환경의 변화를 감지하지 못하거나, 주어진 변화에 어떻게 대응해야 할지 식별하지 못하는 상황이 발생하기도 한다.

그림 2-1 혁신 지체 현상을 풍자하는 카툰

출처: Steen Schledermann's blog.[4]

행정을 담당하는 대부분의 공직자들은 자신의 부서나 업무의 틀 안에서 상황을 인식하게 되기 쉽다. 이에 현장의 상황이나 환경의 변화와 같은 조직 외부의 맥락에 대하여 둔감한 태도를 보이게 되기 쉬운데, 이렇게 현장과 환경에 대하여 둔감한 태도를 보이거나 잘 대응하지 못하는 것을 우리는 개념적 용어를 사용하여 "대응성(responsiveness)이 낮다"라고 표현할 수 있다.

4) https://steenschledermann.wordpress.com/2014/05/17/square-or-round-wheels/

관련 개념 **대응성(responsiveness)**

■ 대응성

대응성이란, 정치 · 행정 체제가 환경의 요구에 대해 얼마나 민감하게 반응하는가를 가리키는 개념이다. 정책과정에서 대응성은 정책목표가 정책 대상집단 및 수혜자들의 요구에 얼마나 부응하며, 정책의 성과가 그들의 인지된 욕구에 얼마나 부합하느냐가 관심의 초점이다.

출처: 행정학사전[5)]

③ 셋째, 환경의 변화가 기존의 예측 범위를 벗어난 방식으로 이루어지거나, 문제가 변화하는 속도나 복잡도가 매우 높아서 행정조직이 다룰 수 있는 능력의 범위를 벗어나 버리는 상황의 발생이다. 이러한 상황이 발생하는 경우 행정조직은 주어진 변화와 문제를 파악하는 데에서부터 어려움을 겪게 되기 때문에, 변화에 대한 예측이나 기민한 대응까지 꼼꼼하게 챙길 여력을 가지지 못하는 제약을 가지게 되기 쉽다. 이에 대하여 가령 전 세계적인 팬데믹 사태였던 2020년의 코로나 사태를 다시 한 번 상기해 보자. 기존에 경험하지 못하였던 새로운 유형의 위기상황에 대응하여, 관련한 경험과 매뉴얼을 보유할 수 없었던 행정은 필연적으로 우왕좌왕할 수밖에 없었다. 그리고 대응 초기 방역 마스크의 공급 및 수급대란 등의 결과가 나타나게 되었다. 이렇게 기존의 대응방식 혹은 매뉴얼로 대처하기 어려운 문제를 개념적으로 표현하는 용어로 '사악한 문제(wicked problem)'를 들 수 있으며, 반대로 우리에게 익숙하고 잘 알려진 문제여서 기존의 대응방식 혹은 매뉴얼로 대처하기에 용이한 문제를 '길들여진 문제(tamed problem)'라고 부른다. 관련하여 다음의 〈표 2-1〉을 살펴보자.

우리에게 익숙한 기존의 정부조직구조와 대응방식은 사회가 큰 변화를 겪지 않고 안정적이며, 사회부문의 문제가 서로 간여되지 않고 독립적으로 발생하는 환경에 적합하게 설계된 것이라고 할 수 있다. 가령, 한국에는 산업의 진흥을 담당하는 '산업통상자원부'와 환경의 보호를 담당하는 '환경부'가 독립부처로서 각각 마련되어 있다. 그러나 오늘날의 산업과 환경은 서로 너무나 밀접해서 서로 떼어놓기 어려운 상황에 있다. 예를 들어, 전기자동차, 친환경발전소 등의 산업 영역은 환경보호와도 서로 긴밀하게 연

5) https://terms.naver.com/entry.naver?docId=76251&cid=42155&categoryId=42155

표 2-1 '길들여진 문제'와 '사악한 문제'

	길들여진(tamed) 문제	사악한(wicked) 문제
문제의 속성	기존의 단일방식으로 접근이 용이한 문제 (one-size-fits-all approach)	기존의 해결방식이 잘 다루지 못하는 문제 (resistant problems)
	정의된 문제/알려진 문제 (defined-known issues)	부정의된 문제/미지의 문제 (ill-defined-unknown issues)
	고정된 문제 (problems in fix)	유동적 문제 (problems in flux)
목표	목표의 명확성 (goal clarity)	목표의 불명확성 (goal non-clarity)
수단	표준화된 솔루션 (standardized solution)	비표준화된 솔루션 (non-standardized solutions)
	해결책에 대한 합의도출 용이 (agreed solutions)	해결책에 대한 합의도출 곤란 (non-agreed solutions)
	합리적인 엔지니어링 필요 (rational engineering)	다원적인 문제 접근 필요 (pluralist approaches)

출처: Alford & Head(2017: 398-399) 및 Rittel & Webber(1973: 160)를 참조하여 저자 작성.6)

그림 2-2 합의의 난이도와 수단의 정형성을 기준으로 한 문제의 구조

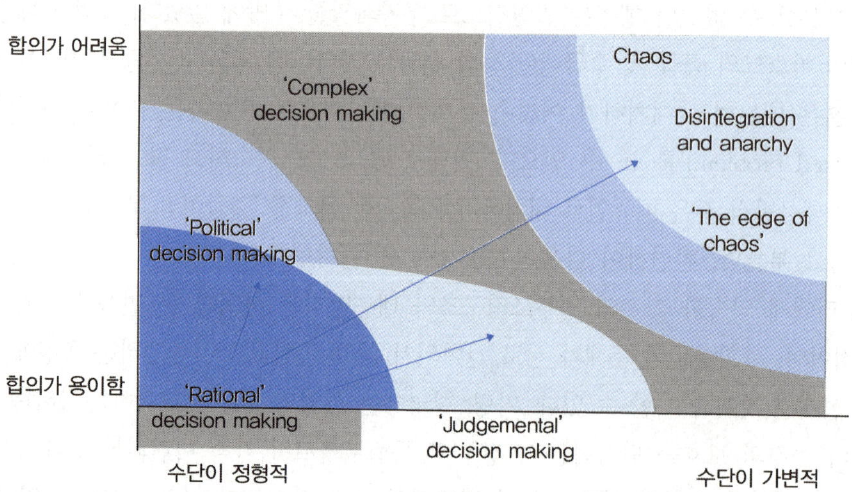

출처: Stacey(2007).

6) 권향원 · 윤영근(2020: 16)을 참조.

결되어 있다고 할 수 있을 것이다. 이렇게 정부부처가 서로 연관된 문제를 다루는 상황이 증가하게 되면서, 부처 간의 업무중복 등의 문제가 자주 야기되는 등 새로운 환경변화와 기존의 구조와 방식이 서로 충돌하거나 모순되는 상황이 증가하고 있다. 또한 문제는 고도로 복잡해지고 상호연관된 오늘날의 세계에서는 이러한 상황이 보다 자주 광역적으로 발생할 수 있다는 점에 있다.

이러한 변화는 "사회문제의 사악한 문제화"를 가속하는 동력이다. 그리고 사악한 문제화는 주어진 문제에 대한 합의가 어렵고, 해결을 위한 수단(방법) 역시 가변적인 상황으로의 변동을 뜻한다.

2 변화관리의 대상: 관료제[7]

1) 관료제의 개념

지금까지 행정에 있어서 변화관리의 필요성을 이야기하였다. 여기에서는 시선을 다른 방향으로 돌려 변화관리 대상인 관료제(bureaucracy)의 특성을 살펴보겠다. 수술의 집도를 위해서 반드시 환자의 상태에 대한 진단이 선행해야 한다는 점을 고려한다면, 이러한 고찰의 필요성을 절감할 수 있을 것이다.

일반적으로 오늘날 행정에 있어서 변화관리의 대상으로 지목되는 것은 관료제(bureaucracy)이다. 관료제란, "권력과 권위 등에 따라 위아래로 수직적으로 키가 크게 계층화(혹은 서열화)되고, 기능과 역할에 따라 수평적으로 분업체계를 이루고 있으며, 명시적인 규범과 절차를 갖춘 조직화 원리"를 의미한다. 관료제의 모습에 대해서는 아래의 [그림 2-3]을 참고하자.

관료제는 막스 베버(Max Weber)에 의하여 주요 원리들이 제시된 이후, 정부와 기업 등 거대한 인력을 체계적으로 운영해야 하는 조직들에 의해 적용되어 왔으며, 공통의 목적을 달성하기 위한 효율적인 조직구조 및 운영의 방식으로 널리 받아들여졌다. 오늘날 거의 대부분의 거대조직들에서는 관료제적인 특성이 공통적으로 확인되고 있다고 해도 과언이 아닐 것이다. 관료제는 다수의 인원을 체계적으로 합리적으로 조직화하고 관리하는 데에 높은 강점을 가진다. 그리고 이러한 강점은 국가 내에서 사실상 가장

---

7) 이 부분은 권향원(2015)의 "제Ⅱ장: 반관료제의 이론과 철학"의 내용을 참조하여 작성되었다.

그림 2-3 관료제의 구조 개념도

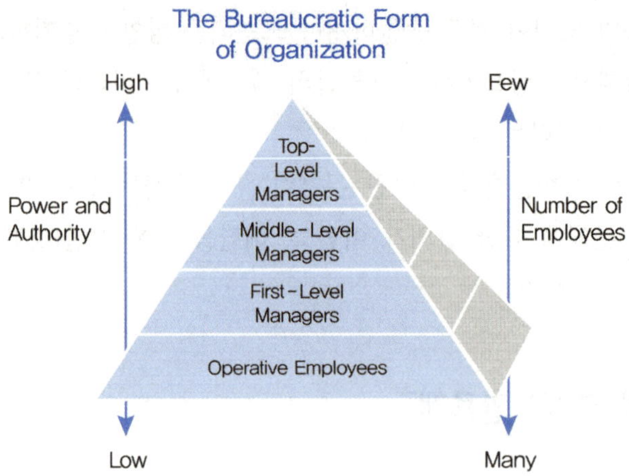

출처: Dubrin(2002: 12).

거대한 조직이라고 할 수 있는 정부조직에 있어서 특히 두드러진다고 할 수 있다. 한국의 1960~1970년대 경제개발 계획의 성공적인 수행의 한 가운데에도 관료제가 있었다고 할 수 있으며, 관료제의 효율성은 오늘날에도 지속적으로 영향을 미치고 있다고 평가할 수 있다.

그러나 오늘날 관료제는 역설적으로 무능과 부패를 상징하는 부정적인 수사로 인식되곤 하며, 이는 세계적인 현상이라고 할 수 있다. 각국에서 행정의 비능률과 무대응에 대한 시민들의 불만에 대하여, 이러한 문제들의 원흉으로 관료제가 지닌 구조적 한계가 주로 지적되어 왔기 때문이다. 이에 게이(Du Gay, 2000)라는 학자는 관료제에 대한 이러한 부정적인 인식과 정서를 통칭하여 '반관료제 정서(anti-bureaucratic sentiment)'라는 개념을 제안하기도 하였다. 이어지는 내용에서 이러한 '반료제 정서'의 개념과 내용을 살펴본다.

2) 반관료제의 이론

'반관료제 정서'란, 우리가 관료제에 대하여 갖는 다양한 부정적인 정서와 태도를 부르는 개념으로 〈표 2-2〉와 같은 이론적 유형과 내용으로 구분해 볼 수 있다.

표 2-2 반관료제의 이론적 유형과 내용

구성 차원	주요 내용	이론전통(이론가)
능률성 측면	규칙의 경직성 관료의 무행동	Merton(1957), Blau(1956), Bennis & Slater(1968)
윤리성 측면	학습된 비윤리 악의 평범성	Arendt(1963) Adams & Belfour(2004)
실존성 측면	인간의 실존 소외의 문제	Barnard(1938), Thompson(1961) Crozier(1964)
권력성 측면	국가의 도구적 지배 권위주의	Arendt(1973), Karl Marx

출처: 권향원(2015: 51).

(1) 능률성 측면

첫째, 관료제에 대한 가장 빈번하고 일반적인 비판은 '규칙의 경직성(rigidity)'과 '관료의 무행동(inertia)'으로 인하여 발생하는 비능률과 여기에서 비롯한 '조직실패'에 대한 것이다. 즉, 관료제는 구조(structure)와 과정(process)이 유연하지 못하고 딱딱하기 때문에 약한 대응성을 보이는 문제를 지닌다는 생각이다. 관료제의 구조와 과정은 본질적으로 엄격한 형식성(formality)과 규칙성(regularity)을 원리로 한다. 그런데 문제는 이러한 구조적 형식성과 규칙성이 구성원들의 행태에까지 학습으로 영향을 미치고, 이렇게 학습된 행태가 문화로 자리잡으며, 자리잡은 문화가 역으로 경직적인 규칙을 조직의 목표로 도치시키는 역전현상이 나타날 수 있다는 점이다. 더하여 이러한 역전현상은 관료제 구조와 과정 상호 간에 부정적인 환류를 야기하여 결국 조직을 실패하게 할 수 있다는 점에서 그 역기능이 있다고 할 수 있다. 이는 앞서서 살펴본, 무사안일이나 복지부동 등 소위 소극행정의 요인으로 판단해 볼 수 있다.

(2) 윤리성 측면

반관료제의 두 번째 논점은 주로 관료제의 '비윤리성'과 '악함'을 주제로 삼는 것이다. 주로 '한나 아렌트(Hannah Arendt)'와 같은 자유주의 정치철학자들이 견지하는 관점이라고 할 수 있다. 이들은 관료제가 관료개인의 윤리적 판단능력을 마비 혹은 마취시켜 관료가 개인으로서는 할 수 없을 비윤리적이고 비인간적인 행동을 무비판적으로 수행할 수 있도록 하는 조직적 충분조건으로 작용한다고 주장한다. 이 관점에 따르면, 나치(Nazzi)가 홀로코스트를 통해 수많은 유태인을 학살하였음에도 나치 내부에서 조직적인 저항과 반항이 확인되지 않는 것은 관료제가 학습된 규칙에의 복종이 개인으로 하여금 조직의 작동에 대하여 윤리적인 판단을 개입할 수 없도록 하였기 때문이라고 한다.

관련 개념 **아이히만 전범재판과 '악의 평범성(banality of evil)'**

아렌트(Hannah Arendt)는 유태인에 대한 학살이 자행되었던 홀로코스트 사태의 실질적인 책임자인 아이히만(Otto Adolf Eichmann)의 전범재판에서 그가 반사회적인 인격장애자나 광신자가 아니라 평범한 일상의 보통사람임을 목격하고 받은 충격을 바탕으로 "어떻게 이렇게 평범한 사람이 그렇게 악한 일을 저지를 수 있었을까?"라는 윤리적 질문에 대한 답을 구하였다. 이후 아렌트는 관료제와 같은 분업구조 속의 인간은 자신이 맡은 역할에 따라 시키는 일을 수행하는 기계부품처럼 행동하게 되므로, 학습된 복종과 마비된 양심을 통해 비윤리적 행위도 죄의식 없이 무의식적으로 수행할 수 있음을 통찰하였다. 그리고 이렇게 학습된 복종과 비윤리가 일상의 보통사람에게도 나타날 수 있다는 점에 착안하여 '악의 평범성'이라고 불렀다. 이후 이렇게 학습된 복종과 비윤리적 행위를 애덤스와 밸푸어(Adams & Balfour, 2004)는 관료제의 맥락에서 '행정악(administrative evil)'의 개념으로 구체화하였다.

(3) 실존성 측면

관료제는 구성원으로 하여금 비인간적이고 몰개성화된 업무로 부터의 실존적 소외와 고독, 그리고 외로움을 느끼게 한다는 논점도 참조할 만하다. 이러한 맥락에서 톰슨(Thompson, 1961)은 관료조직 내부의 인간이 소외되어 불만과 불안을 느끼는 현상을 '인간적 불안정감(personal insecurity)'이라는 개념으로 표현하였다. 유사하게 크로지에(Crozier, 1964)는 관료조직 내부의 사무적인 인간관계가 갖는 피폐함을 '몰인정성 (impersonal relationship)'이라는 개념으로 포착하였다. 앞서서 살펴본 '윤리성 측면'이 관료제의 악함을 부각하여 소위 가해자 정서를 강조한다면, 여기에서 살펴본 '실존성 측면'은 관료제 내부의 인간들이 갖는 소외와 고독을 주목함으로써 관료의 피해자 정서를 강조한다는 점에서 차이를 갖는다고 할 수 있다.

(4) 권력성 측면

마지막 논점은 지배권력이 휘두를 수 있는 지배도구로써 관료제의 특성을 강조하는 관점이며, 이를 통해 관료제의 악용가능성에 대한 부정적인 인식을 드러낸다. 이는 아렌트와 같은 자유주의적 사상가들과 더불어 마르크스(Karl Marx)류의 갈등주의 사상가들에 의해 공통적으로 견지되는 관점이라고 할 수 있다. 앞서서 살펴본 바와 같이, 관료제는 다수의 인원을 체계적이고 효율적으로 동원하고 운용하는 데에 있어서 더할 나위 없이 적정한 조직구성 원리이다. 따라서 권력을 잡은 통치자에게 있어서 관료제는 매우 우수한 도구가 된다. 여기에서 문제는 악한 통치자가 이러한 도구를 손에 쥐었을 때 나타날 수 있는 위험성이다. 심지어 이러한 악한 통치자가 만약 한 국가를 구성하는 총체적인 사회체계 및 사회조직들을 모두 관료제로 전이시켜 버리는 경우에는 사회 전체를 도구화하는 것도 가능하게 된다. 요컨대, 관료제는 사용하는 사람이 누군가에 따라 선한 도구도 악한 무기도 될 수 있는 것이다. 이를 관료제의 야누스적 양면성이라고 부를 수 있겠다.

제2절

행정의 개혁과 혁신은 어떠한 모습으로 이루어져 왔는가?

1 행정의 개혁과 혁신의 개념

행정실무에서 개혁(reform)과 혁신(innovation)은 사실 자주 혼용되어 혼동되어 사용된다고 할 수 있다. 정권에 따라 정부에 따라 면밀한 구분 없이 두 용어를 넘나들며 사용해 왔기 때문이다. 물론 양자가 "기존의 행정체제를 보다 나은 상태로 변화시킨다"는 의미의 공통성을 가지고 있는 것은 사실이다.

그러나 학술적으로 조금만 더 면밀하게 들여다보면 차이를 보이게 된다. 가령, 개혁은 "특정한 가치를 달성하기 위하여 이루어지는 의도적이고 가치개입적인 변화"를 의미하는 반면, 혁신은 "환경의 요구에 대응하기 위하여 이루어지는 단절적이고 가치중립적인 변화"를 의미한다고 할 수 있다. 즉, 개혁은 정권 등이 이념적이고 정치적인 방향성을 가지고 추진하는 계획과 시도를 뜻하며, 혁신은 환경변화에 대응하기 위하여 이루어지는 단절적인 변화와 적응을 뜻하는 것으로 정리할 수 있겠다.

이러한 의미상의 차이로 인하여, 그동안 공공부문에서는 혁신보다는 개혁이라는 용어가 좀 더 익숙하였다. 그리고 기업부문에서는 슘페터(Joseph A. Schumpeter)가 제안한 "파괴적이고 단절적인 혁신" 개념을 받아들인 기업혁신 또는 기술혁신의 중요성이 강조되었다. 그러나 한국에서는 참여정부가 '정부혁신'이라는 용어를 사용한 이후[8] 정부부문에서도 '혁신'의 개념이 점차 익숙해지기 시작하였으며, 이후 하나의 관용어로 자리잡게 된 것으로 이해된다. 이 과정에서 앞서서 언급한 바대로 행정실무에서 '개혁'과 '혁신' 사이에 놓인 선명한 구분은 다소 흐릿해졌다. 이러한 흐릿함 때문에 이 책에서는 '개혁'과 '혁신'의 용어 중 어느 것을 취사선택하기보다는 함께 사용하는 선택을 내렸다.

2 행정의 개혁과 혁신을 보는 두 가지 지향점: '성과관리'와 '거버넌스'

한국 행정에서 민주화 이후부터 이루어져 온 행정의 개혁과 혁신의 방향성으로 크게 '성과관리'와 '거버넌스'의 두 축을 제시할 수 있다.

표 2-3 성과관리와 거버넌스

성과관리	거버넌스
• '성과'와 '관리'를 연계하는 접근방법에 해당하며, 성과를 개선하기 위하여 조직 내부의 관리 및 경영을 개선하는 활동을 수반 • 조직 내부의 경영개선활동이 초점 • 효율성, 능률성, 생산성 등의 가치가 주요초점	• '조직'과 '환경'을 연계하는 접근방법에 해당하며, 조직의 의사결정이나 사업수행 과정에서 외부 참여자의 참여와 협력을 통해 의사결정 과정과 산출물의 품질을 개선하는 활동을 수반 • 조직 내·외부의 상호작용과 협력이 초점 • 대응성, 민주성, 형평성 등의 가치가 주요 초점

1) 성과관리(performance management)

(1) 성과관리의 개념

성과관리는 '성과'와 '관리'를 연계하는 접근방법에 해당하며, 성과를 개선하기 위하여 조직 내부의 관리 및 경영을 개선하는 활동을 수반한다.

8) 이전의 문민정부에서는 '행정쇄신'이 사용되었고, 국민의 정부에서는 '행정개혁'이 사용되었다. 다른 한편, 미국의 경우에는 트럼프(Donald trump) 행정부에서도 여전히 '정부개혁'이라는 용어가 사용되고 있다.

여기에서 성과는 조직이 얻고자 하는 목적이나 가치를 의미한다. 이때 조직이 의도하는 목적과 가치는 조직에 따라 서로 다르게 정의될 것이므로, 성과는 조직에 따라 서로 다르게 정의되는 특성을 갖는다. 가령, 규제를 주로 담당하는 조직에서의 성과는 조직의 효과가 잘 나오는 것이 주요한 성과일 것이고, 상품 생산을 주로 담당하는 조직에서의 성과는 상품의 생산량을 높이는 것이 주요한 성과일 것이며, 고객 응대를 주로 담당하는 조직에서의 성과는 고객의 만족도를 높이는 것이 주요한 성과일 것이다. 성과관리는 각 조직이 의도하는 이러한 성과를 명확히 정의하는 것을 출발점으로 한다.

성과관리의 관점에서는 조직이 의도하는 성과가 명확히 정의된 이후, 조직은 의도한 성과목표를 달성하기 위하여 고려할 수 있는 전략과 수단을 모색하고 고도화하는 '관리' 작업을 수행한다. 가령, 만약 "고객의 만족도를 높이는 것"이 주요한 성과로 정의된 조직이 고객의 만족도를 기존의 측정된 만족도 점수 7점에서 8점으로 최소 1점 이상 올리는 것을 성과목표로 설정하였다면, 이렇게 설정된 성과목표를 달성하기 위하여 조직은 다양한 관리개선 활동을 모색하게 된다. 가령, 친절한 고객응대를 위한 직원 매뉴얼을 구축하거나, 고객의 서비스 이용 편의성을 높이기 위하여 24시간 응대가 가능한 챗봇(chatbot)을 구축하는 등의 개선활동들을 예시해 볼 수 있겠다.

요컨대, '성과관리'는 '성과'를 정의하고, '관리'를 연계하는 활동이라고 할 수 있다. 이때 성과를 정의하는 것은 조직이 집합적으로 지향하는 목표와도 연계되므로, 성과정의 과정에서 조직의 모든 구성원이 납득하고 받아들일 수 있는 목표를 체계적으로 끌어내는 기획의 과정과 방법을 고민할 필요가 있다. 이렇게 "조직 내 모두를 고려하고 반영한 기획"을 '전사적 기획'이라고 부른다. 그리고 '관리'는 주어진 성과에 맞는 목표, 즉 성과목표를 세우고, 이를 달성하기 위한 전략과 활동을 모색하여 추진하는 것을 의미한다. 이를 위해 조직은 성과목표를 달성하기 위한 '핵심성공요인(Critical Success Factor: CSF)'을 모색하고, 각 요인의 달성 여부를 측정하기 위하여 '핵심성과지표(Key

표 2-4 성과관리의 개념도

성과	+ (연계)	관리
조직이 의도하는 목적과 가치의 정의 및 전사적 성과목표 구축		의도한 성과목표를 달성하기 위하여 고려할 수 있는 전략과 수단의 탐색, 적용, 평가, 환류
성과정의 → 성과목표	→ 핵심성공요인 →	성과지표 → 성과평가 → 환류

Performance Indicator: KPI)'를 설정하고 관리하며, 사업수행의 결과를 바탕으로 성공 요인과 개선사항 등을 도출하는 환류작용을 거친다.

성과관리는 본질적으로 "어떻게 하면 관료제의 비능률을 극복하여 개인과 팀의 성과를 개선할 수 있을 것인가?"를 고민하고, 이를 위한 체계적인 관리를 강조하는 접근에서 출발한다고 할 수 있다. 앞서서 '반관료제의 이론'을 검토하면서, 관료제의 무사안일과 복지부동 등 비능률을 언급한 바 있다. 성과관리는 이렇게 느리고 둔한 관료제를 성과를 기반으로 보다 기민하게 움직이도록 하는 데에 목표를 두고 있다고 할 수 있으며, 이를 위해 고민된 일련의 관리개선활동을 포괄하는 개념이라고 할 수 있다.

이렇게 성과관리는 성과를 높이기 위한 다양한 전략과 활동을 포함하는 광범위한 개념이다. 따라서 "이러이러한 것이 정부에서의 성과관리다"라고 일반화하여 잘라 말하기는 어렵다. 이에 한국의 정부는 이러한 모호함을 해소하고 보다 체계적인 정부업무 성과관리를 위하여 2006년 이후 「정부업무평가 기본법」에 기초한 통합 성과관리체계를 구축 및 운영하고 있다. 이에 따라 정부부문의 성과관리에 대한 공식적인 정의는 「정부업무평가 기본법」 제2조 제6호에 다음과 같이 확인된다.

성과관리의 법적 정의

'성과관리'란 기관의 임무, 중·장기 목표, 연도별 목표 및 성과지표를 수립하고, 그 집행과정 및 결과를 경제성·능률성·효과성 등의 관점에서 관리하는 일련의 활동이다(근거: 정부업무평가 기본법 제2조 제6호).

여기에서 정부업무 성과관리는 '계획', '집행·점검', '평가', '환류'가 서로 연계된 체계와 활동으로 구성된다. 이에 따라 중앙행정기관은 '성과관리 전략계획(5년 단위)' 및 '성과관리 시행계획(1년 단위)' 및 '자체평가 계획(1년 단위)'을 수립해야 한다. 그리고 계획에 따라 소관 정책 등을 스스로 평가하고, 그 결과를 정책·조직·예산·인사·보수 등에 반영하게 되어 있다.

그림 2-4 정부업무 성과관리 체계 및 절차

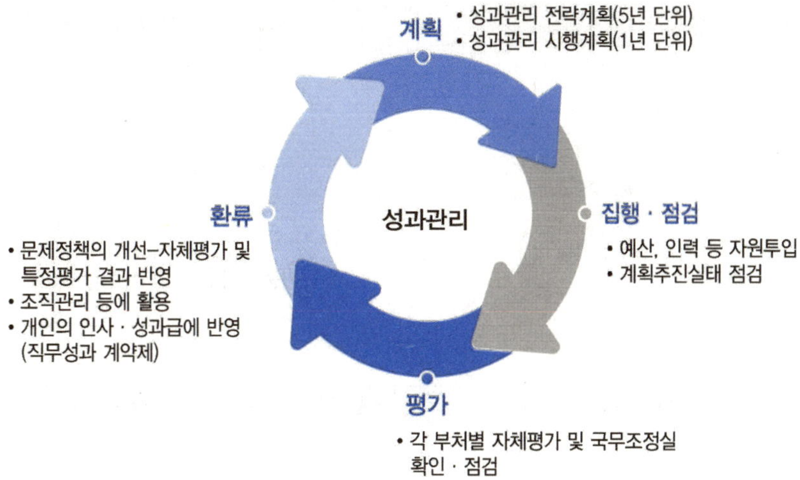

출처: 정부업무평가 홈페이지(https://www.evaluation.go.kr/web/page.do?menu_id=41).

(2) 관리개선으로서 성과관리

앞서서 성과관리는 성과(전략목표)와 관리(내부경영)를 연계하는 전사적인 활동이라는 정의를 제시한 바 있다. 이때 '성과'에 비중을 두고 바라본다면, 전체적인 기획과 계획을 수립하고, 이를 점검하고 개선하는 성과평가(performance evaluation)의 측면이 의미 있게 모습을 드러낸다. 다른 한편, '관리'에 비중을 두고 바라보는 경우, 조직의 구조, 절차, 작업방식 등에 대한 다음과 같은 개선활동들이 의미 있게 모습을 드러낸다.

첫째, 통합/협업화는 공통의 성과목표 달성을 위하여 부서 간 칸막이를 깨고 협업을 향상시키는 방식을 의미한다. 이는 업무협조와 같은 소극적인 전략에서 과감한 부서 간 통·폐합에 이르는 적극적인 전략에 이르기까지 다양한 스펙트럼을 보이는데, 공통적으로 관료제가 가지는 부서 간의 칸막이와 경직성을 완화하기 위한 개선의 노력이라고 할 수 있다. 덧붙여 최근에는 부서 간 소통과 협업을 높이기 위한 방안을 인터넷소통기술(Internet Communication Technology: ICT) 및 IT에서 찾는 모습을 보이기도 한다. IT는 네트워크를 통해 구성원의 상호작용의 내용과 품질을 증대시킬 수 있기 때문이다. 가령, 정부의 개별 민원서비스를 온라인에서 통합 연계하여 국민이 상시적으로 편리하게 이용할 수 있도록 한 '정부24', '민원24' 등의 서비스 개선활동 역시 이러한 통

그림 2-5 조직 내부관리 개선전략의 유형

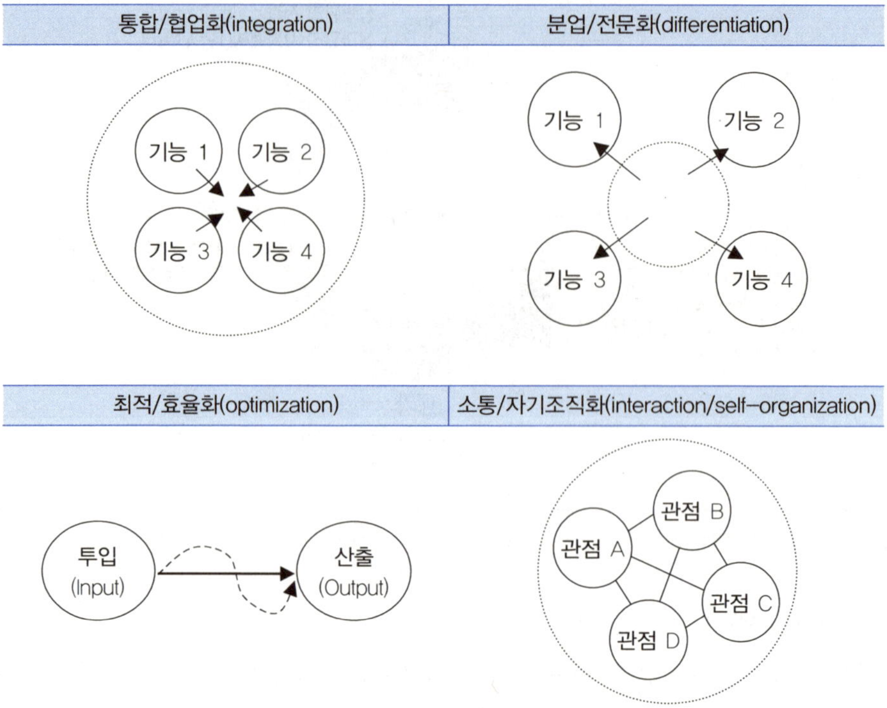

출처: 권향원(2018: 45).

합/협업화의 맥락에서 이해할 수 있다.

둘째, 분업/전문화는 조직에서 담당하는 사업들을 전문성을 기준으로 적정한 대상자에게 배분하여 사업의 효과성을 높이는 전략이다. 가령, 조직 내부에서 직접 수행하는 것보다 외부의 전문가에게 위탁하는 것이 좀 더 적절한 것으로 판단되는 사업과 서비스를 외부위탁, 즉 아웃소싱(outsourcing) 하는 전략을 예시할 수 있을 것이다. 이러한 외부위탁은 다양한 유형의 세부전략들로 구성되는 데, 관련하여 〈표 2-5〉를 참조할 수 있다.

표 2-5 외부위탁의 유형과 세부전략

유형	설명
민간위탁/ 프랜차이즈	• 민간위탁(contract-out)은 정부가 생산하던 공공서비스를 정부 대신 민간주체가 대리자로서 공급하는 형태를 의미함. 주로 정부-민간 간의 계약을 기반으로 하는 수탁사업, 공모사업, 아웃소싱(out-sourcing)의 형식으로 이루어짐 • 프랜차이즈(franchise)는 정부에서 제공하던 재화나 서비스 중에서 일부의 제공 및 운영권한을 민간에게 부여하는 것을 의미함. 이 과정에서 민간조직에게 독점적인 권한을 부여하는 경우도 있음
민간투자사업/ 프로젝트 파이낸싱	• 민간투자사업은 정부사업에 있어서 재원을 조달하기 위하여 민간의 투자를 유치하고, 사업에서 발생하는 수익을 기반으로 투자자에게 원금과 이윤을 제공하는 사업방식을 의미함. 흔히 줄여서 민자사업이라고 하며, 임대형 민자사업(BTL)과 수익형 민자사업(BTO)으로 구분됨 • 정부사업에 있어서 프로젝트 파이낸싱(Project Financing)은 정부사업에 있어서 요구 재원의 규모가 너무 커서 한 민간투자자가 투자금 전부를 감당하기 힘든 경우, 다양한 투자자가 컨소시엄(consortium)을 구성하여 자금을 조달하고, 컨소시엄 참여자가 이익을 투자금 만큼 나누어 갖는 재원조달방식을 의미함. 컨소시엄에는 공기업/공사 등이 참여하는 경우도 많음
민영화 (privatization)	• 민영화는 정부나 국가의 운영자산을 민간에게 매각하고, 이를 통해 그 운영권을 민간에게 맡기는 것을 의미함. 민간위탁과 투자사업이 정부와 민간의 협력적 작용에 해당한다면, 민영화는 정부 특정 운영자산의 민간에 대한 전적인 이양을 의미함

출처: 권향원(2018: 53-54).

셋째, 최적/효율화는 조직 내 업무의 중복, 과잉, 불필요 등 효율성을 저하시키는 요소들을 찾아 제거함으로써 업무의 부담을 경감하고, 이를 통해 구성원이 핵심 성과목표에 집중할 수 있도록 하는 전략을 의미한다.

표 2-6 조직 내 문제와 최적/효율화 해결방안

문제		해결방안
업무량과 효율성	수작업 과다 활동	자동화
	중복/과다 부문	자원 덜어내기
	검토/결재 과다	간소화
	과다한 문서	간소화 및 디지털화
	과다한 재고	품목체계화 및 정리
책임과 품질	책임소재 불명확	책임구조 설계 및 부가
	품질보증	성과목표 설정 및 관리

업무흐름과 전문성	전문성 부족	아웃소싱 혹은 자원 충원
	지연/병목 부문	자원 추가하기
	활동 간 연결/연계 미비	연계
	원하지 않는 산출물 (오류/오작)	과정 제거

출처: 권향원(2018: 55)의 수정 및 재구성.

넷째, 소통/자기조직화는 조직 내에서 유연한 상호작용과 공동학습을 가능하게 하여, 기존의 관료제적 경직성을 극복하는 새로운 아이디어와 창의성을 유도하기 위한 경영개선 활동을 의미한다. 가령, 사무실 공간에서 지정좌석제와 칸막이를 치우고, 자유석을 기반으로 자유롭게 학습하고 토론하는 '코워킹 스페이스(co-working space)'를 구축하는 등의 노력을 예시할 수 있다. 그리고 공직사회에서 학습동아리를 육성하거나, 혁신적인 아이디어를 사업화하기 위한 임시조직인 '벤처형 조직'을 육성하고자 하는 등의 노력 역시 예시할 수 있다.

2) 거버넌스(governance)[9)]

(1) 거버넌스의 개념

거버넌스는 '조직'과 '환경'을 연계하는 접근방법에 해당하며, 조직의 의사결정 과정에서 다양한 조직 외부의 참여자들이 간여하여 영향을 미칠 수 있도록 마련된 제도적 메커니즘을 의미한다. 이는 정부조직의 의사결정의 권한을 정부가 독점하지 않고, 참여와 간여에 열어둠으로써, 공공서비스에 대하여 정책고객의 수요와 필요를 반영하거나, 이해관계가 얽힌 공공정책에 대하여 갈등을 해소하고 대안을 탐색하며, 공무원이 해결하기 어려운 문제에 대해서 조직 외부의 참여자들로부터 아이디어나 전문성 등 필요한 자원을 획득하는 문제 해결의 품질을 높이는 일련의 활동들을 수반한다.

도나휴(Donahue, 2002)에 따르면, 거버넌스는 시민의 민주적인 참여와 소통을 강조하는 '숙의 거버넌스'와 공공사업에 있어서 부족한 전문성이나 재원을 보완하기 위하여 '민-관의 협력(Public-Private Partnership: PPP)'을 강조하는 '시장 거버넌스'의 두 가지 유형으로 구분된다.

---

9) 이 부분은 권향원 · 김성민 · 한수정(2017)을 참조하여 작성되었다.

표 2-7 비교: '숙의 거버넌스'와 '시장 거버넌스' 개념 구분

	숙의 거버넌스	정부관료제	시장 거버넌스
순응의 정당성	사회적 계약 (social contract)	공평무사함 (disinterested)	경제적 계약 (economic contract)
의사결정 양식	담론적 (deliberative)	법적 (legal)	협상적 (bargaining)
이해관계자 대리성	대리자 (fiduciary)	권한자 (authority)	당사자 (direct)
제도의 목적성	정당성 (legitimacy)	기술합리성 (techo-rationality)	효율성 (efficiency)
철학적 바탕	공화주의 (republican)	합리주의 (rationality)	공리주의 (utilitarian)

출처: 권향원 외(2018: 195).

여기에서 '숙의 거버넌스'는 정부 의사결정 과정에서 시민의 참여, 공론, 합의, 위임 등 민주적인 측면을 강조하는 입장으로, '신거버넌스' 혹은 '뉴거버넌스(new governance)'

표 2-8 '숙의 거버넌스'의 사례 예시

사례	내용
시민배심원제 (citizen panels)	• '시민배심원제'는 "어떠한 공적인 현안에 대하여 지원한 시민 가운데 일정 수의 패널을 선발한 후, 이들로 하여금 전문가의 강의, 자료강독, 숙의과정, 심의과정 등을 거쳐 주제에 대한 이해도와 공유도를 높인 후, 정부정책에 대한 의견을 내는 의사결정 방식"을 의미한다. • 한국의 경우, 1998년 유전자변형식품(GMO), 1999년 생명복제기술, 2004년 전력정책 등의 정책현안들을 두고 시민배심원제가 도입되어 운영된 바가 있다.
공론조사 (deliberative polling)	• '공론조사(deliberative polling)'는 "여론조사와 소규모 집단토론을 결합한 조사 방식을 통해 구성된다. 구체적으로 공론조사는 두 번 이상의 여론조사를 실시하되, 두 여론조사 사이에 소규모의 집단토론을 배치하여 주제 이슈에 대한 학습, 숙의, 토론을 수행하고, 그 결과 여론조사의 결과가 어떻게 변화하는지를 살펴보는 방식"을 골자로 운영된다. 이때 첫 번째 여론조사는 광범위 한 시민일반에 대하여 수행되며, 응답자들 중에서 집단토론 참가자를 선정하고 이들에게 소규모 집단토론을 실시한다. 토론 이후 이들 응답자들에게 두 번째 여론조사를 실시하고 첫 번째 응답과 두 번째 응답을 상호비교함으로써, 토론의 결과가 여론의 변화 추이에 어떻게 영향을 미쳤는지를 살펴본다. • 공론조사는 피시킨(James S. Fishkin)이 2011년 출간한 『*When the people speak*』라는 저서에 구체적으로 제시되어 있다. 한국의 경우, '신고리 원전 5·6호기의 가동중단 여부에 대한 의사결정을 위하여 공론조사가 도입된 바 있다.

출처: 권향원 외(2018: 192)의 서술내용을 표에 담음.

라는 개념과 맞닿아 있다(이명석, 2002). 대표적으로 〈표 2-8〉과 같은 사례들을 예시할 수 있다.

(2) 정책의 공동생산(co-production)[10]

정책의 공동생산은 거버넌스 개혁과 혁신을 현장에 적용하기 위한 방안으로 모색되고 있으며, 정부의 문제 해결 역량이 미치지 않는 소위 '맹점'에 있는 공공문제들에 대하여 현장에 가까운 행위자들의 참여와 협조를 통해 새로운 아이디어와 해결책(solution)을 찾아가는 '협력적 공공문제 접근 패러다임'을 의미한다(권향원 · 윤영근, 2020: 10).

표 2-9 정책과정상의 공동생산 구성요소 및 설명

정책 단계	구성개념	설명
기획 단계	공동기획 (co-planning/ co-commissioning)	• 정부, 이해관계자(혹은 정책대상자), 전문가가 함께 정책문제를 정의하고, '문제 해결을 위한 방향성과 방법론' 및 '대안 간의 우선순위 등을 설정'하는 것을 의미. 주로 '참여형 위원회'의 형태로 운영
	공동설계 (co-designing)	• 공공문제 해결에 대한 기존의 정형화된 해법을 극복하고, 기발하고 창의적인 대안을 모색하기 위하여 참여자들의 집단지성, 실험, 시제품화(prototyping) 등을 활용하는 것을 의미. 이 과정에서 해법설계 작업의 '공동적 성격'을 강조하는 경우 '공동설계(co-design)', 사회부문 행위자들의 혁신적 역량을 강조하는 경우 '사회혁신(social innovation)'이라고 부름. 사회혁신은 사회부문 행위자들의 지속가능한 문제 해결 역량 배양까지 포괄하는 학습적 관점
	사회혁신[11] (social innovation) 공동혁신 (co-innovation)	
집행 단계	공동집행 (co-implementation)	• 효율성 혹은 생산성의 이유에서 정부가 직접 정책과 사업을 수행하지 않고, 외부의 민간(혹은 사회)부문 행위자의 도움을 받는 것을 의미. 경우에 따라 정부의 정책과 사업을 완전히 외부 행위자에게 위탁(commission)하는 경우도 있음. 공동자금조달의 경우, 부족한 정부재원을 충당하기 위해 민간의 투자자금을 유치하는 방식이 일반적임
	공동전달 (co-delivery)	
	공동자금조달 (co-financing)	
	공동구성 (co-construction)	• 공공문제 해결 활동을 통해 사회부문에 부가적인 긍정적 영향(가치)을 적극적으로 창출하는 것을 의미. 가령, '공동설계'는 문제 해결 그 자체를 과업으로 보고 있으나, '공동창출'은 주어진 문제 해결을 모색하는 과정에서 부가적으로 창출할 수 있는 가치가 있다면, 이를 적극적으로 추구하는 것을 의미함
평가 단계	공동평가 (co-assessment)	• 정부, 이해관계자(혹은 정책대상자), 전문가가 함께 정책성과를 평가하고, 바람직한 개선안을 모색하기 위한 환류과정을 가지는 것을 의미

10) 관련하여 공동창조(co-creation)이라는 개념과도 연관성을 갖는다.

11) 사회혁신(social innovation)은 "지역사회 구성원들이 스스로 지속적인 참여와 상호작용을 통해

여기에서 거버넌스가 협력의 제도화에 초점을 두고 있다면, 공동생산은 구체적인 협력을 위한 방법과 과정에 대한 고민을 핵심 축에 두고 있다는 점에서 구분된다.

정책의 맥락에서 공동생산은 각 정책 단계별로 〈표 2-9〉와 같은 구성요소로 이루어진다고 할 수 있다.

제3절

행정의 개혁과 혁신은 역사적으로 어떻게 이루어져 왔는가?

행정의 개혁과 혁신은 역사적으로 몇 가지 패러다임의 변동을 겪어왔으며, 한국도 이러한 흐름에 영향을 받아왔다. 이러한 흐름에 대하여, 대표적으로 언급되는 패러다임들은 크게 ① 관료제 중심의 근대화, ② 신공공관리, ③ 후기 신공공관리의 세 가지로 아래와 같이 요약된다.

첫째, '관료제 중심의 근대화'는 소위 전통행정학이라고 불리우는 영역에 해당하는데, 정부조직을 관료제의 원리를 바탕으로 체계화하여 행정의 조직 인프라를 구축하는 작업을 의미한다. 오늘날에 이르러서는 관료제가 느리고 둔하다는 비판에 직면하여 개혁과 혁신의 대상으로 인식되고 있지만, 기초적인 공공인프라가 절대적으로 부족하였던 1960년대 이전의 한국에서는 '관료제 중심의 근대화'는 국가의 성장과 발전을 위하여 필수불가결한 선행요소라고 인식되었다. 이에 이러한 과업을 앞서서 달성한 미국 등의 선진국가의 관료제를 수입하고, 이를 바탕으로 전문가에 의한 위계적 조직을 구축하고 관리기법을 고도화하는 것 역시 주요한 개혁과 혁신의 방향성으로 이해되어야 할 것이다.

자기주도적으로 해결책을 모색하도록 하는 공공문제 해결 접근방식"을 의미한다. 이는 문제 해결의 주체로서 정부보다는 사회부문에 방점을 두는 분권적이고, 자기주도적인 이념을 담고 있다고 할 수 있다. 사회혁신 개념의 대두는 각 지역사회에 당면한 공공문제는 각기 다르고 다양하므로, 과거의 중앙집권적이고 일원적인 문제 해결방식의 타당성이 점차 약해지기 쉬우며, 이에 정부가 실효적으로 다루지 못하는 공공문제의 맹점(blind spot)이 커져감에 따라 현장과 가까운 지역에서 새로운 아이디어와 방법을 모색하는 것이 보다 효과적이라는 자각에서 유래한다. 현재 사회혁신 개념은 EU를 비롯한 선진국들로부터 주요한 정책의제이자 조류로서 받아들여지고 있으며, 이들 국가들은 해당 개념의 이니셔티브를 가지기 위하여 부단한 노력을 경주하고 있다(Moulaert, 2013; 김종선 외, 2016; 미우라, 2013; 성지은 · 송위진, 2017; 정병순 · 김지유, 2016 참조).

표 2-10 패러다임 변동

	관료제 중심의 근대화 (Traditional Public Administration)	신공공관리 (New Public Management)	후기 신공공관리 (Post-New Public Management)
주요 목적	• 정치적으로 제공되는 투입(inputs) • 관료제적 통제 시스템에 의해 서비스 모니터링	• 소비자의 경제성과 반응성을 보장하는 방향으로 투입·산출 관리	• 시민이 관심 있는 문제의 해결을 위한 거버넌스, 공동생산, 및 공공가치의 달성
관리자 역할	• 지침과 절차를 지키도록 감독	• 설정된 목표를 정의하고 달성하도록 지원	• 숙의와 전달 네트워크의 조정 • 숙의와 전달 네트워크를 유지하는 시스템의 역량 강화
공익의 정의	• 정치인, 전문가가 결정 • 대중의 의견은 소수임	• 개인 선호들의 합 • 소비자의 선택을 받은 정치인 또는 관리자에 의해 결정	• 투입과 기회비용에 대한 성찰적 숙의과정을 통해 도출된 개인과 대중(public)의 선호
서비스 접근 방법	• 공공부문 독점에 의한 공공서비스 제공	• 공공부문에 대한 비판과 불신(비효율성, 독과점) • 고객의 선호와 선택	• 공/사 어떤 영역도 독점적 공공서비스 제공자가 아님 • 공유 가치의 필요성에 대한 인식을 공유하고 이를 지속적으로 유지
서비스 전달 체계	• 위계적 조직 • 자기통제 (self-regulating profession)	• 사적 영역 • 공공서비스 전달 역할을 수행하는 기관(위탁기관 등)	• 실용적으로 선택된 대안들의 메뉴 • 성과 달성을 위한 개입 메커니즘에 대한 성찰적 접근
민주적 과정의 기여	• 책임성: 선출직 리더 간의 경쟁을 통해 책임성 확보	• 목표 설정: 목표를 설정하고 성과를 점검하는 과정, 수단의 선택은 관리자에게 위임	• 대화의 과정: 모든 실행과정에서 지속적으로 민주적인 피드백 과정이 필수적

출처: 한국행정연구원(2018: 11)을 수정.

둘째, '신공공관리'는 흔히 영문약어로 NPM이라고 관용적으로 표현되는 개혁과 혁신의 패러다임을 의미한다. 애초 신공공관리는 영·미 국가에서 복지국가화가 야기한 재정위기에 대응하기 위하여, '성과관리'의 철학과 원리를 정부부문에 적용하고 관리개선 측면에서 민간의 경영기법을 활용하거나 고객의 공공서비스에 대한 품질 요구에 대응성을 높이기 위한 목적에서 모색되었다. 즉, 재정위기에 대응하여 민간기업이 주로 추구하는 효율성과 생산성 등의 가치를 중시하는 정치적 관점이 반영된 접근방법이라고 할 수 있다. 한국에서 '신공공관리'는 1997년 금융위기를 계기로 정부개혁의 패러다임으로 받아들여지게 되었으며, 앞서서 살펴본 '성과관리'나 '시장 거버넌스' 등이 주요한 전략으로 활용되었다.

셋째, '후기 신공공관리'는 신공공관리 패러다임의 지나친 강조에 따라 경쟁, 효율, 고객만족만을 앞세운 결과 민주성, 형평성, 공공성과 같은 다른 가치가 소홀하게 다루어졌다는 비판을 바탕으로 대두되었다. 특히 신공공관리 패러다임을 받아들인 남미국가 등에서 과도한 민영화 등으로 인하여 정부역할의 공백이 발생하고, 이것이 오히려 시장의 붕괴나 빈곤의 증대를 야기하는 등 큰 부작용이 인식됨에 따라 대안적 패러다임에 대한 필요성이 요구되었다. 이러한 맥락에서 모색된 것이 소위 '후기 신공공관리' 패러다임으로, 이는 사실 앞서서 살펴본 숙의 거버넌스, 정책의 공동생산, 공공가치 창출 등 다양한 개혁과 혁신의 전략들을 묶어 포함하는 복합적인 개념이라고 할 수 있다.

시기별 정부의 개혁과 혁신의 패러다임은 [그림 2-6]과 같이 요약된다.

그림 2-6 시기별 정부의 개혁과 혁신의 패러다임 변동

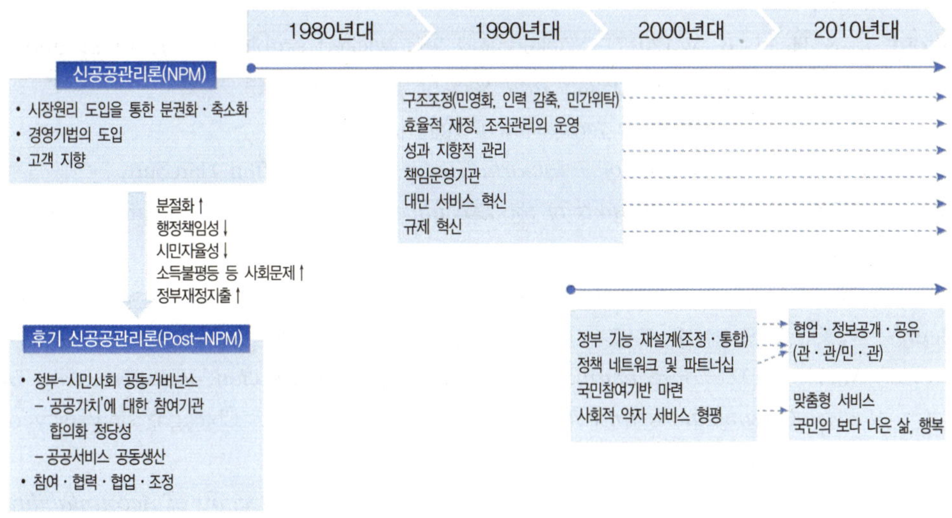

참고문헌

권향원(2015). 관료제의 이론적-철학적 변호: 반관료주의(신자유주의) 행정개혁 담론의 극복과 제언. 『정부학연구』, 21(1): 41-82.

권향원(2018). "제1절. 조직내부관리 혁신". in 한국행정연구원 발간 '국내외 교육과정 활용을 위한 정부혁신 공통교재 개발' 연구. 국립공무원인재개발원 보고서.

권향원 · 김성민 · 한수정(2017). 숙의 거버넌스의 저해요인 연구: 한국의 사례들의 메타분석. 『한국거버넌스학회보』, 24(2): 189-216.

권향원 · 윤영근(2020). 공공문제해결을 위한 '정책 공동생산(co-production)'의 개념적 이해 및 사례의 유형화 연구. 『한국사회와 행정연구』, 30(4): 1-26.

이명석(2002). 거버넌스의 개념화: "사회적 조정"으로서의 거버넌스. 『한국행정학보』, 36(4): 321-339.

한국행정연구원(2018). 국내외 교육과정 활용을 위한 정부혁신 공통교재 개발. 국립공무원인재개발원 보고서.

Adams, G. B., & Balfour, D. L.(2004). *Unmasking Administrative Evil*(Rev. ed.). M. E. Sharpe, Inc.

Alford, J., & Head, B. W.(2017). Wicked and less wicked problems: a typology and a contingency framework. *Policy and Society*, 36(3): 397-413.

Arendt, H.(1963). *Eichmann in Jerusalem*. Penguin.

Arendt, H.(1973). *The Origins of Totalitarianism*. Houghton Mifflin Harcourt.

Barnard, C. I.(1938). *The Functions of the Executive*. Cambridge, MA: Harvard University Press.

Blau, P. M.(1956). *Bureaucracy in Modern Society*. Chicago University Press.

Bennis, W. G., & Slater, P. E.(1968). *The Temporary Society*. New York: Harper & Row.

Crozier, M.(1964). *The Bureaucratic Phenomenon. An Examination of Bureaucracy in Modern Organizations and Its Cultural Setting in France*. Chicago: University of Chicago Press.

Donahue, J. D.(2002). *Market-based Governance and the Architecture of Accountability*. In J. D. Donahue & N. J. J. S.(eds.). Market-based Governance: Supply Side, Demand Side, Upside, and Downside. 1-28. Washington, D.C.: Brookings Institution Press.

DuBrin, A. J.(2002). *Fundamentals of Organizational Behavior*(2nd ed.). Australia: South-Western Thompson Learning.

Du Gay, P.(2000). *In Praise of Bureaucracy: Weber-Organization-Ethics*. Sage Publications.

Merton, R. K.(1957). *Social Theory and Social Structure*(2nd ed.). New York, NY: US: Free Press.

Rittel, H. W., & Webber, M. M.(1973). Dilemmas in a General Theory of Planning. *Policy Sciences*, 4(2): 155-169.

Stacy, R. D.(2007). *Strategic Management and Organizational Dynamics: The Challenge of Complexity*(5th ed.). Prentice Hall, Harlow.

Thompson, V. A.(1961). *Modern Organization*. New York: Alfred A. Knopf.

제3장

조직

김대건

제1절

조직의 이해: 조직을 어떻게 이해할까요?

1 조직의 개념과 그 구성요소

우리의 일상생활에 필요한 재화 및 서비스와 관련된 공공의 문제를 해결하기 위해 공공정책[1])을 형성하고 집행하는 정부의 협력적 활동이 행정인데, 그러한 행정은 정부[2]) 라는 조직을 통해서만 효율적으로 달성될 수 있다. 그렇다면 조직이란 무엇일까? 조직을 어떻게 이해해야 할까? 그 개념과 구성요소는 무엇일까?

우리는 일상의 생활에서 일시적으로 모인 사람들의 집합체를 많이 본다. 그 집합체를 관중, 군중, 관객, 승객 등등으로 표현한다. 예를 들면, 프로야구 또는 프로축구 경기를 관람하는 관중, 축제에 모인 군중, 영화를 관람하는 관객, 비행기나 열차에 탑승한 승객 등이다. 이들은 일시적으로 모인 사람의 집합체이지만 그 나름의 목표를 가지고 있다. 경기를 관람하면서 자신이 응원하는 팀이 이기기를 바라거나, 축제를 즐기거나, 특정한 목적지에 가고자 하는 목표를 가지고 있다.

하지만 관중, 군중, 관객, 승객은 어떤 일시적인 특정한 공동의 목표를 가지고 있다 하더라도, 이를 하나의 조직체로는 보지 않는다. 왜냐하면 일시적인 특정한 공동의 목표를 달성한 이후에는 사라지기 때문이다. 특정한 목표를 가지고 모였으나, 그 목표는 단순히 일시적인 목표일 뿐 '지속적인' 목표 지향성을 가진 공동의 목표를 달성하기 위한 집합체는 아니다. 이렇듯 일시적인 공동의 목표를 가진 단순 집합체는 조직이라고 할 수 없다.

반면, 특정한 목표를 달성하기 위해 어느 특정한 시기에만 활동하는 집합체가 있을 수 있다. 예를 들면, 프로젝트팀을 생각해 보자. 프로젝트팀은 조직일까? 아니면 일시적인 사람들의 집합체일까? 우리는 프로젝트팀을 조직으로 간주한다. 왜냐하면 특정한 목표를 추구하고 일시적이지만 분업과 통합의 활동체계를 갖추고 있기 때문이다.

한편, 축구와 야구의 관중이 아닌 스포터즈, 축제를 준비하는 축제 준비단, 승객의

---

1) 공공정책은 행정의 구체적인 표현물이라 할 수 있다.
2) 정부는 행정을 하기 위한 체계적인 기제이자 도구이다.

서비스를 제공하는 승무원을 생각해 보자. 이들은 단순한 일시적인 사람들의 집합체가 아닌 조직체라고 할 수 있다. 이들은 ① 특정한 목표를 지향하고, ② 2인 이상이 각자의 업무를 수행하기 위해 업무를 배분하고, ③ 분업한 업무를 통합하는 활동 체계를 가진 하나의 사회적 단위이다. 또한 ④ 어떤 목표를 달성하기 위한 역할과 기능을 배열해 놓은 정형화된 구조를 가지며, ⑤ 업무를 처리하는 과정과 절차를 가지고 있다. 그리고 ⑥ 조직에 영향을 미치는 외부환경과 끊임없이 상호작용을 하며, ⑦ 비교적 오랜 기간 동안 존속하는 특징을 가지고 있다. 이러한 조직의 구성요소를 갖춘 시스템이 바로 조직이라 할 수 있다.

그러므로 조직의 개념은 다음과 같이 정의할 수 있다. "조직은 비교적 오랜 기간 동안 환경과 지속적으로 상호작용하면서 주어진 목표를 달성하기 위하여 분업과 통합의 활동을 위한 정형화된 구조를 갖춘 2인 이상의 사회적 집합체"로 정의할 수 있다.

2 조직과 조직화

조직을 이해하기 위해서는 조직과 조직화의 차이를 이해하는 것이 필요하다. 조직화는 조직을 구성하는 과정이고, 조직은 조직화의 결과물이다. 아래의 [그림 3-1]을 보자.

특정한 공동의 목표를 추구하기 위해 모인 2안 이상의 집합체는 [그림 3-1]의 맨 왼쪽에 있는 상황과 유사하다. 이는 목표를 추구하고자 모인 집합체이기는 하나, 각자의 목표의 방향성과 목표의 크기는 다르다. 목표를 어떻게 추구해 나갈 것인지 공유된 인식이 없는 상태이다. 또한 목표를 추구한다고 하더라도 추구하는 방법도 제각각인 상태이다. 제각각 독립적으로 행동하고, 행동이 동시적으로 발생한다. 또한 제각각이기

그림 3-1 조직화 과정

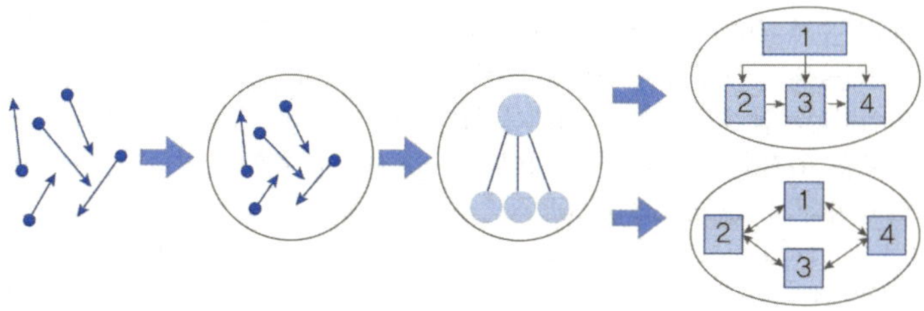

때문에 상호의존적이지 않고 비조건적이다.

이러한 상태가 위의 [그림 3-1]의 중간단계를 거치면서 상호 간 목표탐색 · 방향 설정 · 목표의 범위를 설정하는 등 조직의 경계(boundary)를 명확히 하고, 각자의 역할과 지위를 명확히 하는 등 규범화를 통해 행동 패턴을 구축한다. 그런 다음 동시적인 것을 순차적으로, 독립적인 것을 상호의존적으로, 상호 비조건적인 상태를 상호 조건부인 상태로 전환시키는 동시에 [그림 3-1]의 맨 오른쪽 상단과 같은 계층적 연결상태 또는 하단의 네트워크적 상태와 같은 조직구조를 구축한다. 이러한 일련의 과정이 바로 '조직화'의 과정이다.

그러므로 '조직화'는 조직구성원의 행동과 조직의 틀을 어떻게 구성할 것인가를 결정하는 과정이므로 '조직화'는 바로 조직설계라고 할 수 있다. 이러한 조직화의 과정 및 조직설계를 통해 어떤 형태와 특징, 실체와 틀을 가진 체계화된 구조물이 생성되고, 그 구조물 내에서 업무체계, 권한체계, 규칙과 업무 관계 등의 공식적 체계를 갖춘 가시적 · 비가시적 시스템이 만들어진다. 이것이 바로 조직이다. 조직은 조직화 과정의 결과이다(Ostrom, 1990; 윤홍근 · 안도경, 2010).[3]

제2절

조직의 이미지[4]: 조직을 어떻게 인식할까요?

우리는 막상 조직의 모습 및 조직이 무엇인지를 설명하려고 하면 막연해지곤 한다.

3) 오스트롬(Ostrom, 1990)에 의하면, "조직화의 핵심은 동시적, 비조건부적, 발생빈도 독립적 행동이 우세한 곳에 순차적, 조건부적, 빈도의존적 행동이 도입될 수 있도록 행동에 질서를 부여하는 것이다. … 우리가 어떤 공동의 목표(또는 개인의 목표)를 달성하기 위해 행동할 때 직면하는 문제는 '조직화'의 문제이다. 즉, 어떻게 하면 구성원들이 독자적으로 행동하는 상황(또는 개인이 하고자 하는 일들)을 상호조율된 전략을 채택하는 상황으로 변화시켜 보다 높은 수준의 공동이익(또는 개인이익)을 얻거나 공동의 피해를 줄일 것인가 하는 문제이다. 이렇게 하는 것이 반드시 하나의 새로운 조직을 만드는 것을 의미하지 않는다. 조직화는 하나의 과정이고 조직은 이러한 과정의 결과이다"(Ostrom, 1990: 86).

4) 조직의 이미지는 가레스 모건(Gareth Morgan, 2006)의 책 'Images of Organization'을 그대로 번역한 것이다. 제2절의 내용은 그의 아이디어와 방대한 책 내용을 참고하되, 이 절에서 서술한 내용은 저자의 언어로 재서술한 것임을 밝힌다.

그 이유는 조직은 개념적이고 추상적일 뿐만 아니라 가시적으로 보이는 실체가 아니기 때문이다. 우리는 조직을 보기 위해 노력하지만 사실상 장님과 같다. 그림과 같이 우리가 조직을 설명하고 이해하고자 하는 것은 장님이 코끼리를 만지고 난 뒤 코끼리의 모습을 설명하고 이해하려는 것과 같다고 할 수 있지 않을까?

그림에서와 같이 장님이 코끼리를 만지고 난 뒤, 코끼리를 설명하는 경우를 상상해 보자. 코끼리 전체를 보지 못하고 자기가 만진 부분만 설명하기 때문에 코끼리를 만진 부분만을 가지고 전체 코끼리의 모습을 설명하려고 할 것이다.

이와 같이 우리가 조직을 설명하다 보면 이와 같은 우를 범하게 된다. 조직은 인간이 발명한 발명품 중에서 가장 위대한 발명품 중의 하나이지만, 눈에 보이는 가시적인 실제가 아니기 때문에 그것을 인식하거나 설명하기에는 상당한 어려움이 있기 마련이다.

그러면 조직을 어떻게 설명하고 인식하면 좋을까? 은유의 방법이 있다. 즉, 'A는 B'이다 혹은 'A는 B와 같다'는 식의 은유는 이해하기 어려운 것을 쉽게 이해할 수 있는 인식의 틀을 제공한다. '조직은 ~~이다' 또는 '조직은 ~~과 같다'는 식의 은유를 활용하면 조직을 설명하고 나아가 인식하는 부분적인 틀을 만들 수 있다.

1 기계의 이미지

우리가 흔히 일상생활에서 볼 수 있는 여러 가지 기계를 생각해 보자. 기계의 어떤 이미지가 떠오르는가?

기계는 서로 맞는 부품들이 조합되어 있고, 에너지를 투입하면 주어진 기능을 하게 된다. 기계의 각 부품은 고유한 기능을 가지고 있다. 하지만 별개로 존재하면 아무런 의미가 없다. 각기 서로 다른 기능을 가진 부분이 상호연결되면 하나의 통합된 기능을 한다. 또한 기계의 부품이 망가지면 그 부분을 교체한다. 해당 기능을 하는 새로운 부품으로 교체하는 것이다. 기계는 주어진 투입물을 산출물로 전환하는 데 효율적이다.

더 정교한 기계일수록 기계적 효율성은 극대화된다.

기계로서의 조직은 조직을 기계로 간주하는 것이다. 조직의 각 부분의 기능을 따로 떼어놓으면 의미가 없지만, 각 기능을 상호연결하면 기계와 같은 효율성 있는 조직이 된다. 사람은 기계 부품처럼 교체된다. 조직의 효율성을 극대화하기 위해 사람은 하나의 부품과 같이 취급당한다. 전체를 위한 하나의 부속품에 불과하다. 기계로서의 조직은 조직구성원을 몰인간화의 관점에서 본다.

기계로서의 조직은 조직론에서 다루는 조직이론 중 기계적 효율성을 강조하는 과학적 관리론[5]과 연결될 수 있다.

2 유기체의 이미지

우리 주변 환경에서 흔히 볼 수 있는 살아있는 유기체를 생각해 보자. 조직을 하나의 유기체로 간주한다면 어떤 이미지가 떠오르는가?

유기질은 식물과 동물, 미생물까지를 포함하는 모든 생명체가 스스로 생성해내는 물질인데, 유기체는 유기질을 생성하거나 유기질을 에너지원으로 하여 생명을 유지하는 하나의 시스템이다.

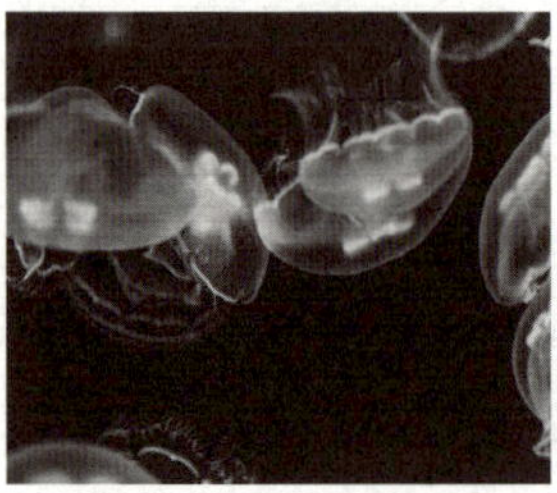
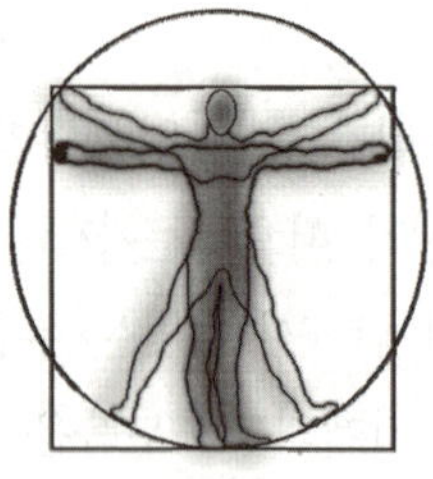

5) 1930년대 테일러(Frederick W. Taylor)에 의해 과학적 관리론이 대두되었다. 공학적 지식을 통하여 기계가 지속적으로 정교해지고 더 효율적인 것으로 발전하듯, 과학적 관리론은 지속적인 연구를 통하여 정교한 과학적 관리론으로 거듭 발전되고 있다.

유기체는 태어나고 성장한 후 쇠퇴 및 소멸하는 과정을 거친다. 이는 자연의 법칙이다. 그러므로 유기체는 필연적으로 외부환경에 영향을 받기 때문에 환경과 상호작용을 하기도 하고, 외부환경과는 별개로 유기체가 가지고 있는 자체의 다양한 기능과 자율적으로 상호작용하는 시스템으로도 볼 수 있다.

한편, 유기체는 그 자체의 욕구와 감정을 가진다. 욕구가 결핍되었을 경우 그 욕구를 충족하기 위한 다양한 활동을 한다. 또한 유기체와 유기체 간 상호의존적 관계를 형성해 나가기도 한다.

이처럼 조직을 유기체로 간주한다면, 유기체로서의 조직은 태어나고 성장한 후 쇠퇴와 소멸하는 과정을 거치며, 환경에 영향을 받기도 하고, 환경과는 별개로 자발적으로 자생할 수 있으며 진화하는 실체인 동시에 욕구와 행동을 가진 실체로 간주할 수 있다.

조직론에서 다루는 이론 중 인간관계론, 인간의 욕구와 동기와 관련된 동기부여이론, 자생조직론, 조직진화론, 조직변화론, 조직혁신론, 조직발전론, 조직환경론, 조직군생태학 이론, 시스템 이론, 카오스 이론 등이 유기체로서의 조직과 연결하여 생각해 볼 수 있다.

3 두뇌의 이미지

두뇌를 생각하면 어떤 이미지가 떠오르는지 생각해 보자. '조직은 두뇌이다'라고 은유한다면 하면 어떤 이미지가 떠오르는가?

사람의 두뇌는 감각을 통해 들어오는 각종 신호를 뉴런(neuron)과 시냅스[synapes(뉴런과 뉴런의 연결점)]를 통해 전달하고, 그 신호를 정보로 체계화하는 역할을 한다. 그리고 상황맥락에 맞는 해석을 하며 의사결정을 하는 중추적인 역할을 한다.

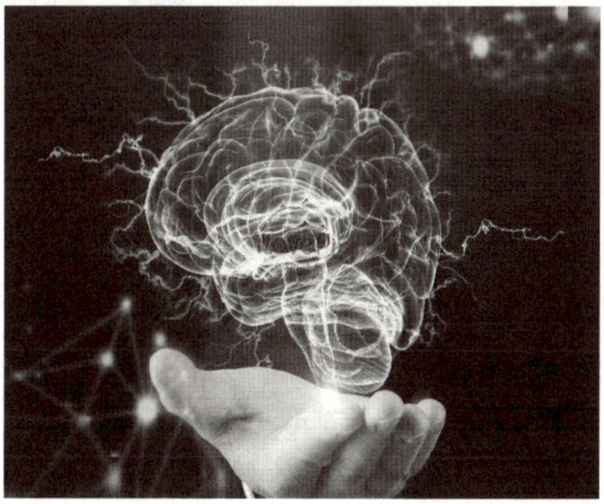

두뇌로서의 조직도 이와 같다. 조직은 각종 데이터를 분석하고 체계화하여 데이터와 데이터를 서로 연결하여 정보를 흐르게 하고, 정보를 해석하여 의사결정을 하는 체계화된 실체이다. 조직 그 자체가 정보처리 장치이다. 즉, 두뇌로서의 조직은 수평적 · 수직적 연결구조를 통하여 조직의 정보를 축적하기도 하고 전달한다. 그리고 정보를 기초로 하여 의사결정을 한다. 우리가 익히 알고 있는 인공지능(AI)도 우리의 두뇌를 그대로 모방한 것이다. 두뇌는 학습할 수 있는 능력을 가지듯이, 두뇌로서의 조직도 스스로 학습할 수 능력을 가진 실체이다.

두뇌로서의 조직은 조직론에서 다루는 조직학습론, 학습조직론, 커뮤니케이션론, 의사결정론 등과 연결하여 생각해 볼 수 있다.

4 문화의 이미지

우리는 일상생활에서 다양한 문화 속에서 살아가고 있다. 아래의 그림을 보면 어떤 것이 떠오르는가?

우리는 위의 그림이 익숙하지만, 외국인은 상당히 낯설어할 것이다. 문화는 여러 가지로 정의되지만, 일반적으로 특정한 생활 및 행동양식, 규범이나 상징체계로 정의된다. 조직을 문화 자체로 본다면, 문화로서의 조직은 조직의 독특한 성격과 행동양식, 규범과 상징을 가진 것으로 이해할 수 있다. 그러므로 우리가 접하는 조직은 조직마다 그 자체의 독특한 성격과 행동양식이 있고, 조직 간 성격과 행동양식이 모두 다르다는 것을 알 수 있다.

조직론에서 다루는 조직문화론은 문화로서의 조직과 연결하여 생각해 볼 수 있다.

5 정치의 장(場)의 이미지

투우 경기장과 같이 다양한 이해관계, 갈등, 권력의 다투는 정치의 장을 생각해 보자. 어떤 이미지가 떠오르는가?

정치의 정의는 다양하지만, 일반적으로 다양한 갈등과 이해관계를 조정하기 위한 기제로 본다면, 정치의 장(場)으로서의 조직은 다양한 갈등과 이해관계자들이 모인 집단들의 실체로 볼 수 있다. 희소한 자원을 쟁취하기 위한 정치의 장(場)으로서의 조직은 희소한 자원을 획득하기 위한 경쟁의 장과 같이 생각해 볼 수 있는 것이다.

조직론에서 다루는 갈등관리이론, 리더십, 조직정치이론 등이 정치의 장(場)으로서의 조직과 연결된다.

6 감옥의 이미지

감옥을 상상해 보자. 어떤 이미지가 떠오르는가? 어떤 특정 공간에 갇혀 있는 우리를 상상해 보자.

감옥은 인신을 가두는 두는 곳이다. 감옥은 스스로 헤어나오기가 쉽지 않은 구조를 가지고 있다. 감옥은 어둡다. 욕망을 억제해야 한다. 자발적 동기가 생겨나지 않는 곳이

다. 벗어나고 싶지만 삼엄한 감시가 있는 곳이다. 또한 지배와 통제가 있는 곳이다. 감옥은 권력에 순응해야 하는 공간이다. 삼엄한 통제가 이루어지고, 자유롭지 못한 곳이다.

사람이 감옥이라는 공간과 그 감옥의 관리 규정을 만들었지만, 사람이 감옥에 갇히면 일정한 행동과 생각뿐만 아니라 의식과 무의식까지 역으로 지배당한다.

위와 같이 사람들은 조직을 만들고, 그 조직의 관리 규정, 운영방법, 조직의 상징물, 조직의 이미지 등을 만들었지만, 역으로 조직구성원들은 그것에 의해 스스로 조직 속에 갇히게 되는 상황을 만들기도 한다. 그런 상황에서는 조직 그 자체가 지배의 수단이 되고, 조직구성원은 심리적으로 조직 속에 갇힌 상태가 되며, 인간이 창조한 조직에 의해 지배당한다. 조직은 조직구성원의 행동, 태도, 생각, 의식과 무의식을 통제하는 독자적인 힘을 가지고 일정한 통제력을 행사한다. 조직구성원들은 스스로 갇히게 되는 것이다.

심리적 감옥으로서의 조직은 조직 자체가 가지고 있는 구조, 규칙, 행동, 신념, 문화, 관행과 같은 조직적 현상에 의해 조직구성원들은 영향을 받게 되고 그 속에 갇히게 된다는 의미를 생각할 수 있게 한다.

조직론에서 다루는 조직행태론(조직심리학), 조직문화론, 조직병리학, 조직 스트레스 관련 이론, 관료제도론 등이 심리적 감옥으로서의 조직과 연결된다.

제3절

조직구조: 조직의 틀을 어떻게 이해하면 되나요?

1 조직구조의 개념

조직구조(organizational structure)는 "주어진 조직의 목표를 달성하기 위해 필요한 역할을 배열해 놓은 정형화된 양식"(김대건 외, 2020: 328) 또는 "조직구성원 또는 하부

그림 3-2 피라미드형 조직도(표) 및 조직구조의 예시

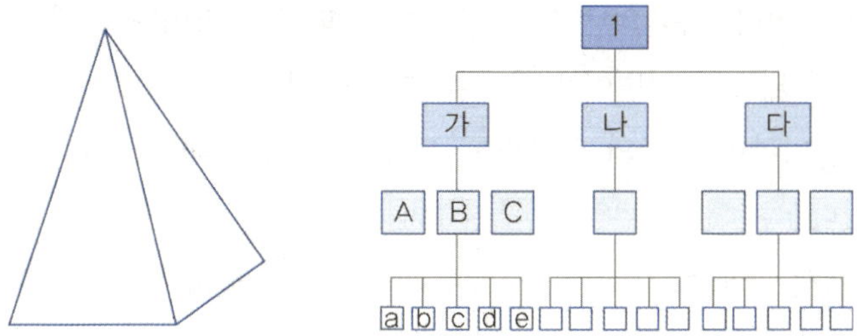

단위들 간의 유형화된 상호관계나 활동을 의미"(김대건 외, 2020: 34)로 정의할 수 있다. 그러므로 조직구조를 이해하면 조직 그 자체를 이해할 수 있다.

하지만 조직구조를 이해하는 틀과 관점은 매우 다양하다. 왜냐하면 조직구조는 가시적 측면과 비가시적 측면이 있기 때문이다. 조직은 추상적인 실체인 동시에 구체적인 실체이기 때문이다. 먼저, 조직구조의 가시적인 측면을 살펴보자.

어떤 조직이든 그 조직의 구조는 조직도(표)로 가시화될 수 있다. 조직의 구체적인 실체는 조직도(표)로 구체화된다. 조직도(표)는 "조직의 비공식적인 활동, 조직 내부에서 작동되는 권력구조, 갈등구조, 조직 정치적인 구조는 보여주지 못한다"(김대건 외, 2020: 328)고 하지만, "조직 전체의 활동과 과정, 조직의 다양한 부문 간의 상호연계, 각 직위와 부서 간의 구성 체계"(김대건 외, 2020: 328)를 보여준다.

조직구조는 첫째, "계층의 수, 관리 감독의 폭 등 공식적인 보고체계", 둘째, "개인을 부서로, 부서를 전체 조직으로 집단화", 셋째, "부서 간 효과적인 의사소통, 조정, 통합"(Daft, 2021: 106)을 통해 수평적, 수직적 측면의 조직화를 통해 구축된다. 첫째와 둘째는 조직의 수직적 구조의 틀과 관련된 것이며, 셋째는 조직구성원 및 부서 간 수평적인 상호작용의 틀과 관련된다. 위의 [그림 3-2]를 이해하기 위해 통솔의 범위, 수직적 구조, 수평적 구조를 알아본다.

2 통솔의 범위

통솔의 범위(span of control)란 "관리 범위 및 통제의 범위"(김대건 외, 2020: 330)

이다. 통솔의 범위는 관리 감독의 폭이다. 한 관리자에게 보고하는 부하 직원의 수이므로 부하 직원의 수로 측정할 수 있다(김대건 외, 2020). 통솔의 범위는 조직구조의 형태와 밀접한 관련이 있다. 통솔의 범위가 좁으면 가파른 피라미드 형태의 조직구조가 되고, 통솔의 범위가 넓으면 저변이 넓은 피라미드 형태의 조직구조가 된다. 또한 통솔의 범위는 관리자와 비관리자 간의 의사소통, 업무의 조정과 배분, 관리와 통제 등의 문제와 관련되어 있다.

[그림 3-2]에서 네모는 각 조직구성원, 라인은 상사와 부하 간의 지휘와 통제와 관련된 보고라인이라 할 수 있다. 통솔의 범위의 관점에서 보면, '네모 1'의 경우는 '가・나・다' 세 명을 통솔한다. 즉, 네모 1의 통솔의 범위는 1 : 3이 된다. '네모 가'의 경우도 마찬가지이다. '네모 B'의 경우는 a・b・c・d・e 다섯 명을 통솔한다. '네모 B'의 통솔의 범위는 1 : 5가 된다.

3 수직적 구조

수직적 구조는 수직적 연결(vertical linkage), 권한계층, 수직적 분화와 관련이 있다. 수직적 연결은 수평적 연결과 달리 조직의 상위계층과 하위계층 간 업무의 보고와 활동을 조정하고 통제하기 위한 연결이다. 수직적 연결은 통제가 일차적 목적이지만 조직 전체의 목표와 조직 상층부의 전략을 일관성있게 추진해나가기 위한 연결이기도 하다. [그림 3-2]를 보면, '네모 1' → '네모 가' → '네모 B' → '네모 a'로 이어지는 수직적 연결을 볼 수 있다. 수직적 연결을 통해 유사한 업무로 묶인 직무 단위들을 상위계층에서부터 하위계층까지 연결되어 있는 것이다. 수직적 분화는 바로 수직적으로 연결하면서 유사업무로 묶인 직무 단위를 더 세분화하는 것을 의미한다.

수직적 구조는 권한계층의 수로 측정되는데, 권한계층은 의사결정 단계 또는 보고단계라 할 수 있다(김대건 외, 2020). [그림 3-2]를 보면, '네모 a' → '네모 B' → '네모 가' → '네모 1'로 이어지는 의사결정 단계 또는 보고 단계를 볼 수 있다. 수직적 구조의 관점에서 보면, [그림 3-2]는 수직적으로 4계층의 수직적 분화가 되어 있고, 의사결정 및 보고 단계는 3단계를 가지고 있다.

4 수평적 구조

수평적 구조는 수평적 연결(horizontal linkage), 수평적 분화와 관련이 있다. 수평적 연결은 부서 간 의사소통과 조정, 정보 공유와 협력을 의미한다. [그림 3-2]에서 보면, '네모 가'-'네모 나'-'네모 다' 간의 연결이 수평적 연결이다. 이들 세 명은 일반적으로 같은 직급을 가지고 있으며, '네모 1'의 지휘를 받으며, 상호 의사소통을 통하여 각 부서 간의 업무를 조정하고, 정보를 공유하고 협력을 통하여 일을 처리한 뒤, '네모 1'에 보고하게 된다.

수평적 분화는 업무의 분업화, 전문화, 부문화를 통하여 수평적으로 분화시키는 것을 의미한다. 즉, 조직의 업무 중에서 유사하고 관련된 개별 업무를 묶어 하나의 직무 단위로 묶어 수평적으로 배열해 놓는 것이다. 일반적으로 "수평적 분화의 정도는 수평적으로 동일 직급의 부문화의 수"로 측정된다.

[그림 3-2]에서 보면, 네모 가-나-다, 네모 A-B-C, 네모 a-b-c-d-e는 이미 언급한 바와 같이 각각 수평적 연결되어 있는 동시에, 각 개별 업무를 묶은 하나의 직무 단위들을 수평적 분화시켜 놓은 것이라 할 수 있다. 예를 들어, '네모 가'를 인사실(국, 과), '네모 나'는 기획조정실(국, 과), '네모 다'를 정보관리실(국, 과)이라고 한다면, 인사업무-기획조정업무-정보관리와 관련된 업무를 직무 단위로 묶어 수평적으로 분화시켜 배열한 것이라 할 수 있다. [그림 3-2]는 4계층이 있고, 각 계층별로 수평적 분화가 되어 있다.

제4절

조직행태: 조직구성원의 행동과 태도를 어떻게 이해할까요?

1 조직행태의 개념

조직이론은 크게 조직구조론와 조직행태론으로 나눌 수 있는데, 조직구조론과 관련된 내용은 앞에서 설명하였다. 조직행태론은 흔히 OB(organization behavior)로 부른다.

조직행태란 조직구성원의 행동과 태도를 말하며, 조직행태론은 조직구성원의 행동과 태도를 과학적으로 체계화하여 효율적으로 관리하고 이해하기 위한 이론이다. 조직행태론은 1910년대의 산업심리학과 1920~1930년대의 인간관계론에서 그 기원을 찾기도 한다(김대건 외, 2020). 1950년대에는 행태주의에 영향을 받아 조직행태연구의 과학성이 강조되었고, 1960~1970년대에 학문 분야로 체계를 갖추었다.

2 조직의 문제는 사람의 문제

조직의 구성요소 중의 하나인 사람은 조직의 모든 면에서 가장 중요하다. "시공을 초월해 조직의 성과를 결정짓는 가장 중요한 변수는 사람이고, 조직의 문제는 사람의 문제"(김대건 외, 2020: 18)라고 하듯이 조직의 기능적 활동, 실질적 운영, 그리고 조직의 성과는 조직구성원들에 의해 좌우된다.

3 조직행태론의 학문적 성격

조직행태론에서 다루는 이슈는 개인의 의사결정에 큰 영향을 미치는 지각과 다양한 지각의 오류, 직무만족에 영향을 미치는 각 조직구성원의 성격과 태도, 조직생산성과 관련되는 결근율, 이직률, 직무만족, 스트레스, 갈등(개인 및 조직 간 갈등, 업무 갈등 등), 조직구성원의 개인 능력 이외 일하고자 하는 동기, 교육훈련을 통한 학습, 조직구성원을 조직이 바라는 바람직한 방향으로 유도할 수 있는 능력인 리더십, 조직 내의 의사소통, 조직구성원의 욕구와 행동의 강화 등이다.

이렇듯 조직행태론은 조직 내의 사람의 문제를 실천적으로 찾고자 하는 분야이다. 또한 위의 이슈들을 분석하기 위해서는 다양한 학문적 접근이 필요하다. 조직행태론은 심리학, 사회학, 인류학, 경제학 등으로부터 지적 도움을 많이 받았다. 그렇기 때문에 조직행태론은 학제적 성격과 실천적 지향성을 갖고 있다.

4 동기부여

개인의 성과는 개인의 능력과 동기부여의 합(合)이다. 만약 개인의 능력이 동일하다는 전제를 둔다면, 개인의 성과는 동기부여에 의해 결정된다. 개인이 어떤 이유로 일을 하는가는 동기부여 수준을 결정하는 중요한 요소이다.

동기부여이론은 크게 내용이론과 과정이론으로 나뉜다. 내용이론은 인간의 기본적인 욕구와 그 욕구를 이해하는 데 초점을 둔다. 과정이론은 동기부여가 어떤 과정에 의해 결정되는가에 초점을 둔다. 내용이론에는 매슬로우(A. H. Maslow)의 욕구단계론, 허즈버그(F. Herzberg)의 2요인 이론, 맥클리랜드(D. McClelland)의 성취동기 이론 등이 있다. 과정이론은 브룸(V. H. Vroom)의 기대이론, 로크(E. A. Locke)와 레이덤(G. P. Latham)의 목표설정이론, 애덤스(J. S. Adams)의 공정성 이론 등이 있다.

5 공공봉사동기(공직동기이론)

기존의 동기부여이론은 조직 내 개인(조직구성원)의 동기에 초점에 두었지만 공공봉사동기(public service motivation: PSM)는 공익을 위한 공무원의 이타적이고 선한 동기 및 공공조직을 선호하거나 공적인 일을 하고자 하는 특수한 내적 동기에 초점을 둔다. 그러므로 공공봉사동기는 공공성을 높이고 사회 안녕에 기여하고자 하고, 다른 사람을 위하여 선행을 하고자 하는 동기로 정의할 수 있다(Perry & Hondeghem, 2008; 김대건 외, 2020에서 재인용).

〈표 3-1〉과 같이, 페리와 와이즈(Perry & Wise, 1990)는 공공봉사동기는 합리적(rationl), 규범적(normative), 감성적(affective)의 세 가지 동기(motive)가 있음을 제안하

표 3-1 공공봉사동기의 세 가지 유형

동기	개념	특징
합리적 동기	• 공익을 추구함으로써 자신의 이익도 극대화하려는 동기	• 특정한 정책형성에 참여 • 특정 이익관계에 대한 강한 지지
규범적 동기	• 개인이 공공의 이익과 국가에 충성하고 사회 정의를 달성하고자 하는 동기	• 공익봉사의 욕구 • 사회적 형평 추구 • 공익을 실현하기 위한 공공서비스와 시민정신의 강조
감성적 동기	• 다른 사람을 돕고자 하는 이타성과 관련된 동기	• 다른 사람과 상호작용 • 자신을 희생하고 남을 돕고자 하는 의지 • 선의의 애국심

였다. 각 동기(motive)의 특징은 〈표 3-1〉과 같다.

공공봉사동기에 대한 연구(김태호 · 노종호, 2010; 류종용 · 이창원, 2016; 오화선 · 박성민, 2014; 최낙범 · 전대성, 2016)를 보면, 공공조직에서는 공공서비스 동기가 개인의 성과나 직무만족에 많은 영향을 미친다. 공공봉사동기가 높은 공무원은 자신의 업무에서 의미를 찾고 보다 몰입하며, 혁신적인 아이디어를 내는 경향이 있다. 또한 공공봉사동기가 높은 공무원은 조직 내에서 의미를 찾고, 외적 보상보다는 내적 보상을 더 중요시한다(김대건 외, 2020).

제5절 조직환경의 이해: 조직환경이 왜 중요할까요?

1 조직환경의 개념

조직을 폐쇄시스템으로 보는 측면도 있으나, 현대 조직이론에서는 일반적으로 조직을 개방시스템으로 본다. 그러므로 조직과 환경은 밀접한 관계를 가지고 있으며, 환경은 조직에 상당한 영향을 미친다.

조직환경이란 조직의 경계 밖에 존재하면서 조직에 직 · 간접적, 실제적 · 잠재적으로 영향을 미치는 여러 요인을 의미한다. 오늘날의 조직환경은 너무 복잡다단(複雜多端)하고 불확실하기 때문에 조직환경의 이해와 그에 대한 대응은 매우 중요하다.

2 일반환경

조직을 둘러싼 환경은 일반환경과 과업환경으로 나눌 수 있다. 일반환경은 모든 조직에 해당되는 거시적인 외부환경이라고 할 수 있다. 예를 들면, 외부환경은 사회문화적 환경, 경제적 환경, 정치적 환경, 기술적 환경, 국제적 환경 등이다. 이들 환경은 조직에 잠재적이고 간접적으로 영향을 미치는 경우가 많다.

그림 3-3 조직에 영향을 미치는 조직환경

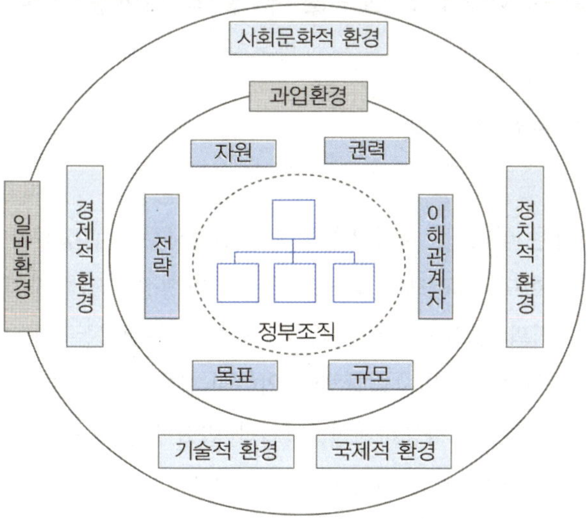

3 과업환경

과업환경은 외부환경보다 더 직접적이고 실제적으로 영향을 미치는 것들이다. 조직 내부의 각종 자원, 전략, 목표, 규모, 권력, 이해관계자 등이 과업환경이라 할 수 있다. 조직 내부의 각종 자원은 인력, 물적자원(특히 예산), 기술자원(조직기술), 정보자원(조직정보) 등으로 조직목표를 달성하기 위한 투입물에 해당된다. 조직권력은 관리자 또는 상급자가 공식적 · 비공식적으로 부여하는 힘(권력, power)을 바탕으로 하고자 하는 것을 관철시키는 능력이므로, 이는 조직의 업무와 과업에 상당한 영향을 미치게 된다. 조직의 이해관계자는, 정부조직의 경우, 입법부, 사법부, 시민, 시민사회 단체, 이익단체, 시장 등을 말한다. 이러한 이해관계자는 조직의 업무 및 과업수행에 많은 영향을 미친다. 조직의 전략과 목표도 조직의 업무와 과업에 상당한 영향을 미친다. 조직의 전략이 수정되면 조직의 업무와 과업의 정도와 범위도 변화하게 된다. 물론 조직의 목표가 변화하면 조직의 업무와 과업이 변화할 것이라는 것을 상식적으로 유추할 수 있다. 조직의 규모도 조직의 업무와 과업에 영향을 미친다. 즉, 조직의 규모가 소규모이냐 아니면 대규모이냐에 따라 조직의 업무와 과업의 범위 및 운영방식도 달라질 수 있다.

제6절

정부조직: 조직으로서의 정부를 어떻게 이해할까요?

1 정부와 정부구조의 이해

공공조직이라 함은 국가 및 지방자치단체의 행정사무를 관장하기 위하여 설치 · 구성된 모든 조직을 말한다. 그러므로 공공조직은 국가행정조직과 자치행정조직, 중앙행정조직 · 지방행정조직과 광역 · 기초자치단체를 모두 포괄하는 개념이라 할 수 있다. 하지만 개인 소유인 회사와 시민사회단체에 의하여 운영되는 비영리기관인 민간조직과 구별하기 위하여 공공조직을 사용하지만, 헌법과 법률에 근거한 정부와 지방자치와 관련된 행정사무를 관장하는 조직, 이른바 정부조직을 국가행정조직 · 자치행정조직, 중앙행정조직 · 지방행정조직 · 지방자치단체 · 특별지방자치단체, 중앙행정기관 · 합의제행정기관, 부속기관 등으로 구분하여 명확히 이해할 필요가 있다.

우리나라 정부의 기본적 구조는 헌법에 명시되어 있는 정부 구성에 관한 내용에 의해 결정된다. 정부의 개념은 다양하게 정의되는데, 정부는 첫째, 행정부는 물론 입법부 · 사법부 기타 모든 국가 기관을 총망라한 국가의 통치기구 전체를 의미하고, 영어의 "Government"가 이에 해당된다. 둘째, 국가의 정치기구 중 입법부 · 사법부를 제외한 집행부, 즉 행정부만을 의미하고 영어의 "Executive"가 이에 해당된다. 셋째, 행정부 중에서도 행정의 실권자, 즉 미국식 대통령제 국가에서는 대통령을, 영 · 불식(英佛式) 의회제 국가에서는 행정의 실권을 가지는 내각의 총리를 의미하기도 한다.

넓은 의미의 정부로 본다면, 우리나라 헌법 제3장의 국회, 제5장의 법원도 포함되지만, 우리나라 헌법상의 정부는 제4장의 정부로 이해하여야 한다.

헌법 제4장에 언급된 정부는 제1절 대통령과 제2절 행정부로 나누고, 그 각각의 역할을 제시하고 있다. 그러므로 우리나라의 정부는 위에서 언급한 정부의 개념 중 두 번째와 세 번째에 해당된다고 볼 수 있다. 국민이 직접 선출하는 대통령(제4장 제1절)[6]과 행정부(제4장 제2절)로 구분되어 있다.

6) 대통령은 외국에 대하여 국가를 대표하는 국가원수이며 행정부의 수반의 지위를 갖는다.

2 국가행정조직

헌법상의 행정부(헌법 제4장 제2절)는 대통령을 보좌하는 국가행정조직이다. 국가행정조직은 헌법에 근거한 정부조직법에 의해 설치 및 구성된다. 국가행정조직은 중앙행정조직과 지방행정조직[7]으로 나누어진다. 중앙행정조직은 중앙행정기관 및 그 부속기관[8]과 합의제 행정기관으로 나누어진다. 정부조직법 제2조에 의하면, 중앙행정기관은 부·처·청과 법률에 의해 설치된 '방송통신위원회', '공정거래위원회', '국민권익위원회', '금융위원회', '원자력안전위원회' 등과 같은 위원회형 중앙행정기관과 '행정중심복합도시건설청', '새만금개발청'이다.

[그림 3-4]는 중앙행정기관과 합의제 행정기관, 대통령비서실, 대통령 경호처, 국가안보실, 감사원·국가정보원·국가인권위원회·고위공무원범죄수사처와 개인정보보호위원회가 포함된 현재의 정부조직도이다. [그림 3-4]의 정부조직도상에 있는 기관의 관할권은 전국이다.

정부조직법에 의하면, 국무총리는 대통령의 명을 받아 각 중앙행정기관의 장을 지휘·감독한다(정부조직법 제18조). 국무총리실 소속으로 '처'(예: 국가보훈처, 인사혁신처, 법제처, 식품의약안전처)를 둘 수 있다. 또한 행정각부(예: 기획재정부, 행정안전부, 법무부 등)는 대통령의 통할 하에 있으며, 소속기관으로 '청'(예: 검찰청, 경찰청, 통계청 등)을 둘 수 있다.

한편, [그림 3-3]과 같이 정부조직도에 있는 감사원은 대통령 소속기구로 되어 있으나 직무는 독립된 지위를 가지고 있다. 국가인권위원회는 입법부·사법부·행정부 어디에도 소속되지 않는 국가기구이다. 이 위원회는 누구의 간섭이나 지휘를 받지 않고 국가인권위원법에 정해진 업무를 독자적으로 수행하는 독립기구이다. 고위공직자범죄수사처는 그 권한에 속하는 직무를 독립하여 수행한다.

---

7) 지방행정조직은 정부조직법 제3조의 특별지방행정기관을 말한다. 지방행정조직과 자치행정조직은 다르다. 이 둘은 법령상 중앙과 대비되는 지방의 당해 관할권은 갖는다는 것은 동일하지만, 지방행정조직(특별지방행정기관)은 당해 관할 구역 내에서 시행되는 업무의 관련성이나 지역적인 특수성에 따라 중앙행정기관의 권한에 속하는 행정사무를 관장하는 국가의 지방행정기관이다. 예를 들면, 각 지방에 있는 병무청, 고용노동청 등이다. 반면, 자치행정조직은 지방자치단체와 특별지방자치단체를 말한다.

8) 정부조직법에 의하면, 부속기관은 시험연구기관, 교육훈련기관, 문화기관, 의료기관, 제조기관 및 자문기관 등을 말한다.

그림 3-4 정부조직도

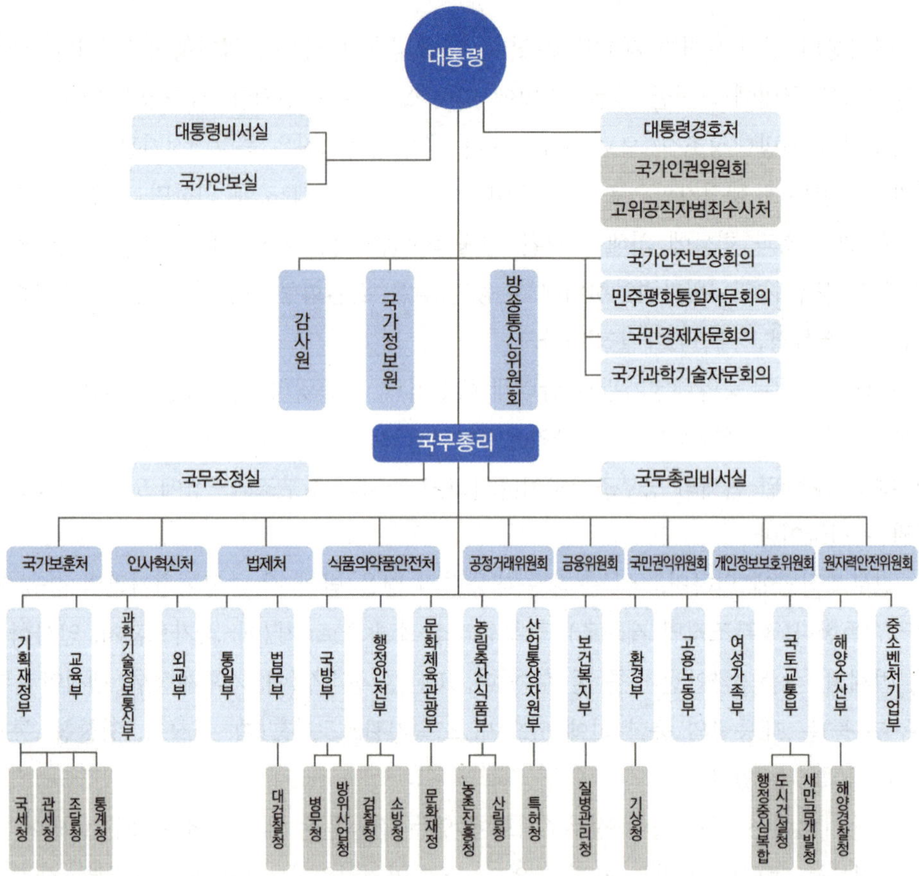

출처: 대한민국 정책브리핑(https://www.korea.kr/introduce/deptIntroduce.do).

그러므로 국가인권위원회와 고위공직자범죄수사처는 '독립'중앙행정기관이라고 한다. 두 조직은 정부조직도상에 표시가 안 되어 있거나, 정부조직도상에 있다고 하더라도 지휘 및 보고 라인을 표시하지 않는다. [그림 3-4]를 보면, 조직도상에 표시는 되어 있으나 지휘 및 보고 라인을 표시하지 않고 있다.

3 자치행정조직

국가행정조직에 대비되는 자치행정조직은 헌법 제8장에 명시되어 있는 지방자치와 관련된 지방자치법에 근거하여 광역 및 기초자치단체와 특별지방자치단체로 나뉜다. 특별지방자치단체는 지방자치법에 따라 2개 이상의 지방자치단체가 공동으로 특정한 목적을 위하여 각 자치단체의 관할권을 넘어 사무를 처리하기 위해 설치한 지방자치단체를 말한다. 지방자치단체조합과는 달리 특별지방자치단체 자체의 자치의회가 설치되고 특별지방자치단체의 단체장을 선출한다.

4 정부조직의 특성[9]

정부조직과 민간조직은 앞에서 설명한 '조직의 개념과 그 구성요소'의 측면에서 보면 공통점을 가진다. 조직의 구성 원리, 조직의 운영과 관리의 기본원칙 등은 동일하겠지만, 정부조직과 민간조직은 사소한 것만 동일하고, 거의 모든 부분에서 차이가 있다.

우선 권한과 권위의 관점에서 보면, 정부조직은 민간조직보다 훨씬 더 높고 강한 권한을 행사할 수 있으며, 타인의 행동을 제약할 수 있는 강제력을 행사할 수 있는 공식적인 권위를 가지고 있다. 또한 정부는 독점적 지위를 가지고 있기 때문에 민간조직과 달리 경쟁에 대한 압박이 상대적으로 낮다.

기능의 제약성 측면에서, 정부조직은 민간조직보다 더 많은 법적 제약성이 있다. 민간조직에 비하여 입법부와 사법부의 외부통제를 받기 때문에 법적인 규정에 의존하려는 경향이 훨씬 높다. 그리고 정부의 기능은 국민에 대한 대응성과 책임성이 민간조직보다 훨씬 높다. 기능과 관련된 내부 구조와 과정의 경우, 정부조직은 민간조직에 비하여 훨씬 모호하고 다양한 목표를 가지고 있기 때문에 목표를 측정하기 어렵고 목표 간 갈등이 훨씬 많다.

조직의 영속성과 안정성 측면에서 보면, 민간조직보다 정부조직의 업무는 우선적으로 법에 근거를 둔 업무이기 때문에 훨씬 더 안정적이다. 또한 정부는 민간조직보다 높은 영속성을 가지고 있다. 국가가 없어지지 않은 한 정부는 존재하기 때문이다. 반면,

9) 공공조직의 특성으로도 볼 수 있다.

정부조직은 국가부도와 같은 극단적인 파산의 상황이 오더라도 국가가 없어지지 않는 한 정부는 존재하기 때문에 파산으로 인해 조직이 소멸된다는 위험성에서 비교적 자유롭다. 그러므로 효율성을 추구하고자 하는 강력한 유인체계가 민간조직보다는 낮을 수 밖에 없다. 이러한 정부조직의 특성이 정부조직의 변화와 혁신의 추구, 행정서비스의 질이나 효율성을 향상을 어렵게 만드는 요인이 된다.

자원의 확보 측면에서 보면, 첫째, 공무원의 선발과 임용 및 배치가 민간조직보다 훨씬 더 높은 수준의 공정성을 확보하여야 한다. 또한 정부조직의 구성원인 공무원은 민간조직의 조직구성원보다 신분보장의 정도가 훨씬 높다. 이는 공무원의 신분보장은 헌법에 규정되어 있기 때문이다. 둘째, 물적자원인 예산의 경우, 정부조직의 예산은 국민의 세금이기 때문에, 민간조직보다 예산의 사용에 대한 감시와 통제의 정도가 높고, 투명하게 공개해야 하는 의무를 가지고 있다. 기타 정보자원과 기술자원을 확보하는 것도 정부조직이 민간조직보다 투명성과 책임성, 합법성과 민주성 등과 같은 가치를 훨씬 더 높게 고려하여야 한다.

참고문헌

김대건 외(2020). 『행정과 조직행태』. 고양: 대영문화사.

김태호 · 노종호(2010). 공공봉사동기가 조직구성원의 혁신행동에 미치는 영향에 관한 연구. 『행정논총』, 48(3): 143-168.

류종용 · 이창원(2016). 우리나라 공무원의 변혁적 리더십, 거래적 리더십과 공공봉사동기가 하급 공무원의 조직시민행동에 미치는 영향. 『정책분석평가학회보』, 26(3): 137-161.

오화선 · 박성민(2014). 공직봉사동기가 직무만족에 미치는 영향력 분석. 『현대사회와 행정』, 24(1): 51-82.

최낙범 · 전대성(2016). 경찰관의 공공봉사동기(PSM)와 직무만족에 관한 연구: 직무특성의 조절효과를 중심으로. 『한국정책학회보』, 25(1): 129-159.

Daft, R. L.(2021). *Organization Theory & Design*(13th ed.). South Western, a Part of Cengage Learning; 김광점 외 옮김(2021). 『조직이론과 설계』. 서울: 한경사.

Morgan, G.(2006). *Images of Organization*. Sage Publications, Inc.; 박상언 · 김주엽 옮김

(2012). 『조직이론: 조직의 8가지 이미지』. 서울: 경문사.

Ostrom, E.(1990). *Governing the Commons: The Evolution of Institutions for Collective Action*. Cambridge University Press; 윤홍근 · 안도경 역(2010). 『공유의 비극을 넘어: 공유자원 관리를 위한 제도의 진화』. 서울: 랜덤하우스코리아.

Perry, J. L. & Hondeghem, A.(2008). Building Theory and Empirical Evidence about Public Service Motivation. *International Public Management Journal*, 11(1): 3-12.

Perry, J. L. & Wise, L. R.(1990). The Motivational Bases of Public Service. *Public Administration Review*, 50(3): 367-373.

대한민국 정책브리핑

https://www.korea.kr/introduce/deptIntroduce.do

제4장

인사행정

박윤

제1절

인사행정의 이해

1 인사행정의 개념

인사(人事)는 사람에 관한 일, 구체적으로는 채용, 직무수행, 평가, 보수 등 조직에서의 사람에 관한 전반의 일을 의미한다. 조직 전반의 일을 수행하는 주체가 사람이라는 점에서 인사는 조직운영의 중요한 요소라 할 수 있다. 조직의 목표를 달성하기 위해서는 각 구성원의 역량이나 성과도 중요하지만 구성원이 가지고 있는 역량, 기술 등을 잘 발휘하고 부족한 지식, 능력을 발전시킬 수 있도록 교육·훈련하고, 적절한 보수, 복지를 통한 동기부여가 필요할 것이다. 예를 들어, 개인이 취업하는 경우 전공, 연봉, 안정성 등 자신의 취업 목표에 부합하는 직장을 찾아 취업에 성공하더라도 경제적·직무적 만족, 자아실현 등 다양한 측면에서의 욕구가 충족되어야 이직하지 않고 장기간 근무할 것이다. 이를 위해서는 개인의 노력뿐만 아니라 조직의 효과적인 운영, 관리, 즉 인사관리, 인사행정이 수반되어야 한다.

인사행정(personnel administration)은 정부의 목표 달성에 필요한 인적자원을 관리하는 활동 및 체제를 의미한다(주운현 외, 2019). 공공조직에서의 인사관리 전반과 공공부문의 인적자원(human resource)[1]인 공무원을 관리대상으로 하며, 인사행정은 공공조직에서 유능한 인적자원을 동원·관리함으로써 행정목표인 사회의 공공가치를 실현하는 활동을 의미한다(유민봉·박성민, 2014). 구체적으로는 공공부문의 인적자원인 공무원 모집, 선발부터 교육훈련, 승진, 평가, 보상까지 전반의 인사관리가 이에 해당한다.

1) 현대 인사행정에서 사람은 개발·발전 가능성을 가진 자원으로 본다. 단순히 주어진 직무를 기계적으로 하는 것이 아니라 능동적·적극적으로 업무 수행하는 주체이므로 인적자원의 의미를 갖는다.

2 인사행정의 특성

인사행정은 공공조직의 인사·인적자원관리라는 점에서 몇 가지 특성을 찾을 수 있다. 여기에서는 민간부문과의 차이점을 바탕으로 하여 인사행정의 주요 특성을 이해하고자 한다.

첫째, 인사행정은 공공성을 반영한다. 공공조직은 교육, 도로, 교통, 수도, 항만 등 국민의 일상생활에 직·간접적인 영향을 미치는 공공재를 다루는 직무의 특이성이 있으므로 민간부문에 비해 업무가 광범위하고 기능이 다양하다. 또한 민간부문에서 강조되는 효율성보다는 공공성이 강조되는 특성이 있다.

둘째, 공무원의 경우 정치적 중립성이 요구되고, 민간부문에 비해 신분보장이 강하다.

셋째, 선발, 평가, 보상 등 인사행정 전반의 내용이 법률에 명시되어 있으며 엄격한 규정에 근거하여 조직이 운영된다. 이에 민간부문에 비해 탄력적 적용이 어렵고, 경직성이 강한 특성이 있다.

넷째, 공공 기능에는 치안, 소방, 안보 등 직무의 특이성이 존재하므로 양적 평가 혹은 객관적 평가가 어려울 때가 많다.

제2절 인사행정의 외부환경 요인

인사행정의 기능을 이해하기 위해서는 인사행정에 영향을 미치는 요인에 대한 이해가 필요하다. 인사행정에 영향을 미치는 내부환경 요인으로는 인사제도를 예로 들 수 있으며, 외부환경 요인으로는 법률, 정치, 경제, 사회문화 등이 이에 해당한다. 인사행정의 내부환경 요인(인사제도)에 대한 논의는 이후 제3절에서 다룰 예정이며, 제2절에서는 외부환경 요인을 간단히 살펴보도록 한다.

1 법적 요인

앞서 인사행정의 특성에서 살펴보았듯이 인사행정은 법적 제약이 큰 특성이 있다. 구체적으로 국가공무원법, 지방공무원법, 공직자윤리법, 대통령령 등 다양한 법률, 명령 등의 제약을 받는다. 여기에서는 대표적인 예로 국가공무원법과 공직자윤리법의 주요 내용을 살펴보고자 한다.

1) 국가공무원법

국가공무원법은 1949년에 제정되었으며, 각급 기관에서 근무하는 모든 국가공무원에게 적용할 인사행정의 근본기준을 확립하여 그 공정을 기함과 아울러 국가공무원에게 국민 전체의 봉사자로서 행정의 민주적이며 능률적인 운영을 기하게 하는 것을 목적으로 한다(국가공무원법 제1조). 공무원의 구분, 계급, 중앙인사관장기관, 직위분류제, 임용 및 시험, 보수, 능률, 복무, 신분보장, 권익보장, 징계 등에 대한 내용을 규정하고 있다.[2)]

2) 공직자윤리법

공직자윤리법 1981년에 제정되었으며, 공직자 및 공직후보자의 재산등록, 등록재산 공개 및 재산형성 과정 소명과 공직을 이용한 재산취득의 규제, 공직자의 선물신고 및 주식백지신탁, 퇴직공직자의 취업제한 및 행위제한 등을 규정함으로써 공직자의 부정한 재산증식을 방지하고, 공무집행의 공정성을 확보하는 등 공익과 사익의 이해충돌을 방지하여 국민에 대한 봉사자로서 가져야 할 공직자의 윤리를 확립함을 목적으로 한다(공직자윤리법 제1조). 재산등록 및 공개, 선물신고, 퇴직공직자의 취업제한 및 행위제한 등의 구체적인 내용을 규정하고 있다.

2) 지방자치단체 공무원에게 적용되는 인사행정의 기준은 1963년에 제정된 「지방공무원법」에 규정되어 있다.

2 정치적 요인

인사행정에 영향을 미치는 정치적 요인으로는 일반국민, 대통령, 국회의원, 언론, 시민단체 등이 있다. 먼저, 일반국민은 투표권을 행사한다는 점에서 인사행정의 의사결정에 영향을 미치는 주체라 할 수 있다. 또한 일반국민, 언론, 시민단체는 공공부문 전반에 대한 감시자 역할을 담당함으로써 공직사회 및 인사행정에 영향을 미친다.

대통령은 공무원 임명권자로서 법률 또는 대통령령에 근거하여 공무원을 임명한다는 점에서 가장 큰 영향력을 갖는다고 볼 수 있으며, 국회의원은 국정감사, 인사청문회 등을 통해 인사행정의 공정성 및 인사 전반에 직·간접적인 영향을 미친다.

3 경제적 요인

경제적 요인으로는 국가예산 및 경제성장을 들 수 있다. 국가예산을 기반으로 국가재정운영뿐만 아니라 공무원 보수, 교육훈련, 보상, 인사관리계획 등이 운영되므로 인사행정과 국가예산 및 경제성장은 불가분의 관계에 있다고 볼 수 있다.

4 사회·문화적 요인

사회·문화적 요인으로는 공직 선호도, 고용 안정성, 가치관의 변화가 예가 될 수 있다. 우리나라에서는 고용 안정성의 이유로 공직에 대한 선호도가 높았으나 최근 청년층에서는 고용 안정성보다 일과 삶 균형(work-life balance)을 중요시하면서 공직 선호도가 낮아지는 변화가 있었다(머니투데이, 2022.6.12).

2000년대 이후부터는 일과 삶의 균형에 대한 사회적 관심이 증가함에 따라 공공부문에 일과 삶 균형정책 및 제도가 도입되었다. 유연근무제도, 시간선택제, 육아휴직제도, 출산휴가제도 등이 대표적인 예이다.

5 기술적 요인

정보화 사회가 도래함에 따라 공공부문에도 정보통신기술을 기반으로 하는 전자정부, 행정정보화가 구현되었다. 새로운 기술의 발달은 인사행정 및 인사관리 시스템에도 많은 영향을 미쳤다. 한 예로, 전자인사관리시스템(e-사람)을 들 수 있다. 전자인사관리시스템을 개발하여 공무원 인사, 급여, 성과평가, 교육훈련, 복무 등 인사행정 전반을 정보화함으로써 관련 자료를 통합 관리하고 있다.

제3절

주요 인사제도

1 실적주의제

1) 실적주의의 역사적 배경

실적주의제(merit system)는 실적이 인사관리의 기준이 되는 인사제도이다. 실적주의는 엽관주의(spoils system)로 인한 부정부패를 배경으로 도입되었다. 1800년대 말까지 미국 사회에서는 정치적 충성도에 따라 공직을 임명하는 엽관주의가 지배적이었다(유민봉, 2021). 엽관주의에 따르면, 선거에서 이긴 당선자는 승리의 전리품(spoils)으로 공직을 획득하게 되고, 이를 선거에 기여한 사람에게 나누어준다. 즉, 정치적 충성도에 따라 공직이 임명되었다.

엽관주의를 통해서 정치적 지도자는 당원 혹은 관료들의 충성, 지지를 확보함으로써 자신의 공약을 실현시킬 수 있는 장점이 있었다. 그러나 충성도에 따라 공직이 임명되었기 때문에 공직의 전문성을 확보할 수 없었고, 관직을 사고파는 부정부패가 만연하게 되었다. 또한 선거 결과에 따라 공직이 결정되었기 때문에 정권이 교체될 경우 공직자도 교체되어 행정의 지속성을 확보하기 어려웠다. 1860년대 미국 남북전쟁(American Civil War) 이후 공공부문의 무능력, 비효율, 매관매직, 부정부패 등이 증가하면서 공무원 개혁에 대한 요구가 증가하였고, 1882년 선거에서 공무원 개혁이 주요 쟁점이 되었다(Hoogenboom, 1959; Theriault, 2003).

엽관주의에 따른 폐해를 개혁하기 위해 도입된 것이 실적주의의 원리이다. 처음으로 도입된 것은 1883년 제정된 「펜들턴법(Pendleton Act)」이다. 펜들턴법에서는 정치적 충성도, 정당, 종교, 출신에 따라 공직에 임명되는 것이 아니라 경쟁시험을 통해 선발하도록 규정하였다(Foster, 1979; Hoogenboom, 1959; Theriault, 2003). 또한 정치적인 이유로 공무원을 해고하거나 강등하는 것을 불법으로 규정하였다(Theriault, 2003).

2) 실적주의의 주요 원칙

1978년 인사개혁법(Civil Service Reform Act)을 통해 실적주의의 주요 원리가 공표되었으며, 현재까지 인사행정의 주요 원리로 활용되고 있다. 미국 실적주의 보호위원회가 제시한 아홉 가지 주요 원칙은 다음과 같다(Foster, 1979: 80).

첫째, 선발 및 승진은 모든 사람에게 균등한 기회를 보장해야 하며, 능력, 지식, 기술에 기초하여 공정한 공개경쟁을 통해 결정되어야 한다.

둘째, 모든 공무원과 응시자는 정당, 인종, 종교, 국적, 성별, 연령, 장애 등에 의한 불이익을 받지 않아야 하며, 개인의 사생활과 헌법상의 권리를 보장하여 모든 인사관리에 있어 공정하고 공정한 대우를 받아야 한다.

셋째, 동일 가치의 직무에 대해 동일 임금을 제공해야 하며, 성과에 따라 적절한 인센티브를 제공해야 한다.

넷째, 공무원은 공익을 위해 높은 수준의 청렴성, 행동규범을 유지하고 공익에 관심을 가져야 한다.

다섯째, 인력은 효율적이고 효과적으로 활용되어야 한다.

여섯째, 공무원은 성과를 기준으로 유지되어야 하며, 저성과자는 개선할 수 있도록 관리해야 한다.

일곱째, 업무수행의 적절성에 기초하여 관리하고, 개선이 필요한 경우 효과적인 교육훈련을 받을 수 있도록 한다.

여덟째, 당파적, 정치적 행동 · 강요, 정실로부터 보호되어야 하고, 공무상 권한이나 영향력을 사용하는 것을 금지한다.

아홉째, 공무원은 내부의 법률 · 규정 위반이나 운영 · 재정상의 문제에 대한 고발시보복으로부터 보호되어야 한다.

이상의 주요 원리로 보아 균등한 공직진출 기회 제공, 실적·능력 중심, 신분보장 등이 실적주의의 주요 특징이라고 할 수 있다.

2 직업공무원제

1) 직업공무원제의 개념

직업공무원은 공직을 직업으로 삼아 전 생애에 걸쳐 공직에서 긍지를 갖고 근무하는 공무원을 의미한다. 직업공무원제는 젊고 유능한 인재가 공직에 들어와서 국민에 대해 봉사하며 공직을 일생의 본업으로 하여 일할 수 있도록 계획한 인사제도이다(유민봉, 2021: 495). 따라서 일시적으로 공직에서 일하고 자신의 본업으로 돌아가는 사람은 직업공무원이라 할 수 없다.

직업공무원제는 1700년경 영국에서 의회정치가 본격화되면서 국왕의 영향력을 차단하기 위해 도입되었고, 프랑스에서는 대혁명 이후 정치적 혼란으로부터 행정을 안정시키기 위해 도입되었다(주운현 외, 2019). 미국의 경우, 1930년대에 실적주의 기반의 개방형 채용방식만으로는 젊고 유능한 사람을 뽑아 공직에 오래 근무하도록 하는 것이 힘들다는 인식하면서부터 직업공무원제에 대한 관심이 시작되었다(유민봉, 2021).

2) 직업공무원제의 장·단점

직업공무원제는 전 생애에 걸쳐 공직을 일생의 본업으로 하여 일하는 것을 전제하고 있으므로 신분보장의 의미를 담고 있다. 장기간 공직에 근무하기 때문에 개인 차원에서는 조직몰입, 결속력을 높일 수 있고, 조직 차원에서는 행정의 계속성, 안정성을 유지할 수 있는 장점이 있다.

반면에, 일정 집단 내에서 장기간 근무하는 것은 환경변화에 둔감하기 쉬워 공직 분위기 정체, 무사안일 등 행정의 질 저하를 가져올 가능성이 높아 단점으로도 볼 수 있다(김상묵, 2022; 신종렬 외, 2015; 주운현 외, 2019).

또한 직업공무원제에서는 전문행정가보다는 폭넓은 시각을 가진 일반행정가로서의 특성이 강조되므로 전문행정가를 확보하기 어려운 것은 단점이 될 수 있다(신종렬 외, 2015). 무엇보다 직업공무원제는 젊고 유능한 인재가 전 생애에 걸쳐 근무하는 것을 전제로 하기 때문에, 이를 달성하기 위해서는 젊고 유능한 인재를 공직에 유도하는 것이 중요하다.

3 대표관료제

1) 대표관료제의 개념

대표관료제(representative bureaucracy)는 과거, 여성, 소수민족 등의 공직채용, 승진 등의 차별문제를 보완하고자 도입되었으며, 공공부문의 인적 구성을 사회의 인구통계학적 특성인 성별, 인종, 분야, 지역 등과 비례하도록 구성하는 제도이다. 사회의 인구통계학적 특성을 공공부문의 인력 구성에 반영하여 정부관료제 내에 민주적 가치를 반영하고, 공직의 대표성(representativeness)을 확보하는 제도이다(유민봉 · 박성민, 2014: 444; 주운현 외, 2019).

한국에서는 관료의 대표성에 대한 논의를 기반으로 하여 성별, 장애, 출신지역 및 대학 등 소수집단을 적극적으로 공직에 임용함으로써 행정의 민주성, 대표성, 형평성을 제고하고자 제도 및 정책이 도입되었다. 1987년 남녀고용평등법 제정, 1995년 여성발전기본법 제정 및 국가 여성공무원 채용목표제 도입, 1996년 지방 여성공무원 채용목표제 도입, 2002년 여성관리자 임용확대 5개년 계획 시행, 2003년 양성평등채용목표제 시행, 2005년 지역인재추천채용제 시행, 2007년 지방인재채용목표제 시행 등을 그 예로 볼 수 있다.

2) 대표관료제의 장 · 단점

대표관료제는 공무원의 인적 구성을 사회의 인구통계학적 특성과 비례하도록 구성한다는 점에서 여성, 장애인 등 소수집단이 채용과정에서 배제되거나 차별받지 않도록 다양한 집단을 채용함으로써 대표성 · 형평성을 확보하는 장점이 있다. 그러나 대표성(할당제)을 충족시키는 과정에서 능력이 있는 사람이 채용, 승진 등에서 배제되는 역차별(reverse discrimination) 문제가 발생하는 단점을 갖는다(유민봉 · 박성민, 2014).

신문기사

여성의 승진을 가로막는 '유리천장'이 공공부문 내에서는 다소 완화된 것으로 보인다. 전체의 10% 안팎에 그쳤던 공공기관 여성 임원, 중앙부처의 과장급 여성 공무원의 비중은 최근 3년 새 20%까지 상승했다. 그러나 여성 고위공무원 비중은 여전히 한 자릿수에 머물고 있어 갈 길이 멀다는 지적이 나온다.

여성가족부는 17일 '공공부문 여성대표성 제고 5개년 계획'을 중간 점검한 결과, 정부가 출범한 2017년과 비교할 때 공공부문 내 주요 분야에서 여성 참여율이 모두 상승했다고 밝혔다.

공공부문 여성 대표성 제고 계획은 문재인 정부의 100대 국정과제 중 하나로 2022년까지 추진된다.

여성 비율이 가장 큰 폭으로 상승한 분야는 공공기관 임원이다. 2017년 11.8%에서 지난해 21.1%까지 상승했다. 공공기관에 여성 임원을 최소 1명 이상 임명토록 하는 지침이 내려진 것이 영향을 미쳤다.

중앙부처 본부의 과장급 여성 공무원 비중도 2017년 14.8%에서 2019년 20.8%로 약진했다. 지난해 목표치(18.4%)를 초과 달성함에 따라 정부는 2022년 목표치도 25%로 상향 조정키로 했다. 지방자치단체의 과장급 여성 공무원의 비중도 지난해 17.8%로 상승했다.

하지만 고위공무원의 경우, 여전히 7.9%로 한 자릿수에 머물렀다. 지난해 산업통상자원부가 차관급인 통상교섭본부장에 여성 공무원을 임명하고, 금융위원회가 첫 여성 대변인을 선임하는 등 여성의 고위직 진출이 이어졌으나 한계가 있었던 셈이다. 정부는 고위공무원 여성 비중을 2022년까지 10%로 끌어올릴 방침이다.

이 밖에 군인 간부 중 여성의 비율은 6.8%로 2년 전과 비교해 1.3%포인트 올랐고, 여성 경찰의 비중도 12.6%로 2017년 대비 2.7%포인트 늘었다. 국방부의 경우, 여성 간부의 신규 임용을 확대했고, 육군 항공병과에서는 최초의 여성 소장이 배출되었다. 경찰 역시 여성의 승진 비율을 늘리는 등 여성 임용을 확대했다.

출처: 경향신문(2020.3.17)

4 공직분류제도

1) 계급제

계급제는 직업공무원제도 하에서 발달되었으며, 사람에 초점을 두고 신분, 지위 등에 따라 공직을 분류하는 제도를 의미한다(신종렬 외, 2015: 120; 주운현 외, 2019: 252). 우리나라 공무원 계급과 같이 1급, 2급, 3급 등으로 공직을 분류하는 것이 계급제이다. 채용공고에서도 각 계급별로 학력이나 능력, 경력 등을 구분하고 있는 것을 쉽게 볼 수 있다. 사람이 지니고 있는 특성을 기준으로 하여 계급을 분류하는 것이다.

계급제의 특징을 살펴보면, 첫째, 계급제는 신분보장, 폐쇄형 충원을 특징으로 한다. 계급제의 경우, 결원이 발생하면 내부에서 승진후보자를 선발하는 폐쇄형 충원이 이루어지기 때문에 무능하더라도 특별히 문제를 일으키지 않는다면 퇴직까지 고용이 보장된다. 둘째, 계급제는 특정 분야의 지식이 아니라 다양한 분야의 지식을 습득하는 것에 초점이 있다. 이러한 점에서 일반행정가를 양성하게 되며, 보다 넓은 시각을 갖게 된다. 이에 여러 부서에서 직무를 경험하는 순환보직이 가능한 것이다.

그러나 폐쇄형 충원, 강력한 신분보장은 무사안일로 이어질 수 있다. 또한 계급제는 일반행정가를 강조하기 때문에 전문행정가를 양성하기에는 한계가 있다.

2) 직위분류제

계급제는 사람을 기준으로 하여 공직을 분류했다면, 직위분류제는 직무를 기준으로 하여 공직을 분류하는 제도이다. 직위분류는 직무의 내용을 기술하고 범주화하여 분석, 평가하기 위한 기본적인 과정이며(신종렬 외, 2015), 직위분류제는 직위를 기준으로 하여 직무의 종류, 난이도, 책임도 등을 기준으로 공직을 분류하는 제도를 의미한다. 여기에서 직위(position)란 한 사람이 맡아 수행할 수 있는 직무와 책임의 단위를 의미한다(신종렬 외, 2015; 유민봉・박성민, 2014).

직위분류제는 이처럼 직위를 기본단위로 하여, 직급, 직렬, 직류, 직군이라는 용어를 활용한다. 「국가공무원법」 제5조에 따르면, '직위'는 1명의 공무원에게 부여할 수 있는 직무와 책임, '직급'은 직무의 종류, 난이도, 책임도가 상당히 유사한 직위의 군, '직렬'은 직무의 종류는 유사하나 난이도, 책임도가 서로 다른 직급의 군, '직류'는 동일 직렬 내에서 담당 분야가 동일한 직위의 군, '직군'은 직무의 성질이 유사한 직렬의 군을 의미한다.

직위분류제의 특징을 살펴보면, 첫째, 결원이 발생할 경우 개방형으로 충원한다. 이는 폐쇄형 충원의 특성이 있는 계급제와 다른 특성이다. 직위분류제는 결원이 발생할 경우 해당 직무수행에 요구되는 전문지식, 자격요건 등을 공개하고, 이를 보유한 사람을 충원하는 형태이기 때문에 계급제에 비해 신분보장이 약하다. 둘째, 직무수행에 요구되는 전문지식, 자격요건을 강조하므로 계급제에서 강조된 일반행정가보다는 전문행정가를 강조하는 특성이 있다.

반면에, 직무가 지나치게 세분화되어 탄력적으로 업무를 배분하는 것이 어렵다(신종렬 외, 2015; 주운현 외, 2019). 전문성 및 전문행정가를 강조하기 때문에 자신의 업무가 아닌 다른 사람의 업무를 맡는 것이 어렵고, 담당 직무에 대해서만 잘 이해하고 있기 때문에 탄력적인 인사관리가 어렵다.

제4절

인사행정의 주요 기능

인사행정의 주요 기능은 크게 모집 · 선발, 개발, 평가, 보상으로 나누어볼 수 있다.

1 모집 · 선발

1) 모집

모집은 유능한 인적자원이 선발시험에 지원하도록 공고 · 유도하는 활동부터 응시자가 모집에 지원하는 활동까지, 모집과정 전반을 포함하는 개념이다. 공무원 모집의 경우, 앞서 살펴보았듯이 공개경쟁으로 이루어지고 동등하게 공직진출 기회를 제공한다. 공개경쟁채용의 경우, 일반적으로 국적, 연령, 거주지 등 일부 기준만을 제시하고 있으며 전문지식, 기술, 능력 등 직무수행과 관련한 자격요건을 제시하지 않는다. 반면에, 경력경쟁채용에서는 학위, 경력 등 직무수행과 관련한 자격요건이 충족되어야 응시가 가능하다.

유능한 인재를 공직에 지원하도록 유도하기 위해서는 공직 선호도를 높이거나 공직에 대한 이해 · 관심을 높이는 과정이 필요할 것이다. 예를 들면, 인턴십 기회, 공직 설명회, 공모전 등을 생각해볼 수 있다.

2022년도 국가공무원 7급 공개경쟁채용시험 예시

- 응시연령: 20세 이상(2002.12.31. 이전 출생자)
- 학력 및 경력: 제한 없음
- 지역별 구분모집의 거주기간 제한: 5급 공개경쟁채용시험 중 지역별 구분모집은 2022.1.1. 현재, 주민등록상 해당 응시지역(시・도)에 거주한 기간이 모두 합하여 1년 이상이거나, 본인의 출신학교가 소재한 지역(시・도)에만 응시 가능
- 시험유형: 제1차 시험(선택형 필기), 제2차 시험(선택형 필기), 제3차 시험(면접)

■ 선발예정인원 및 시험과목 예시

직렬 (직류)	선발예정인원	시험과목		주요 근무 예정 부처 (예시)
		제1차 시험 (선택형 필기)	제2차 시험 (선택형 필기)	
행정직 (일반 행정)	일반: 226명 장애인: 17명 우정사업본부(일반): 14명 우정사업본부(장애인): 1명	언어논리 영역, 자료해석 영역, 상황판단 영역, 영어(영어능력검정 시험으로 대체), 한국사(한국사능력 검정시험으로 대체)	헌법, 행정법, 행정학, 경제학	전 부처
행정직 (인사 조직)	일반: 7명 장애인: 1명	〃	헌법, 행정법, 행정학, 인사・조직론	인사혁신처, 그 밖의 수요 부처
행정직 (재경)	일반: 16명 장애인: 2명	〃	헌법, 행정법, 경제학, 회계학	기획재정부, 산업통상자원 부, 그 밖의 수요 부처
(중략)				

출처: 2022년도 국가공무원 공개경쟁채용시험 등 계획 공고(인사혁신처, 2022.1.2)
일부 발췌하여 재구성

2) 선발

모집 이후 서류심사, 선발시험(필기시험, 실기시험, 면접심사 등), 신원조사, 신체검사, 시보임용[3]을 거쳐 조직에 필요한 인적자원을 선발한다. 선발과정 중 선발시험은 최

종 선발에 결정적인 역할을 하는 단계이기 때문에 선발시험의 신뢰성과 타당성을 확보하는 것은 무엇보다 중요하다고 할 수 있다(유민봉 · 박성민, 2014).

(1) 신뢰성 검증방법

선발시험의 신뢰성을 검증하는 방법으로는 재시험법, 동질이형법, 이분법 검증이 있다(유민봉 · 박성민, 2014: 292-293).

첫째, 재시험법(test-retest)은 수험자에게 시험을 보게 한 후 일정 시간을 두고 동일한 문제로 다시 시험을 보게 하여 두 점수 간의 일관성을 검토하는 방법이다.

둘째, 동질이형법(equivalent forms)은 문제의 수준이 비슷한 두 개의 시험유형을 개발하여 동일한 통제집단을 대상으로 시험을 보게 하고, 두 시험 성적 간 상관관계를 분석하는 방법이다.

셋째, 이분법(split-half)은 하나의 시험지 내에서 전체 문항을 무작위로 두 개의 그룹으로 나누어 각각 시험을 보게 하고, 두 시험 성적 간 상관관계를 분석하는 방법이다.

(2) 타당성 검증방법

타당성 검증방법으로는 기준타당성, 내용타당성 등이 있다(유민봉 · 박성민, 2014: 294-297). 기준타당성은 시험 성적과 근무 성적 간 상관관계를 검증하는 방법으로, 시차 여부에 따라 동시적 타당성, 예측적 타당성으로 구분된다. 구체적으로 두 성적에 대한 자료를 동시에 수집하여 상관관계를 검토하는 것을 동시적 타당성이라 하고, 반면에 시차를 두고 자료를 수집하여 상관관계를 검증하는 것을 예측적 타당성 검증이라고 한다.

내용타당성은 시험내용이 타당한가에 대한 검증이다. 즉, 시험내용이 실제 직무에 대한 내용을 담고 있다면 시험의 내용타당성이 높다고 볼 수 있다.

2 개발

1) 교육훈련

(1) 교육훈련의 종류

조직구성원의 지식, 기술, 능력이 직무에 요구되는 능력보다 작을 때 이를 개선하기

---

3) 시보임용은 임용후보자를 대상으로 하여 일정기간 동안 실제 직무를 수행하는 기회를 줌으로써 직무수행에 필요한 지식, 기술, 능력을 습득하도록 하는 제도이다.

위한 교육훈련이 이루어진다. 예를 들면, 신규임용후보자, 신규임용자, 승진후보자, 승진자를 대상으로 공무원으로서 필요한 능력과 자질을 배양할 수 있도록 하는 기본교육훈련, 그리고 공무원이 담당하고 있거나 담당할 직무 분야에 필요한 전문지식 및 기술 습득을 위한 목적을 가진 전문교육훈련 등이 있다(지방공무원 교육훈련법 시행령 제4조).

교육훈련은 실시기관에 따라, 정부기관에서 담당하는 정부 내 교육훈련과 정부 외 기관에서 담당하는 정부 외 교육훈련으로 구분된다. 정부 내 교육훈련은 정부에서 설립한 교육훈련기관에서 받는 교육훈련, 그리고 상급자나 선임자를 통해 근무를 하면서 훈련받는 직장 내 훈련(on the job training)이 포함된다(신종렬 외, 2015). 이외의 정부 외 교육훈련은 국내·외 대학이나 교육·과학기술 연수기관에서 이루어지는 위탁교육훈련을 의미한다.

(2) 교육훈련기관 및 절차

2022년 10월 현재, 우리나라 공무원의 교육훈련은 국가공무원인재개발원, 각 중앙행정기관별 교육훈련기관(32개 기관), 지방자치인재개발원, 중앙교육연수원, 각 시·도 소속 15개 및 각 시·도 교육청 소속 18개 교육훈련기관에서 담당하고 있다.[4]

우리나라 공무원 교육훈련의 주요 절차를 간략히 살펴보면 다음과 같다. 먼저, 전부처 국가공무원을 대상으로 다음 연도 각 교육과정별 교육훈련계획 수립을 위한 수요조사를 실시하고, 교육훈련 수요조사 인원, 관련 예산 등을 고려하여 교육훈련 계획을 수립한다. 각 부처에서는 담당직무, 훈련과제, 훈련 후 예정보직, 지원자의 연구계획서 등을 참고하여 교육훈련 대상자를 추천하고, 교육훈련기관의 심사를 거쳐 대상자를 최종 선발한다. 교육훈련 후에는 교육훈련성적, 진도, 결과를 보고하고, 더불어 매년 31개 공무원 교육훈련기관을 대상으로 교육운영 결과를 진단·분석하여 향후 종합계획 및 제도운영 등에 반영한다.

4) 인재개발정보센터-교육훈련 내용(www.training.go.kr, 2022.11.1. 검색).

그림 4-1 우리나라 공무원 교육훈련 절차

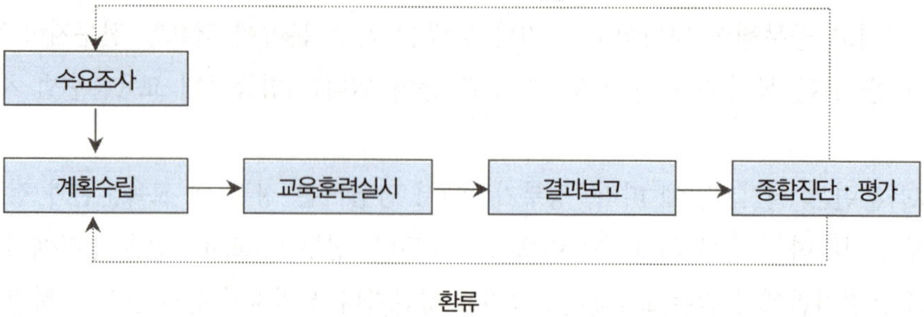

출처: 인재개발정보센터 웹사이트의 교육훈련 절차내용을 참고하여 구성.

2) 인사이동

(1) 수직적 인사이동

승진은 상위 직급에 결원이 발생하는 경우 상위 직급으로 상승 이동하는 것을 의미하고, 승진시험, 승진심사 등은 근무성적평정, 경력평정 등 능력, 자격의 실증에 기초하여 이루어진다.

한편, 강임이란 현재의 직급보다 낮은 직급으로 하강 이동하는 것을 의미한다. 구체적으로 동일 직렬 내에서 하위 직급으로 이동하거나 하위 직급이 없는 경우 다른 직렬의 하위 직급으로 이동한다(국가공무원법 제5조).

(2) 수평적 인사이동

승진, 강임이 수직적 인사이동인 반면에, 전직과 전보는 동일계급(직급) 내 수평적 인사이동(배치전환)을 의미한다. 구체적으로 전직은 직렬을 변경하여 다른 직렬의 동일계급으로 이동하는 것이며, 전보는 직렬의 변동 없이 동일직렬 내에서 동일계급으로 수평 이동(보직변경)하는 것을 의미한다(유민봉 · 박성민, 2014). 다만, 전직과 같이 직렬을 변경하는 경우 해당 분야에 대한 직무수행능력이 요구되므로 자격증 소지자에 한정하여 적용하고 있다.[5]

5) 전직시험 응시 자격에 관한 규정은 공무원임용시험령 제18조 및 별표 5, 전직시험 방법에 대한 규정은 공무원임용시험령 제37조, 제38조에 포함되어 있다.

3 평가: 근무성적평정[6)]

근무성적평정은 공무원의 승진, 보상, 성과향상, 능력발전 등 인사관리에 관한 기초가 되므로 객관적이고 엄정하게 평정하는 것을 원칙으로 한다. 공무원 근무성적평정은 크게 '고위공무원 및 4급 이상 공무원'과 '5급 이하 공무원'을 대상으로 한 평정으로 구분된다. 고위공무원 및 4급 이상 공무원을 대상으로 하는 평정에는 성과계약 등 평가 등이 있으며, 5급 이하 공무원을 대상으로 하는 평정에는 근무성적평가, 경력평정, 가산점 평정 등이 있다.

표 4-1 공무원 근무성적평정 체계

평가대상	고위공무원 및 4급 이상 공무원	5급 이하 공무원
평정 종류	성과계약 등 평가	근무성적평가 경력평정 가산점 평정

1) 성과계약 등 평가

(1) 평가대상

성과계약 등 평가는 4급 이상 공무원(고위공무원단 포함)과 연구관 · 지도관, 전문직공무원을 평가대상으로 한다. 또한 지방자치단체, 교육청 등에서 근무하는 4급 이상 국가직 공무원과 고위공무원, 4급(상당) 이상 별정직 공무원, 5급(상당) 이하 공무원 중 성과계약[7)] 등 평가가 적합하다고 인정하는 공무원, 특정직 공무원, 정무직 공무원, 지방공무원 등이 평가대상이 된다.

(2) 평가시기

12월 31일을 기준으로 하여, 연 1회 다음 해 초에 평가한다.

---

6) 이하 평가에 대한 내용은 「국가공무원법」, 「지방공무원법」, 「지방공무원 평정규칙」, 「공무원 성과평가 등에 관한 규정」, 「공무원 성과평가 등에 관한 지침」을 참고하였다.

7) 성과계약은 평가대상자와 평가자 간에 성과목표, 지표 등에 관하여 합의하고, 평가대상기간 중 평가대상 공무원이 달성한 성과목표의 추진결과 등을 평가지표 · 평가항목의 특성에 맞게 설정한 평가기준에 따라 평가하여 그 결과를 인사관리에 반영하는 성과평가제도이다.

(3) 평가항목

평가항목은 부처 내 직종·직위·직무특성 등을 감안하여 개인의 업무실적에 대한 성과목표 달성도 평가 결과, 부서 또는 조직 단위의 각종 부서운영 평가 결과, 그 밖에 직무수행과 관련된 자질 또는 능력 등에 대한 평가 결과 중에서 하나 또는 그 이상으로 평가항목을 정한다.

2) 근무성적평가

근무성적평가는 공무원의 직무수행능력, 근무실적, 태도 등을 평가하여 그 결과를 인사관리에 반영하는 개인에 대한 종합적 평가제도를 의미한다.

(1) 평가대상

근무성적평가는 5급 이하 공무원, 우정직공무원(우정1급 이하), 연구직 및 지도직공무원을 평가대상으로 한다.

(2) 평가시기

근무성적평가는 정기평가와 수시평가로 이루어지며, 정기평가는 6월 30일과 12월 31일을 기준으로 연 2회 실시한다. 또한 수시평가는 승진후보자 명부의 조정 사유가 발생한 경우에 실시한다.

(3) 평가항목

근무성적평가의 평가항목은 근무실적과 직무수행능력으로 하고, 소속 장관이 필요하다고 인정하는 경우 인사혁신처장이 정하는 범위에서 직무수행태도, 부서 단위의 운영 평가 결과를 평가항목에 추가할 수 있다. 근무성적평가는 직급별로 구성한 평가 단위별로 실시하고, 소속 장관은 직무의 유사성 및 직급별 인원 수 등을 고려하여 평가 단위를 조정한다.

3) 경력평정

(1) 평정대상

평정기준일 현재 승진소요최저연수에 도달한 5급 이하 공무원(연구직·지도직 공무원 포함, 우정직군의 경우 우정2급 이하)을 평가대상으로 한다.

(2) 평정시기

경력평정은 정기평정과 수시평정으로 이루어지며, 정기평정는 6월 30일과 12월 31일을 기준으로 연 2회 실시한다. 또한 수시평정은 승진후보자 명부의 조정 사유가 발생한 경우에 실시한다.

(3) 평정점 산출방법

경력평정 만점은 30점이며, 각 경력기간에 대한 환산율을 적용하여 산출한 '환산경력기간'과 '월경력평정점수'를 곱하여 산출한다.

4) 가산점 평정

(1) 자격증 등의 가산점

임용권자는 5급 이하 공무원 · 연구사 및 지도사가 자격증 또는 검정시험 합격확인서 등을 소지한 경우 규정에 따라 가산점을 줄 수 있다.

(2) 근무경력 가산점

5급 이하 공무원 · 연구사 및 지도사가 특정 업무에 근무한 경력이 있는 경우에 가산점을 부여할 수 있다. 예를 들면, 도서 · 벽지 등 특수한 지역에 근무한 경력자, 교류직위 등 특정한 직위에 근무한 경력자에게 근무기간을 기준으로 하여 가산점을 부여한다. 가산점 부여기준 및 요건은 해당 지방자치단체의 규칙을 따른다.

4 보상

보상은 크게 직접 금전을 지급 · 보상하는 기본급여, 상여금, 수당 등 직접보상과 연금, 후생복지(예: 휴가, 복지점수) 등 간접보상으로 구분된다.

1) 보수

(1) 보수의 개념[8)]

보수(직접보상)는 봉급과 수당을 합산한 금액을 의미한다. 첫째, 봉급은 직무의 난이도, 책임도에 따라 직책별로 지급되는 기본급여 또는 직무의 난이도, 책임도, 재직기간 등에 따라 계급(직위 포함)별, 호봉별로 지급되는 기본급여를 의미한다. 둘째, 수당은 직무여건 및 생활여건 등에 따라 지급되는 부가급여를 의미한다. 근무기간에 따른 정근수당과 근무성적, 업무실적에 따른 성과상여금, 특수업무수당, 위험근무수당, 시간외근무수당 등이 이에 해당한다.

(2) 보수의 결정원칙

공무원의 보수수준은 크게 생활보장의 원칙과 노동대가의 원칙에 따라 결정된다(임도빈・유민봉, 2019: 518-519).

첫째, 생활보장의 원칙은 최저생활유지에 필요한 지출을 보상하는 것으로, 최소 생계비를 기준으로 하여 보수가 결정된다.

둘째, 노동대가의 원칙은 직무, 실적, 직무수행능력에 따라 보수를 결정한다. 이는 직무 자체에 내재되어 있는 난이도 및 책임도, 직무를 수행한 결과로 나타난 근무성적 및 목표 달성도 등의 실적과 직무수행능력을 의미한다.

현재는 보수를 합리적으로 책정하기 위하여 민간부문의 임금수준이나 표준생계비, 물가변동 등을 토대로 보수자료를 참고하여 보수계획을 수립하고 있다.

2) 연금

간접보상 중 연금은 퇴직 공무원 및 가족의 생계유지를 위하여 적절한 급여를 지급하고 후생복지를 지원하는 것을 목적으로 하며, 공무원의 재직기간과 기준소득월액을 기초로 산정하고 있다.

---

8) 보수의 개념에 대한 내용은 「공무원 보수규정」, 「지방공무원 보수규정」, 「공무원수당 등에 관한 규정」을 참고하였다.

참고문헌

김상묵(2022). 행정환경 변화와 정부조직 재설계. 『한국행정연구』, 31(1): 1-26.

신종렬 · 김지원 · 이선우 · 윤태범 · 문병기 · 강문희 · 유범상(2015). 『행정학개론』. 서울: 한국방송통신대학교출판문화원.

유민봉(2021). 『한국행정학』(제7판). 서울: 박영사.

유민봉 · 박성민(2014). 『한국인사행정론』(제5판). 서울: 박영사.

임도빈 · 유민봉(2019). 『인사행정론: 정부경쟁력의 관점에서』(제5판). 서울: 박영사.

주운현 · 김형수 · 임정빈 · 정원희 · 최유진(2019). 『쉽게 쓴 행정학』(제4판). 서울: 윤성사.

Foster, G. D.(1979). The 1978 Civil Service Reform Act: Post-Mortem or Rebirth? *Public Administration Review*, 39(1): 78-86.

Hoogenboom, A.(1959). The Pendleton Act and the civil service. *The American Historical Review*, 64(2): 301-318.

Theriault, S. M.(2003). Patronage, the Pendleton Act, and the Power of the People. *The Journal of Politics*, 65(1): 50-68. https://doi.org/10.1111/1468-2508.t01-1-00003

「공무원 보수규정」.

「공무원 성과평가 등에 관한 규정」.

「공무원 성과평가 등에 관한 지침」.

「공무원수당 등에 관한 규정」.

「공무원임용시험령」.

「공직자윤리법」.

「국가공무원법」.

「지방공무원 교육훈련법 시행령」.

「지방공무원법」.

「지방공무원 보수규정」.

「지방공무원 평정규칙」.

국가법령정보센터(https://www.law.go.kr/)(검색일: 2022.11.1).

경향신문(2020.3.17). 중앙부처 과장급 5명 중 1명 여성… 공공부문 '유리천장' 다소 얇아져.

머니투데이(2022.6.12). 꿈꾸던 공무원 합격했는데… "환상 와장창, 철밥통 깨고 나갈래."

제5장

재무

최정우

제1절

재무행정의 개요

1 재무행정의 개념과 의의

정부가 국민에게 제공하는 공공서비스는 정책의 형태로 이루어지고 이러한 정책은 예산을 통해 수치화된다. 예산의 규모가 커질수록 정부가 국민에게 제공하는 정책이 많아지는 것이고 정부가 국민을 위해 더 많은 일을 한다고 볼 수 있다. 다만, 기후변화, 사회복지 사각지대 해소, 저출산 등 정부가 해결해야 할 사회문제는 지속적으로 증가하고 있는 것과는 달리 정부의 재원은 한정되어 있어 효과적인 재원운용을 위한 정부의 노력이 요구된다. 이를 위해 정부는 더 많은 재원을 확보하기 위해 노력해야 하며, 한편으로는 한정된 재원으로 꼭 필요한 분야에 더 많은 정책을 추진할 수 있도록 재원을 관리해야 한다. 이처럼 정부가 "공공의 목적을 달성하기 위해 필요한 재원을 조달・배분하고 이를 관리・운용하는 모든 활동"을 재무행정(public financial administration)이라고 한다(신무섭, 2009; 하연섭, 2010; 심재권 외, 2021: 29).

초창기의 재무행정 개념은 화이트(White, 1955)가 제시하였다(심재권 외, 2021: 29). 이 당시의 재무행정은 주로 관리적・기술적 차원에 초점을 두고 정부가 재원을 관리하고 이를 정리하는 문제에 한정지었다. 이에 따라 필요한 재원 규모를 계획하는 예산편성, 그리고 계획된 정책별 재원이 타당한지의 여부를 심의하는 예산 심의, 확정된 재원을 사용하는 집행, 그리고 예산이 적절히 사용되었는지를 정리하고 확인하는 회계감사 등을 내용으로 하였다. 이후 디목(Dimock, 1953)이 재원을 통해 정부의 목적 달성을 강조하면서 정책문제와 재무행정 간의 연계 필요성을 제기하여 정부의 재원 활용을 통한 정책목적의 달성으로 영역이 확장되었다(심재권, 외, 2021: 30). 따라서 좁은 의미에서의 재무행정은 재원을 확보하고 집행하고 관리하는 측면에 중점을 두나 넓은 의미에서는 재원 활용을 통한 정부목적의 달성하기 위한 정부의 역할에 초점을 둔다.

재무행정의 개념 파악에 있어 혼용되는 개념으로 예산(budget)과 재정(public finance)에 대한 논의가 필요하다. 일반적으로 재무행정은 예산의 관리, 재정관리 등과 유사한 측면을 갖고 있어 세 개념 모두 혼용되는 경우가 많다. 디목(M. E. Dimock)에 따르면,

예산은 "다음 1년 동안에 정부가 어떤 사업에 얼마를 지출할 것인가를 나타내는 문서, 수입과 지출의 균형을 어떻게 이룩할 것인가를 예견하는 문서, 또한 이러한 조치들이 과거와 미래에 어떻게 연관되는가를 보여주는 문서"를 의미한다(박영희 외, 2017: 16; 김춘순, 2018: 201). 따라서 예산은 재무행정의 대상이 된다고 할 수 있다. 다만, 고전적인 예산이론에서는 예산을 수치화된 정부의 계획서로 인식하였으나 이후 예산의 개념은 단순한 계획서에서 벗어나 예산을 사용하는 과정으로 개념이 확장되었다. 대표적으로 벅(A. E. Buck)은 "국가의 재정정책이 수립되고 채택되며 집행되는 과정으로 인식하고 있다(김춘순, 2018: 2000). 따라서 예산을 관리한다는 측면에서 예산은 재무행정과 유사한 의미로 사용되고 있다. 한편으로 재무행정은 재정과 유사하게 사용된다. 재정은 "정부가 공공욕구를 충족시키기 위해 수행하는 모든 경제적 활동"을 의미한다(이준구, 2016). 구체적으로 이러한 재정활동에 대해 차병권(1995)은 필요한 수단을 조달하고 관리운용하는 활동으로 제시하기도 한다. 즉, 재정에는 공공부문의 활동에 필요한 재원을 조달하고 지출하는 활동과 공공부문의 활동을 보다 효과적으로 수행하기 위한 다양한 정책적 활동을 포괄하고 있어(김춘순, 2018: 27) 재무행정의 개념과 맥을 같이한다고 할 수 있다. 행정학에서는 일반적으로 재정을 재무행정으로 통일하여 사용하고 있다(심재권 외, 2021: 26). 엄격한 의미에서는 예산은 재무행정의 연구대상이 되며, 재정은 재무행정의 관할 영역이 된다고 할 수 있으나 일반적으로는 예산관리, 재정관리, 재무행정 등이 상황과 맥락에 따라 혼용되는 경우가 많다.

재무행정의 대상이 되는 예산의 결정은 한정된 재원 속에서 정부에 대한 국민과 사회의 다양한 요구 중 우선순위를 결정하는 중요한 정책결정의 결과이다. 그리고 예산집행 또는 재정의 집행과정은 효율성과 효과성을 극대화하고 정부의 성과를 제고하기 위한 다양한 행정관리기법과 성과관리, 그리고 정책집행 수단이 요구된다.

또한 재정관리의 대상이 되는 예산은 사회복지, 경제발전, 환경, 노동 등 다양한 정부 기능과 연계되어 있다. 따라서 재무행정은 학문적으로는 행정학과 정책학, 그리고 개별 세부 정책분과에 대한 종합적인 이해가 필요하며, 그리고 나아가서는 정치학과 경제학 등이 연계된 분야로 다학제적 특성과 행정학의 독립분과로서의 지위를 갖는다. 정책적으로는 예산의 효율적이고 효과적인 관리를 통해 국민에게 제공하는 정책의 성패를 좌우하고 경제발전을 위한 정부의 역할을 수행에 직접적인 영향을 미친다는 점에서 중요성을 갖는다.

그림 5-1 재무행정의 영역

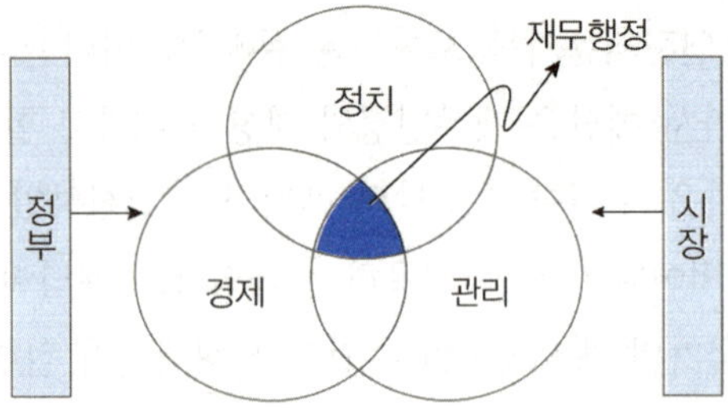

출처: 하연섭(2010), 이도희 외(2014: 161) 재인용.

2 재정의 기능과 분류

1) 재정의 기능

정부가 필요한 재원을 조달하고 이를 관리하는 재무행정은 앞에서 언급한 바와 같이 경제학에서는 재정관리로 인식되고 있다. 따라서 재무행정이 정부운영에서 수행하는 기능은 재정의 기능과 맥을 같이한다. 일반적으로 재정의 기능은 경제적 측면에서 자원배분, 경제성장 및 안정화, 그리고 소득재분배의 세 가지로 제시한다. 이외에도 정치적인 다양한 의사결정을 나타내는 정치적 기능도 가지고 있고, 한편으로는 재정을 통해 행정부를 통제하고 정부기관을 관리하며 국가의 목적을 실현하기 위한 계획 수단이 되는 행정관리 기능을 갖기도 한다(김춘순, 2018: 47-52).

재정의 자원배분 기능은 "정부의 공공재를 공급하거나 부담금 부과 등을 통해 자원이 효율적으로 배분되도록 하는 것"을 의미한다(국회예산정책처, 2022: 2). 일반적으로 도로와 항만 등 사회간접자본이나 국방, 소방, 치안 등 안전보장, 그리고 일상생활과 관련된 가로등, 공원과 같이 국민의 일상생활에는 필수적이나 시장에서는 수요만큼 공급되지 못하는 공공재와 같은 재화나 서비스는 정부가 서비스를 제공하게 된다. 또한 시장에서 공급되는 재화나 서비스 중 바람직하지 않다고 인식하는 경우에는 세금을 통해 산출량을 조정하기도 한다. 일례로, 환경오염을 유발하는 사업체에 세금을 무겁게 부과하는 경우를 들 수 있다.

정부는 이외에도 재정을 통해 우리나라의 물가 안정과 고용 확대, 그리고 성장동력

확충 등을 위해 재정을 통해 경제정책 수단을 활용하게 되는데 이를 통해 경제성장과 경제 안정을 달성한다. 경제가 침체되거나 실업이 급증하는 경우에는 세금을 감면해주거나 정부가 지출을 늘려서 경제성장에 기여할 수 있도록 재정을 활용한다. 또한 국가의 지속적인 경제성장을 위해 필요한 기간산업을 육성하기 위해 육성자금을 공급하거나 각종 세금감면 혜택을 제공한다. 또한 산업육성에 필요한 항만, 철도, 통신망 등의 사회간접자본도 건설한다. 반면에, 경제가 너무 활황으로 인플레이션 등이 우려되는 경우에는 정부 지출을 감소키거나 세금의 세율을 인상하여 경제를 안정화시킨다.

마지막으로, 재정은 소득재분배의 기능을 수행한다. 이는 소득이 많은 사람에게 더 높은 세율을 부과하여 세금을 더 많이 거두어들이는 누진의 세금체계를 시행하거나 사치품에 대해서는 별도의 세금을 부과하기도 한다. 한편, 저소득층에 대한 다양한 사회복지 정책을 추진하여 소득이 높은 집단의 부가 그렇지 않은 집단에게 재분배되어 소득의 격차를 줄일 수 있도록 한다.

재정의 기본적 기능 외에도 정치적 또는 행정관리적으로 재정은 주요한 기능을 한다. 재정은 예산이라는 한정된 재원을 정책문제를 해결하기 위해 사용하는 것이므로 정책문제 중 가장 우선적으로 해결해야 할 문제를 선택해야 한다. 이 과정에서 정책의 선택과 우선순위를 설정하는 과정은 권력과 권위를 배경으로 이루어지기 때문에 정치적인 과정이라고 볼 수 있다(이도희 외, 2014: 162). 또한 세금을 확보하는 과정에서 다양

그림 5-2 재무행정의 기능

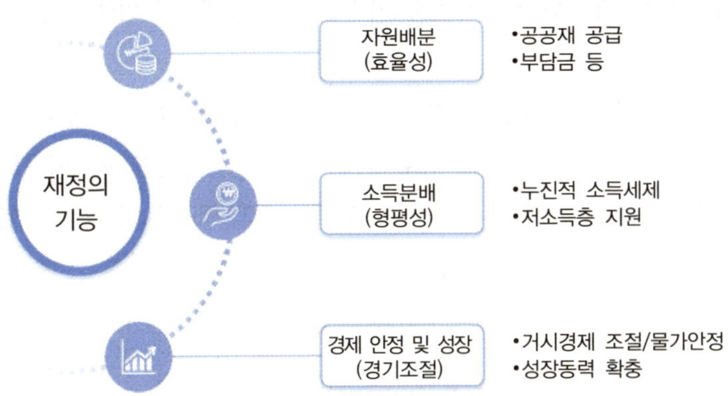

출처: 국회예산정책처(2021: 3).

한 사회집단 중 어떤 집단으로부터 세금을 더 걷을 것인가의 문제 또한 다양한 이해관계를 반영해야 하므로, 이 또한 정부의 강제력과 정치적 의사결정을 필요로 하는 행위이다. 따라서 재정은 권력을 배분하고 이해관계의 우선순위를 결정하는 기능을 하게 된다. 한편으로 재정을 관리하는 활동은 예산을 보다 효율적이고 효과적으로 사용하기 위한 활동이다. 또한 국회에서 확정된 예산이 예정된대로 사용하는지 통제하는 활동이다. 따라서 재정을 통해 국회는 국회의 의사결정사항이 실제 예산집행으로 이루어지고 있는지를 확인할 수 있게 되고, 정부는 다양한 정책들이 예산을 통해 효과적이고 효율적으로 이루어지고 있는지를 확인하게 된다. 또한 재정관리 수단 등을 통해 성과를 평가하고 모니터링하면서 행정관리의 수단으로 재정이 기능하게 된다.

2) 재정의 분류

재정은 운용주체에 따라 중앙정부의 재정과 지방재정으로 구분되며, 수단에 따라서는 예산과 기금, 그리고 성격에 따라서는 수입과 지출활동으로 구분된다(국회예산정책처, 2021: 3-4). 먼저, 재정을 운용하는 주체가 중앙정부일 경우는 중앙재정으로 구분하며, 운용하는 주체가 지방자치단체일 경우는 지방재정으로 인식한다. 통상적으로 재무행정에서는 중앙정부의 재정을 대상으로 한다.

한편, 재정 수단에 따라서는 국가가 특정한 목적을 달성하기 위해 특정한 자금을 신축적으로 운영하기 위해 설치한 기금(김춘순, 2018: 63)과 일반적인 재정활동을 위한 예산으로 구분하기도 한다. 이러한 예산에는 일반적이고 통상적인 지출을 충당하기 위해 만들어진 일반회계와 특정한 사업을 지속적으로 추진하기 위해 별도로 두는 특별회계로 구성된다.

마지막으로, 성격에 따라서는 수입과 지출로 구분할 수 있다. 수입은 정부가 필요한 재원을 마련하는 활동이고, 지출은 정부가 수입을 통해 마련한 재원을 필요한 곳에 사용하는 활동을 의미한다. 예산에서는 이를 각각 세입과 세출로 규정하여 기금에서의 수입과 지출과 구분하고 있다.

3 재정의 구조와 과정

1) 재정의 구조

정부의 재정활동은 정부가 필요한 세금을 확보하는 수입과 이를 사용하는 지출로 구분할 수 있다. 정부의 수입은 세금을 통한 수입인 세입과 세금 이외의 정부의 재산 매각으로 얻은 수입, 정부서비스의 이용료 등으로 구성된 세외수입, 그리고 기금수입으로 구성된다. 정부의 재정활동을 위해 국가가 국민에게 부과하는 조세를 '국세'라고 하며(김춘순, 2018: 108), 소득세, 법인세, 상속세, 부가가치세 등 다양한 세입원으로 확보된다. 주로 일반회계와 특별회계는 국세를 재원으로 하여 운용된다.

정부가 확보한 수입은 일반회계 및 특별회계를 포함한 예산과 기금에 편성되어 다양한 정부의 정책으로 지출이 이루어진다. 우리나라의 경우, 20개의 특별회계, 그리고 69개의 기금을 바탕으로 각각의 목적에 맞게 지출이 이루어지고 있다. 이러한 정부의 지출은 지출을 담당하는 기관(기획재정부, 행정안전부, 보건복지부 등)을 기준으로 구분하기도 하며, 지출이 이루어지는 분야(사회복지, 교육, 외교·통일 등 12개 분야)로 구분하기도 한다. 또한 인건비, 물건비, 이전지출 등 지출의 성질에 따라 크게 7개의 분야로 구분하기도 한다.

수입과 지출이 마무리되면 정부는 재정의 성과를 확인하고 재정활동에 대한 책임을

그림 5-3 재정의 구조

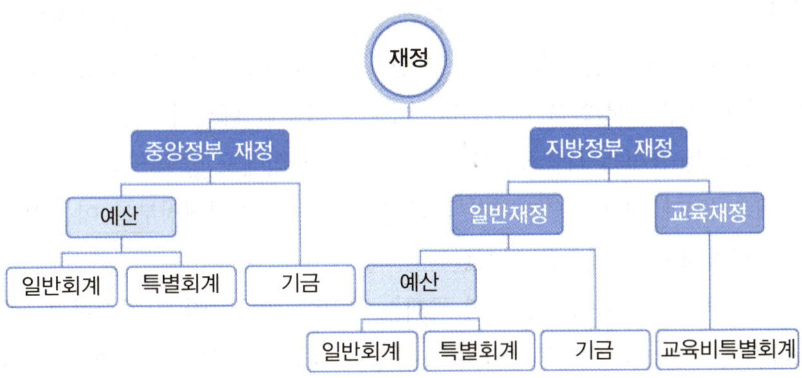

출처: 국회예산정책처(2021: 4).

진다. 이를 위해 결산제도를 통해 지출이 마무리되면 재정집행의 결과를 확인하고 사후적인 심사를 받는 결산과정을 거치게 된다. 또한 재정이 정부의 목적을 달성했는지 확인할 수 있도록 성과평가제도를 통해 다양한 재정집행 결과의 성과를 평가받게 된다.

2) 재정과정

예산은 일정한 기간 동안 이루어지는 정부의 재정활동을 계획한 문서이다. 통상적으로 재정활동이 이루어지는 기간, 또는 예산이 운용되는 기간을 '회계연도'라고 지칭한다. 따라서 재정활동은 회계연도 내에서 이루어지는 반복적인 과정이고, 이러한 반복적인 과정은 크게 예산편성-예산심의 및 의결-예산집행-결산의 4단계로 이루어진다.

그림 5-4 재정의 구조

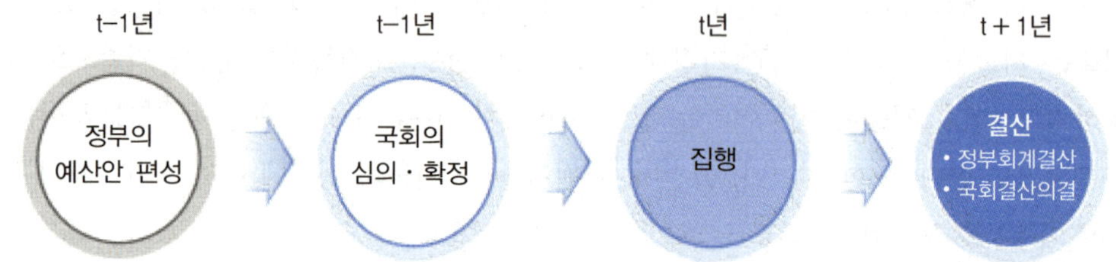

출처: 국회예산정책처(2021: 109).

예산편성은 "일정 회계연도의 세입과 세출을 미리 계산하여 예산안을 작성하는 것"을 의미한다(심재권 외, 2021: 147). 이 단계에서는 각 중앙관서가 기획재정부가 마련한 예산편성지침에 따라 차년도에 필요한 예산을 작성하고, 이를 기획재정부가 심의하여 국회에 제출할 최종 예산안을 마련한다. 이렇게 작성한 예산서를 본예산이라고 한다. 또한 예산안 편성 단계에서는 차년도에 필요한 예산 외에도 향후 5년 동안의 신규사업 및 주요 계속사업에 대한 사업계획서를 같이 제출하고, 기획재정부는 이를 반영하여 5년 동안의 국가재정운용계획을 작성한다.

편성된 예산서가 국회에 제출되면 국회는 예산에 대한 심의를 착수한다. 정부는 예산안을 국회에 제출하고 예산편성의 주요 내용에 대한 시정연설을 국회에서 한다. 이후 주요 정책 분야별(보건복지, 기획재정 등)로 구성된 국회 상임위원회에서 예비심사를 실시하여 소관 중앙관서의 예산을 검토하고 이후 예산결산특별위원회의 종합심사를 통해 최종적으로 심사하여 예산심사를 마무리한다. 이후 본회의에서 의결을 통해 예산을 확정한다.

만약 국회의 심의 과정에서 부득이한 사유로 본예산의 내용을 수정하고자 할 경우에는 수정예산안을 국회에 제출하여 다시 심의를 받게 된다. 한편, 국회가 확정된 본예산은 이후에도 필요에 따라 수정이 가능하다. 이를 추가경정예산이라고 한다. 다만, 무분별한 추가경정예산 제출을 방지하기 위해 추가경정예산을 제출할 수 있는 요건을 법으로 정하고 있다. 이에는 전쟁이나 대규모 재해가 발생한 경우, 경기침체 · 대량실업 · 남북관계의 변화 · 경제협력과 같은 대내 · 외 여건에 중대한 변화가 발생하거나 발생할 우려가 있는 경우, 법령에 따라 국가가 지급하여야 하는 지출이 발생하거나 증가하는 경우 등이다.

한편, 회계연도 개시일(매년 1월 1일)까지 예산이 국회에서 확정되지 않은 경우 우리나라에서는 준예산제도를 두어 임시로 재정활동을 하도록 하고 있다. 준예산에서는 전년도 예산에 준하여 일부 사항을 지출할 수 있다. 구체적으로는 헌법이나 법률에 의하여 설치된 기관 또는 시설의 유지 및 운영, 법률상 지출의무의 이행, 이미 예산으로 승인된 사업의 계속에 해당하는 경비 등은 지출할 수 있다.

국회에서 예산이 확정된 이후에는 확정된 내용에 맞춰 회계연도 동안에 수입을 조달하고, 편성된 예산들을 지출하는 집행을 수행한다. 집행은 회계연도 1년 중 사업별로 지출 시점에 대한 계획을 세우는 예산배정을 한 후 예산배정계획에 따라 지출이 가능하다. 집행 과정에서는 시기마다 거두어들이는 세금이 지출 수준을 감당할 수 있는지를 지속적으로 관리하고 세금으로 지출을 충당하지 못하는 경우에는 단기채무를 통해 해소하기도 한다.

집행된 예산에 대해서는 회계연도 동안의 재정집행에 대한 사후적 심의의 일환으로 결산을 하게 된다. 이를 통해 지출에 대한 적법성과 타당성을 확인하고, 국회가 승인한 예산내용에 맞게 정부가 지출했는지를 확인하게 된다. 전통적인 결산은 확정된 예산대로 집행이 이루어졌는지를 중점적으로 확인하였으나, 최근에는 지출의 성과심사에 초점을 두고 있다. 국회는 결산 시에 향후 예산편성이나 집행 과정에 있어서 시정이 필요하다고 판단되는 사항에 대해서는 시정요구를 하며 정부는 이를 반영해야 한다.

제2절

재무행정의 관련 이론

1 점증주의

점증주의는 가장 오래된 재정과 관련된 이론으로 "현재 예산액을 기준으로 다음 연도의 예산액을 결정하는 방식"이다(심재권 외, 2021: 87). 윌다브스키(A. Wildavsky), 린드블롬(C. E. Lindblom), 페노(R. F. Fenno) 등의 학자에 의해 체계화되었다. 점증주의는 인간의 합리성에는 한계가 있으며, 예산결정에 있어서는 다양한 목적과 대안 등을 검토하고, 이를 판단할 수 있는 다양한 정보가 필요하지만 완벽한 합리적인 의사결정을 하기에는 인간은 제한이 있다고 판단한다. 따라서 예산의 결정은 다양한 이해관계자들의 참여와 타협을 통해 결정되며, 현재 수준의 예산에서 제한된 분석을 통해 소폭의 변화만을 추구한다. 즉, 전면적으로 기존의 정책을 재검토하는 것이 아니라 현재 추진되는 정책을 개선할 수 있는 점을 찾고 그에 필요한 예산을 소폭으로 조정하는 것이다.

특히 합리적인 분석을 통해 예산을 결정하는 것이 아니라 이해관계자들 간의 협상을 중요시하므로 예산결정을 정치적인 관점에서 인식한다. 따라서 점증주의는 예산의 내용보다는 행정기관과 의회를 중심으로 이루어지는 예산결정에 초점을 두고 있다(윤성채, 2014: 4).

하지만 이와 같은 점증주의는 이해관계자들 간의 협상을 중요시하기 때문에 영향력이 큰 이해관계자들의 요구가 적극적으로 반영되고 소외계층의 이해관계가 예산에 반영되지 않을 수 있다는 우려를 낳기도 한다. 또한 기존에 추진되던 사업이 아닌 정책 환경의 변화로 촉발된 대규모의 예산 등에 대한 설명에 한계를 갖는다. 가장 중요한 부분은 점증주의 이론은 얼마만큼의 변화가 점증적인지에 대한 합의된 기준을 제시하지 못한다. 윌다브스키는 점증의 수준을 30%의 변화로 인식하고, 페노는 25% 미만으로, 그리고 엄격하게는 10% 미만까지로 인식하는 경우도 있으나 이에 대한 합의된 정의가 이루어지지 않아 비판을 받기도 한다.

2 총체주의

점증주의와 달리 총체주의는 예산의 결정은 기존의 예산을 근거로 하지 않고 사회후생을 극대화할 수 있도록 합리적이고 분석적 의사결정 단계를 거쳐 이루어진다고 보는 관점이다(심재권 외, 2021: 81). 앤더슨(J. Anderson), 피이르(P. A. Pyhrr) 등의 학자들에 의해 발전하였다. 점증주의의 경우, 인간의 합리성은 제한적이라고 인식하였던 것과는 달리 총체주의에서는 완전한 인간의 합리성이 가능하다는 것을 전제로 한다. 따라서 총체주의는 합리모형이라고도 불린다.

총체주의 모형에서 가장 중요한 부분은 최적의 대안을 찾을 수 있도록 하는 체계화된 분석과정이다. 총체주의에서는 정책마다 해결하고자 하는 문제나 목표를 정하고, 이에 대한 다양한 해결책인 대안을 탐색하고, 각 대안마다 예상되는 결과를 분석한다. 이후 대안의 소망성, 실현가능성을 기준으로 최적의 대안을 선정하여 해당 대안에 대한 예산을 수립하게 된다. 따라서 대안의 선택 과정은 다양한 이해관계자가 참여하는 과정에서 이해관계자들이 만족할 만한 수준의 합의점을 찾아가는 협상을 중요하게 생각한 점증주의와는 달리 대안마다의 비용과 편익, 그리고 비용과 효과 등을 체계적으로 분석하여 객관적인 입장에서 경제적 가치를 바탕으로 결정하게 된다.

총체주의에 입각한 예산의 결정은 합리성에 기반을 두기 때문에 예산결정 과정에서의 정치적인 특성을 고려하지 않는다. 따라서 효율성에 입각하여 추진될 수 없는 다양한 정책들을 예산결정에 반영시켜야 하는 부분을 설명하지 못할 우려가 있다. 이외에도 총체주의는 모든 정책에 대해서 목표를 수립하고, 이에 대한 대안을 체계적으로 분석하여 최적의 대안을 찾는 과정을 필요로 한다. 이 과정에서 많은 시간과 비용이 발생하고 체계적인 분석을 위해서는 관료 외에도 전문성을 확보한 전문가를 필요로 하여 예산을 결정하는 과정에서 비효율이 발생할 수 있으며, 신속한 의사결정을 저해한다는 부작용을 야기할 수 있다.

3 공공선택이론

점증주의나 총체주의에서의 예산결정은 예산결정에 참여하는 행위자들은 공익을 지향한다. 하지만 이런한 의사결정자나 이해관계자에 대한 가정들은 현실에서 부패하거나 선거에서의 당선을 위해 움직이는 관료나 의사결정자에 대한 행태와 그들이 예산결정에 미치는 영향력 등을 설명하지 못하는 한계를 갖는다(천지은 외, 2020: 182). 이러한 한계에 대해 공공선택이론은 이해관계자들마다 갖는 개인적 효용을 고려한 예산결정 가능성을 제기한다.

공공선택이론은 예산결정에 참여하는 정치인, 관료 등이 개인의 경제적 합리성을 추구한다고 가정한다(이정희, 2010: 110). 따라서 공공선택이론은 개인의 효용을 극대화하는 방향으로 예산을 결정하는 지대추구 행위에 주목한다. 정치인들은 선거에서 다시 당선되는 데 유리한 방향으로 예산을 결정하고자 하고, 관료들은 자신의 영향력을 늘리기 위해 관료가 속해 있는 기관의 예산을 극대화하고자 한다. 예산과 관련하여 보조금에 관한 입법, 주요 예산결정 등에 대해 개인의 효용에 부합하는 방향으로 결정하고 경쟁자에게는 불리하도록 전략을 전개한다(천지은 외, 2020: 182). 이러한 이해관계자의 지대추구 행위를 바탕으로 예산이 결정된다는 입장이다.

이러한 지대추구가 가능한 이유는 기본적으로는 주인-대리인의 시각에서 대리인인 관료나 정치인이 주인인 국민에 비해 더 많은 정보를 지니고 있고, 대리인인 관료와 정치인이 사익을 추구하더라도 이에 대해 주인인 국민은 파악할 수 없기 때문이다. 또한 정치인은 예산을 심의하고 통제하고 관료는 예산을 편성하고 집행하는 역할을 수행하고 있어 정치인을 통한 관료의 통제가 가능해야 하지만, 그들 간에도 정보의 비대칭성이 존재하기 때문에 관료의 지대추구 행위가 정치인을 통해 통제되지 않을 수 있다. 브레멘과 뷰캐넌(Breman & Buchanan, 1980)은 더 나아가서 정치인과 관료는 예산결정에 있어 서로 협조적이며 결탁한다고 인식하기도 한다(이정희, 2010: 111 재인용).

4 단절균형이론

점증주의 이론에 따르면, 예산은 급격히 변하지 않고 점차적으로 변하게 된다. 그리고 공공선택이론적 관점에서 예산은 정치적인 결과의 산물이기 때문에 주도적인 이해관계자의 요구가 반영되어 새로운 변화가 나타나기 어렵다. 점증주의 이론에서는 예산의 변화는 기존 예산에 영향을 받고, 총체주의에서는 합리성에 기인하여 최적의 대안이 가장 중요한 예산결정의 요인이다. 한편, 공공선택이론에서는 정치적인 관계의 변화가 예산을 변화하게 할 것이다. 하지만 일반국민의 급증하는 관심이나, 새로운 이해관계집단의 등장 등도 예산을 변화시키는 주요한 요인이 되는데, 이러한 점에 관심을 갖는 이론이 단절균형이론이다.

단절균형이론은 트루(J. R. True), 존스(B. D. Jones), 바움가트너(F. R. Baumgartner) 등에 의해 형성된 이론으로 예산은 일정 기간 동안 균형상태를 유지하다가 예산으로 추진되던 정책이 급격히 바뀌거나 언론이나 국민들의 관심 등에 의해 예산이 급격히 변할 수 있음을 주요 내용으로 한다(이정희, 2010: 108).

예산은 기본적으로 안정적으로 운영된다. 이는 예산이 점진적인 특성을 기본적으로 갖고 있으며, 정책과 관련된 이해관계자들이 이미 강한 영향력을 지니고 있기 때문에 그 영향력을 잃지 않는 한 기존의 정책을 유지하고자 하는 특성을 지니기 때문이다. 이를 정책독점(policy monopoly)이라고 지칭한다(이정희, 2010: 108). 하지만 이러한 균형상태는 단절될 수 있다. 예를 들어, 사회적으로 관심을 받는 사건이 발생하고, 기존 정책에 대해서 언론과 일반국민이 비판적인 시각을 갖게되면 정치인과 관료들은 기존 체제의 유지를 위해 정책을 수정해야 한다. 그리고 기존 정책에 대해 영향력이 크지 않았던 이해관계자가 일반국민의 관심 등으로 영향력이 커지게 되면 예산결정과 관련된 이해관계자 간 영향력의 크기가 변화하므로 정책의 수정이 가능해진다. 따라서 이를 바탕으로 정책 방향이 변하게 되고, 새로운 정책대안이 최적의 대안으로 주목받으며 예산 또한 크게 바뀌는 기존 예산의 안정성이 단절되는 현상이 발생한다.

단절균형이론은 급격한 예산 변화를 설명하는 데 중요한 역할을 할 수 있다. 이는 점증주의가 설명하지 못한 한계를 보완할 수 있다는 점에서 중요한 이론이라고 볼 수 있다. 특히 공공선택이론의 관점에서 중요한 이해관계자가 아닌 일반대중이 예산결정에 영향을 줄 수 있음을 설명하고 있고, 총체주의에서의 정책목표와 대안탐색, 그리고 최종 대안의 의사결정이 환경에 따라 바뀔 수 있음을 제시한다고 볼 수 있다. 하지만 단절균형이론은 단절이 발생하는 시기를 예측할 수 없다는 한계를 지니고 있고, 단절의 크기가 어느 정도일 때 단절로 인식할 것인지에 대한 합의된 의견이 도출되지 않았다. 이는 점증주의에서 점증적인 변화를 어느 수준까지 인식하는지에 대한 절대적 기준이 없는 것과 유사한 문제라고 할 수 있다.

제3절

재무행정 관련 제도

1 법과 운영체계

1) 재정 관련 법체계

우리나라의 재무행정은 헌법을 기본으로 하여 이루어지고 중앙정부의 재정운용 및 관리는 국가재정법, 그리고 지방재정의 운용 및 관리는 지방재정법을 통해 이루어진다. 그리고 이외에도 재정의 다양한 영역별로 수입 관련 법률, 지출 관련 법률, 그리고 국가채무 관련 법률들이 마련되어 재무행정의 근거가 되고 있다.

헌법은 재무행정의 가장 최상위 법으로 헌법에서는 국회의 예산안 심의·확정권(제54조 제1항), 정부의 예산안 제출권(제54조 제1항), 준예산(제54조 제2항), 계속비(제55조 제1항), 예비비(제55조 제2항), 추가경정예산안(제56조), 국채 모집 등의 의결권(제58조), 조세법률주의(제59조), 감사원의 세입·세출 검사(제59조) 등을 규정하고 있다. 헌법에서 명시한 사항 중 국민으로부터의 세금을 조달할 때에는 법률에 의한다는

그림 5-5 재정 관련 법체계

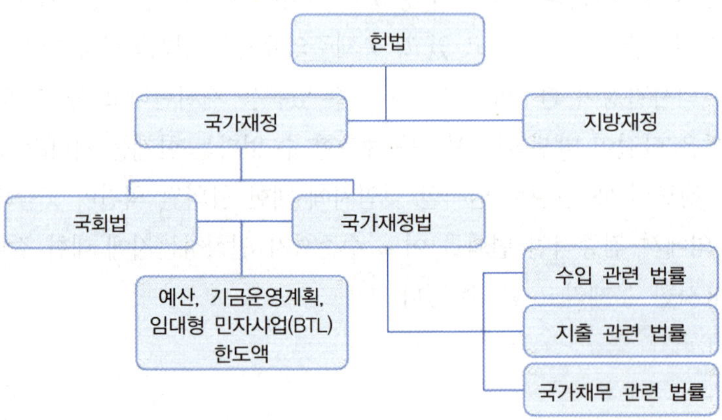

출처: 국회예산정책처(2021: 105).

조세법률주의와, 정부의 재정운용은 국회의 통제를 받도록 하는 국회의 예산의결원칙 등은 재무행정에 있어 민주주의를 공고히 한다는 점에서 중요한 부분이라 할 수 있다 (국회예산정책처, 2021: 105; 심재권 외, 2022: 52).

표 5-1 국가재정법 주요 내용

구분		내용
제1장 총칙	제1조~제15조	• 회계연도 독립의 원칙(제3조) • 회계 구분(제4조) • 기금의 설치(제5조) • 국가재정운용계획의 수립(제7조) • 성과 중심의 재정운용(제8조)
제2장 예산	제1절 총칙 (제16조~제27조)	• 예산총계주의(제17조) • 예비비(제22조), 계속비(제23조), 명시이월비(제24조), 국고채무부담행위(제25조), • 성인지예산서(제26조)
	제2절 예산안의 편성 (제28조~제41조)	• 중기사업계획서(제28조) • 예산안의 국회제출(제33조) • 총액계상(제37조) • 예비타당성조사(제38조)
	제3절 예산의 집행 (제42조~제55조)	• 예산의 목적 외 사용금지(제45조) • 예산의 전용(제46조) 및 이용 · 이체(제47조) • 세출예산의 이월(제48조) • 총사업비의 관리(제50조) • 예비비(제51조, 제52조)
제3장 결산	제56조~제61조	• 성인지결산서의 작성(제57조) • 국가결산보고서의 작성 및 제출(제59조~제61조)
제4장 기금	제62조~제85조	• 기금운용계획안의 수립(제66조) 및 국회제출(제68조) • 기금운용계획의 변경(제70조) • 기금결산(제73조) • 기금운용실태 조사 · 평가(제82조)
제5장 재정건전화	제86조~제92조	• 재정부담을 수반하는 법령의 제 · 개정(제87조) • 추가경정예산안의 편성(제89조) • 세계잉여금 등의 처리(제90조) • 국가채무의 관리(제91조) • 국가보증채무의 부담 및 관리(제92조)
제6장 보칙	제93조~제101조	• 재정집행의 관리(제97조) • 재정업무의 정보화(제97조의2)
제7장 벌칙	제102조	• 기금운용에서의 직권남용 처벌(제102조)

출처: 국회예산정책처(2021: 107).

헌법에서 규정한 내용들과 구체적인 재정운용의 사항 등은 「국가재정법」을 통해 규율하고 있다. 국가재정법은 "재정운용의 일반원칙, 예산 및 기금의 편성·집행·결산·성과관리 및 국가채무 등 재정 전반에 관한 사항을 규정하고 있는 국가재정의 기본법이다"(국회예산정책처, 2021: 106). 국가재정법에서는 회계연도는 독립적으로 운영하여야 한다는 회계연도 독립의 원칙(제3조), 기금의 설치(제5조), 정부의 모든 예산활동은 예산에 포함하여야 한다는 예산총계주의(제17조) 등과 재정운용에 대한 세부 제도에 대한 내용 등이 포함되어 있다.

이외에도 국회법을 통해서는 예산에 대한 심의와 심의 절차를 규정하고 있으며,

표 5-2 기타 기능별 재정 관련 법률

구분		내용
수입 관련 법률	국세기본법	• 국세에 관한 기본적이고 공통적인 사항과 납세자의 권리·의무 및 권리구제에 관한 사항을 규정
	국세징수법	• 국세의 징수에 필요한 사항을 규정
	부담금관리 기본법	• 부담금의 설치·관리 및 운용에 관한 기본적인 사항을 규정함으로써 부담금 운용의 공정성 및 투명성을 확보
	국고금 관리법	• 국고금의 관리에 필요한 사항을 정함으로써 국고금을 효율적이고 투명하게 관리
	국유재산법	• 국유재산에 관한 기본적인 사항을 정함으로써 국유재산의 적정한 보호와 효율적인 관리·처분
지출 관련 법률	보조금 관리에 관한 법률	• 보조금 예산의 편성, 교부 신청, 교부 결정 및 사용 등에 관하여 기본적인 사항을 규정함으로써 효율적인 보조금 예산의 편성 및 집행 등 보조금 예산의 적정한 관리를 도모
	국가회계법	• 국가회계와 이와 관계되는 기본적인 사항을 정하여 국가회계를 투명하게 처리하고, 재정에 관한 유용하고 적정한 정보를 생산·제공
	국가를 당사자로 하는 계약에 관한 법률	• 국가를 당사자로 하는 계약에 관한 기본적인 사항을 정함으로써 계약업무를 원활하게 수행
국가채무 관련 법률	국채법	• 국채의 발행·등록과 원금 상환(償還) 등에 관한 기본적인 사항을 규정함으로써 국채시장을 안정적으로 관리하고 국채 관련 업무를 효율적으로 수행
	공공자금관리기금법	• 기금 등의 여유자금을 통합관리하여 재정융자 등 공공목적에 활용하고, 국채의 발행 및 상환 등을 효율적으로 관리하기 위하여 공공자금관리기금을 설치하며, 그 운용 및 관리에 필요한 사항을 규정

출처: 국회예산정책처(2021: 107).

국가재정법과 국회법 외에도 재정의 다양한 영역에 대한 세부 법률들이 제정되어 재정 활동을 규율하고 있다.

2) 재정관리 · 운용체계

재정이 국민의 삶의 질에 미치는 영향력이 크기 때문에 재무행정과 관련된 기능은 다양한 조직들이 권한과 책임을 나눠 수행하고 있다. 크게는 예산편성과 집행은 행정부가, 그리고 예산심의 · 확정과 결산은 입법부에서 수행하고 있다. 행정부 내에서도 예산편성, 집행, 그리고 결산에 대한 기능을 분산하여 수행하고 있다. 재무행정과 관련하여 학문적으로는 크게 예산편성과 집행을 총괄하는 '중앙예산기관'과 수입과 지출을 총괄하는 '수입지출총괄기관'으로 구분하고, 이외에 결산과 관련하여 회계검사를 수행하는 회계검사기관으로 구분한다(심재권 외, 2022: 38).

중앙예산기관은 재정계획을 입안하고 각 중앙관서의 예산요구서와 재정계획을 종합적으로 검토 · 조정하며, 국가의 전체 예산안을 편성하여 의회에 제출하고, 의회에서 의결된 예산을 각 부처에 배정하여 재정집행을 감독 · 통제하는 역할을 하는 기관을 의미한다(심재권 외, 2021: 39). 한편, 수입지출총괄기관은 국민으로부터 세금을 조달할 조세계획을 수립하고, 수입을 예측하여 징수계획을 수립하고 징수를 담당한다. 또한 지출측면에서는 지출계획을 수립하여 자금을 배분하고 국고금을 관리하는 역할을 담당한다.

중앙예산기관과 수입지출총괄기관은 통합하여 하나의 기관에서 기능을 모두 수행하는 경우도 있으며, 분리하여 별도로 운영하기도 한다. 미국이나 영국은 재무부에서 별도로 수입과 지출을 관리하고 있으며, 일본 등은 재무성에 통합하여 운영되고 있다(심재권 외, 2021: 42).

우리나라의 경우, 2008년부터 기획재정부에서 중앙예산기관의 역할과 수입지출총괄기관의 역할을 모두 담당하고 있으며, 한편 회계검사기관의 기능은 감사원에서 수행하고 있다. 주로 기획재정부 내 예산실에서 중앙예산기관의 기능을 수행하며, 재정관리국과 재정혁신국을 통해 재정집행과 성과점검 등을 수행하고 있다. 한편, 국고국과 세제실은 수입지출총괄 기능을 수행하고 있다.

마지막으로, 회계검사기관은 "행정부가 입법부의 의도를 충실히 집행하였는지에 대한 지출의 합법성을 검사하는 기관"으로(심재권 외, 2021: 254), 우리나라는 감사원이 그 기능을 수행하고 있다. 회계검사기관은 입법부나 행정부 산하에 두거나 아니면 독립적인 형태로 운영하고 있으며, 우리나라는 행정부 내에 회계검사기관을 두고 있어 회계검사와 직무감찰 기능을 통합하여 행정의 효율성을 확보한다는 장점을 지니고 있지만, 한편으로는 독립기관형 등에 비해 직무의 독립성이 다소 부족하다는 단점도 지니고 있다.

2 예산편성 관련 주요 제도

예산편성과 관련된 제도로는 정부가 5년 간의 재정운용 방향을 작성하는 국가재정운용계획, 조세감면, 비과세 등 조세특례에 대한 예산서를 작성하는 조세지출예산서, 대규모 사업을 추진하기 전에 타당성을 점검하는 예비타당성조사, 편성된 예산이 여성

표 5-3 예산편성과 관련된 주요 재정제도

제도명	내용
국가재정운용계획 (국가재정법 제7조)	• 정부가 재정운용의 효율화와 건전화를 위해 매년 당해 회계연도부터 5회계연도 기간에 대한 세입, 세출, 재정수지, 조세부담률, 국가채무 등의 재정운용계획을 수립 • 매년 경제·사회적 여건 변화와 연동되어 수정
조세지출예산서 (조세특례제한법 제142조의2)	• 조세감면, 비과세, 소득공제, 세액공제, 우대세율 적용 등의 조세특례의 방식으로 납세자에 대한 재정지원을 목적으로 발생하는 국가세입의 감소인 조세지출을 사회복지, 국방, 지역개발 등 기능별 분류에 따라 예산서의 형태로 작성 • 작성된 조세지출예산서는 조세지출의 신규 도입, 폐지 및 일몰기한 연장 등의 정책결정 등에 활용
예비타당성조사 (국가재정법 제38조)	• 총사업비 500억 원 이상이고 국가의 재정지원 규모가 300억 원 이상인 건설공사가 포함된 사업, 지능정보화사업, 국가연구개발사업, 중기사업계획서에 의한 재정지출이 500억 원 이상 수반되는 사회복지, 보건, 교육, 노동, 문화 및 관광, 환경보호, 농림해양수산, 산업·중소기업 분야의 신규사업에 대해 적정 투자시기와 재원조달 방법 등에 대한 사전적인 타당성 검증 및 평가로 사업추진 여부를 결정
성인지예산제도 (국가재정법 제16조 제5호)	• 예산이 여성과 남성에게 미칠 영향을 미리 분석하여 이를 예산편성에 반영·집행하고, 여성과 남성이 동등하게 예산의 혜택을 받고 예산이 성차별을 개선하는 방향으로 집행되었는지를 평가하여 예산편성에 반영하는 제도
국민참여예산제도 (국가재정법 시행령 제7조의2)	• 국민이 예산사업의 제안·심사·우선순위 결정에 참여하여 재정의 민주성과 투명성을 제고하는 제도

과 남성에게 미치는 영향을 파악하기 위해 성인지사업에 대해 예산서를 작성하는 성인지예산서, 그리고 국민이 예산을 제안하고 평가한 사업을 예산에 반영할 수 있도록 한 국민참여예산제 등이 있다.

국가재정운용계획은 "재정운용의 효율성과 건전성을 제고하기 위해 당해 회계연도를 포함한 5개년에 대한 재정운용목표와 방향을 제시하는 재정운용계획"(기획재정부, 2021)으로 중·장기의 시각에서 재정운용 전략과 재원배분 방향을 제시하는 계획이다. 우리나라는 2004년 4대 재정개혁을 추진하면서 국가재정운용계획을 마련하였다. 국가재정운용계획을 도입하여 기존의 단년도 예산편성에서 벗어나 거시경제 및 재정여건에 대한 전망을 바탕으로 재정운용목표를 사전에 설정하고, 이를 달성하기 위한 재원배분 방향을 재정운용계획을 통해 제시하여 재정운용의 예측가능성을 높였다. 국가재정운용계획은 기획재정부가 국가재정운용계획 수립 지침을 각 중앙관서에 통보하면 각 중앙관서는 중기사업계획서를 작성하여 제출한다. 이후 국가재정운용계획 수립 지원단 및 국가재정전략회의에서 의견을 수렴하게 된다. 이후 국회에 국가재정운용계획에 대해 기획재정위원회에 보고한 후 예산안과 함께 국회에 제출하는 절차를 거친다. 국가재정운용계획에는 재정운용의 기본방향과 목표, 중기재정전망 및 그 근거, 분야별 재원배분계획 및 투자 방향, 재정규모 증가율, 의무지출 증가율, 재량지출 증가율, 재정수입 증가율, 조세부담률 및 국민부담률 등이 포함된다.

예비타당성조사는 「국가재정법」 제38조 및 동법 시행령 제13조에 따라 대규모 사업에 대한 예산편성과 기금운용계획을 수립하기 위해 추진되는 타당성 검증·평가로, 이를 통해 재정사업의 신규투자를 우선순위에 입각하여 투명하고 공정하게 결정할 수 있도록 근거를 제시한다. 대상 사업은 총사업비가 500억 원 이상이고, 국가의 재정지원 규모가 300억 원 이상인 신규사업이 대상이며, 건설사업, 정보화사업, 국가연구개발사업, 중기재정지출이 500억 원 이상인 기타 재정사업을 대상으로 한다. 예비타당성조사에서는 사업의 중·장기 재정소요, 재원조달방안, 비용과 편익 등을 고려한 효율적 대안 등을 분석하여 사업계획의 적정성을 검토한다.

성인지예산제도는 예산이 여성과 남성에게 미칠 영향을 미리 분석하여 예산편성에 반영·집행하고, 예산이 성차별을 개선할 수 있는 방향으로 집행되었는지를 평가하여 다음 예산편성에 반영하는 제도이다. 이를 위해 성인지예산서는 성별 수혜분석과 성과목표 설정이 포함된다. 성인지예산제도의 적용 대상사업은 부처 성평등 목표 달성에 직접 기여할 수 있는 '직접목적사업'과 간접적으로 기여할 수 있도록 성인지적 관점의 분석이 필요한 '간접목적사업'으로 구분된다.

국민참여예산제도는 2017년 시범사업을 통해 2018년부터 본격적으로 운영되었다. 국민이 예산사업의 제안, 심사, 우선순위 결정에 직접 참여하는 제도로 재정민주주의와 재정운용의 투명성을 제고하기 위한 제도이다. 국민참여예산제도의 대상은 국가재정운용계획상 모든 분야의 사업을 대상으로 하며, 사업 효과가 전국에 미치는 사업이면서 기존에 없던 사업으로 예비타당성조사대상이 아닌 사업을 대상으로 한다. 제도의 운영 절차는 먼저 국민들이 필요한 사업을 제안하면 이에 대해 민간전문가와 부처가 사업대상 적격성을 검토하고, 이후 국민참여예산을 심의할 일반국민으로 구성된 국민참여단이 사업을 논의하게 된다. 참여단이 선정한 후보사업은 일반국민을 대상으로 사업 선호도 조사를 받게 되고, 이후 선정된 사업은 정부예산안에 반영하여 국회에서 심의 후 확정되게 된다.

3 예산집행 관련 주요 제도

예산집행과 관련된 주요 제도는 이월, 전용, 이용 등 예산집행에 있어서 신축성을 확보해줄 수 있는 예산집행 신축성 유지제도와 주요 사업에 대해 재정집행현황을 모니터링하고 개선방안을 모색하는 재정집행관리제도, 그리고 정부의 국고금을 관리하는

표 5-4 예산집행과 관련된 주요 재정제도

제도명	내용
예산집행 신축성 유지제도	• 국회에서 심의·확정된 예산 중 예산안의 편성이나 심의 당시에 예상하지 못했던 사업변경에 대응하기 위해 일정 범위 안에서 행정부가 예산의 조정을 가능하게 한 제도 • 전용, 조정, 이용, 이체, 기금운용계획 변경, 이월 등
재정집행관리제도 (국가재정법 제97조)	• 재정의 경기안정화 기능 확보 및 예산의 효율적 집행을 위해 매년 주요 관리대상사업을 선정하여 매월 재정관리점검회의를 통해 재정집행실적을 점검·관리 • 매월 집행실적, 집행부진사유 및 개선계획, 예산낭비 신고실적 및 대응실적 등을 포함한 사업집행보고서와 예산 및 기금운용계획에 관한 집행보고서를 기획재정부 장관에게 제출
국고금관리제도	• 국고금은 정부가 공공행정업무를 수행하기 위해 조달하고 운용하는 일체의 현금으로, 정부는 재정지출에 필요한 자금을 적기에 조달하고, 유휴자금을 최소화하기 위해 국고금을 관리

국고금관리제도 등이 있다.

예산집행의 신축성 유지제도는 국회에서 확정된 예산이 경제상황의 변화, 세입・세출의 예측의 실패, 리더십의 변화, 새로운 사회문제의 발생 등으로 인해 행정부의 중앙관서 장에게 집행내용을 변경시킬 수 있도록 재량권을 주는 제도이다(심재권 외, 2021: 207-208). 구체적으로 이를 위해 전용, 이체, 이용, 이월 등이 사용된다. 전용은 예산편성사항 중 행정과목인 각 세항 또는 목 사이의 상호융통을 의미한다. 이 경우에는 행정부(기획재정부 장관) 승인 절차만으로도 융통이 가능하다. 한편, 이체는 부처의 통・폐합 또는 부처 내의 부서의 통・폐합 등으로 인해 다른 기구로 예산을 융통해야 할 경우 사용된다. 이용은 각 기관, 예산편성사항 중 장・관・항 사이에 상호융통하는 것을 의미하며, 통상적으로는 이체는 허용되지 않으나 법령상 지출의무의 이행을 위한 경비나 기관운영을 위한 필수적 경비가 부족한 경우, 환율변동이나 환율변동 등을 사전에 예측하기 어려워 불가피한 사정이 발생한 경우, 재해대책 재원 등으로 시급히 사용해야 할 경우 등 집행상 필요한 경우에 대해 국회에서 의결을 받은 경우에는 가능하다. 마지막으로, 이월은 예산을 다음 연도로 넘겨서 다음 연도에 사용하는 것을 의미한다. 통상 예산은 회계연도 독립의 원칙에 따라 회계연도 안에 전부 지출하여야 하나 회계연도 내에 무리하게 예산을 집행하는 연말 집중 집행 등을 방지하기 위해 예산사용에 필요한 절차를 마쳤을 경우나, 사전에 예산을 다음해에 사용하겠다고 승인을 받은 경우 등에 대해서 이월을 통해 다음 연도에 예산을 사용할 수 있도록 하고 있다.

재정집행관리제도는 재정사업 중 주요 사업을 선정하여 재정의 집행상황을 재정관리점검회의를 통해 관리하는 제도로 「국가재정법」 제97조에 근거하고 있다. 재정집행관리제도를 통해 관리하는 사업은 인건비, 기본경비, 법령에 따라 매월 정액 지급하는 사업 등을 제외한 중앙관서 및 공공기관의 주요 사업이다. 각 중앙관서 및 기금관리주체는 매월 사업집행보고서와 예산 및 기금운용계획에 관한 집행보고서를 기획재정부 장관에게 제출하여야 하며, 기획재정부 장관은 재정관리점검회의를 통해 제출된 보고서를 분석하고 집행현황, 예산낭비 실태 등을 확인・점검한다. 집행보고서에는 사업별・월별 집행실적, 집행부진 사유 및 향후 개선계획, 각 부처 및 기관별 예산낭비 신고실적 및 대응실적 등이 포함된다.

4 결산 및 성과관리 · 평가 주요 제도

결산 및 성과관리 · 평가와 관련된 주요 제도로는 행정부에서 제출한 결산보고서를 바탕으로 재정집행 결과를 감사원이 검사하는 결산검사, 재정투입을 통해 도출하고자 하는 성과목표를 수립하는 재정사업목표관리제도, 그리고 주요 재정사업의 성과를 평가하는 재정사업평가 등이 있다.

결산검사는 감사원이 국가의 한 회계연도 재정활동에 대해 결산서내용의 정확성, 적정성 등을 확인하기 헌법 제99조에 근거하여 국회 등에 그 결과를 보고하기 위한 회계검사이다(감사원, 2021: 3). 감사원의 결산검사는 각 중앙관서가 기획재정부에 제출한 결산보고서를 바탕으로 기획재정부가 작성한 국가결산보고서를 감사원이 접수하면 감사원은 이에 대해 결산검사보고서를 작성하는 절차로 이루어진다. 이후 감사원이 작성한 결산검사보고서는 대통령과 국회에 보고되고 결산보고서가 심의 · 의결된다. 결산검사는 국가결산보고서와 한국은행의 국고금 잔액 자료 등을 비교하여 일치 및 적정성 등을 확인하고, 제무재표에 대해서는 계정과목의 적용 오류, 자산 · 부채의 누락 등 회계처리 오류를 확인하는 방식으로 이루어진다. 그리고 성과보고서의 경우, 성과측정을 위한 성과지표와 측정방법 등의 적정성과 성과 달성도의 적정 여부를 파악한다. 2008회계연도 전까지는 세입 · 세출에 대한 결산검사만 수행하였지만 이후 성과보고서에 대한 검사도 추가되었으며, 2011회계연도부터는 재무제표 검사가 신규로 도입되었다.

재정사업목표관리제도는 "각 부처의 임무, 목표와 연계하여 사업별로 성과목표와 이를 측정할 수 있는 성과지표를 설정하고, 성과지표의 목표치 달성 여부를 평가하여

표 5-5 결산 및 성과관리 · 평가와 관련된 주요 재정제도

제도명	내용
결산검사 (헌법 제99조)	• 기획재정부 장관으로부터 제출받은 결산보고서를 감사원이 작성한 결산검사확인액표와 한국은행이 제출한 국고금출납계산서와 비교 · 대조하여 정부지출의 회계상 위법부당 여부를 확인하는 것
재정사업목표관리제도	• 성과계획서를 통해 성과목표와 성과지표를 사전에 설정하고, 재정운용 후 성과보고서를 통해 성과목표의 달성 여부를 점검하는 제도
재정사업평가 (국가재정법 시행령 제13조)	• 각 재정사업에 대해 중앙관서 등이 스스로 자율적으로 평가하고, 그 결과를 예산안 편성 등에 활용하여 재정사업의 효율성을 제고하는 제도 • 재정사업 중 사업시행 이후 2~3년이 경과한 사업을 대상으로 계량분석 기법 등을 활용하여 심층평가를 수행

그 평가 결과를 재정운영에 활용하는 제도(박노욱 외, 2008; 박홍엽, 2012: 172)이다. 부처는 각 사업별 성과계획서를 작성하여 기획재정부에 제출하고 기획재정부는 이를 검토하여 보완요청을 한 후 최종성과계획서는 예산안과 함께 지출된다. 재정집행이 완료되면 각 부처는 제출된 성과계획서상의 목표 달성 여부를 평가하여 이를 차년도 예산 편성에 활용하는 방식으로 제도운영이 이루어진다.

재정사업의 성과를 평가하는 재정사업평가는 앞서 설명한 재정사업목표관리제도와 연동되어 사업의 목표 달성도를 평가하는 제도이다. 크게 부처에서 재정사업에 대한 성과를 자율적으로 평가하는 재정사업 자율평가제도, 자율평가 결과 추가적인 평가가 필요하거나 유사·중복 또는 비효율적 사업, 지속적인 재정지출이 급증할 것이 예상되는 사업 등을 평가하는 재정사업 심층평가제도로 구분된다. 재정사업 자율평가는 각 부처가 소관 재정사업을 자율적으로 평가하고, 사업의 평가지표 등도 자율적으로 설정하고 평가 결과 중 미흡한 사업은 지출효율화 등을 추진하게 된다. 재정사업 심층평가는 사업의 적절성, 효과성, 효율성, 효용성, 지속가능성을 기준으로 평가를 수행하며, 각 부처에서 자율적으로 수행하는 자율평가와는 달리 기획재정부가 평가팀을 구성하여 사업 성과를 면밀히 분석한다.

제4절

재무행정 관련 주요 이슈와 정책 방향

1 재정건전성 확보

유래없는 코로나바이러스감염증-19(COVID-19)로 인한 위기에 대응하는 과정에서 정부의 역할은 어느 때보다 중요해졌다. 정부는 경제, 사회복지, 산업 등 다양한 분야에서 소외계층 지원, 소상공인 지원 등 다양한 수혜계층에게 더 폭넓은 재정지원을 수행해오고 있으며, 정부의 지출도 이에 부응하여 지속적으로 증가하고 있다. 이러한 단기적인 정책 이슈 외에도 중·장기적으로는 저출산 고령화의 심화에 따른 인구감소, 제4차 산업혁명 도래로 인한 신산업 육성 등의 문제도 적극적으로 해소해야 할 시점이다.

이에 정부의 지출수요는 지속적으로 증가하고 있는 추세이다.

정부의 지출수요에 부응하여 수입을 지속적으로 늘릴 수 있다면 정부는 보다 적극적인 역할을 수행할 수 있지만 지출수요에 부응하여 세입을 확충하기에는 대·내외적인 재정여건이 좋지 않은 실정이다. 수출 동력이 되는 글로벌 경제의 회복세는 더디고, 우리나라의 주력산업의 경쟁력 또한 위기에 직면해 있다. 대내적으로는 지속적인 가계부채 증가와 소득 증가의 둔화, 그리고 부동산의 침체 등이 세입 여건을 악화시키는 요인으로 자리잡고 있다. 따라서 정부가 향후 증가하는 재정지출수요를 감당하기 위해서는 재정의 지속가능성을 확보할 수 있도록 재정의 건전성 확보가 필요하다.

특히 우리나라의 국가채무비율은 GDP 대비 50%에 이르며, 이 수준은 OECD 국가 대비 낮은 수준이나 최근 급증한 정부지출 규모에 비해 증가세가 둔화된 세입구조로 인해 채무의 증가 수준이 급격히 높아지고 있어 장기적으로 확장적인 재정지출이 필요한 시기에 제약요인이 될 수 있다. 따라서 재정지출에 있어서 낭비요소를 줄이고, 새로운 재정수요에 대해서도 체계적으로 분석하여 재정의 여력을 확보하기 위한 다각적인 노력이 필요하다.

그림 5-6 총지출 및 총수입 규모 변화

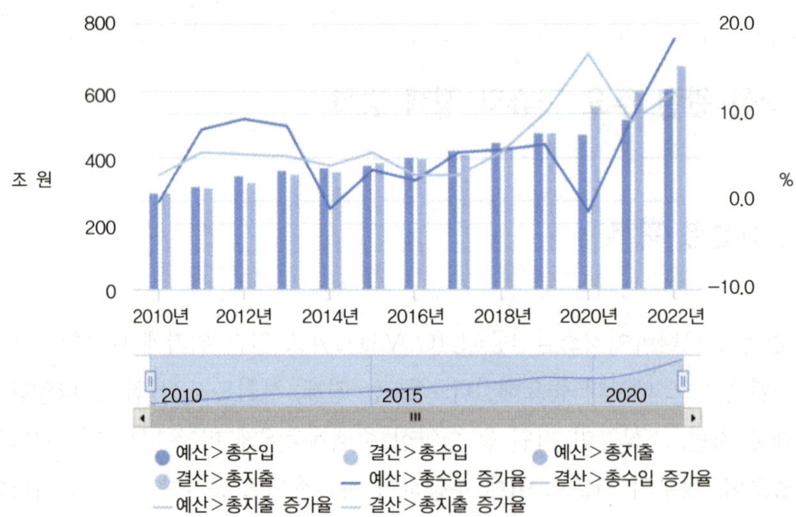

출처: 국회예산정책처(2022). 재정경제통계시스템.

그림 5-7 국가채무 규모 변화

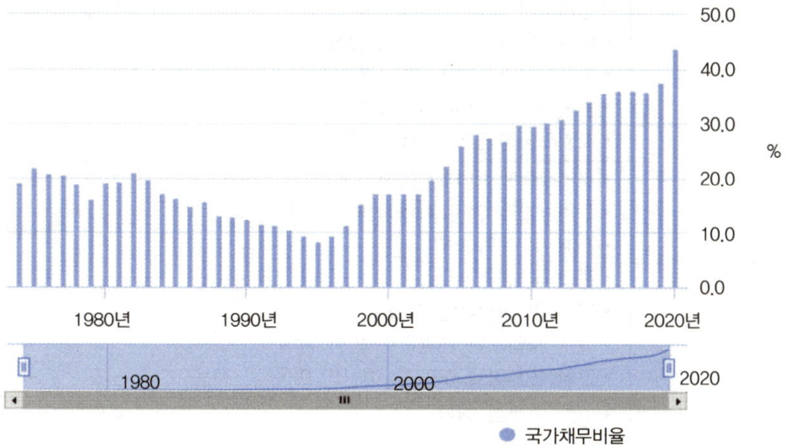

출처: 국회예산정책처(2022). 재정경제통계시스템.

2 성과 중심의 재정운용

재무행정은 국민이 납부한 세금을 근간으로 정책에 재원을 공급해주는 역할을 하기 때문에 국민이 낸 세금으로 정부로부터 더 많은 혜택을 받을 수 있도록 항상 노력해야 한다. 구체적으로는 예산편성 과정에서 재정이 사용되어야 할 우선순위를 정확히 판단하며, 세금이 낭비되는 부분을 찾고, 세금을 통해 제공되는 정책이 보다 국민에게 빠르게 제공될 수 있도록 집행 지연요인들을 해소해야 한다. 또한 제공된 정책에 대해 정책효과를 바탕으로 평가를 수행하여 국민들에게 그 결과를 알려 책임성을 높여야 한다.

효율적인 재정운용을 위해 다양한 제도를 마련하여 운영하고 있지만 아직도 예산이 낭비되고 추진되는 부처의 사업 간 유사·중복이 지속적으로 문제로 제기되고 있다. 이외에도 예산편성 과정에서의 사전 절차 미이행으로 인한 성과부진사업에의 재원배분, 예산집행 과정에서의 관리 부적절, 결산 및 성과평가 과정에서의 평가부실 등도 효율적인 재정운용과 성과 중심의 재정운용을 저해하는 요인이 된다.

또한 성과가 낮은 사업들이 예산에 편성되어 재정이 투입되었더라도 이를 적절한 평가방법을 통해 확인하고 다음해의 재정운용 시에는 이러한 저성과 사업들이 반영될

표 5-6 예산 단계별 비효율성 유형과 사례

제도명	내용
예산편성	• 정치적인 결정 • 우선순위가 낮은 사업의 결정 • 사전조사와 상반되거나 결과에 따르지 않는 예산편성 • 중복적인 투자나 사업결정 • 사업타당성 및 수요/비용 예측조사 미실시
예산집행	• 사업목적에 벗어난 예산집행 • 주민반발로 인한 사업집행의 지연 • 구매 및 계약 비리 • 관리 및 점검 부실 • 과다 및 낭비적인 지출 • 잦은 사업계획 변경으로 인한 낭비 • 만성적인 이월, 과도한 예산의 이용 및 전용
결산 및 성과평가	• 평가 결과의 왜곡 • 부정확한 사업평가나 성과측정 • 부실한 성과관리 • 성과평가, 관리, 환류제도의 미비

출처: 한국조세재정연구원(2013: 20).

수 있도록 적절한 환류장치를 마련해야 한다. 하지만 재정은 효율성 외에도 형평성과 민주성, 그리고 다양한 집단의 이해관계가 연계된 정치적 특성을 지닌 영역으로 사업성과가 재정에 직접적으로 영향을 미치기에는 어려움이 있는 것도 부인할 수 없는 사실이다.

뿐만 아니라 성과 중심의 재정운용이 자리잡기 위해서는 결국 정부의 재정책임성을 제고해야 하며, 이를 위해서는 재정에 대한 국민의 관심을 제고할 필요가 있다. 하지만 수많은 재정용어와 통계, 그리고 재정사업 평가 결과는 공개의 범위에도 개선의 필요가 있지만 국민의 눈높이에 맞춘 자료 제공이 이루어지지 못하고 있다. 따라서 국민들은 재정운용의 결과에 대해 많은 관심을 기울이지 않고, 정부의 재정운용의 책임성은 개선이 크지 않으며, 성과는 재정운용과 체계적으로 연계될 필요성이 줄어들게 된다.

하지만 앞에서 언급하였듯 우리나라의 재정 여건은 재정여력이 점차 줄어들고 있으며, 증가하는 지출수요에 대응하기 위한 재정건전성의 확보가 필요한 시점이다. 이러한 여건에서 재정이 보다 효과적으로 운용되기 위해서는 사업성과를 중심으로 하는 재정관리가 강화될 필요가 있다.

3 향후 정책운영 방향

코로나바이러스감염증-19(COVID-19)의 대응 등으로 적극적인 재정의 역할이 중요한 시점에서 재정의 건전성 확보를 위해 국가채무의 감축 등을 위한 재원 마련과 지출의 증가폭을 줄여야 하는 과제를 풀어야 할 재정의 난제에 처해 있다. 이는 일반적으로 상충되는 가치인 효율성과 형평성을 동시에 확보해야 하는 어려운 형국이다. 따라서 재정운용 방향에 대한 국민의 의견수렴과 효율적인 재정운용을 위한 정부의 다각적인 노력이 요구된다.

먼저, 효율적인 재정운용을 위한 노력이 필요하다. 재정의 주요한 기능인 경제성장을 위한 재원배분의 우선순위를 설정하고, 한정된 재원을 바탕으로 효과적인 소득재분배 정책을 추진할 수 있도록 국민의 의견을 모아야 한다. 이러한 중・장기적인 시각에서 수립된 재정운용의 우선순위에 입각한 재정운용이 필요하다. 또한 중앙정부가 모든 정책을 제공하는 행위자가 아니라 중앙정부와 민간, 그리고 지방자치단체 중 가장 효율적으로 공공서비스와 정책을 제공할 수 있는 주체를 결정하여 정책과 공공서비스 제공을 위한 권한과 책임을 이양해야 한다. 그리고 IT 기술을 재정운용에 접목하여 정책의 낭비요인과 비효율요인을 점검할 수 있도록 노력하고, 정책 사각지대를 발굴하기 위한 방안을 마련해야 한다.

둘째, 정책의 다각적인 효과를 측정할 수 있는 성과관리체계를 강화해야 한다. 비재무적인 정책효과를 측정하고 평가할 수 있는 성과체계가 되도록 과학적인 성과관리체계를 구축하고, 성과평가 결과를 체계적으로 환류할 수 있도록 노력해야 한다. 현재의 다양한 성과관리 및 평가제도의 평가 측정항목을 다각화하고 평가 결과의 신뢰성과 타당성을 제고할 수 있도록 노력해야 하며, 한편으로는 평가를 받는 정부기관이 평가를 준비하는 과정에서 비효율적인 부분이 있다면 이를 해소할 수 있는 방안을 모색해야 한다. 이를 바탕으로 재정운용 과정에서 기존의 추진사업 중 유사・중복, 비효율 사업에 대한 면밀한 성과평가와 그 결과를 재정운용에 환류할 수 있어야 한다.

셋째, 지속가능한 재정운용을 위한 제도 보완이 필요하다. 재정전전성을 측정할 수 있는 다양한 방안을 마련하고 재정건전성이 악화될 경우 건전성을 확보하기 위한 다양한 방안을 법제화하여 재정운용 과정에서 재정의 지속건전성 확보가 등한시되지 않고 정치적인 판단으로 재정건전화 정책이 이행되지 않는 상황을 방지해야 한다.

참고문헌

감사원(2021). 『2020회계연도 국가결산검사보고서』.

국회예산정책처(2022). 『2022 대한민국 재정』. 서울: 국회예산정책처.

기획재정부(2021). 『2021-2025 국가재정운용계획』.

김춘순(2018). 『국가재정: 이론과 실제』. 서울: 동연.

박노욱 · 원종학 · 김진 · 박명호(2008). 『재정성과관리제도의 현황과 정책과제』. 서울: 한국조세연구원.

박홍엽(2012). 재정성과목표관리제도의 운영실태 분석과 개선방안: 성과계획서를 중심으로. 『예산정책연구』, 1(2): 167-202.

신무섭(2009). 『재무행정론』. 서울: 대영문화사.

심재권 · 주영종(2021). 『재무행정학 강의』. 서울: 윤성사.

윤성채(2014). 정부예산결정이론의 적합성 검증. 『한국행정논집』, 26(4): 135-151.

이도희 · 김선경(2014). Q방법을 활용한 재무행정 인식의 유형화. 『사회과학연구』, 25(4): 159-178.

이정희(2010). 최근의 주요 예산이론들의 비교, 평가 및 발전방향에 관한 연구. 『한국행정학보』, 44(4): 103-130.

하연섭(2010). 『정부예산과 재무행정』. 서울: 다산출판사.

한국조세재정연구원(2013). 『재정집행의 효율성 제고를 위한 제도적 개선방안』. 세종: 한국조세재정연구원.

Brenan, Geoffrey & James Buchanan(1980). *The Power to Tax: Analytical Foundations of a Fiscal Constitution*. Cambridge Univ. Press.

Dimokc, Marshall E, & Gladys, O. Dimock(1953). *Public Administration*. New York: Reinheat.

White, Leonard D.(1955). *Introduction to the Study of Public Administration*. New York: Macmillan.

제6장

정책

박충훈

제1절

개요

1 정책과 정책학

정책은 일반적으로 어떤 개인 또는 단체가 선택한 상당히 중요한 행동의 지침이라 할 수 있다. 정책이 가지는 속성은 먼저 행동의 지침이라는 것이다.[1] 즉, 정책은 구체적인 행동을 포함하고 있어야 하며, 행동이 포함되지 않은 것과 구별된다. 두 번째 속성은 '선택된' 것이어야 한다. 선택의 의미에는 선택의 주체가 존재하여야 하고, 주체의 분명한 의지에 따라 의식적으로 선택이 이루어져야 한다는 점을 포함하고 있다. 마지막 요소는 '중요한 행동'이어야 한다. 이때 중요한 행동이란 변화요인의 중요성, 넓은 관련성, 정치적 속성 등을 아우르고 있다.

정책은 다시 주체를 기준으로 공공(公共)정책과 사(私)정책으로 구분하며, 우리가 일상적으로 알고 있는 정책은 공공정책의 영역이다. 공공정책(public policy)이란 공익(public interest)의 실현과 공공사항(public affairs)의 관리와 관련된 것으로 정부정책(gavernment policy)을 포괄하는 개념이다.

정책학은 이러한 정책을 연구하는 학문으로, 정책학의 시작은 1951년 라스웰(H. D. Lasswell)이 정책과학의 필요성과 중요성을 강조하고 추구해야 할 방법론을 제시한 「정책 지향(policy orientation)」이라는 논문을 시작점으로 보고 있다. 정책학이 등장하게 된 배경은 당시 행정학을 비롯한 사회과학 분야에서 행태주의적 방법을 중심으로 사회문제의 해결을 위한 처방보다는 사회현상에 대한 과학적 설명과 기술적 분석에만 치중하는 경향에 대한 회의에서 시작되었다. 즉, 20세기 중반 미국 사회의 중요한 이슈였던 인종차별, 빈부격차, 베트남전쟁에 대한 반전운동 등과 같은 주요 사회문제에 대해 어떻게 개선하여야 하는가에 대한 처방을 소홀히 하고 단지 왜 이런 현상들이 나타나는가에 대해서만 과학적으로 규명하려는 당시의 연구 경향에 대한 반성으로 사회적으로 현실성 있는 지식을 산출할 수 있는 학문의 필요성이 제기된 것이다.

라스웰은 이에 대해 인간의 존엄성 실현이 학문의 궁극적 목표가 되어야 하며, 이

1) 행동이란 적극적 행동(to do)뿐만 아니라 소극적 행동(not to do)을 포함한다.

러한 윤리와 가치문제를 정책연구에서 적극적으로 다루어야 한다고 주장하면서, 정책학은 "인간 존엄성의 구현"을 궁극적 목적으로 표명하는 윤리적인 학문이며, 인간 존엄성의 실현을 위하여 근본적 문제 해결에 초점을 두어야 하고, 이를 위해 과정 중심의 지식(knowledge of policy process)과 내용 중심의 지식(knowledge in policy process)을 통합하는 정책 지향성을 가져야 한다고 주장하였다.2)

2 정책학의 패러다임

정책학 연구를 위하여 라스웰(Lasswell, 1970, 1971)이 제안한 정책학의 패러다임은 맥락 지향성(contextuality), 문제 지향성(problem orientation), 그리고 연합방법 지향성(multi-methods)이다(허범, 1999).3)

정책문제는 그 문제를 둘러싸고 있는 환경과 긴밀하게 연계되어 있기 때문에 정책문제를 과학적 접근방법에 맞추기 위해 문제의 성격을 단순화시키게 되면 정책문제의 왜곡이 발생하게 되므로 정책문제를 실제의 상황맥락에 적합하게 다루어야 한다는 것이 맥락 지향성이다. 라스웰은 맥락 지향적 정책연구를 위하여 역사적 경향(historical trend), 세계적 안목(global perspective), 사회과정모형(social process model) 등의 세 가지 맥락을 제안하고 있다. 역사적 경향이란 현재의 정책문제가 과거와 미래의 정책과 직접 또는 간접적으로 연계되어 있기 때문에, 정책문제를 다룰 때 과거로부터 미래까지의 시간적 통합을 통해 정책문제를 다루어야 한다는 것이며, 세계적 안목이란 모든 정책문제를 세계적 관계성 안에서 검토하여야 한다는 것이다. 사회과정모형이란 복수의 참여자, 참여자들이 추구하는 가치(권력, 지식, 재산 등), 참여통로로서의 제도와 기관, 그리고 환경의 변화(결과와 효과) 등을 서로 연관시켜 구성한 모형으로, 정책상황 속에는 항상 복수의 개인과 집단들이 서로 다른 목적과 동기, 관점, 전략을 가지고 서로 다른 시기, 통로, 절차를 통하여 참여한다는 것이다(허범, 1999).4)

---

2) 과정 중심의 지식이란 정책분석, 정책평가 등 정책과학의 이론이나 기법 등을 의미하며, 내용 중심의 지식이란 경제정책과 같은 특정 정책 분야의 실질적 정책내용을 의미한다. 따라서 정책지식의 통합이란 정책학의 지식과 정책 영역이 속한 분야의 지식이 결합되어야 함을 의미한다.

3) 정책학의 성립기에 정책학의 개념화에 참여하여 패러다임을 제안한 라스웰 이외의 다른 주요 학자는 드로어(Y. Dror)가 있다. 드로어(Dror, 1970)는 비교적 다수의 패러다임을 제시하였으나 그 내용과 성격이 라스웰의 패러다임에 합치될 수 있는 것들이다.

4) 정책문제의 맥락지향성에서는 모든 참여자들이 주관적 극대화의 성향에 따라 정책문제를 자율적

문제 지향성이란 정책문제의 실질적 해결을 위해 목표의 명시(clarification of goals), 경향의 파악(description of trends), 여건의 분석(analysis of conditions), 미래의 예측(projection of future development), 대안의 발명, 평가 및 선택(invention, evaluation, and selection of alternatives) 등 다섯 가지 지식활동이 필요하다고 제안하였다.

마지막으로, 연합방법 지향성이란 정책문제의 해결을 위해 단일화된 연구방법론의 적용을 지양하고 복수의 다양한 지식과 방법을 종합하여 적용하는 것을 의미하며, 궁극적으로 다중학문접근(multi-disciplinary approach)을 지향하고 있다. 즉, 정책문제의 실질적 해결을 위해 독자적인 학문 영역에서의 접근방법을 지양하고 복수의 학문 영역에서 그 지식을 융합하여 새로운 학문적 접근방법을 적용할 것을 권고하고 있다.

제2절

정책모형

1 정책의 분류

1) 정책의 구성요소

정책을 구성하는 요소는 정책목표, 정책수단, 정책 대상집단의 세 개 요소를 들 수 있다.

정책목표란 정책을 통하여 달성하고자 하는 바람직한 상태라고 할 수 있다. 정책은 현재의 상황에 대한 개입을 통해 미래의 상황이 개선되기를 바라기 때문에 이루어지는 행동이며, 이때 바람직한 미래의 상태와 정책의 개입이 없이 예견되는 상황 간의 차이(gap)를 정책문제라고 할 수 있다. 따라서 정책은 바람직한 상태에 대한 정책목표의 제시를 필요로 한다.

정책수단이란 정책목표를 달성하기 위한 수단을 의미하며, 구체적인 행동을 포함하는 정책문제의 해결방법을 의미한다. 경제정책, 복지정책, 문화정책 등 일상적으로 정부

으로 정의하기 때문에, 이러한 정책문제를 다루기 위해 참여와 토론, 합의가 중요하다는 점을 강조하며, 이러한 성향은 숙의민주주의(discursive democracy)의 토대가 되고 있다.

정책이라고 불리우는 구체적인 정부의 행동양식은 정책목표 달성을 위해 어떠한 수단과 방법을 동원해 정부가 대응할 것인지를 규정하고 있는데, 이를 정책수단이라고 한다.

정책 대상집단은 정책으로 인해 영향을 받는 대상을 의미하며, 정책으로 인해 이익을 받는 집단과 피해 또는 비용을 부담하는 집단으로 구분할 수 있다. 정책은 바람직한 미래의 개선을 위해 현재의 상황에 정부가 개입하는 것이므로 현재 상황의 변화를 유인하게 되므로, 정책 대상집단 역시 이러한 정책의 변화에 따라 정책효과가 변화하게 되는 것이다.

2) 정책의 유형

정책을 어떻게 분류할 것인지에 대해서는 다양한 주장이 제기되고 있다. 가장 일반적으로 정책을 분류하는 방법은 정부조직이 담당하는 정부 기능에 따라 경제, 문화, 복지, 교육, 국방 등으로 분류하는 방법이 있다. 이러한 분류는 정부부처를 기준으로 구분하기 때문에 직관적으로 이해하기 쉽다는 장점이 있다. 반면에, 정부부처의 명칭과 정책의 내용이 일치하지 않는 경우도 있으며, 동일한 기능의 정책에서도 정책의 효과가 다르게 나타나는 경우도 있다. 이에 따라 학자들은 정책의 성격에 따른 정책유형의 분류방법을 제안하게 되었다.

먼저, 로위(T. J. Lowi)는 배분정책(distributive policy), 규제정책(regulatory policy), 재분배정책(redistributive policy), 구성정책(constitutional policy)으로 구분하고 있다. 배분정책이란 정부가 국민들에게 재화나 서비스를 분배하는 정책을 의미한다. 이때 수혜집단은 특정 개인이나 집단이 되며, 비용부담은 예산으로 하게 되어 불특정 국민 전체가 비용부담자가 된다. 따라서 비용부담자인 불특정 국민보다 수혜자인 특정 집단의 조직화가 상대적으로 용이하여 특정 집단의 요구에 따라 정책이 영향을 받게 된다. 이러한 과정에서 예산의 나눠먹기(pork-barrel), 밀어주기(log-rolling) 등의 형태가 나타나게 된다.

규제정책은 정부가 국민 다수의 보호와 사회의 질서유지를 목적으로 특정 개인이나 집단의 자유나 권리를 제한하는 정책을 의미하며, 경쟁적 규제정책과 보호적 규제정책으로 구분하기도 한다(Ripley & Franklin, 1980). 경쟁적 규제정책이란 많은 경쟁자 중 일부에게만 독점적으로 권한을 부여하는 대신 공익을 위해 일정한 규제를 가하는 정책으로, 항공사, 방송국, 버스 등의 허가와 동시에 요금규제, 공영 기능수행 의무 등을 부여하는 정책이다. 보호적 규제정책이란 근로기준법, 식품위생법 등과 같이 다수의 국민을 보호하기 위해 개인의 자유를 일정부분 제약하는 정책이다.

재분배정책은 소득, 권리, 지위 등 사회 내의 불균등한 분포상태를 강제적으로 조정하는 정책으로 소득재분배정책이 대표적인 사례이다. 재분배정책은 특정 개인을 대상으로 하지 않고 집단을 대상으로 하게 되는데, 이에 따라 계층 간 대립이 첨예하게 나타나는 특성을 가진다.

구성정책은 정치체제 유지를 위한 정부기구의 구조와 기능변화를 목적으로 하는 정책으로, 선거구 조정, 정부기관의 신설 및 개편, 인사 및 보수체계와 관련된 정책 등을 포괄한다.

한편, 앨몬드와 파월(Almond & Powell)은 정책을 배분정책, 규제정책, 추출정책, 상징정책으로 분류하고 있다. 추출정책이란 정치체제의 유지를 위해 민간부문으로부터 인적자원이나 물적자원을 동원하는 정책으로 징병제도, 조세제도 등을 의미한다. 상징정책이란 정치지도자들이 이념의 주장을 통해 지지를 얻거나 미래의 보상을 약속하는 등의 행위를 통해 정부의 정통성을 확보하거나 정책순응을 이끌어 내기 위해 사용하는 정책이다.[5)]

솔즈베리(R. H. Salisbury)는 의사결정체제와 요구형태의 통합성을 기준으로 분배정책, 규제정책, 재분배정책, 자율규제정책으로 구분하고 있다. 자율규제정책이란 규제대상인 개인이나 집단에 규제를 위한 기준설정 권한을 부여하는 정책으로, 온라인 자율규제 등과 같은 사례가 있다.

이처럼 정책의 유형을 분류하려는 시도는 다양하게 이루어지고 있지만, 공통적인 분류체계는 배분정책, 규제정책, 재분배정책이라 할 수 있다.

2 정책이론과 정책모형

1) 제도이론과 체제이론

정책모형은 정책현상을 설명하기 위한 도구하고 할 수 있다. 어떤 정책현상을 설명하는데 있어 정책이 가지는 특성을 보다 잘 설명하기 위하여 일정한 프레임을 가지고

5) 배분정책과 규제정책은 로위의 분류개념과 거의 유사하다.

설명하고자 하는 것이 정책모형이다.

제도이론(institutional theory)이란 정책을 설명하기 위하여 제도의 결과물로서의 정책을 설명하는 이론이다. 제도는 사회의 규범과 체계이며, 특히 정책학에서 관심을 갖는 제도는 법률에 기반한 공식 제도를 대상으로 한다. 따라서 정책은 정부제도의 구성과 기능, 업무에 따라 영향을 받게 되며, 제도의 특성에 따라 특정 정책과의 관계를 파악하려는 이론이다.

체제이론(system theory)은 정치행정체제의 외부에서 요구되어지는 요구와 지지에 대해 정치행정체제가 어떤 결과물을 산출하는가를 설명하는 이론이다. 체제이론에서는 공공정책을 정치행정체제의 산물로 보면서 외부로부터의 요구와 지지를 받아 정치행정체제 내에서 특정한 정책을 산출하는 과정이라고 보면서, 이 과정에서 산출된 정책이 환류를 통해 다시 투입으로 연결되는 일종의 체제(system)라고 보고 있다. 체제는 외부의 자극에 반응해 자신의 체계를 유지하려는 항상성(homeostasis)을 가지고 있어 외부의 요구나 환경의 변화에 적응하기 위하여 노력하는데, 그 결과물이 정책이라고 보고 있다.

2) 권력이론

권력이론(power theory)은 권력을 가진 집단의 특성이 정책과정에 나타난다고 보는 이론으로 권력의 소유가 어떤 형태인지에 따라 엘리트이론, 다원주의이론 등으로 구분한다.[6)]

엘리트이론에서는 정책을 엘리트집단의 선호가 반영된 것으로 본다. 사회를 구성하는 구성원을 소수의 엘리트와 다수의 비엘리트로 구분하고, 권력을 소유하고 있는 소수의 엘리트가 대중의 선호보다는 자신들의 선호에 우선하여 정책을 수립한다고 보고 있다. 과거에는 정치인, 관료 등이 대표적인 엘리트에 해당되었으나, 현대 사회의 발달에 따라 정치인과 관료 이외에도 기업인, 연예인, 인플루언서 등 사회적 영향력을 가지는 소수의 특정 계층으로 그 범위가 확대되고 있는데, 이들을 전통적 엘리트에 대비하여 파워엘리트라고 한다.

다원주의이론에서는 사회를 구성하는 다양한 개인과 집단이 동등하게 참여하여 의

---

6) 권력의 보유에 따른 분류는 국가이론에 기초하는데, 국가이론은 정부, 사회, 경제의 관계를 설명하는 이론으로, 궁극적으로 정부의 성격에 대해 탐구하는 연구 영역이다(김근세, 2016).

사결정을 한다고 보며, 정책은 이러한 참여와 타협의 산물이라고 보고 있다. 다원주의 이론에서는 의사결정 과정에서 특정한 파워그룹의 존재를 인정하지 않고 참여자 모두가 동등한 지위를 갖는다고 보고 있어 민주주의적 의사결정방식이라고 할 수 있다.

이외에도 정책모형으로 조합주의(coporatism) 등이 있는데, 조합주의란 정책결정이 다양한 이익집단 간의 협의에 이해 결정된다고 보는 이론으로, 정책결정에 대한 영향력을 높이기 위해 조합을 결성하여 대응한다고 본다. 따라서 정부는 개인보다는 특정한 조합을 상대로 정책을 협의하게 되는데, 노동조합, 시민단체 등이 대표적인 사례라고 볼 수 있다.

3) 합리성에 기반한 이론

합리성과 관련된 정책이론으로는 합리모형(rationality model), 만족모형(satisficing model), 점증모형(incrementalism model), 최적모형(optimal model) 등이 있는데, 정책이 합리성에 기반하여야 한다고 보는 관점을 합리모형이라고 한다. 합리모형에서는 합리적인 정책이란 정책결정자가 사회 내의 모든 선호와 강도를 파악하고, 모든 정책대안을 인지하여 각 대안들의 최종 결과를 파악하고, 이 가운데 비용과 편익을 고려할 때 가장 효율적인 대안을 선택하여야 효율적이라고 보고 있다.

그러나 이러한 전제는 인간이 가지는 인지능력의 한계에 따라 현실적으로 불가능에 가까워, 사이먼(H. A. Simon)은 "제한된 합리성(bounded rationlaity)"의 전제 하에 현실적으로 고려 가능한 범위 내에서 만족할 만한 수준의 정책결정을 하는 만족모형을 제시하고 있다.

이와는 반대로 현실세계에서의 정책은 완벽한 분석에 의한 정책결정보다는 과거의 결정을 토대로 약간의 변화만 가져온다는 점증주의 모형이 있다. 점증모형에서는 정책결정자들이 시간, 정보, 비용 등의 제약조건 하에서 합리적으로 대안을 비교하여 정책결정을 하기보다는 과거의 결정을 참고하여 약간만 개선하려는 정책결정을 하게 된다고 본다.

이러한 합리모형과 점증모형을 비판하며, 드로어(Y. Dror)는 정책결정 과정에서 경제적 합리모형과 함께 초합리성을 강조하면서 최적모형을 제시하고 있다. 초합리성이란 직관, 판단, 통찰력 등을 의미하며, 정책결정 과정에서 초합리적 요소까지 동시에 고려하여야 한다고 주장한다. 최적모형의 가장 큰 특징은 정책 단계를 구분하면서 "정책결정에 대한 정책결정(meta-policy making stage)" 개념을 제시하고 있다.

4) 기타 이론

이외에도 게임이론(game theory), 쓰레기통 모형(garbage can model), 앨리슨(Allison) 모형 등의 기타 이론들이 정책과정에 활용된다.

게임이론은 두 명 이상의 참여자가 각자의 선택에 따라 서로의 결정에 상호영향을 미치면서 합리적인 의사결정을 하는 과정을 설명하는 이론이다. 게임이론은 주어진 제한된 상황 하에서 위험을 회피하기 위해 최대 이익의 실현이 아닌 최소 손실의 극소화를 추구하는 행위설명에 적합하며, 대표적 사례로 죄수의 딜레마(prisoner's dilemma)를 들 수 있다. 이러한 게임이론에서 파생되어 치킨게임, 제로섬게임, 내쉬평형 등의 개념이 있다.

쓰레기통 모형은 조직이나 집단의 구성원 사이에 응집성이 약한 상황에서 이루어지는 정책결정을 설명하고 있다. 즉, 합리성을 제약하는 참여자들 간의 선호 불일치 또는 선호에 대한 무인지, 목표와 수단 간의 관계에 대한 불명확성, 참여자의 일정하지 않은 참여 등 조건 하에서 합리적이지 않은 정책결정이 이루어질 수 있다는 것이다. 쓰레기통 모형의 정책결정은 문제(problem), 해결책(solution), 참여자(participants), 의사결정의 기회(opportunity)라는 네 가지 요소가 독자적인 흐름에 따라 우연히 만나 정책결정이 이루어진다고 보면서, 이들 요소는 극적인 사건이나 정치적 사건과 같은 촉발장치(trigger)에 의해 결합된다고 한다.

앨리슨(G. T. Allison)은 정책모형을 합리적 행위자모형(model 1), 조직과정모형(model 2), 관료정치모형(model 3)의 세 가지 모형으로 구성하였다. 합리적 행위자모형에서는 정부조직이 잘 구조화된 유기체라고 보고, 이러한 정부조직에 의한 정책결정 과정은 합리적이고 단일화된 정책결정이 이루어진다고 본다. 조직과정모형은 정부조직이 하위 조직들이 느슨하게 연결된 집합체로 보고, 이에 따라 정책결정 과정은 하위 조직들의 내부운영절차(SOP)에 따라 결정되는 조직 단위의 의사결정이라고 본다. 한편, 관료정치모형은 정부조직을 서로 독립적인 정치적 참여자들의 집합체로 보고, 정책결정 과정은 관료들 간의 정치적 게임의 결과로 관료들 간의 타협, 경쟁, 연합 등의 산물이라고 본다. 앨리슨(Allison) 모형의 특징은 하나의 정책결정 과정에 대한 설명을 단일 모형이 아닌 세 가지 모형을 결합하여 설명하려고 하였다는 점이다.

제3절

정책과정의 주요 단계

1 정책의제설정

1) 정책의제의 개념과 의의

정책의제란 정부가 사회문제의 해결을 위하여 선택한 문제를 말한다. 정책과정의 첫 단계는 정책문제의 정립이라 할 수 있으며, 정책문제를 어떻게 정의하느냐에 따라 뒤따르게 되는 정책과정들이 영향을 받는다는 점에서 정책의제의 설정 단계는 중요하다고 할 수 있다.

사회문제 중에는 정책의제로 전환되지 않는 사회문제가 많이 있다. 사회문제 중 사회적 이슈가 되는 일부 사회문제는 점차 발전하여 대다수의 국민이 관심을 가지는 공중의제로 진화하게 되고, 결국 정부가 사회문제의 해결을 위해 정책의제로 전환하는 발전 단계를 거치게 된다. 그러나 반드시 이 단계를 거쳐야만 정부의제가 되는 것은 아니다. 사회문제가 사회적 이슈나 공중의제의 단계를 거치지 않고 정책의제가 되는 경우도 있으며, 사회적 이슈나 공중의제의 단계 중 어느 하나를 생략하고 정책의제가 되기도 한다.

2) 정책의제설정의 유형

콥(R. W. Cobb)과 그 동료들은 정책의제설정 과정을 주도집단의 유형에 따라 외부주도형, 동원형, 내부접근형의 세 가지로 구분하고 있다.

외부주도형이란 문제 의식이 정부 밖에서 유발되어 사회에서 확산, 공론화, 구체화 단계를 거쳐 공공의제로 전환되고 결국 정부의제로 채택하는 것으로, 정책문제에 관심을 가지는 집단의 규모가 동조집단(identification group), 관심집단(attention group), 관심대중(attentive public), 일반대중(general public)의 순으로 확산하는 유형이라고 할 수 있다. 결국 문제의 확산은 정부로 하여금 사회문제에 대한 대응을 의미하는 정책의제로 전환할 것을 강요하는 형태로 나타나게 된다.

동원형이란 문제 의식이 정부 안에서 유발 및 구체화되어 사실상 잠정적 정책의제로 채택하고, 이 문제를 사회과정에 투입하여 외부주도형과 동원형이 함께 진행되면서 확산 및 구체화 단계를 거쳐 정부에 진입하는 유형이라고 할 수 있다. 동원형의 경우, 사회에서는 외부주도형과 구분하기가 쉽지 않지만, 정부가 국민의 관심을 유도하고 정책순응을 확보하는 차원에서 동원형의 정책의제설정이 정당화되기도 한다.

내부접근형이란 문제 의식이 정부안에서 유발되고 구체화되어 정책의제로 전환되는 유형으로, 정책의제 이전의 공중의제 단계를 거치지 않는다는 점에서 동원형과 구별된다. 즉, 사회에서 사회적 이슈나 공중의제 등의 단계를 의도적으로 거치지 않고 정부 내부에서 폐쇄적으로 정책의제를 설정한다는 점에서 비민주적이라는 비판도 있으나 외교 및 국방 등 특정 분야에서의 필요성은 인정되고 있다.

3) 의제설정 관련 이론

정책의제설정과 관련하여 자주 언급되는 개념으로 무의사결정이론(non-decision making theory)과 문지기이론(gate-keeping theory), 정책창(policy window)이론 등이 있다.

무의사결정이론이란 의사결정이 없는 상황을 설명하는 이론으로, 엘리트이론과 관련이 있다. 엘리트이론에서 엘리트는 자신들의 선호에 적합한 것만 정책의제로 전환하고, 자신들에게 불리한 사회문제에 대해서는 방치하거나 의도적으로 억압한다고 보았다. 무의사결정을 위해 물리적 힘의 사용, 포획, 도전을 회피하기 위한 절차와 규칙의 적용, 기존 규칙과 절차의 재편성, 예상되는 반응에 의한 선호규제 등의 수단을 동원하여 자신들에게 불리한 사회문제가 쟁점화되는 것을 차단하게 된다.

한편, 문지기이론은 체제론적 입장에서 정치체제와 외부환경 사이의 경계에 문지기가 존재하여 외부환경의 요구가 정치체제로 진입하는 것을 차단하게 된다고 주장한다. 즉, 정치체계의 과중한 부담을 피하기 위하여 문지기 기능을 담당하는 공식적 권한을 가진 담당자가 자신의 선호에 따라 사회문제를 정책의제화하는 과정에서 선택하게 된다는 것이다.

정책창이론은 다중흐름모형(multi-stream model)이라고도 하며, 정책의제설정에 영향을 미치는 변수로 문제의 흐름, 정책대안의 흐름, 정치의 흐름이라는 세 가지 변수를 제시하며 세 가지 흐름이 동시에 만날 때, 정책의 창이 열리며 정책결정이 이루어진다고 보았다. 다중흐름모형은 쓰레기통 모형과 유사한 개념이라 할 수 있다.

2 정책형성

1) 정책형성의 개념

정책형성이란 정책문제를 정의하고 정책목표를 설정하며, 정책대안을 개발하여 비교평가하고 선택하는 일련의 과정이라 할 수 있다. 정책문제를 정의하기 위해서는 정책의 배경에 대해 검토하여야 한다. 정책은 [그림 6-1]에서와 같이 과거로부터 현재, 미래에 이르기까지의 시간맥락 속에서 정책을 둘러싸고 있는 정책환경과 상호작용하며, 정책이 개입하지 않을 때 예측되는 미래의 상황(문제상황)과 바람직한 소망가치(정책목표)를 파악하여 현재 시점에서 개입하게 되는 정부의 선택된 행동이라 할 수 있다. 이때 소망가치와 문제상황 사이의 차이(gap)를 정책문제라고 한다.

2) 정책문제의 파악

정책문제를 인지하게 되면 정책문제가 무엇인지 구체적으로 정의하여야 한다. 정책문제를 정의하는 방식에 따라 정책목표와 정책대안이 결정되기 때문에 정책문제의 파악은 매우 중요한 단계이다. 정책문제를 파악하기 위해서는 정책의 배경에 대한 검토가

그림 6-1 정책형성의 개념구조

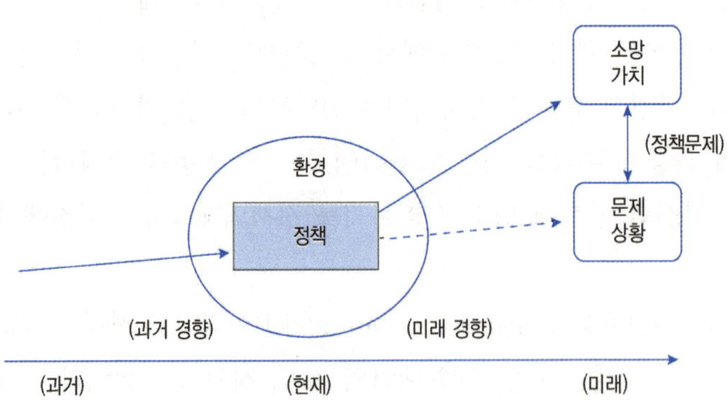

출처: 허범(1988).

필요하다. 이때 고려하여야 할 요소는 정책형성의 의지와 필요성, 정책문제의 성격과 등장배경, 관련된 제도나 정책, 정책 관련 참여집단의 파악과 예상되는 사회적 이슈의 강도, 과거의 경향과 미래의 전망, 현실의 여건 등을 고려하여야 한다.

3) 정책목표의 설정

정책목표는 정책을 통하여 달성하고자 하는 바람직한 상태를 의미하는데, 정책목표의 설정을 통하여 정부의 정책 방향이 구체화되고, 정책집행과 정책평가의 기준으로서 작용하게 된다.

정책목표는 정책이념, 정책 방향, 정책행동과 계층구조를 형성하게 된다. 이러한 계층구조는 인간행동의 목적구조와 유사하며, 목표와 수단의 연계관계를 통해 구체화된다. 인간이 본성적으로 구성하여 운영하는 목적구조는 이상가치, 상위목적, 계획목표, 실천행동의 순으로 구체화되는데, 정책구조 역시 이와 대비하여 정책이념, 정책 방향, 정책목표, 정책행동으로 구체화할 수 있다(허범, 1997).

바람직한 정책목표는 정책목표의 내용이 명확하고 타당하여야 하며, 정책목표의 수준이 적절하여야 하고, 정책목표들 간에 내적 일관성을 유지하여야 한다.

4) 정책대안의 개발, 비교, 선택

정책대안은 정책목표를 실현시킬 수 있는 수단이며, 정책문제를 해결하기 위해 계획된 행동을 의미한다. 정책목표를 달성하기 위한 정책수단은 다양하게 존재하기 때문에 정책목표의 달성을 위하여 정책대안을 광범위하게 탐색할 필요가 있다. 정책대안의 설계는 대안의 구성요소를 가급적 포괄적으로 탐색·분류하고, 각 구성요소의 가능한 내용들을 대안적 내용의 형식으로 분석·정리한 뒤, 모든 구성요소의 대안적 내용을 연계하거나 조합하는 순서로 진행된다.

정책대안의 개발은 이론이나 모형에 근거하여 인과관계에 따라 개발하거나, 역사적 사례나 비교방법을 통해 유사한 방식으로 개발할 수 있다. 아울러 기존의 정보를 활용하기 어려운 경우 주관적 판단에 의존한 창의적 정책대안 개발이 필요한 경우도 있다.

정책대안의 비교는 개발된 정책대안을 일정한 기준에 의해 비교하는 과정으로 정책분석의 영역에서 활용되는 다양한 기준을 이용하여 정책대안 사이의 우열을 비교하게 된다. 정책대안의 비교기준으로 일반적으로 사용되는 기준은 소망성 기준과 실현가능성 기준 등이 있다. 소망성 기준이란 효과성, 능률성, 형평성, 합법성 등을 기준으로 정책대안을 통해 달성하고자 하는 상태를 비교하게 되며, 실현가능성 기준은 정책대안의 기술적, 정치적, 행정적 실현가능성 등에 대한 검토를 통해 정책대안을 비교하게 된다. 이러한 과정을 거쳐 가장 우수한 최적의 정책대안이 도출되면 정책대안으로 선택되게 된다.

3 정책집행

1) 정책집행의 의의

정책집행은 정책형성을 통해 만들어진 정책을 수행하고 실현시키는 과정이다. 정책집행에 대한 관심은 정책이 결정되고 난 이후의 집행과정에서 정책이 실패하는 현상에 주목한다. 전통적인 행정학에서는 정책목적을 단순히 주어진 것으로 고정하고 정책집행을 기능적 행동화에 국한하였기 때문에, 정책집행은 정책형성의 후속과정으로 여기고 크게 관심을 두지 않았다.

그러나 정책형성 이후의 장기적 정책집행 과정에서 집행환경이 변화하거나, 정책참여자 간 이해관계가 변화하는 등 정책환경 변화로 인해 당초 의도한 대로 집행이 이루어지지 않을 수 있다. 따라서 정책집행에서는 정책결정기관과 집행기관과의 관계, 정책집행에 영향을 미치는 요인 등에 대한 연구를 중심으로 성공적 집행을 위한 정책순응 확보에 주목한다.

2) 정책집행의 유형

나카무라(R. T. Nakamura)와 스몰우드(F. Smallwood)는 정책집행자와 정책결정자 간의 관계를 기준으로 고전적 기술관료형, 지시적 위임형, 협상형, 재량적 실험가형, 관료적 기업가형으로 구분하고 있다. 고전적 기술관료형의 경우, 정책집행자에게 기술적 수단 선택만 가능하게 엄격히 통제하는 유형이며, 지시적 위임형은 정책수단 결정에 상당한 재량권을 부여받는 유형이다. 협상형의 경우, 정책수단 외에도 정책목표에 대해서도 협상하는 권한을 부여하는 유형이고, 재량적 실험가형은 정책결정자가 추상적 정책목표를 제시하고 집행자는 이를 구체화하는 정책목표와 정책수단을 결정하는 광범위한 재량권을 부여받는 유형이다. 관료적 기업가형은 정책집행자가 정책결정자를 장악하고 정책과정 전반에 걸친 결정권을 행사하는 유형이다.

3) 정책순응

정책집행에 영향을 미치는 요인으로는 정책의 특성, 집행조직과 담당자, 대상집단, 정책환경 등 네 가지 요인을 중심으로 논의가 이루어지고 있는데, 이들 네 가지 변수가 정책집행 과정에서 어떻게 작용하고 있는지를 중심으로 성공적인 정책집행의 특성을 연구하고 있다. 정책집행을 연구하는 궁극적 목적은 정책실패를 방지하고 정책에 대한 대상집단의 순응을 확보하기 위해서이다.

정책순응이란 정책결정자에 대한 정책집행자의 순응과 정책집행자에 대한 정책 대상집단의 순응으로 구분할 수 있다.[7] 정책집행자의 순응은 정책을 집행하지 않는 것을 방지하기 위해 필요하며, 정책 대상집단의 순응은 정책의 실패를 방지하기 위해 필요하다. 정책순응을 확보하기 위하여 사용되는 전략은 도덕적 설득, 유인이나 보상, 처벌 또는 강압 등의 방식이 있다.

4 정책평가

1) 정책평가의 의의

정책평가(policy evaluation)는 정책내용, 결과 및 영향 등을 비판적으로 검토하고 그 원인을 분석하여 환류하는 활동을 말한다. 정책평가를 통하여 산출된 정보는 정책수정 및 결정에 필요한 정보를 제공하고, 효율적 정책집행을 위한 정보를 제공하며, 정책결정자나 집행자에 대한 책임성을 확보하고, 정책 대상집단의 지지를 확보하는 데 활용된다. 아울러 정책평가를 통해 산출된 정보를 통하여 새로운 이론 개발이나 기존 이론의 수정 등 이론형성에도 활용된다.

---

7) 던컨(MacRae Jr. Duncan)은 순응(compliance)과 수용(acceptance)을 구별하면서, 정책에 대한 외면적 행동의 일치를 순응으로 보고, 외면적 일치뿐만 아니라 내면적 일치가 이루어지는 것을 수용으로 구분하고 있다.

2) 정책평가의 유형

정책평가는 평가대상에 따라 과정평가(process evaluation)와 결과평가(outcome evaluation)로 구분하기도 하며, 평가의 주체에 따라 자체평가, 내부평가, 외부평가로 구분되기도 한다. 평가시기에 따라 총괄평가(summative evaluation)와 형성평가(formative evaluation)로 구분하기도 하며, 평가방법에 따라 질적 평가(qualitative evaluation)와 양적 평가(quantitative evaluation)로 구분하기도 하며, 평가대상의 수준에 따라 개인평가, 조직평가, 기관평가로 구분하기도 한다.

3) 정책평가의 절차

정책평가의 절차는 정책평가의 유형에 따라 달라지나, 일반적인 정책평가의 절차는 크게 3단계로 나누어 생각할 수 있다. 첫 번째 단계는 평가기획 단계로, 평가 결과의 잠재적 이용자와 평가목적을 확인하고 평가성 사정(assessment of evaluability)[8]을 수행하여 평가유형을 결정하고 평가를 설계하는 단계이다. 두 번째 단계는 자료의 수집과 분석 단계이며, 세 번째 단계는 평가 결과를 제시하는 단계이다.

제4절

정책과정에 대한 학문적 접근

1 정책정보의 특성에 따른 구분

정책학의 구성은 일반적으로 정책과정을 중심으로 기술하게 된다. 앞에서 설명한 정책과정에 따라 정책학의 구성을 정책의제설정론, 정책형성론, 정책집행론, 정책평가론으로 구분하는 것이 대표적이다. 이러한 과정적 접근은 정책의 단계에 따라 정책이 어떻게 사회문제에 대처하게 되는지를 명확하게 제시한다는 측면에서 정책학을 접하는

8) 평가성 사정이란 본격적인 평가에 앞서 수행하는 예비적 평가활동으로서 주어진 평가의 목적을 달성하기 위해서 어느 정도나 적실성 있고 기술적으로 가능한 평가가 이루어질 수 있는가를 검토하는 것이다.

독자들의 입장에서 이해하기 쉽다는 측면이 있다.

반면, 정책학을 정책분석론과 정책평가론으로 구분하는 방법도 있다. 이러한 구분 방법은 학문적 측면에서 창출되는 지식의 특성에 따라 구분하는 방법인데, 정책활동에 필요한 지식을 제공하기 위한 정책분석과 정책결과에 대한 정보를 제공하기 위한 정책평가로 구분하기도 한다.

2 정책분석과 정책평가

1) 정책분석

정책분석이란 바람직한 정책을 탐색, 개발, 선택하기 위하여 이성과 증거를 활용하여 접근하는 일련의 과정으로, 정책판단의 근거를 향상시키기 위하여 필요하고 적합한 정책정보를 제공하기 위하여 합리적이고 체계적인 방법으로 기술하는 활동을 의미한다.

전통적인 정책분석론에서는 정책분석가의 역할을 강조하면서 정책결정자에게 유용한 정책정보를 제공하는 정책전문가 지위를 부여하고 있다. 정책분석가는 주로 관리분석 차원의 분석기법을 활용하여 정책문제를 단순화하고 인과성에 기초하여 최적의 행동대안을 도출하는 역할을 담당하게 된다. 이에 따라 정책분석론에서 다루는 내용은 계량적 분석기법을 중심으로 분석기법들이 소개되고 있다.

한편, 전통적인 정책분석론의 입장과 달리 정책전문가를 부인하고 정책참여자의 토론에 의한 정책분석 방법이 제시되는데, 참여와 토론을 기반으로 하는 정책분석론은 툴민(S. E. Toulmin)의 논증모형에 기초하여 법정변론식 토론을 통하여 참여자들 간의 합의도출에 따라 정책분석이 이루어지며, 이 과정에서 정책문제를 단순화하지 않고 거시적 접근을 통한 실제적 문제로 다루게 된다.

2) 정책평가

정책평가의 의미는 앞에서 살펴본 내용과 중복되기는 하나, 정책과정에서 의미하는 정책평가가 정책집행의 후속과정으로 보는 좁은 의미의 정책평가인 데 비해, 정책분석과 대비되는 정책평가는 정책과정 전반에 걸친 평가활동을 의미하는 넓은 의미의 정책평가라는 차이가 있다. 정책집행 단계 이전에 이루어지는 사전평가, 형성평가, 과정평가 등의 개념은 넓은 의미의 정책평가에 포함된다고 할 수 있다.

아울러 정책분석과 정책평가는 본질적으로 그 구분이 명확하게 이루어지지 않는다는 특성이 있다. 정책분석에서 활용되는 기법들은 정책평가에서도 활용이 가능하여, 정책분석에서 생산되는 정보와 정책평가에서 생산되는 정보는 그 활용방식이 다를 뿐 본질적으로 유사한 정보를 생산하게 되기 때문이다.

제5절

정책학의 미래

정책학은 과학적 방법론에 지나치게 경도되어 사회문제의 해결을 위한 처방보다는 사회현상에 대한 과학적 설명과 기술적 분석에만 치중하는 당시의 사회과학 연구 경향에 대한 비판에서 출발하였다. 초기의 정책학 연구자들에게 영향을 미쳤던 인간 존엄성의 실현이라는 가치 지향성과 이를 위해 근본적 문제의 해결에 정책학이 기여하고 있는지에 대한 고민, 그리고 정책학 연구에서 추구하여야 할 문제 지향성, 맥락 지향성, 연합학문적 접근방법 등의 정책 지향성이 반세기가 지난 현재의 정책학이 과연 얼마나 달성되고 있는지 점검이 필요한 시기이다.

그동안 정책학의 영역에서도 전통적인 분석이론에 더하여 다양한 이론들이 추가되어 학문의 영역이 확장되고 있다. 그 중에는 보다 정교해진 계량적 분석방법을 활용한 이론이나 모형들도 있으며, 한편으로는 참여와 토론을 기반으로 하는 질적 분석방법을 활용한 이론이나 모형도 있다. 또한 정책과 관련한 이론이나 모형을 활용하여 우리 사회의 문제를 분석하고 대안을 제시하는 수많은 정책연구의 결과물이 생산되고 있다.

정책학 연구에서 이루어지고 있는 많은 연구들이 궁극적으로 인간의 존엄성 실현이라는 가치에 부합하고 있는지, 또한 다양한 정책학 연구를 통해 우리 사회의 근본적 문제가 해결되고 있는지에 대한 명확한 결론을 도출하기는 쉽지 않다. 그럼에도 불구하고 정책을 수립하고 집행하는 정책결정자와 정책집행자, 그리고 정책을 연구하는 연구자들은 꾸준히 라스웰(H. D. Lasswell)의 질문에 답을 하기 위해 노력이 필요할 것이다.

아울러 개별 정책에 대한 정책연구와 함께 정책학의 나아갈 방향에 대한 비판과 점검에도 관심을 가져야 할 것이다.

참고문헌

김근세(2016). 한국행정연구의 개관: 국가이론. 『국정관리연구』, 11(3).

허범(1988). 정부정책의 형성과 집행. 『행정학개론』. 서울: 대영문화사.

허범(1997). 대통령선거 정책공약의 설계를 위한 개념의 틀과 지도지침. 『한국정책학회보』, 6(2).

허범(1999). 『정책학의 정체성: 한국적 정책학과 미래의 정책학』. 한국정책학회 동계학술대회 논문집, 한국정책학회.

Dror, Y.(1970). Prolegomena to Policy Sciences. *Policy Sciences*, 1: 135-150.

Lasswell, H. D.(1951). The Policy Orientation. H. D. Lasswell & D. Lerner(eds.). *Policy Sciences*. Stanford, California: Stanford Univ. Press. 3-15.

Lasswell, H. D.(1970). The Emerging Conception of the Policy Sciences. *Policy Sciences*, 1: 3-14.

Lasswell, H. D.(1971). *A Pre-View of Policy Sciences*. New York, NY: Elsevier.

Lowi, T. J.(1964). American Business, Public Policy, Case-Study and Political Theory. *World Politics*(July, 1964).

Ripley, R. B. & Franklin, G.(1980) *Congress, the Bureaucracy, and Public Policy*(2nd ed.). Dorsey Press.

제7장

성과관리와 평가

이상미

제1절

공공부문 성과관리와 평가의 의의

1 성과관리의 의의

1) 성과관리의 개념

'성과(成果)'의 사전적 정의는 "이루어낸 결실"[1]이다. 개인이나 조직이 특정 활동을 통해 이루고자 하는 목적이 있다면, 그 활동을 통해 산출된 결과 또는 목적의 달성도를 우리는 '성과'라 칭한다. 공공부문에서 성과는 집행과정을 거쳐 생산된 직접적인 산출물(output)만이 아닌, 정부활동이 직·간접적으로 사회와 수혜자에 미치는 효과(outcome)와 궁극적인 목적의 실현 정도인 영향(impact)까지도 포함하는 개념이다(김명수·공병천, 2013: 56).

'성과'가 목적한 바에 따라 이루어낸 결실을 의미하는 것이라고 하면, '성과관리'는 목적의 달성도를 관리하는 것이라고 할 수 있다. 개인이나 조직(부서), 기관, 지방자치단체, 국가에 이르기까지 모든 활동 단위는 일정한 의도에 따라 활동한다. 여기에서 '의도'가 바로 활동의 목적이다. 목적과 목표를 명확히 정의했을 때, 해야 할 일, 그리고 투입해야 할 자원의 규모를 정확히 알 수 있다. '성과관리'란, 목적과 목표를 명확히 정의한 후, 그 달성을 위한 노력이 목적을 향해 바람직한 방향으로 투입되고 있는지를 점검·관리하는 것을 의미한다.

따라서 성과관리는 활동의 방향과 지향점이 되는 목적과 목표의 설정에서 출발한다. 목적과 목표의 설정이 바람직하지 않은 경우, 성과관리가 무의미해진다. 예를 들어, 난파한 배에서 구명보트로 탈출한 선원에게는 어느 방향으로 무엇을 위해 노를 저어야 하는지가 가장 중요한 단계이며, 방향이 설정되고 난 이후 구조되기까지의 실행과정과 활동에 대한 평가는 다음 문제라고 할 수 있다. 처음 방향을 잘못 잡게 되면 구조가 안 되는 방향으로 최선을 다해 노를 젓게 될 것이고, 결국 구조되지 못하는 결과를 얻게 되기 때문이다.

---

1) 국립국어원, 표준국어대사전.

그림 7-1 성과관리를 위한 전략체계(미션, 비전, 전략, 성과목표, 핵심성과지표의 캐스케이딩)

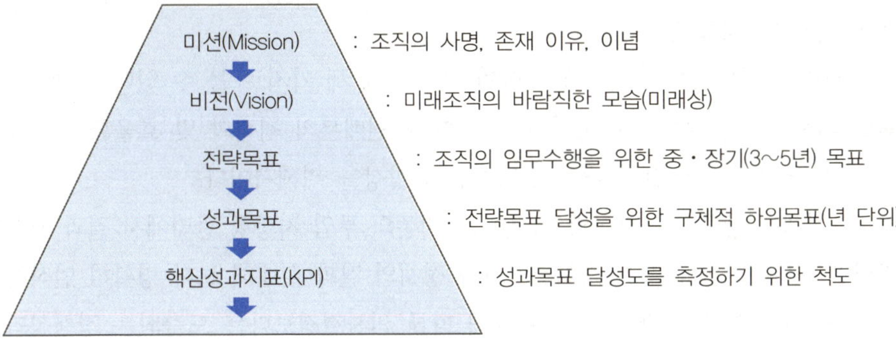

공공부문에서 조직(부서) 이상 기관 단위의 성과관리체계는 활동의 방향과 지향점이 되는 가치시스템(미션과 비전)을 설정하고, 해당 가치에 도달하기 위한 전략목표와 성과목표, 그리고 목표 달성도를 측정하기 위한 핵심성과지표(Key Performance Indicator: KPI)를 단계적으로 수립(cascading)하는 형태로 구성된다([그림 7-1] 참조). 우리나라 정부성과관리에 관한 기본법이라고 할 수 있는 「정부업무평가 기본법」 제2조에서는 '성과관리'를 "정부업무를 추진함에 있어서 기관의 임무, 중·장기 목표, 연도별 목표 및 성과지표를 수립하고, 그 집행과정 및 결과를 경제성·능률성·효과성[2] 등의 관점에서 관리하는 일련의 활동"이라고 정의하고 있다.

2) 성과관리의 필요성

공공부문에서 성과관리가 왜 필요한지에 대한 질문은 결국 정부활동의 결과물에 대한 관심으로 연결된다. 그리고 정부성과에 대한 관심은 역설적으로 공공부문의 비효율성과 정부에 대한 불신으로부터 시작된다. 20세기 이후 복지국가를 지향하며 정부의 영역을 확장하여 나가던 과정에서 투입과 과정 중심의 정보에 기반한 정부활동의 결과물이 민간 영역에서 생산되는 결과물보다 비효율적이라는 주장이 대두하고, 정부활동의

2) 성과의 개념이 경제성·능률성·효과성에 치우쳐 있어 공공부문의 핵심가치라 할 수 있는 '공익성(doing the right thing)'이 제대로 평가되지 않고 있다는 비판(공동성 외, 2013)이 있으며, 세 가지 가치(3Es)에 더하여 효능성(Efficacy)과 형평성(Equity) 관점을 추가하는 논의(이동옥, 2013)도 있다.

결과물에 대한 불투명성으로 인한 정부에 대한 불신이 정부에 대한 통제장치의 필요성을 강화하게 된 것이다. 효율적으로 정부의 활동을 통제하기 위한 수단의 하나로 등장한 것이 성과관리라고 할 수 있다.

성과관리의 필요성을 구체적으로 살펴보면, 크게 세 가지로 볼 수 있다. 첫째, 정책에 관한 의사결정의 개선을 위해서이고, 둘째, 자원배분의 최적화 및 효율화를 위해서이며, 셋째, 납세자인 국민에 대한 설명책임의 향상을 위해서이다.

먼저, 정책에 관한 의사결정의 개선이란, 기존의 투입 지향형 관리에서 결과 지향으로 관리방식을 전환함에 따라 정책결정자가 정책의 결과에 대해 보다 명확히 인식하게 하는 데 있으며, 이에 따라 과거의 관례에 따른 의사결정보다는 도출되는 정책성과에 기반한 전략적 의사결정을 지원하기 위함이다.

둘째, 자원배분의 최적화 및 효율화란, 정책과정에 소요되는 자원투입과 정책결과를 비교함으로써 일정한 결과를 얻기 위한 최소의 자원투입이나 일정한 자원의 투입에 따른 최대의 정책결과를 유도하기 위함이다.

마지막으로, 납세자에 대한 설명책임 향상이란, 납세자인 국민이 부담한 세금에 합당한 가치 있는 정책서비스의 제공(Value for Money: VfM)이 이루어지고 있는지, 정부가 선택하여 추진하는 정책대안이 최선의 것인지 등에 대해 국민들에게 설명함으로써 정부활동에 대한 국민의 신뢰를 확보하기 위함이다.

2 평가의 의의

공공부문에서 성과관리 대상은 개인, 조직, 사업, 정책 등 다양하고, 이들의 성과는 '평가'를 통해 관리된다. 개인은 인사고과, 근무성적평정 등을 통해 성과가 평가되며, 조직은 기관평가, 그리고 정부가 추진하는 사업이나 정책은 사업평가 또는 정책평가를 수행하여 성과를 관리하게 된다. 성과의 측정·평가를 통해 성과관리를 위한 정보를 얻을 수 있으므로, '평가'는 성과관리의 도구라고 할 수 있다. 평가를 통해 성과관리에 필요한 정보를 얻고, 그 성과정보를 활용하여 효과적으로 성과를 개선하고자 하는 것이 성과관리이다.

공공부문에서 '평가'에 대한 정의는 대상에 따라 다양한데, 공무원이나 공공기관 직원 개인에 대한 인사고과나 근무성적평가 등은 민간에서 수행하는 것과 크게 다르지 않다. 다만, 행정기관 또는 공공기관을 대상으로 하는 '기관평가'는 공공부문의 "정책평가를 기관의 활동과 운영 차원에서 파악하는 것으로, 기관이 추진하는 주요 업무 전반에 대한 기관 단위의 다원적 종합평가"라고 정의할 수 있으며, 따라서 기관의 관리역량, 당해 기관의 기능을 대변할 수 있는 정책과제, 대상집단의 만족도 등이 평가대상으로 포함된다(김현구, 2018: 152). 그리고 정부가 추진하는 정책 또는 사업에 대한 평가란 "정부가 목적을 달성하기 위하여 특정 정책 또는 사업을 기획하고 집행하여 의도한 효과가 달성되었는지와 달성에 기여한 요인들을 파악하여 다음 또는 다른 정책과 사업에 시사점을 도출하는 활동"을 의미한다(이상미 외, 2020: 31-32). 정부활동의 목표와 수단 간의 인과관계 규명, 정부활동 과정에 대한 분석을 통한 학습과 의도한 목표에 대한 산출 수준 분석, 그리고 이러한 체계적 · 과학적 분석 활동이 차기 또는 다른 정책이나 사업에 기여할 수 있는 시사점을 도출할 수 있어야 한다는 것이다(이상미 외, 2020: 32).

공공부문에서 매년 정기적으로 실시하는 성과평가는 공공의 책임성과 정책결정력을 제고하며, 보다 수시로 성과를 평가하고 관리하면 사업의 효과성이 더욱 증진된다고 본다(Wholey & Newcommer, 1997). 이에 최근 민간부문에서는 분기별로 성과를 평가 · 관리하고자 하는 시도도 생겨나고 있다(Christina Wodtke, 2016). 성과를 평가해야만 정부활동의 성공과 실패를 판단할 수 있고, 성공에 대한 보상을 할 수 있으며, 학습을 할 수 있고, 국민의 지지를 얻을 수 있다는 점에서 정부활동 성과평가의 필요성이 강조된다(Osborne & Gaebler, 1992).

제 2 절 이론적 배경: 신공공관리론과 정부개혁

1 신공공관리론

현대 행정학에서 활발히 논의되는 성과관리의 개념은 영국에서 태동한 신공공관리론(New Public Management: NPM)에 이론적 토대를 두고 있다. 신공공관리론은 전통적 관료제가 가지는 문제점을 극복하고 '작은 정부'를 구현하기 위해 개발된 이론으로, 1980년대 영국 대처(Margaret Thatcher) 정부와 미국 레이건(Ronald Reagan) 정부가 추진한 시장 지향적 정부개혁에서 비롯되었다. 신공공관리론의 핵심은 정부활동에 민간 영역인 시장 기능, 특히 가격과 경쟁의 원리를 도입하여 정부운영의 효율성을 증진하자는 것으로, 공무원 감축, 민영화, 규제완화를 통한 시장 기능 확대 등의 정책수단을 활용하게 된다.

신공공관리론은 '관리주의(managerialism)'와 '신제도주의 경제학(new institutional economics)'이라는 이론적 기초에 근거하고 있다(이명석, 2001). 관리주의란 '관리(management)'가 중요하고 좋은 것이며, 따라서 행정은 민간부문의 경영관리기법을 받아들임으로써 효율화되고 합리화될 수 있다는 이념으로, 기업을 운영하는 것처럼 정부를 운영하고 관료는 기업가 정신(entrepreneurship)을 가져야 한다는 것이다. 그리고 신제도주의 경제학은 공공선택이론[3]과 이론적 기초를 공유하는데, 관료를 신뢰할 수 없다는 전제 하에 주인-대리인이론[4]과 거래비용이론[5]의 처방을 차용해서 도덕적 해이를 유발하는 행동을 하는 선천적 경향을 지닌 합리적 인간들에게 동기를 부여할 수 있는 유인체계 설계에 관심을 가진다.

2 정부개혁과 성과관리의 도입

신공공관리론의 패러다임에 따라 OECD 국가들을 비롯한 많은 나라에서 정부의 역할과 기능을 조정하는 정부혁신을 추진하게 된다. 이때 정부개혁의 특징은 정부의 역할과 기능을 민간부문에 대해 비교우위가 있는 기능만으로 제한하고, 정부기관 간 기능의 중복 및 사각지대를 조정하며, 성과관리시스템 도입을 통한 책임경영에 초점을 두면서 민영화 또는 민간위탁을 통해 비대해진 정부 기능을 민간으로 이양하는 형태로 그 특

3) 공공선택이론(public choice theory)은 공공재의 결정이 시장의 가격 기능이 아닌 정치적 표결, 선거 득표를 극대화하여 집권을 유지하려는 정치가의 이기적인 행태에 의해 비능률적으로 이루어짐을 설명하는 이론으로, 시장 메커니즘과 관련이 없는 정치적 의사결정 체제·기구에 의한 '정부실패'를 비판하는 이론이다.

4) 주인-대리인이론(principal-agent theory)은 주인과 대리인 간 정보의 불균형과 감시의 불완전성 등으로 인해 발생할 수 있는 도덕적 해이, 역선택의 문제 등을 설명하는 이론이다.

5) 거래비용이론(transaction cost theory)은 시장거래 과정에 존재하는 거래비용을 최소화하기 위해 합리적인 행위자들이 제도와 구조를 생성함을 설명하는 이론이다.

징이 나타나게 된다(이윤식 외, 2006).

이 과정에서 미국의 '정부성과 및 결과법(Government Performance and Results Act: GPRA)', 영국의 '재무관리개혁조치(Financial Management Initiatives: FMI)', '책임행정기관(Next Steps Agency)', '시민헌장(Citizen's Charter)', '최고가치성과지표(Best Value Performance Indicators: BVPI)', 프랑스의 '재정성과관리법(Loi Organique Relatives aux Loiss des Finances)', 호주의 '사업관리예산제도(Program Management and Budgeting)' 등 성과관리와 연계한 다양한 제도들이 도입되게 되었다(이용환 외, 2004). 이러한 추세에 따라 우리나라에서도 2006년 「정부업무평가 기본법」을 제정하면서 정부업무에 대한 성과관리 원칙을 적용하고 있다.

한편, 성과관리가 도입되면서 전략적 기획 및 관리의 개념도 동시에 주목을 받고 있는데, 정부활동의 결과물에 대한 성과를 효율적으로 관리하기 위해서는 정부의 임무와 기능, 미래에 대한 목표를 명확히 하고 이를 달성하기 위한 전략적 실행방안 등이 효과적으로 연계되어야 하며, 이에 대한 성과를 확인하여 정책을 개선하는 환류 등 일련의 과정이 체계적이고 전략적으로 기획·관리되어야 하기 때문이다. 이에 따라 성과관리체계를 도입할 경우 단순히 정책의 결과물에 대한 점검을 넘어서 정부의 임무와 기능, 미래의 목표, 전략적 실행방안과 함께 성과측정 및 관리수단을 모두 포함하여 구성하게 된다.

제3절 공공부문 성과관리·평가제도

정부의 활동은 형태와 내용은 달리해도 항상 의도한 성과를 달성하기 위한 것이다(이용환 외, 2004). 그러기에 정부는 당초 계획하였던 성과를 차질 없이 달성하기 위해 각종 성과관리제도를 운용하고 있다. 성과관리는 일상적으로 정부의 업무수행 과정에 명시적 혹은 묵시적으로 내재되어 있으며, 공무원들은 정책수행 활동과정에서 정책의 목적 달성에 대한 구체적 결과로 정책성과를 전제하고 있다.

우리나라에서는 2006년 「정부업무평가 기본법」을 제정하고 정부업무에 대한 통합 성과관리체계를 도입하였다. 그렇다면 2006년 이전에는 '성과'에 대한 관리가 이루어지지 않았을까? 그 이전에도 정부의 정책활동에 대한 성과는 국민들의 주요 관심사항 중 하나였고, 정부는 정책성과에 대해 '성과관리'라는 표현 대신 심사분석, 심사평가 등 다른 이름의 제도로 정책성과를 평가하여 관리하고 있었다.

우리나라는 1990년대 중반까지 정책의 결과보다는 예산이 누수되지 않고 제대로 투입되었는지, 주어진 업무를 절차에 맞게 합법적으로 수행하였는지 등의 투입과 집행 측면에 중점을 두고 정책을 관리하여 온 경향이 있었다. 그러다 1990년대 중반부터 국제경쟁력 강화와 정부효율성 제고를 위하여 이전의 투입과 집행 중심의 평가제도를 결과 지향적 평가제도로 전환하게 되었다. 결과를 기반으로 한 성과관리 차원의 각종 평가제도들이 도입되고 정부업무평가, 재정사업평가 등 기관평가와 사업평가 부문 이외에 인사평가에도 목표관리제, 직무성과계약제 등 성과관리제도가 도입되게 되면서 각종 평가제도에 따른 평가부담 현상을 완화하고 '성과관리'를 정부평가의 기본원리로 천명하게 되는 계기가 「정부업무평가 기본법」의 제정이라고 할 수 있다.

미션, 비전, 전략, 성과목표, 핵심성과지표를 캐스케이딩(cascading)하는 성과관리 전략체계를 앞서 [그림 7-1]에 제시하였는데, 이와 같은 전략체계는 국가 및 지방자치단체, 각 행정기관, 기관 내 부서, 부서 내 개인으로도 유기적으로 이어져야(cascading) 한다. 이에 따라 상급기관, 관리자에게 상위목표의 달성도를 평가할 수 있도록 하는 법적 권한을 부여하여, 평가에 의한 성과관리를 제도화하고 있다. 그리고 성과관리제도가 개인, 조직, 기관, 사업 및 정책별로 분절적으로 운영되지 않도록 「정부업무평가 기본법」 등을 통해 통합적으로 관리하고자 노력하고 있다.

1 개인 성과관리제도

각급 기관의 성과향상과 공무원 개인의 능력발전을 목적으로, 국가공무원에 대해서는 「공무원 성과평가 등에 관한 규정(대통령령)」, 지방공무원에 대해서는 「지방공무원 평정규칙(행정안전부령)」 등에 근거하여 성과평가를 실시한다. 관리자급(4급 이상) 공무원에 대해서는 성과계약에 의한 평가를 실시하고, 5급 이하 공무원에 대해서는 근무성적평가를 실시하는데, 각각은 개인별 '성과목표'를 기초로 목표 달성도 등을 평가하게 된다. 여기에서 '성과목표'란 "근무성적평정 대상기간의 종료시점을 기준으로 공무원 개개인의 업무가 도달되어야 하는 바람직한 상태"를 말한다고 규정하고 있다(대통령령

그림 7-2 목표관리(MBO)의 구조

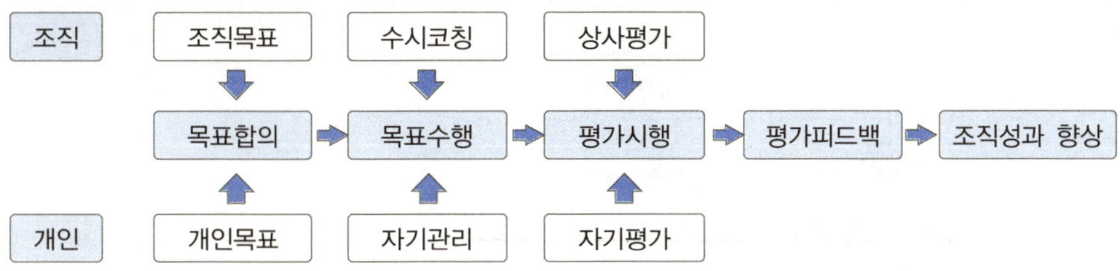

출처: 이재형(2020: 124).

제3조).

이와 같은 성과관리제도는 목표에 의한 관리(Management by Objectives: MBO)에 기초하는 것으로, 목표관리(MBO)란, 조직의 목표 달성을 위해 구성원들에게 개별적인 목표를 부여하고, 부여된 목표를 유기적으로 관리함으로써 조직 전체의 효율성을 높이고자 하는 관리전략을 말한다. 1954년 피터 드러커(Peter Druker)에 의해 고안되었다. 피터 드러커는 공공조직에서 저성과를 내는 요인 여섯 가지(the deadly sins in public)[6]를 지적하면서, 성과향상을 위해 목표의 명확한 설정과 합의, 합의된 목표의 달성도 평가, 평가 결과의 피드백을 강조하고 있다.

관리자급(4급 이상) 공무원에 대해 실시하는 '성과계약에 의한 평가'는 '직무성과계약제도'라고 칭하며, 이는 "기관의 책임자와 실·국장과 과장 간에 성과목표 및 지표 등에 관하여 공식적인 성과계약(performance agreement)을 체결하고, 그에 따라 당해 연도의 개인의 성과를 평가한 후 결과를 성과급, 승진 등에 반영하는 인사관리시스템"을 말한다.[7] 개인별 성과목표는 상·하위 목표가 유기적으로 연계되도록 설정하여야 하며, 당해 연도 업무계획과 성과책임 등을 고려하여 설정하되, 「정부업무평가 기본법」에 따른 '성과관리 시행계획'상의 성과목표를 활용하여 설정하도록 하고 있다.[8]

6) '공공부문의 여섯 가지 중죄'라고 칭하는데, 이는 ① 모호한 목표, ② 우선순위 부재, ③ 무분별한 사업 확장, ④ 실험 없는 탁상공론, ⑤ 학습 없는 되풀이, ⑥ 성과없는 사업의 지속 등의 문제를 가리킨다.
7) 국무조정실 정부업무평가포털(https://evaluation.go.kr/web/page.do?menu_id=42)(검색일: 2022.9.17).
8) 「공무원 성과평가 등에 관한 지침」, 인사혁신처예규 제126호(2021.12.7).

그림 7-3 성과관리시행계획 구조에 따른 개인 성과목표 설정

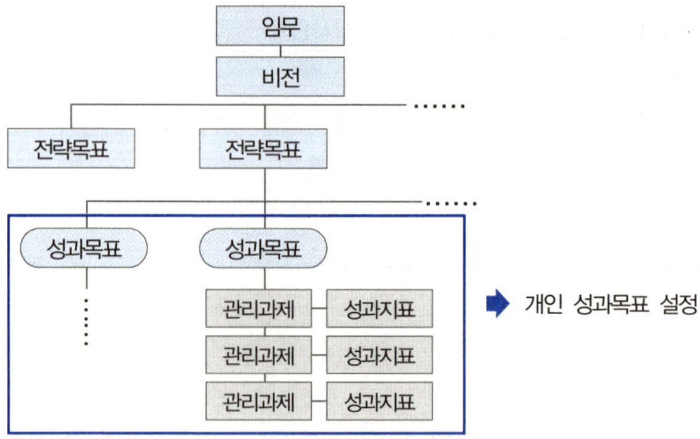

출처: 「공무원 성과평가 등에 관한 지침」, 인사혁신처예규 제126호(2021.12.7).

개인별 성과목표가 설정되었으면, 성과목표의 달성도를 평가하기 위한 기준이 되는 성과지표를 설정해야 한다. 이는 성과관리 시행계획상의 성과지표를 활용하되, 직무별 성과책임을 반영한 핵심 평가지표를 설정하여야 하며, 성과목표의 핵심적인 내용을 포함하여야 하므로, 지표개발의 용이성만을 고려하여 지엽적인 내용으로 설정해서는 안 되고, 가급적 결과 지향적인 정량지표를 설정하여야 한다.[9]

성과계약에 의한 평가 및 근무성적평가는 1년 단위로 실시하고, 평가 결과는 평가 대상 공무원에 대한 승진임용, 교육훈련, 보직관리, 특별승급 및 성과상여금 지급 등 각종 인사관리에 반영한다.[10] 공무원뿐만 아니라, 공공기관 직원의 경우에도 각 기관성과 달성을 목적으로 하는 목표관리제 기반의 개인별 성과평가가 시행되고 있으며, 평가 결과는 인사(승진) 및 성과급 지급 등과 같은 보상의 근거로 활용되고 있다.

2 조직 · 기관 성과관리제도

「정부업무평가 기본법」에 의거 중앙행정기관, 지방자치단체, 중앙행정기관 또는 지

9) 「공무원 성과평가 등에 관한 지침」, 인사혁신처예규 제126호(2021.12.7).
10) 「공무원 성과평가 등에 관한 규정」, 대통령령 제31373호(2021.1.5) 제22조.

방자치단체의 소속기관, 공공기관 등은 매년 기관별 성과평가를 실시하고, 각종 평가결과보고서를 종합하여 이를 국무회의에 보고하거나 평가보고회를 개최하여야 한다. 각 기관은 통합적 성과관리를 위하여 5년 단위의 '성과관리 전략계획'을 수립하여 기관의 임무와 비전, 전략목표와 5년 단위 성과목표를 제시하고, 매년 성과관리 전략계획의 실행계획인 '성과관리 시행계획'을 수립하여 당해 연도의 성과목표와 이의 달성을 위한 과제 및 성과지표를 제시한다. 중앙행정기관은 「정부업무평가 기본법」 제5조 및 제6조에 의거 해당 성과관리계획의 수립이 의무화되어 있고, 지방자치단체 및 공공기관의 경우 법적 의무사항은 아니지만 대개는 성과관리 전략계획과 시행계획을 수립하여 성과를 관리하고 있다.

기관 단위의 성과관리는 기관평가제도를 통해 이루어진다. 앞서 정의한 바와 같이 기관평가는 기관에서 수행하는 정책과제의 목표 달성도뿐만 아니라 기관의 역량평가를 포함하는 개념으로(김현구, 2018), 평가 결과는 정책개선 또는 예산편성에 반영하거나 조직관리에 활용한다. 「정부업무평가 기본법」에 따라 실시하는 중앙행정기관의 자체평

그림 7-4 정부업무 성과관리 추진체계

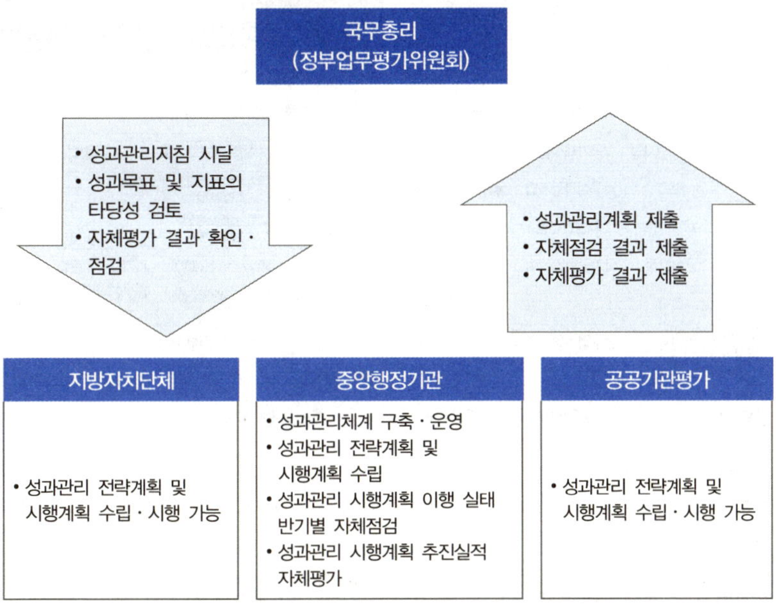

출처: 국무조정실(2022.3). 「2022년 정부업무 성과관리 운영지침」.

가 및 지방자치단체의 자체평가, 그리고 지방자치단체 합동평가와 공공기관평가 등이 각 기관의 성과관리를 위해 시행되고 있다.

중앙행정기관의 자체평가는 각 중앙행정기관장 책임 하에 소관 정책 등을 스스로 평가하고, 그 결과를 정책 · 조직 · 예산 · 인사 · 보수 등에 반영하여 국정운영의 성과 및 책임성을 제고하기 위한 목적으로 실시한다. 주요 정책평가와 재정사업평가, 행정관리역량평가를 포함하며,[11] 중앙행정기관별로 연도별 자체평가계획을 수립하고, 민간전문가 중심으로 각 기관별 자체평가위원회를 구성하여 평가를 실시한다.

지방자치단체 자체평가는 지방자치단체장 책임 하에 지방자치단체 고유사무 전반을 스스로 평가하고 자율적으로 개선하고자 시행하는 것으로, 구체적인 평가항목은 지

그림 7-5 정부업무평가체계도

중앙행정기관

평가유형	평가부문		근거법률	평가주관
특정평가(45개)	주요 정책		정부업무 평가법	국무조정실 등
	규제혁신			
	정부혁신			
	정책소통			
	적극행정			
자체평가(46개)	주요 정책		정부업무평가법	국무조정실
	재정사업	일반재정사업	국가재정법	기획재정부
		R&D	연구성과평가법	과학기술정보통신부
		재난안전	재난안전법	행정안전부
		균형발전	국가균형발전법	국가균형발전위원회
	행정관리 역량	조직	정부업무평가법	행정안전부
		인사		인사혁신처
		정보화		행정안전부
개별평가			개별근거법률	주관부처

지방자치단체

평가유형	평가부문	근거법률	평가주관
합동평가	26개 기관, 116개 지표	정부업무평가법	행정안전부 등
자체평가	중앙행정기관과 동일	정부업무평가법	지방자치단체장
개별평가		개별근거법률	주관부처

공공기관

구분		근거법률	평가주관
공기업(36개)		공공기관운영법	기획재정부
준정부기관(94개)			
기금(존치평가 18개, 자산운용평가 33개)		국가재정법	기획재정부
과학기술 분야 연구기관(47개)	국가과학기술연구회 소관(25개)	과학기술기본법 과기출연기관법 연구성과평가법	국가과학기술연구회
	과학기술정보통신부 산하(16개)		과학기술정부통신부
	해양수산부 산하(3개)		해양수산부
	원자력안전위원회 산하(2개)		원자력안전위원회
	방위사업청 산하(1개)		방위사업청
경제 · 인문사회 분야 연구기관(26개)		정부출연기관법	경제 · 인문사회연구원
지방공기업(257개)		지방공기업법	행정안전부

출처: 국무조정실 정부업무평가포털(https://www.evaluation.go.kr/web/page.do?menu_id=25)(검색일: 2022. 9.17).

11) 주요 정책평가와 재정사업평가는 뒤에서 검토할 사업 · 정책대상 성과관리제도에 해당하는 것으로, 기관평가제도 내에 정책, 사업, 조직역량 및 개인역량을 포괄적으로 평가하는 종합평가모형인 것이다(라영재, 2020: 51).

방자치단체장이 결정하며, 행정안전부에서 자체평가 운영매뉴얼을 보급하거나 컨설팅을 제공하는 등 제도운영을 지원한다. 그리고 지방자치단체 합동평가는 행정안전부 장관이 관계중앙행정기관장과 합동으로 국가위임사무 및 국정 주요 시책 등의 지방자치단체 추진상황을 평가하는 제도이다. 17개 시・도(시・군・구 실적 포함)를 평가대상으로 한다.

공공기관평가는 「정부업무평가 기본법」 제22조(공공기관에 대한 평가)에서 "공공기관의 특수성・전문성을 고려하고 평가의 객관성 및 공정성을 확보하기 위하여 공공기관 외부의 기관이 실시하여야 한다"고 규정하고 있다. 매년 각 공공기관별 경영실적 등을 독립적 외부기관이 평가하여 그 결과를 공개하고, 평가 결과에 따라 기관장의 성

그림 7-6 균형성과표(BSC) 4대 관점의 공공부문 적용 예시

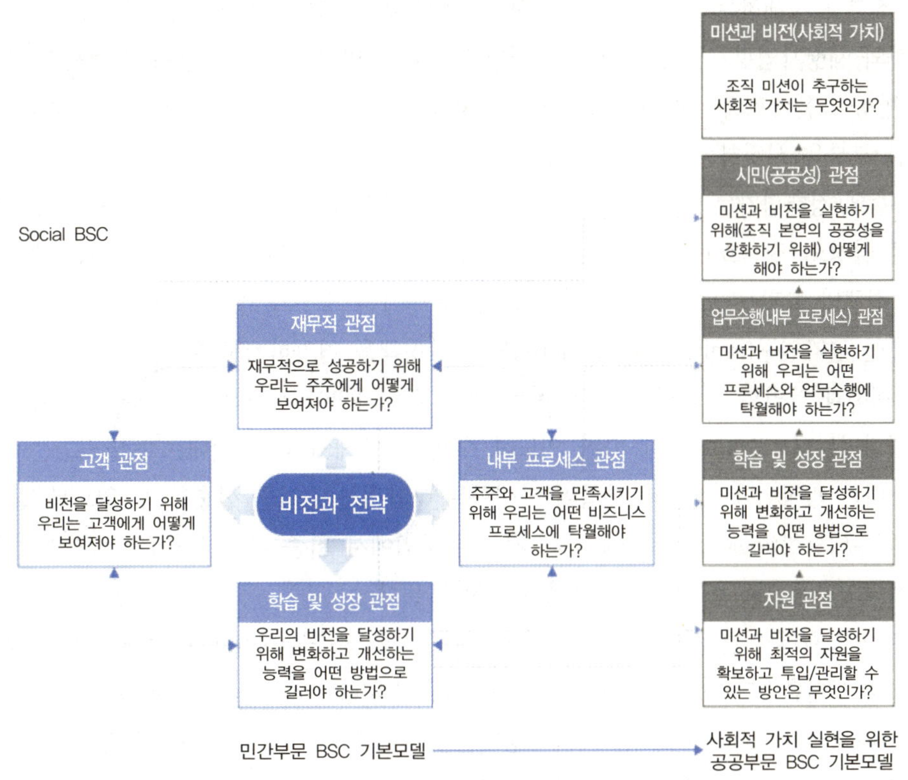

출처: 양동수 외(2019: 29).

과급을 결정하는 등 보상의 근거로 활용한다.

조직 · 기관 단위의 성과관리 도구로는 1992년 캐플란과 노튼(Kaplan & Norton)에 의해 고안된 균형성과표(Balanced Scorecard: BSC)가 유용하게 활용된다. 균형성과표(BSC)는 조직의 사업성과(민간기업의 경우, 재무적 성과)만을 평가할 것이 아니라, 조직이 보유한 인적자산과 같은 무형의 비재무적 가치를 성과평가에 포함하여 조직 차원의 균형 있는 성과관리를 도모하고자 한다. 학습과 성장, 내부 프로세스, 고객대응, 재무적 목표로 관점을 구분하여 목표를 설정하고 조직의 성과를 균형 있게 관리할 수 있도록 설계된 도구이다.

3 사업 · 정책 성과관리제도

정부가 시행하는 사업과 정책의 성과관리를 위한 제도로 대표적인 것은 주요 정책평가와 재정사업평가를 들 수 있다. 개별 정책과 사업의 성과평가를 통해 정책과 사업의 방향이 올바르게 나아가고 있는지를 점검하여 부족한 부분이 있으면 보완하거나 잘못된 부분을 시정하고자 하는 것이다.

주요 정책평가는 각 기관별로 역점을 두고 추진하는 주요 정책에 대해 이행노력, 목표 달성도, 정책효과, 국민만족도 등을 평가하여 정책개선에 활용하고자 하는 제도이다. 정책의 효과는 모호하거나 장기적으로 나타나는 경우가 많으므로, 실험설계 등을 활용한 평가연구(evaluation research)를 통해 정책을 평가하기도 한다.

정책과 사업의 성과평가는 각 프로그램의 투입자원이 적절하게 구성되고 정확하게 집행되었는지, 그리고 그에 따라 의도한 수혜자들에게 효과가 제대로 전달되었는지를 확인하는 과정이다. 정책과 사업이 기대하는 바람직한 결과를 산출할 수 있도록 '프로그램 논리모형(logic model)'에 따라 자원의 투입에서 최종 기대성과에 이르기까지 논리적 · 인과적으로 목표를 설정하여 관리하게 된다.

논리모형에 따른 사업의 구성요소는 자원, 활동, 산출물(outputs), 수혜 대상집단(고객), 최초 산출결과(initial outcomes), 중간 산출결과(intermediate outcomes), 장기 산출결과(long-term outcomes) 등으로 구성되는데, 여기에서 궁극적인 산출결과는 정책 또는 사업이라는 독립변수(X)가 수혜 대상집단의 상태를 의미하는 종속변수(Y)에 인과적으로 미치는 '영향(impact)'이라고 보기도 한다. 이에 따라 정책의 영향을 평가하기 위

그림 7-7 논리모형을 활용한 목표설정 예시

	Input 투입	Output 산출	Whom 대상집단	Outcome 단기 / 중기 / 장기
업무 추진 과정	무엇을 투입할 것인가?	무엇을 도출할 것인가?	누구를 대상으로 할 것인가?	어떠한 결과를 기대하며 희망하는가?
예	내적 · 외적 자원	금연교육 과정 개설	흡연자	• 단기: 금연교육을 통한 흡연해악 인식 • 중기: 인식의 변화를 통한 금연 • 장기: 국민건강개선 등 사회적 변화

출처: 「공무원 성과평가 등에 관한 지침」, 인사혁신처예규 제126호(2021.12.7).

한 정책영향평가를 실시하기도 하는데, 정책집행의 효과평가를 위한 사후영향평가뿐만 아니라, 정책영향을 사전에 예측하여 정책의 시행 여부를 결정하기 위한 사전영향평가 제도가 운영되고 있다. 환경영향평가, 규제영향평가 등이 대표적인 사전영향평가제도이다.

재정사업평가는 정부재정을 투입하여 시행하는 재정사업의 성과를 점검하여 재정 운용에 활용하고자 시행하는 평가제도이다. 정부재정을 성과 중심으로 운용하기 위해 「국가재정법」과 「지방재정법」에 평가근거를 두고 각 중앙행정기관과 지방자치단체에서 자체평가 방식으로 재정사업에 대한 평가를 실시하며, 평가 결과를 차년도 재정사업 예산에 반영하고 있다.

제4절

공공부문 성과관리 · 평가 관련 주요 이슈

1 공공부문 성과의 특징과 측정 가능성의 문제

제2절에서 설명한 바와 같이 공공부문에 성과관리의 도입은 1980년대 신공공관리론이 확산되면서 민간의 경영기법을 공공부문에 적용하여 효율화를 꾀하자는 데서 시

작되었다. 그러나 공공부문과 민간부문의 관리대상이 되는 성과의 특징이 다른 데서 제기되는 이슈가 있다.

가장 대표적인 문제는 공공부문의 성과를 정의하고 측정하기가 어려운 경우가 많다는 데서 비롯된다. 민간부문에서는 판매량이나 이윤과 같이 목표하는 성과가 명확하고 계량화하기가 상대적으로 쉽지만, 공공부문에서 목표하는 성과는 대체로 양보다는 질적인 것이어서 모호하고 파악하기 어려운 경우가 많다. 투입부터 산출, 결과물에 이르는 논리모형에 입각하여 성과목표를 수립하고 목표 달성도를 측정할 수 있는 성과지표를 설정할 것을 요구하고 있으나, 논리모형에 따른 인과관계를 확립하는 데 기술적 어려움이 있어서 현실적으로는 장기적인 결과물(outcome)이나 영향(impact)이 목표로 관리되지 않고, 산출물(output)이 목표로 관리되는 경우가 많다. 특히 1년 단위로 성과를 관리하는 현실에서는 결과지표와 영향지표를 사용하여 성과를 측정 · 관리하기가 쉽지 않다.

그럼에도 불구하고 공공부문에서 요구되는 역할을 효과적으로 수행하기 위해서는 얻고자 하는 궁극적 성과목표를 제대로 설정하고, 그에 따라 논리적으로 적합한 성과지표를 설정하여 관리하여야 한다. 그렇지 않으면 옳지 못한 방향으로 일을 추진하게 되거나 사업목적과 괴리된 결과를 유도하여 중 · 장기적으로 왜곡된 효과 및 영향이 초래될 수 있기 때문이다.

측정하기가 어렵다는 이유로 성과지표를 제대로 설정하지 않으면 목적과 수단이 전도될 수 있는 위험이 발생한다. 현실적으로 정부사업에서 산출지표 수준에도 이르지 못

표 7-1 성과지표의 유형

지표유형	설명
투입지표	성과 달성에 동원된 자원의 양을 나타내는 지표 (예: 직업훈련 프로그램 예산, 인력)
과정지표	사업 진행과정에서 나타나는 산출물의 양을 나타내는 지표 (예: 직원훈련 프로그램 출석률/진도율, 프로그램별 진행과정과 만족도)
산출지표	자원을 투입하여 나타난 1차 산출물을 나타내는 지표 (예: 직업훈련 프로그램 참가자 수 대비 수료자 수)
결과지표	1차적 산출물을 통해 나타나는 궁극적인 사업의 효과, 정책이 미치는 영향력을 나타내는 지표 (예: 직업훈련 수료 후 취업자 수 및 소득증가율, 프로그램 만족도)

출처: 「공무원 성과평가 등에 관한 지침」, 인사혁신처예규 제126호(2021.12.7).

표 7-2 서니베일시의 성과목표 및 지표 사례

목적	지역사회상황지표	성과목표	성과지표
• 인명과 재산 보호를 위한 안전한 환경 제공 • 주민생활, 복지, 환경보호	• 오존기준 초과일 수 • 1백만 마일당 교통사고 수 • 불우아동 원조 수혜자 수 • 최저빈곤상태 이하의 시민 수	• (도시미관) 손실률 5% 이하로 나무와 관목 유지 • (교통안전) 1백만 마일 주행당 사고율을 3.42건으로 저감	• 2개월 내 교체되어야 하는 나무의 비율 • 실무에 배치된 직업훈련 이수자 비율과 배치 후의 평균임금, 고용주 만족도 • 프로그램 참가자 만족도 • 시설 불만자의 수

출처: 삼성경제연구소 역(1999: 184-186).

하는 투입지표(예: 예산집행률)를 성과지표로 설정하는 경우가 많은데, 그렇게 되면 예산 투입이 어떤 결과를 창출하든 관계없이 재정을 많이 소모하면 성과가 높은 것으로 평가되는 문제가 야기될 것이다.

오스본과 개블러(Osborne & Gaebler)는 1992년 발간한 유명한 저서 『정부 재창조(*Reinventing Government*)』에서 성과 지향적 정부를 강조하며 캘리포니아주 서니베일시의 성과관리 사례를 소개하였는데, 그 사례는 이후 많은 국가의 각급 정부에서 벤치마킹되었다. 사례의 성과관리체계를 정리하면 〈표 7-2〉와 같다.

공공부문의 성과를 정의하고 측정하는 일이 쉽지 않다고 하더라도, 최선을 다해 성과목표를 명확히 정의하고 성과지표를 활용하여 목표 달성도를 측정해야 한다. 시장에 의해 창출되는 경쟁이 없고 서비스에 대한 사용자의 선택권이 거의 없는 공공부문의 특성상 공공서비스의 질을 평가·관리하는 것도 중요하다(Hatry, 1999: 17). 서니베일시의 성과지표 사례에서 볼 수 있는 것처럼 서비스의 질은 사용자의 만족도나 불만자의 수로 측정할 수 있고, 이외에도 서비스 제공의 적시성, 서비스에 대한 접근성과 편이성, 정확성, 친절도 등 다양한 방법으로 측정 가능하다(이동옥, 2013: 202-203).

2 성과관리제도 자체의 역기능에 관한 문제

성과관리제도 자체의 특성으로 인해서 공공부문에서만이 아니라 민간부문에서도 성과관리의 역효과가 발생하거나, 이로 인한 성과관리의 회의론이 제기되기도 한다.

첫째, 측정되는 성과에만 집중하여 더 큰 목적이 소외되는 문제를 야기할 수 있다.

다른 중요한 영역을 배제한 채 성과관리시스템에 포함된 과제에 대해서만 집중하거나, 새롭고 혁신적인 방법을 시도하지 않게 되는 것이다(Smith, 1993; 이동옥, 2013: 76). 예를 들어, 박물관의 성과를 측정하기 위한 성과지표들이 관람객 수와 같은 잘 정의된 임무에만 과도하게 초점을 맞추면, 과학적인 연구나 유물 보존과 같은 박물관의 다른 중요한 기능에 소홀해질 수 있다. 도전적인 목표나 불확실성이 높은 과제는 힘들게 일해도 좋은 평가나 보상을 받지 못할 수 있기 때문에 도전적인 과제를 시도하지 않고 확실히 결과가 보장되는 일을 선호하는 현상도 나타난다. 따라서 공공서비스 공급의 왜곡 현상을 막기 위해서는 모든 핵심적인 활동들이 평가되어야만 하고, 성과평가시스템이 모든 것을 평가할 수는 없는 상황이라면 적어도 평가대상이 아닌 것들은 무시되고 평가되는 것들에 대해서만 집중하게 되는 왜곡 효과를 인식할 필요가 있는 것이다(이동옥, 2013: 79).

둘째, 목표를 소극적으로 설정하는 등 전략적인 행태 왜곡이 나타날 수 있다. 성과지표가 적절하게 설정되었더라도 성과목표를 달성 가능한 최소한의 수준으로 설정함에 따라, 그 이상의 성과 달성이 충분히 가능함에도 불구하고 더 노력하지 않으려 하는 행태가 야기될 수 있다는 것이다. 성과평가시스템을 어떻게 설계하느냐에 따라, 성과평가가 성과를 투명하게 밝혀주지 못하고 오히려 조직의 진정한 성과를 가릴 수도 있다. 따라서 관리자들은 항상 관리목적에 가장 부합하는 성과평가방법을 채택하기 위해 고민해야 한다.

셋째, 할거주의가 초래될 수도 있다. 특히 성과가 보상과 연계될 때, 각 기관별, 기관 내 조직별, 조직 내 개인별 활동 단위들은 자신들의 성과를 극대화하는 한편, 상호협조를 꺼리게 될 수 있다는 것이다. 경쟁적인 성과평가시스템은 보다 전략적인 조정이나 협력에는 소홀하거나 의도적으로 협력하지 아니한 채 자신들에게 부여된 협소한 목표 달성만을 추구하도록 만들 수 있다. 이에 따라 기관 전체의 공동목표 달성에 오히려 장애가 야기될 수도 있어서 경우에 따라서는 평가시스템에 상호협력 정도를 측정할 수 있는 지표를 포함하기도 한다.

넷째, 성과관리 비용의 문제이다. 성과평가를 실시하는 데 소요되는 시간과 노력, 비용 등이 성과관리 실익에 비해 클 경우에 성과관리제도 자체가 비판의 대상이 되기도 한다. 모니터링에 따른 부담이나, 과도한 실적보고서 생산 등과 관련한 문제가 그 예이다. 이에 따라 성과평가시스템은 가급적 평가부담을 최소화하기 위한 방향으로 설계되어야 한다.

공공기관에서 연중 가장 중요한 작업 중 하나는 목표 수립과 평가이다. 그러나 성과평가의 결과에 따른 책임이 개인에게 두려움으로 다가오게 되면 성과관리의 역효과가 발생할 가능성이 높다. 따라서 성과평가를 통한 책임성 확보의 주요 목적은 통제나 과도한 인센티브보다는 공공서비스 공급을 향상시키는 것에 초점을 맞추어야 하며, 성과평가에 따른 변화와 발전을 위해서는 책임 당사자들에게 성과평가의 목적에 대해 명확한 확신을 심어줄 필요가 있다(De Lancer Julnes, 2006: 232; 이동욱, 2013: 84).

제5절 공공부문 성과관리 · 평가의 대안과 미래

공공부문의 성과관리에 관해 제기되는 다양한 이슈에도 불구하고, 공공조직의 책무성을 확보하기 위해 성과관리는 꼭 필요한 기제이다. 성과평가 결과가 대외적으로 공표되면, 공공조직은 그 조직이 제공하는 서비스의 수요자들에게 직접적으로 대응하는 의무를 지게 된다(이동욱, 2013: 254). 평가 결과를 예산이나 보상과 직접 연계시키지 않더라도 성과를 측정하는 조직은 그 성과정보를 통해서 스스로를 변화시킬 수 있으며(삼성경제연구소, 1999: 188), 성과평가는 최소한 공공조직의 책임성을 증진하는 데 기여할 수 있다.

공공부문 성과 정의의 어려움과 외부효과 등으로 인해 직면하는 많은 도전에도 불구하고 공공부문의 성과주의는 여전히 주효하며, 확대되는 경향을 보이고 있다. 과거 「국가재정법」에서는 제1장 총칙의 조항 하나(제8조)로 성과 중심의 재정운용 원칙을 천명하였으나, 2021년 법 개정을 통해 '제4장의2 성과관리'를 신설함으로써 성과 중심 재정운용 원칙과 방법을 보다 상세하게 규정하였다.[12)]

12) 2021.12.21. 「국가재정법」의 개정이유는 "효율적이고 성과 지향적이며 투명한 재정운용을 위하여 재정사업 성과관리의 내용을 성과목표관리 및 성과평가로 구체적으로 설정하고, 재정사업 성과관리 기본계획의 수립, 성과목표관리를 위한 성과보고서 등의 작성 · 제출 및 성과평가의 근거를 마련하며, 재정사업 성과목표관리를 위한 담당 공무원 지정 등 추진체계를 마련하고, 기획재정부장관으로 하여금 성과평가의 결과 등 성과정보의 관리시스템을 구축 · 운영하여 성과정보가 공개될 수 있는 조치를 마련하도록 하며, 성과목표관리 결과를 국무회의에 보고하도록 함으로써 종전의 성과 중심의 재정운용을 확대 · 강화"하고자 하는 것이다(법제처, 국가법령정보센터).

민간부문에서는 정의되는 성과에 매몰되는 현상을 극복하기 위해 '성과관리'에서 나아가 '성과개발'을 위한 도구를 고안하여 활용하고 있다. 존 도어(John Door)가 구글에 도입한 성과관리모델인 OKR 모형이 그 예이다. 주어진 핵심성과지표(KPI) 기반의 성과관리에서 나아가, 어렵더라도 도전적인 목표(Objctive)와 핵심결과(Key Result)를 개발하여 정의하고 이를 성취하고자 노력하면 보다 훌륭하고 창의적인 성과를 창출할 수 있다고 보는 것이다(Christina Wodtke, 2016).

공공부문에서도 전통적인 정부역할에서 나아가 공공부문에서 창출해야 할 새로운 가치를 찾아 이를 구현하기 위한 성과관리 노력들이 시도되고 있다. 민간부문의 ESG를 공공부문에 적용하고자 하는 노력, 공공부문의 사회적 가치 구현을 유도하기 위한 평가 시스템 개발, 포스트코로나 시대에 새로운 정부역할의 수행을 위한 관리방안 모색 등이 그 예이다(최현선, 2021).

첫째, ESG(Environment, Social, Governance: 환경, 사회, 지배구조)는 최근 기업투자의 주요 지표로 각광받고 있는 항목이다. 2021년부터 기획재정부는 관련 지표를 공공기관의 사회적 책임과 연계하여 공공기관 경영공시시스템에 공시하도록 함으로써 공공기관의 ESG 경영성과관리를 유도하고 있다.

표 7-3 공공기관 ESG 경영공시 항목

ESG 경영	안전관리 및 정보보호	안전경영책임보고서	정기	보고서	1분기
		개인정보보호	정기	보고서	2분기
	환경보호	온실가스 감축실적	정기	보고서	3분기
		에너지 사용량	정기	보고서	2분기
		폐기물 발생량	정기	보고서	2분기
		용수 사용량	정기	보고서	2분기
		환경법규 위반현황	수시	게시판	
		저공해 자동차현황	정기	보고서	2분기
		녹색제품 구매실적	정기	보고서	2분기
	사회공헌활동		정기	보고서	2분기
	인권경영		정기	보고서	2분기
	이사회 회의록		수시	보고서	
	일·가정 양립 지원제도 운영현황		정기	보고서	1분기

출처: 기획재정부, 공공기관 경영정보 공개시스템(https://www.alio.go.kr/item/itemList.do)(검색일: 2022.9.23).

둘째, 공공부문의 사회적 가치 구현을 도모하기 위한 평가시스템은 기관평가뿐만 아니라 사업평가제도에도 도입하고 있다. 2018년부터 공공기관 경영실적평가제도에 사회적 가치 지표를 포함하여 평가하고 있으며, 지방자치단체 재정사업평가제도에도 2021년부터 사회적 가치를 가점 지표로 반영할 수 있도록 하여 공공부문의 사회적 가치 실현을 유도하고 있다. 〈표 7-4〉는 지방자치단체 재정사업평가에서 가점을 부여할 수 있는 사회적 가치 개념의 예시이다.

끝으로, 코로나 팬데믹을 겪으면서 방역 및 재난관리뿐만 아니라, 소상공인 지원 등 침체된 경제 활성화 정책과 복지정책 등 사회 각 부문에서 정부의 역할이 확대되었다.

표 7-4 사회적 가치 세부분류별 의미(정부혁신 종합추진계획, 2018.3)

사회적 가치	주요 의미
① 인간의 존엄성을 유지하는 기본 권리로서 인권의 보호	• 행복추구권, 평등권, 알권리, 직업의 자유, 안정적 주거생활 보장 등 헌법상 보장되는 기본권 보장
② 재난과 사고로부터 안전한 근로 · 생활환경의 유지	• 시장에서 해결할 수 없는 국민의 안전을 지키기 위한 공공의 적극적 조치 필요
③ 건강한 생활이 가능한 보건복지의 제공	• 인간다운 생활의 기본조건으로서 건강한 생활을 영위할 수 있는 보건 · 의료서비스를 국가에 요구하고 국가는 이를 제공
④ 노동권의 보장과 근로조건의 향상	• 생계를 유지하기 위해 일할 수 있는 권리를 보장, 노동3권, 안정적인 근로조건 유지, 최저임금인상, 고용안정 등 보장
⑤ 사회적 약자에 대한 기회제공과 사회통합	• 여성, 노인, 청소년, 신체장애자, 기타 생활 능력이 없는 국민도 인간으로서의 존엄과 가치를 보장받을 수 있는 사회보장 정책
⑥ 품위 있는 삶을 누릴 수 있는 양질의 일자리 창출	• 민간 및 공공부문 일자리 창출, 노동시간 단축을 통한 일자리나누기, 노동이사제, 비정규직 축소 등 좋은 일자리 확대
⑦ 지역사회 활성화와 공동체 복원	• 자치와 분권의 원칙을 지역공동체 차원에서 보장하는 지방자치 실현
⑧ 경제활동을 통한 이익이 지역에 순환되는 지역경제 공헌	• 지역 간 균형있는 발전을 위한 지역경제 육성, 수도권 과밀화로 인한 부작용 해소
⑨ 윤리적 생산과 유통을 포함한 기업의 자발적인 사회적 책임 이행	• 사회적 존재로서 기업의 사회적 책임 이행 필요. 인권, 노동권, 환경, 소비자 보호, 지역사회 공헌, 좋은 지배구조 형성 등
⑩ 환경의 지속가능성 보전	• 국민이 쾌적한 환경에서 생활할 권리를 보장하기 위한 국가 의무
⑪ 시민적 권리로서 민주적 의사결정과 참여의 실현	• 민주적 의사결정과 시민참여를 통한 국민주권 국가 실현을 위한 정부운영방식 개선, 참여기제 확보, 참여수준 심화
⑫ 그 밖에 공동체의 이익실현과 공공성 강화	• 경제적 양극화 등으로 파괴된 사회공동체 회복 추구, 시민사회 등 제3섹터의 지원 및 육성 필요

출처: 「지방자치단체 주요 재정사업 평가기준」, 행정안전부예규 제132호(2020.11.13).

그리고 그 과정에서 정부 재정지출도 크게 급증하여 재정성과관리의 필요성이 높아졌다. 포스트코로나 시대에 새로운 정부역할의 수행을 위한 비전과 혁신적인 성과목표를 수립하고 관리방안을 모색해야 할 시점이다.

참고문헌

공동성 외(2013). 『성과관리』. 서울: 대영문화사.

김명수 · 공병천(2013). 『성과관리를 위한 공공정책평가론』. 파주: 한국학술정보(주).

김현구(2018). 정부업무 기관평가의 이론적 논고. 『다시 읽고 싶은 한국행정학 좋은 논문 12선』. 138-180. 서울: 박영사.

라영재(2020). 정책평가의 이론기반평가: 평가원칙과 적용의 실제: 정부업무평가와 공공기관 경영평가 사례를 중심으로. 『정책분석평가학회보』, 30(3).

양동수 외(2019). 공공기관의 사회적 가치 실현: 포용국가 시대의 조직 운영 원리. 『LAB 2050 연구보고서』. 29. LAB2050.

이동옥(2013). 『공공부문 성과평가론』. 서울: 박영사.

이명석(2001). 신자유주의, 신공공관리론 그리고 행정개혁. 『사회과학』, 40(1). 성균관대학교 사회과학연구소.

이상미 · 신열 · 장정연(2020). 『경기도 재정사업평가제도의 메타평가 연구』. 수원: 경기연구원 연구보고서.

이용환 외(2004). 『성과중심예산제도 도입을 위한 지표체계 구축』. 수원: 경기개발연구원 연구보고서.

이윤식 외(2006). 『정부성과관리와 평가제도』. 서울: 대영문화사.

이재형(2020). 『The GOAL 성과관리 리더십』. 서울: 플랜비디자인.

최현선(2021). 『행정기획론: 공공부문의 전략기획과 성과관리』. 서울: 박영사.

Christina Wodtke(2016). *Radical Focus: Achieving Your Most Important Goals with Objectives and Key Results*. 박수성 역(2018). 『구글이 목표를 달성하는 방식 OKR』. 서울: 한국경제신문 한경BP.

De Lancer Julnes, P.(2006). Performance Measurement, An Effective Tool for Government Accountability? the Debate Goes on. *Evaluation*, 12(2): 219-235.

Hatry, H.(1999). *Performance Measurement: Getting Results*. Irban Institute, Washington, DC.

Osborne, D. & Gaebler, T.(1992). *Reinventing Government: How the Entrepreneurial Spirit is Transforming the Public Sector*. MA: Addision-Wesley Publishing. 삼성경제연구소 역(1999). 『정부혁신의 길』. 서울: 삼성경제연구소.

Smith, P.(1993). Outcome-related Performance Indicators and Organisational Control in the Public Sector. *British Journal of Management*, 4: 135-151.

Wholey, Joseph S., Kathryn E. Newcommer(1997). *Clarifying Goals, Reporting Results. In Using Performance Measurement to Improve Public and Nonprofit Programs*. New directions for Evaluation 75. edited by Kythryn E. Newcommer. San Francisco, CA: Jossey-Bass.

제8장

공공기관 (지방공기업 포함)

신열

제1절

개요

이 장은 행정학의 주요 영역 중 하나인 공공기관에 대해 학생들에게 소개하고, 학생들 입장에서 자신의 미래직업선택에 도움이 될 수 있는 내용으로 구성하고자 하였다. 공공기관은 정부 영역을 연구하는 행정학도 입장에서 관심을 많이 가져야 하나, 기존 교과서들은 이 부분을 생략하거나 간단하게 언급하는 수준 또는 공공기관(또는 공기업)론 교재들은 이 영역을 학술적으로 접근하고자 하는 의도가 강하였다. 따라서 이 장에서는 간단하지만 공공기관에 관심을 가져야 할 행정학도 또는 관심있는 대학생을 위한 내용으로 구성하고자 하였다.

공공기관에 대한 정의 또는 범위를 어떻게 정의할 것인지에 대한 논의부터 시작한다. 공공기관은 일반적으로 "정부 및 행정기관과 더불어 불특정 다수인 국민의 이익(공익)을 위하여 설립되고, 기관의 운영을 위하여 정부(또는 지방자치단체)로부터 출자금·출연금·보조금 등을 주요 수입원으로 운영됨으로써, 국민의 지불하는 세금에 직·간접적으로 의존하며 공공서비스를 생산·유통·공급하는 기관"을 의미한다고 할 수 있다. 이상철(2012)은 공공기관을 조직진화론(organization evolution)에서 정의하고 있는 '준정부조직(quasi autonomous non governmental organization)'이나, 공기업론에서 정의하고 있는 '넓은 의미의 공기업'과 유사한 개념으로 인식하고 있으며, '준정부조직'이란 "전통적인 행정기관(department)이 내부적 효율성과 외부적 고객만족도를 높이기 위하여 시장 지향적으로 상업화(commercialization)된 기관"임을 지칭하고 있다(이상철, 2012, 온라인행정학사전 중 공공기관 검색 결과).

공공기관의 탄생은 공공기관의 운영에 관한 법률에 근거하여 공공기관운영위원회가 공공기관으로 지정함으로써 이루어진다. 이때 일반적인 기준은 '직원 정원 50명 이상, 총수입액 30억 원 이상, 자산규모 10억 원 이상'을 최소요건으로 한다. 공공기관의 운영에 관한 법률 제5조 제4항은 공공기관의 구분에 대해 제시하고 있다. 이 내용을 간단히 요약하면 〈표 8-1〉과 같이 요약될 수 있다. 공공기관은 크게 공기업, 준정부기관, 그리고 기타공공기관으로 구분한다. 공기업과 준정부기관의 구분기준은 공공기관의 총수입액 중 자체수입액이 차지하는 비중이며, 자체수입비율이 100분의 50 이상일 경우를 공기업으로, 그 이하일 경우를 준정부기관으로 지칭한다. 다만, 국가재정법에 따라

표 8-1 공공기관의 유형(공공기관의 운영에 관한 법률 제5조 제4항 근거)

구분	유형	기준
공기업	시장형 공기업	자산규모(2조 원)와 총수입액 중 자체수입액(100분의 85)이 대통령령으로 정하는 기준 이상인 공기업
	준시장형 공기업	시장형 공기업이 아닌 공기업으로 총수입액 중 자체수입액의 비중이 100분의 50 이상에서 100분의 85 미만인 경우에 해당
준정부기관	기금관리형 준정부기관	국가재정법에 따라 기금을 관리하거나 기금의 관리를 위탁받은 준정부기관
	위탁집행형 준정부기관	기금관리형 준정부기관이 아닌 준정부기관
기타공공기관	공기업, 준정부기관은 아니지만, 중앙행정기관의 설립주체로 공공기관운영위원회로부터 공공기관으로 지정받지 않아 주무부처의 관리·감독을 받는 공공기관	

기금을 관리하거나 기금의 관리를 위탁받은 공공기관의 경우 자체수입금액이 100분의 85 이상일 때에 한하여 공기업으로 한다.

또한 공기업 유형 내에서도 시장형 공기업과 준시장형 공기업으로 구분되는데, 시장형 공기업은 자산규모 2조 원 이상이며 총수입액 중 자체수입액이 100분의 85 이상인 기관을 의미하고, 준시장형 공기업은 자체수입액이 100분의 50을 초과하지만 100분의 85 미만인 경우에 제한된다. 준정부기관도 기금관리형과 위탁집행형으로 구분되는데, 자체수입액이 100분의 50 미만이면서 사업 성격이 국가재정법에 따라 기금을 관리하거나 관리업무를 위탁받은 기관을 기금관리형으로, 이러한 기금관리업무 외에 기관을 위탁집행형으로 구분하고 있다. 마지막으로, 기타공공기관 유형이 있는데, 이들 기관은 공공기관으로 지정을 받을 정도의 규모가 되지 않는 중앙행정기관이 설립한 기관들로 이해하면 된다.

공공기관의 수는 매년 1월경에 개최되는 공공기관운영위원회에서 확정된다. 이를 기준으로 2022년 2월 시점의 공공기관은 총 350개로 확인된다. 이는 전년에 비해 1개 기관 증가한 것이고, 변동된 기관을 보면 신규기관 3개(한국보건의료정보원, 한국탄소산업진흥원, 한국제품안전관리원 등 기타공공기관)이고, 해지된 기관은 2개(아시아문화원, 한국예탁결제원)이다. 공기업군이 36개(시장형 15개, 준시장형 21개), 준정부기관이 94개(기금관리형 13개, 위탁집행형 81개) 등이다. 이를 요약하면 〈표 8-2〉와 같다.

표 8-2 공공기관 지정현황(2022년 2월 기준)

구분		2021년	2022년	증감	신규	해제	변경
① 공기업		36	36	–			
	▪ 시장형	15	15	–			
	▪ 준시장형	21	21	–			
② 준정부기관		95	94	△1		△1	
	▪ 기금관리형	13	13	–			
	▪ 위탁집행형	82	81	△1		△1	
③ 기타공공기관		218	220	+2	+3	△1	
계		349	350	+1	+3	△2	–

출처: 기획재정부 보도자료(2022.1.28). 『2022년도 공공기관 지정』에서 발췌.

앞서 살펴본 공공기관이 중앙행정기관에 의해 설립된 기관이라면, 지방자치단체가 설립한 공공기관으로 지방공기업이 있다.[1] 지방공기업은 지방자치의 발전과 지역주민의 복리 증진을 위하여 설치되고, 지방공기업은 공사·공단 형태의 간접경영방식과 상·하수도사업과 공영개발 등과 같은 직접경영방식으로 구분된다. 간접경영과 직접경영의 차이점은 지방자치단체가 직접경영을 하는가를 기준으로 나누어지는데, 상·하수도사업과 공영개발 등은 지방자치단체의 공무원이 직접경영하지만 회계구분이 공기업 특별회계로 운영된다는 점에서 일반행정 영역과 구분된다. 간접경영방식은 지방자치단체 공무원이 직접경영하는 것이 아닌, 별도의 법인을 설립하여 운영하는 것으로 공사와 공단형태로 구분된다. 여기서 공단형태는 과거 지방자치단체가 직접운영하는 사업을 운영의 효율성과 전문성, 그리고 운영방식의 유연성 등을 지향하여 필요한 비용과 역할의 범위를 정하여 간접경영하는 것이다. 이에 반해 공사형태는 지방자치단체와 별도로 수립된 법인이 자체수입을 가지고 운영될 수 있도록 자율과 책임경영을 하는 것이다. 물론 두 형태의 간접경영방식 모두 중앙정부와 지방자치단체 등으로부터 위·수탁받은 범위 내에서 정부를 대신하여 사업을 운영하는 경우도 존재한다.

다양한 형태를 가지고 있는 지방공기업의 설치현황을 살펴보면, 〈표 8-3〉과 같다. 지방공기업은 2022년 3월 기준으로 모두 총 411개 기관이다. 이 중 공사유형이 70개(광

1) 이외에 지방자치단체 출자·출연기관의 유형이 있으나, 이 부분은 본 논의에서 제외하고자 한다. 이에 대해 관심있는 사람들은 지방공공기관통합공시 클린아이(https://www.cleaneye.go.kr/)를 접속하면 보다 많은 정보를 얻을 수 있다.

표 8-3 지방공기업현황(2022.3.31 기준)

구분	유형	서울	부산	대구	인천	광주	대전	울산	세종	소계
광역	직영	2	2	2	3	2	2	2	3	18
	공사	4	3	2	3	3	3	1	1	20
	공단	2	3	2	2	1	1	1	1	13
기초	공단	24	1	1	8	3	0	4	0	41
소계		32	9	7	16	9	6	8	5	92

구분	유형	경기	강원	충북	충남	전북	전남	경북	경남	제주	소계
광역	직영	2	0	0	0	0	0	0	0	3	5
	공사	4	1	1	1	1	1	2	1	3	15
기초	직영	68	23	17	30	17	19	28	27	0	229
	공사	24	2	1	1	1	0	2	4	0	35
	공단	7	6	2	4	1	1	7	7	0	35
소계		105	32	21	36	20	21	39	39	6	319

출처: 지방공공기관통합공시 클린아이(https://www.cleaneye.go.kr/siteGuide/pubCompStatus.do)에서 발췌 정리.

역 35개, 기초 35개), 공단유형이 89개(광역 13개, 기초 76개)이고 그 외 기관은 직영기업이다. 따라서 지방공기업 중 간접경영방식보다는 직접경영방식이 다수인 것을 알 수 있다.

지방공기업의 진출할 수 있는 사업내용에 대해서도 살펴볼 필요가 있다. 지방공기업은 이미 언급한 것처럼 지방자치단체 또는 지방자치단체장의 의지와 욕구, 그리고 수요에 따라 다양한 사업을 진행하고 있다. 하지만 지방공기업으로 운영할 수 있는 사업과 지양해야 하는 사업에 대해서는 다양한 목소리가 있는 것도 현실이다. 이러한 측면에서 지방공기업법에서 규정하고 있는 지방공기업의 사업 영역을 요약하면 〈표 8-4〉와 같다.

〈표 8-4〉에서 알 수 있듯이 지방공기업이 수행 가능한 사업 영역은 의무적으로 적용해야 하는 사업과 지방자치단체가 지역의 수요와 의지를 통해 수행 가능한 임의적용사업으로 구분된다. 즉, 지방자치단체 간 형평성과 공공서비스의 표준화를 위하여 의무적용 영역을 지정하고 있고, 이러한 맥락에서 지방공기업 수에서 나타나는 바와 같이 상・하수도사업을 포함한 직영기업의 수가 252개로 나타나고 있다. 지역주민의 공공서비스 수준관리 차원에서 임의적용사업도 '민간인의 경영참여가 어려운 사업으로서 주

표 8-4 지방공기업법상 사업 영역

구분	적용 대상사업 및 사업규모
의무적용 사업	대통령령이 정하는 일정규모 기준 이상이면 의무적으로 법을 적용 1. 상수도사업(간이상수도사업 제외): 1일 생산능력 1만 톤 이상 2. 공업용수도사업: 1일 생산능력 1만 톤 이상 3. 궤도사업(도시철도사업 포함): 보유차량 50량 이상 4. 자동차운송사업: 보유차량 30대 이상 5. 지방도로사업: 도로관리연장 50km 이상 또는 유료터널·교량 3개소 이상 6. 하수도사업: 1일 처리능력 1만 톤 이상(하수처리장시설 구비) 7. 주택사업: 주택관리 연면적 또는 주택건설 면적 10만m^2 이상 8. 토지개발사업: 조성면적 10만m^2 이상
임의적용 사업	경상경비의 5할 이상을 경상수입으로 충당할 수 있는 아래 사업을 지방직영기업, 지방공사·공단이 경영하는 경우 조례가 정하는 바에 의하여 법적용 가능 1. 민간인의 경영참여가 어려운 사업으로서 주민복리 증진 기여, 지역경제 활성화나, 지역개발촉진에 이바지할 수 있다고 인정되는 사업 2. 의무적용 대상사업 중 당연적용사업 기준에 미달하는 사업 3. 체육시설의 설치·이용에 관한 법률에 의한 체육시설업 및 관광진흥법에 의한 관광사업(여행업 및 카지노업 제외)

출처: https://www.cleaneye.go.kr/siteGuide/pubCompGuide.do

민복리 증진 기여, 지역경제 활성화나, 지역개발촉진에 이바지할 수 있다고 인정되는 사업'과 '의무적용 대상사업 중 당연적용사업 기준에 미달하는 사업' 등을 적시하고 있다. 반면, 민간의 경쟁이 치열한 여행업이나 사행성 사업으로 분류되는 카지노업에 대해서는 지방공기업 영역에서 명확하게 배제하고 있다. 여기서 주목할 것은 지방공기업으로 운영하기 위하여 임의적용사업은 "경상경비의 5할 이상을 사업을 통해 충당할 수 있어야 지방공기업이 운영할 수 있다"는 전제이다. 이렇게 볼 경우, 지방공기업이 수행하는 공익 또는 무수익 사업, 그리고 지역주민의 수요에 대응하는 서비스 전달체계 사업들(예: 도서관, 체육공원, 문화예술회관) 등은 사업대상에서 제외되어야 할 것이나, 현실은 다수 시설관리공단이 이들 사업을 수행하고 있다는 점이다.

제2절

관련 이론(공공기관의 지향가치)

공공기관에 대한 연구는 이론적 맥락에서 시작되었다기보다는 제도론적 접근이 타당할 것이다. 그 이유는 공공기관의 태동이 굳이 신공공관리론(New Public Management: NPM)의 개념에서 정부 영역과 민간 영역의 가치를 조화시키는 자율과 경쟁, 민간위탁, 성과관리 또는 Value for Money 등의 배경에서 등장하였다기보다는 우리나라 입장에서 정부 영역이 가지고 있는 비효율성과 비전문성, 그리고 비권력적 작용에 대해 정부보다는 유연한 조직 차원에서 운영하는 것이 보다 합리적이라는 전제에서 시작되었다고 볼 수 있기 때문이다.

이러한 주장에 근거는 공공기관의 근거법인 공공기관의 운영에 관한 법률과 지방공기업의 근거법인 지방공기업법상에 나타난 설립목적과 운영원칙을 살펴보면 알 수 있을 것이다. 공공기관의 운영에 관한 법률 제1조와 제3조를 보면, 공공기관은 자율경영과 책임경영, 운영의 투명성 제고, 그리고 궁극적 지향가치로 대국민 서비스 증진을 목적으로 하고 있으며, 공공기관의 경영에 있어 자율경영과 책임경영을 명시화한 데서 알 수 있다. 또한 지방공기업법 제1조에도 지방자치단체가 직접 설치·경영하거나, 법인을 설립하여 경영하는 기업인 지방공기업은 경영을 합리화함으로써 지방자치의 발전과 주민복리의 증진에 이바지할 것을 규정하고 있고, 경영의 원칙에 있어 항상 기업의 경제성과 공공복리를 증대할 것을 제시하고 있다. 이것은 지방공기업의 경영을 합리화하는

■ **공공기관의 운영에 관한 법률 중에서 발췌**

제1조(목적) 이 법은 공공기관의 운영에 관한 기본적인 사항과 자율경영 및 책임경영체제의 확립에 관하여 필요한 사항을 정하여 경영을 합리화하고 운영의 투명성을 제고함으로써 공공기관의 대국민 서비스 증진에 기여함을 목적으로 한다.

제3조(자율적 운영의 보장) 정부는 공공기관의 책임경영체제를 확립하기 위하여 공공기관의 자율적 운영을 보장하여야 한다.

■ **지방공기업법 중에서 발췌**

제1조(목적) 이 법은 지방자치단체가 직접 설치·경영하거나, 법인을 설립하여 경영하

는 기업의 운영에 필요한 사항을 정하여 그 경영을 합리화함으로써 지방자치의 발전과 주민복리의 증진에 이바지함을 목적으로 한다.

제3조(경영의 기본원칙) ① 지방직영기업, 지방공사 및 지방공단(이하 "지방공기업"이라 한다)은 항상 기업의 경제성과 공공복리를 증대하도록 운영하여야 한다.

② 지방자치단체는 지방공기업을 설치·설립 또는 경영할 때에 민간경제를 위축시키거나, 공정하고 자유로운 경제질서를 해치거나, 환경을 훼손시키지 아니하도록 노력하여야 한다.

데 있어 기준은 경제성과 공공복리의 증진을 모두 포함하고 있다는 점에 주목해야 한다. 또한 지방공기업법은 지방자치단체가 지방공기업을 설립·운영함에 있어 민간경제를 위축시키거나, 공정하고 자유로운 경제질서를 해치거나, 환경을 훼손시키지 아니하도록 규정함으로써 시장성이 확보되지 않은 영역에서 지방공기업이 기여할 부분을 찾고 있다는 점이다.

공공기관, 그리고 지방공기업의 설립목적과 경영원칙에서 대두된 몇 가지 개념에 대해 보다 구체적으로 이해할 필요가 있다. 여기서는 다양한 논의가 가능하지만, 자율경영과 책임경영, 운영의 투명성, 경제성과 공공복리, 민간경제 위축 억제 등의 개념에 대해 보다 논의하기로 한다.

1 자율경영과 책임경영

공공기관 또는 지방공기업에서 자율경영과 책임경영 간의 관계는 기관운영의 의사결정 권한이 기관이 가지되 사후적인 경영결과에 대해 책임을 진다는 의미로 해석된다(김수종, 2007; 김지영·허경선, 2011). 이들 의미를 보다 상세하게 살펴보면 공공기관 경영에서 자율·책임경영을 강조하는 데는 몇 가지 이유가 있다. 첫째, 공공기관은 중앙정부가 설립 및 관리주체이고, 이들로부터 행·재정적 지원을 받거나 실제적인 직·간접적 영향을 받고 있기에 중앙정부의 사전적, 그리고 사후적인 감독 또는 통제와 간섭을 받을 수밖에 없을 것이다. 이러한 측면에서 공공기관의 자율과 책임경영의 강조는 설립주체이며 관리주체인 중앙정부로부터의 사전적 간섭과 통제를 억제하고 기관(장)이 기관경영 일반에 대해 사전적 자율성을 가지나, 사후적인 경영성과에 따른 책임을 진다는 것으로 경쟁의 개념도 포함된 것으로 볼 수 있다.

둘째, 공공기관의 자율·책임경영의 강조는 과거 중앙정부가 직접경영하는 데서 벗어나 공공기관이 민간기업처럼 기관의 자율성을 확대한다면 스스로 경영에 있어 전략적인 의사결정으로 운영상의 효율성을 제고하고, 그 결과 성과를 향상시키고자 하는 의도에서 강조되고 있다. 이미 언급한 바와 같이 공공기관과 지방공기업의 태동은 정부의 직접운영방식이 가져오는 비효율성과 비유연성, 그리고 비전문성에 기인하고 있다는 점에서 어떻게 보면 당연한 논리로 볼 수 있다.

셋째, 공공기관의 실효적인 관리 차원에서 중앙정부가 공공기관 운영에서 사전적으로 간섭 또는 통제하는 비용과 논리가 사후에 공공기관의 경영성과라는 객관적 기준을 잣대로 적용하는 논리가 보다 현실적이라는 의미도 내포할 것이다.

이와 같은 맥락에서 공공기관의 자율·책임경영은 중요한 공공기관의 경영원리로 인식되며, 사실상 공공기관에 대한 책임경영과 자율경영에 대한 규정은 이미 오랜 역사를 가지고 있는 것으로 보인다. 김지영·허경선(2011)에 따르면, 공공기관의 운영에 관한 법률 전신인 「정부투자기관 관리기본법」(1983)과 「정부산하기관 관리기본법」(2003)에서도 공공기관의 자율·책임경영을 보장하는 별도의 규정으로 "투자(산하)기관 책임경영체제의 확립을 위하여 투자(산하)기관의 자율적 운영은 보장된다"를 선언하고 있었다.

2 운영의 투명성

공공기관 운영의 투명성은 소개하는 여타 개념보다 최근에 정착한 내용으로 볼 수 있다. 여기서 투명성은 공공기관이든 지방공기업이든 결국 주인은 국민이라는 시각에서 기관운영에 대한 전반적인 내용을 경영공시, 정보공개 등을 통해 관심있는 누구나 알 수 있도록 한다는 개념이다. 공공기관들은 여러 차례 제고개선을 통하여 현재는 공공기관의 운영에 관한 법률 제12조에 근거하여 '공공기관의 통합공시에 관한 기준'에 따라 5대 항목, 41개 공시항목을 기준 시점에 맞춰 공시하고 있다. 공공기관의 경우, 2006년부터 공공기관 경영정보 공개시스템(ALIO)을 구축하여 국민들이 공공기관의 경영과 관련된 주요 정보를 인터넷을 통해 종합적으로 한눈에 파악할 수 있게 하고 있다(https://www.alio.go.kr/guide/alioGuide.do).[2] 한편, 지방공기업도 공공기관의 운영에

2) 공공기관 취업에 대해 관심있는 사람들을 위하여, 최근 청년 취업을 지원한다는 차원에서 JOB-

그림 8-1 소공공기관 운영 투명성 확보 수단

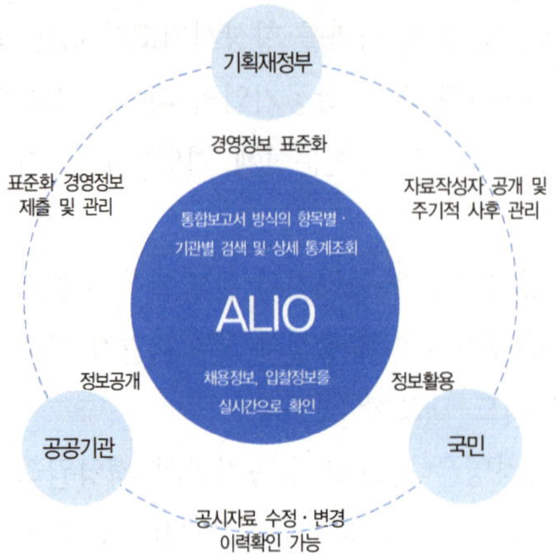

[알리오 기본개념]

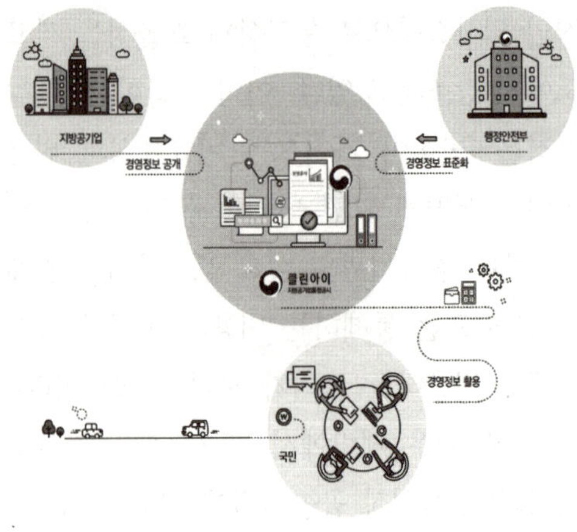

[클린아이 기본개념]

관한 법률 제12조를 근거로 2007년부터 지방공공기관의 경영공시제도를 운영하고 있다. 2021년 기준으로 모두 81개 경영항목에 공개하고 있으며, 운영 사이트는 '클린아이(https://www.cleaneye.go.kr/siteGuide/gongsiIntro.do)'이다.[3)]

이와 같이 공공기관에 대한 사회적 관심이 높아진 점과 공공기관의 운영에 관한 법률의 규정 등을 기반으로 국민들에게 보다 충실한 정보 제공을 위하여 정부는 노력하고 있는 것이 사실이다. 더불어 공공기관의 통합정보공시 등에 대한 중요성과 책무성을 부과하기 위하여 경영평가제도 등에 공공기관의 관련 노력에 대해서도 평가하고 있다.

3 경제성과 공공복리

공공기관의 지향가치는 공공복리 증진에 있는 점은 이견이 없을 것이다. 다만, 이러한 공공복리 증진을 위한 방법에 있어 정부가 직접운영하는 것보다는 효율적이어야 한다는 전제가 내포되어 있다. 학자에 따라서는 공공기관의 책무를 공공성(공익성)과 효

ALIO 사이트를 별도로 운영하고 있는 점을 참고하기 바란다(https://job.alio.go.kr/introduce.do).

3) 지방공기업도 채용 관련 정보를 제공하는 별도의 사이트인 클린아이 잡플러스(https://job.cleaneye.go.kr/)를 운영하고 있다.

율성(경제성)의 상충될 수 있는 개념에 대한 조화를 공공기관정책에 주요한 화두로 설정하고 있다.

행정이념에서 언급하는 공익성(공공성)은 다양하게 정의될 수 있지만 한국행정학회의 온라인행정학사전에 근거하면, "사회 전체의 공동 이익, 불특정 다수의 이익을 의미하며, 행정인의 활동에 대한 최고의 규범적 기준을 말한다. 또한 공익은 행정의 전 과정에 있어서의 목적 가치이자 본질적 가치이다. 사행정 내지 경영에 있어서는 이윤의 극대화가 궁극적 목표이지만 공행정 내지 정부행정에서는 공익이라는 점에서 차이가 있다"고 정의될 수 있다(나현, 2009. https://www.kapa21.or.kr/bbs/dictionary/6709).

공공기관의 공공성 또는 공익성은 이러한 맥락에서 설립의 본질적인 기능일 것이다. 하지만 공공기관 관리의 주요 가치 중 하나는 효율성(효율화)에 있다. 효율성 역시 학자들에 따라 효과성과 상대적 개념으로 '투입 대비 산출의 비율'로 인식하는 경우가 있는 반면, 효율성을 능률성(또는 경제성)과 효과성을 혼합한 표현으로 '투입 대비 산출+목표 달성도'로 인식하는 경우도 있다. 후자의 개념에서 본다는 효율성은 투입될 자원이 고정되어 있다면 보다 많은 산출을 얻는 것과 비용에 대한 고려 없이 의도한 목표의 달성 수준을 함께 보는 개념으로 인식된다. 이종수 외(2014: 114)에 따르면, 공익(성)은 행정가치 중 본질적 가치이고, 효율성은 수단적 가치로 구분한다.

결국 공공기관의 설립상에 제시된 두 가지 개념인 공익성(공공성)과 효율성(경제성)의 가치 충돌을 조화시키는 것이 공공기관 제도를 운영하는 정부의 시대적 가치에 의해 결정되어야 할 것이다. 과거의 흐름에서 보면, 정부의 공공기관 운영은 효율성에 보다 높은 비중을 두면서 공익성에 대한 가치를 지향하고 있지 않았나 싶다. 이러한 관점은 공공기관의 경영평가제도를 통해 쉽게 알 수 있는데, 문재인 정부는 사회적 가치라는 공익성 개념을 보다 강조하여 공공기관 운영의 전반적 틀을 설계하는 반면, 그 이전, 그리고 윤석열 정부는 '공공기관 효율화'에 보다 높은 우선순위를 부여하고 있다는 점에서 알 수 있다. 이것은 공공기관의 궁극적(본질적) 가치인 공익성을 현실적(수단적) 가치인 효율성을 중심으로 구현하는 것으로 어느 가치가 우선하는 것이 옳다는 논의보다는 어떻게 조화시킬 것인지에 대한 논의가 필요하다는 점을 지적할 수 있다.

4 민간경제 위축 억제

공공기관이 운영하는 다수의 사업은 민간의 접근이 어려운 대규모 또는 국가기간산업이거나 초기 수익모델이 가시화되지 않은 공익 중심의 사업에서 시작되었다. 하지만 이러한 사업이 일정기간이 흘러 자리를 잡고 소기의 수익모델이 정립되게 되면, 민간의 진출이 초래되고 결국 민간과 경쟁을 하는 시기에 도래하게 된다. 이러한 사례는 통신, 항만, 철도 사업에서 나타난 것을 알 수 있다. 결국 이러한 사업들은 정부 주도로 시작하여 공공기관 설립으로, 그리고 민간에 시장을 개방하는 형태로 변화하여 왔다. 사례로 보면, 전화국(정부)이 한국통신(공기업)으로, 그리고 통신사(민영화)로 전환된 것이나, 철도청(정부)이 한국철도공사(공기업)로, 그리고 KTX(한국철도공사)와 SRT(수서고속철도)의 경쟁 등을 들 수 있다.

한편, 지방공기업의 경우를 보면, 지방자치단체가 설립하면서 지역주민을 위한 다수 공공서비스를 제공하는 의미를 갖지만, 골프장, 주차장, 수영장이나 헬스클럽 등과 같이 민간과 경쟁하는 영역에 양립하는 경우도 있다. 나아가 가로등 유지 · 보수 · 관리 등 영세한 민간업자들의 영역까지 사업 영역에 포함하고 있어 지방공기업법 제3조 제2항에 지방공기업의 사업 영역과 경영원칙에 민간경제 영역의 침해를 규제하고 있다. 이것은 지방공기업을 포함한 공공기관들이 독점적 영역을 확보하고, 규모의 경제 측면에서 민간과 경쟁에서 우위에 설 수 있는 부분에 대한 규제로 의미를 가진다고 볼 수 있다.

제3절

주요 이슈

공공기관과 관련하여, 앞서 살펴본 것과 같이 근거법 또는 설립취지 등에 부여된 이론상의 원칙이 있는 것을 넘어서 제도적 측면에서 공공기관 경영의 원칙들을 정권에 따라 또는 특정 시기에 따라 제시하는 경우도 있다. 먼저, 제도적 측면에서 보면, 공공기관과 지방공기업 모두 매년 기획재정부(공공기관)와 행정안전부(지방공기업)는 설립 · 운영지침 또는 예산운영(편성)지침 등 명칭은 차이가 있으나 당해 연도 정부의 지침에 대해 제시하고 있다. 공공기관의 입장에서 이러한 지침과 제도는 경영원칙에 반영하여 추진해야 하는 주요한 원칙으로 작용하는 것이 현실이다. 이외에도 최근 공공기관 혁신 또는 정부혁신의 관점에서도 다양한 지침을 제시하고 있는 것이 현실이다. 여기서는 문재인 정부와 윤석열 정부 차원에서 일상적으로 제시하는 지침 외에 정권 차원에서 강조하는 내용을 소개하고자 한다.

대표적으로 문재인 정부가 제시한 공공기관의 사회적 가치 구현, ESG 경영, 윤석열 정부의 국정과제와 공공기관의 경영효율화 등에 대해 살펴보고자 한다. 이들 내용은 매년마다 제시되기보다는 정권이 공공기관에게 제시하는 중기(약 5년) 관점의 전략 방향에 대한 내용으로 공공기관 입장에서 큰 의미를 가지게 된다.

1 문재인 정부의 사회적 가치 구현

문재인 정부의 국정과제 또는 국정운영의 큰 변화 중 하나는 '사회적 가치'라는 개념을 공공기관을 포함한 범정부 차원의 이행을 요구한 것이다. 사회적 가치는 문재인 정부 초기 학자들과 실무자들 입장에서 다양하게 정의되고 있었다. 이를 종합하여 제시한 것이 정부혁신에 제시된 내용이다.

개념적으로 사회적 가치는 '사회 · 경제 · 환경 · 문화 등 모든 영역에서 공공의 이익과 공동체의 발전에 기여할 수 있는 가치'로 '헌법적 가치로서 사회권을 실질화하기 위한 가치이며, 경제적 · 환경적 · 문화적 가치를 포괄하는 상위 가치'의 체계를 가진다고 할 수 있다(행정안전부, 2021). 즉, 헌법이 지향하는 가치 중 사회의 재생과 건전한 발전을 위한 가치로서 인권, 노동권, 안전, 사회적 약자 배려, 민주적 의사결정과 참여의 실현 등 공동체와 사회 전체에 편익을 제공하는 가치 등을 종합적으로 제시한 것이라고 할 수 있다.

문재인 정부가 제시한 사회적 가치는 대체로 13개로 유형화할 수 있고, 정부부처, 그리고 각 기관마다 자신들의 사업내용이나 역할에 부합하도록 내용을 구체화하고 있다. 제시된 13개의 사회적 가치 유형화를 정부혁신의 담당부처인 행정안전부에서 정의한 내용이다(〈표 8-5〉 참조). 이들 13개 가치는 수평적으로 나열되기보다는 일정한 계층을 가질 수 있다고 판단된다.

표 8-5 문재인 정부의 사회적 가치 요약

가치체계	가치내용
상위가치(지향점)	인간의 존엄성 실현을 위한 인권보호
분야별 가치 (중간가치)	– 재난과 사고로부터 안전 확보 – 건강한 생활이 가능한 보건복지 제공 – 노동권 보장, 근로조건 향상 – 지역사회 활성화와 공동체 복원 – 지역경제 공헌 – 환경의 지속적 보전
기반적 가치 (가치구현 기반)	– 사회적 약자에 기회제공 및 사회통합 – 품위있는 삶을 위한 양질의 일자리 창출 – 정부/공공기관의 사회적 책임 – 시민의 민주적 의사결정과 참여 – 공동체 이익실현과 공공성 강화

사회적 가치	주요 의미
① 인간의 존엄성을 유지하는 기본권리로서 인권의 보호	행복추구권, 평등권, 알권리, 직업의 자유, 안정적 주거생활 보장 등 헌법상 보장되는 기본권 보장
② 재난과 사고로부터 안전한 근로·생활환경의 유지	시장에서 해결할 수 없는 국민의 안전을 지키기 위한 공공의 적극적 조치 필요
③ 건강한 생활이 가능한 보건복지의 제공	인간다운 생활의 기본조건으로의 건강한 생활을 영위할 수 있는 보건·의료서비스를 국가에 요구하고 국가는 이를 제공
④ 노동권의 보장과 근로조건의 향상	생계를 유지하기 위해 일할 수 있는 권리를 보장, 의료서비스를 국가에 요구하고 국가는 이를 제공
⑤ 사회적 약자에 대한 기회제공과 사회통합	여성, 노인, 청소년, 신체장애자, 기타 생활 능력이 없는 국민도 인간으로서의 존엄과 가치를 보장받을 수 있는 사회보장정책
⑥ 품위 있는 삶을 누릴 수 있는 양질의 일자리 창출	민간 및 공공부문 일자리 창출, 노동시간 단축을 통한 일자리 나누기, 노동이사제, 비정규직 축소 등 좋은 일자리 확대
⑦ 지역사회 활성화와 공동체 복원	자치의 원칙을 지역공동체 차원에서 보장하는 지방자치 실현, 지역사회를 활성화하고 공동체 복원
⑧ 경제활동을 통한 이익이 지역에 순환되는 지역경제 공헌	지역 간 균형 있는 발전을 위한 지역경제 육성, 수도권 과밀화로 인한 부작용 해소
⑨ 윤리적 생산과 유통을 포함한 기업의 자발적인 사회적 책임 이행	사회적 존재로서 기업의 사회적 책임 이행 필요, 인권, 노동권, 환경, 소비자 보호, 지역사회 공헌·좋은 지배구조 형성 등

⑩ 환경의 지속가능성 보전	국민이 쾌적한 환경에서 생활할 권리를 보장하기 위한 국가의무
⑪ 시민적 권리로서 민주적 의사결정과 참여의 실현	민주적 의사결정과 시민참여를 통한 국민주권 국가실현을 위한 정부운영방식 개선, 참여 기제 확보, 대상과 수준 심화
⑫ 대기업·중소기업 간의 상생과 협력	시장의 지배와 경제력의 남용을 방지하고 경제주체 간의 조화를 통한 경제의 민주화를 위하여 필요한 규제·조정
⑬ 그 밖에 공동체의 이익실현과 공공성 강화	경제적 양극화 등으로 파괴된 사회공동체 회복 추구, 시민사회 등 제3섹터의 지원을 위한 지원 및 육성 필요

문재인 정부 5년 간에 공공기관과 지방공기업은 경영평가의 관점도 과거 효율성 중심에서 사회적 가치를 반영하는 형태로 변화하였다. 기획재정부가 제시한 2021년 경영평가편람에 따르면, 평가범주에 '사회적 가치 구현' 항목을 제시하여 일자리 창출, 균등한 기회와 사회통합, 안전과 환경, 상생·협력 및 지역발전, 윤리경영 등을 제시하여 100점 만점에 약 22점을 이들 지표로 평가하였다(기획재정부, 2021: 18-22). 이외에도 사업운영 측면에서 기관들의 각 사업 방향 설정과 성과목표 및 성과지표 설정 등에 사회적 가치에 대한 구현내용이 반드시 포함되도록 유도함으로써 기존 효율성 중심의 경영평가에 큰 흐름을 사회적 가치 차원에 배려하는 등 큰 변화를 유도하였다. 지방공기업의 경우, 2021년 경영평가편람을 보면 약 35점을 사회적 가치 평가에 배분하는 등 공공기관보다 사회적 가치 실현에 대해 보다 의욕적인 관심을 나타내고 있다(〈표 8-6〉 참조).

공공기관이나 지방공기업 모두 정부의 국정전략에 부응할 수 있도록 공공기관의 적극적 이행을 유도하는 가장 효과적인 방법으로 경영평가에 사회적 가치 구현 노력을 측정하는 노력을 하고 있다. 이것은 두 가지 시사점을 얻을 수 있는데, 하나는 정부 또는 정권의 국정운영 철학에 대해 공공기관들은 적극적으로 이행하고자 하고, 또 이행에 따른 구체적 성과가 도출될 수 있도록 유도된다는 점이다. 이것은 공공기관이나 지방공기업의 설립목적이 국민의 공공복리 증진에 있고 나아가 공공서비스 제공에 있다 보니 이러한 국정과제의 수용도가 높다는 점이다. 다른 하나는 공공기관의 자율·책임경영에 양립하는 국정운영이 있어 이것이 또 다른 측면에서 공공기관 경영에 규제요소로 작용하고 있다는 점이다. 특히 후자의 관점이 공공기관 운영의 공과에 어떠한 영향을 주는가는 추가적인 논의가 있을 수 있다는 점도 기억해야 할 것이다.

표 8-6 경영평가편람에 나타난 사회적 가치 구현에 대한 관심

1 공기업의 지표 및 가중치 기준

범주	평가지표	계	비계량	계량
경영관리(55)	1. 경영전략 및 리더십	6	6	
	– 전략기획		2	
	– 경영개선		2	
	– 리더십		2	
	2. 사회적 가치 구현	22	14	8
	– 일자리 창출	7	4	3
	– 균등한 기회와 사회통합	4	3	1
	– 안전 및 환경	3	2	1
	– 상생 · 협력 및 지역발전	5	2	3
	– 윤리경영	3	3	
	3. 업무효율	5		5
	4. 조직 · 인사 · 재무관리	9	6	3
	– 조직 · 인사 일반	3	3	
	– 재무예산 운영 · 성과 (중장기 재무관리계획)	5	2	3(1)
	– 삶의 질 제고	1	1	
	5. 보수 및 복리후생비	8	5	3
	– 보수 및 복리후생	3	3	
	– 총인건비관리	3		3
	– 노사관계	2	2	
	6. 혁신과 소통	5	3	2
	– 혁신노력 및 성과	3	3	
	– 국민소통	2		2
	소계	55	34	21
주요 사업(45)	주요 사업 계획 · 활동 · 성과를 종합평가	45	18	27
	소계	45	18	27
합계		100	52	48

※ 공공기관의 운영에 관한 법률 제39조의2에 따른 중장기 재무관리계획 제출대상이 아닌 기관은 중장기 재무관리계획을 결측 처리.

② 준정부기관(위탁집행형)의 지표 및 가중치 기준

범주	평가지표	계	비계량	계량
경영관리(45)	1. 경영전략 및 리더십	6	6	
	–전략기획		2	
	–경영개선		2	
	–리더십		2	
	2. 사회적 가치 구현	20	12	8
	–일자리 창출	6	3	3
	–균등한 기회와 사회통합	3	2	1
	–안전 및 환경	3	2	1
	–상생·협력 및 지역발전	5	2	3
	–윤리경영	3	3	
	3. 조직·인사·재무관리	6	5	1
	–조직·인사 일반	3	3	
	–재무예산 운영·성과	2	1	1
	–삶의 질 제고	1	1	
	4. 보수 및 복리후생비	8	5	3
	–보수 및 복리후생	3	3	
	–총인건비관리	3		3
	–노사관계	2	2	
	5. 혁신과 소통	5	3	2
	–혁신노력 및 성과	3	3	
	–국민소통	2		2
	소계	45	31	14
주요 사업(55)	주요 사업 계획·활동·성과를 종합평가	55	21	34
	소계	55	21	34
합계		100	52	48

※ 공공기관의 운영에 관한 법률 제39조의2에 따른 중장기 재무관리계획 제출대상이 아닌 기관은 재무예산 운영·성과 지표를 결측 처리.

③ **유형별(공사 · 공단) 경영평가지표 체계**

대분류지표	중분류지표	세부지표	배점						
			도시 철도	도시 개발	광역 특정	기초 특정	관광 공사	시설 공단	환경 공단
지속가능경영	리더십	경영층의 리더십	5	5	5	5	5	5	5
		전략경영	5	5	5	5	5	5	5
		혁신성과	4	4	4	4	4	4	4
	경영시스템	조직 · 인사관리	5	5	5	5	5	5	5
		재무관리	6	6	6	6	6	6	6
	지속가능경영 합계		25	25	25	25	25	25	25
경영성과	주요 사업	주요사업	12	10	15	15*	15	17	20
	경영효율성과	경영수지 관련 지표	18	20	15	15*	15	13	10
	고객만족성과	고객만족도	10	10	10	10	10	10	10
	경영성과 합계		40	40	40	40	40	40	40
사회적 가치	일자리 확대	일자리 창출 및 일 · 가정 양립	8	8	8	8	8	8	8
	사회적 책임	소통 및 참여	5	5	5	5	5	5	5
		윤리경영	2	2	2	2	2	2	2
		인권경영	2	2	2	2	2	2	2
		재난 · 안전관리	10	10	10	10	10	10	10
		지역상생발전	8	8	8	8	8	8	8
	사회적 가치 합계		35	35	35	35	35	35	35
총 합계			100	100	100	100	100	100	100
정성지표 정량지표			40 60	41 59	41 59	41 59	41 59	41 59	41 59

* 정량배정 확대: 도시철도 5점(혁신성과 4점+재난관리 1점), 도시철도 이외 유형 4점(혁신성과 4점).

2 ESG 경영

최근 공공기관이 가장 뜨겁게 반영하는 전략 방향이 아마도 ESG 경영일 것이다. 이것은 사실 2019년 후반부터 미래경영에 큰 시사점을 주기 시작하여 2022년 현재까지 그리고 윤석열 정부의 국정운영의 한 핵심 방향으로 자리잡고 있다. ESG 개념은 2004년 등장하였으며, 개념적으로 ESG는 환경(Environment) · 사회(Social) · 지배구조(governance)의 합성어로 "기관은 장기적 관점에서 기업 가치와 지속가능성에 영향을 주는 환경 · 사회 · 지배구조 등과 같은 비재무적 요소를 충분히 반영해 평가"받고 대응해야 한다는 시사점을 주고 있다. 실제 환경은 기업입장에서 지속가능경영을 하는 데 필수적 요소이고, 기업의 사회적 책임은 기업이 존립하는 사회에 대한 기여이지만 이것이 결국 기업의 평판을 좌우한다는 측면에서 의미를 부여할 수 있다. 마지막으로, 지배구조는 민간(사)기업일지라도 소유와 지배가 소수의 대주주가 아닌 기업을 둘러싸고 있는 다양한 이해관계자와의 협력과 균형을 확보해야 한다는 점을 강조한 개념이다. 이러한 개념적 논의를 도식하면 [그림 8-2]와 같다.

그림 8-2 ESG 경영의 개념적 도식

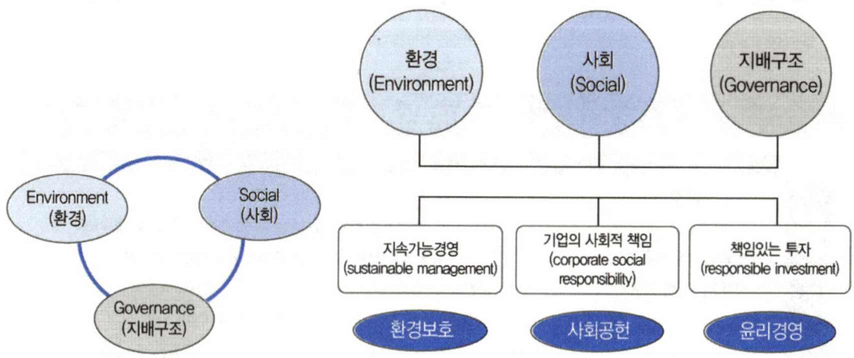

이러한 맥락에서 공공기관들은 2010년대 말부터 ESG를 기관에 내재화시켜 지속적 성장을 꾀하기 위하여 고객가치와 실행가치, 그리고 지속성장 가치 등을 연계시키는 노력을 지속하였고, 2021년 말 기준으로 상당수의 공공기관이 전사 차원, 그리고 사업 단위에서 기관의 니즈와 역할에 부합하는 ESG 경영체계를 수립하고 있다. 즉, 이러한 체계 구축에 있어 기관들은 고객가치 차원에서 다양한 이해관계자의 욕구에 합리적인 대응이 가능하도록 체계화하였고, 실행 차원에서 기관의 사회 및 경제적 역할과 기관의 개별 사업추진에 있어 당위성을 제고함으로써 실행력을 강화하고 있으며, 환경변화에 선제적으로 대응하고 이를 통해 지속성장과 경쟁력 확보가 가능하도록 관리하고 있다. 공공기관의 홈페이지를 방문하면 전사 차원의 ESG 경영 전략체계를 확인할 수 있는데, 예시적으로 한전과 국민연금의 사례를 제시하면 [그림 8-3]과 같다.[4)]

그림 8-3 공공기관의 ESG 전략체계 예시

KEPCO ESG 전략체계

E Environmental	S Social	G Governance
친환경 에너지 확대기반 마련	지역사회 발전 기여 및 사회현안 해결 동참	ESG 책임경영 강화
기후위기에 대한 능동적 대응체계 확립	중소기업 상생발전 및 동반성장 산업생태계 조성	윤리준법경영 및 반부패 추진체계 고도화
고효율· 저소비 에너지구조로 전환 주도	재난· 안전관리 및 정보보안체계 고도화	공정거래 기반의 상생발전 생태계 구축
	일하기 좋은 기업문화 조성	
신재생에너지 보급 확대 및 계통 수용 증대	지역사회 참여 확대 및 상생발전 도모	이사회· 경영진 참여 ESG 협의체 운영
온실가스 감축목표 이행관리 강화	중소기업 동반성장 지원체계 강화	윤리준법경영 추진체계 내재화
국내외 석탄 발전량 단계적 감축	다각적인 사회공헌 활동 추진	대내외 청렴윤리문화 확산
기후위기 대응 정보공개 확대	안전· 보건 및 보안 관리 역량 제고	업무 전반 불공정행위 점검· 개선
에너지 효율 향상사업 추진	인적자원 개발 및 기업문화 개선	협력회사 공정거래질서 확립

- ESG 경영을 강화하기 위한 2030 ESG 중장기 전략을 수립함
- 환경 부문 주요 과제
  - 탄소중립 이행과제 발굴(온실가스 감축 강화)
  - 신재생에너지 직접 발전 참여
- 사회 부문 주요 과제
  - 지역사회 상생발전과 안전관리 강화
  - 중소기업 동반성장(산학연 클러스터) 추진
- 지배구조 부문 주요 과제
  - ESG 거버넌스 강화
  - 윤리준법경영 고도화
  - ESG 정보공개 확대 및 투자자 소통 확대

→ 주요 業 부문인 에너지 발전 분야를 'E' 부문에 집중하여 ESG 전략체계를 구현함

ESG 평가체계(평가항목, 평가지표)

	항목(13)	평가지표(52)
환경 (E)	기후변화	온실가스관리시스템, 온실가스배출량, 에너지소비량
	청정생산	청정생산관리시스템, 용수사용량, 화학물질사용량, 대기오염물질배출량, 폐기물배출량
	친환경 제품개발	친환경 제품개발 활동, 친환경 특허, 친환경제품 인증, 제품환경성 개선
사회 (S)	인적자원관리 및 인권	급여, 복리후생비, 고용 증감, 조직문화, 근속연수, 인권, 노동관행
	산업안전	보건안전시스템, 보건안전시스템 인증, 산재다발사업장 지정
	하도급거래	거래대상선정 프로세스, 공정거래자율준수 프로그램, 협력업체 지원활동, 하도급법 위반
	제품안전	제품안전시스템, 제품안전시스템 인증, 제품관련 안전사고 발생
	공정경쟁 및 사회발전	내부거래위원회 설치, 공정경쟁 저해행위, 정보보호시스템, 기부금
지배 구조 (G)	주주의 권리	경영권보호장치, 주주의견 수렴장치, 주주총회 공시 시기
	이사회 구성과 활동	대표이사와 이사회의장 분리, 이사회 구조의 독립성, 이사회의 사외이사 구성현황, 이사회 활동, 보상위원회 설치 및 구성, 이사보수 정책 적정성
	감사제도	감사위원회 사외이사 비율, 장기재직 감사(위원) 비중, 감사용역비용 대비 비감사용역비용 비중
	관계사 위험	순자산 대비 관계사 우발채무 비중, 관계사 매출거래 비중, 관계사 매입거래 비중
	배당	중가/분기배당 근거, 총주주수익률, 최근 3년 내 배당지급 여부, 과소배당

출처: 근로복지공단(2021.8)에서 발췌.

사례내용에서 보면, 한전은 공공기관들이 기존의 경영전략체계에 E, S, G를 반영하여 전략체계를 재구조화하여 기관의 핵심사업에 대한 지속성장 및 운영의 논리를 강화

4) 제시된 사례는 2021년 중반 시점에서 홈페이지를 통해 확인된 내용을 제시한 것으로 기관의 지속적 변화 등을 통해 내용이 달라졌을 수 있음을 밝힌다.

하고 있고, 나아가 거버넌스 차원에서 국민의 알권리 충족을 정보공개 확대 등을 통해 실행하며 나아가 윤리준법경영을 강조하여 실질적인 이해관계자와 거버넌스가 구축될 수 있도록 유도하고 있다. 또한 국민연금은 기관 스스로 ESG 경영에 대한 자체평가 또는 진단 체크리스트를 갖추고 건전한 ESG 경영수준을 점검하고 보다 국민 중심의 지배구조 개선 및 안전과 상생의 핵심키워드를 지향하고 있다.

여전히 ESG 경영이 공공기관의 화두가 되는 단어이고 윤석열 정부의 '국정과제 15.'에서 공공기관의 혁신 부분에 "공공기관 자체 ESG 역량을 강화와 더불어 이를 활용하여 초기 진입 단계 컨설팅, ESG 전문인력 파견 등 민간 협력업체의 ESG 경영 지원"을 포함하는 등 향후 보다 강조되고 구체화될 것으로 예상된다.

3 윤석열 정부의 국정과제와 공공기관의 경영효율화

윤석열 정부는 국정과제 15번으로 '공공기관 혁신을 통해 질 높은 대국민 서비스 제공'을 제시하고 있다. 먼저, 국정과제 15번에 대한 논의를 하고, 이후 국정과제 이행을 위한 후속조치로 제시된 '공공기관의 경영효율화' 지침에 대해 살펴보고자 한다.

1) 국정과제 15. '공공기관 혁신을 통해 질 높은 대국민 서비스 제공'

윤석열 정부는 공공기관을 효율화하고 재무건전성을 확보하며, 공공기관의 자율·책임경영 및 역량을 강화한다는 과제목표를 설정하여 공공기관의 혁신을 기반으로 공공기관의 대국민 서비스를 제고하고자 하고 있다. 이러한 국정과제의 목표만을 볼 때, 앞서 제시한 바와 같이 공익성과 효율성의 가치를 기준으로 수단적 가치인 효율성을 혁신하여 본질적 가치인 공익성을 강조하는 방향으로 공공기관 관리 방향을 설정한 것으로 보인다. 설정한 국정과제 목표는 '공공기관의 효율화', '공공기관의 재무건전성 확보', '공공기관의 자율·책임 및 역량 강화', 그리고 '공공기관의 대국민 서비스 질 제고' 등으로 구분하여 논의하는 것이 필요하다.

첫째, 공공기관의 효율화 주제로 국정과제에 제시된 내용은 공공기관 스스로 인력효율화, 출자회사 정리 등을 추진할 경우 인센티브를 부여하여 자율혁신을 유도할 것이고, 공공기관 업무를 상시·주기적으로 점검하여 재조정하고, 기관 신설을 최소화한다는 내용을 담고 있다. 이것은 공공기관의 기능성 테스트를 통해 민간부문과 경합하는 부분에 대해 조정 또는 조직효율화를 추진하는 내용을 담고 있다. 즉, 공공기관이 수행하는 현재의 기능이 반드시 공공기관이 할 필요가 있는지를 확인하고, 그러한 수요와 명분이 명확하지 않다면, 오히려 이를 민간위탁 등을 추진하는 것이 필요하다는 견해로 해석된다. 나아가 민간이 가지고 있는 창의와 효율을 공공기관이 수행하는 기능에 접목함으로써 민간의 성장을 유도하겠다는 의미도 담고 있는 것으로 보인다. 또한 공공기관의 기능상 중복과 유사 부분에 대한 조정과 공공기관 신설 시 재정당국과의 소통 등 타당성 확보 노력의 강화 등도 공공기관의 효율적 운영에 충분한 의미를 가질 수 있다고 본다.

둘째, 공공기관의 재무건전성 확보와 관련하여, 재무위험이 높은 기관에 대한 집중관리제 도입 등을 통해 기관별 건전화 계획 수립 및 출자·출연·자금관리를 강화할 것을 밝히고 있다. 재무위험이 높은 기관이란 부채비율, 총자산수익률 등 사업·재무위험 지표 등을 토대로 중장기 재무관리계획 작성 대상(약 40여 개 기관) 중 10여 개 기관을 선정하여 집중관리함으로써 사회적 리스크를 관리하겠다는 정부의 의지로 판단된다.[5] 이것은 공공기관이 우리나라 경제에 미치는 파급효과를 고려할 때 한편으로는 자연스러운 정책 방향일 수 있으나, 기본적으로 공공기관 경영이 방만하다는 시각을 담고 있는 것으로 판단된다. 또한 정부는 출자·출연 총량 관리, 출자회사 재무실적평가를 실시하고, 조달 금리·여유자금 관리를 위한 자금조달·운용계획 수립 등 공공기관과 그 자회사 등에 대한 종합적인 관리를 시도하고 있다. 나아가 공공기관의 공공서비스 제공에 따른 재정지원 부담을 완화하기 위하여 일정 수준의 서비스 이상에 대해서는 수익자 부담원칙을 강화하여 공공서비스의 공익성 기능을 유지하되, 차별화된 서비스 이용자에 대해서는 추가소요비용에 대한 부담을 지우는 것을 지향하고 있다. 더불어 공공기관들이 근거법과 정관에 명시하고 있는 사업 범위 내에서 기관별 자체수입 발굴 노력 등을 추진하게 함으로써 기관 스스로의 자구노력을 유도하고자 한다.

셋째, 공공기관의 역할 중 하나로 민간의 혁신 및 성장을 지원하는 것을 들고 있다. 이는 공공기관 통합기술마켓 고도화, 공공기관의 해외 진출을 지원하는 온·오프 라인 해외협력지원플랫폼 구축 등 추진을 담고 있는 내용이다.[6] 이미 공공기관은 상생협력

5) 현재 공공기관의 운영에 관한 법률 제39조는 자산 2조 원 이상, 손실보전 기관, 완전자본잠식에 해당하는 공기업·준정부기관은 매년 향후 5년 간의 재무전망 및 관리계획을 작성하도록 규정하고 있다.

6) 공공기관 통합기술마켓은 혁신중소기업의 기술·제품을 공공기관이 인증·구매를 지원하는 플랫폼으로 이미 공공기관 SOC, 에너지, ICT 분야 기술마켓을 구축하여 운영 중에 있다.

차원에서 그들이 보유한 기술과 해외인지도 등을 협업하는 중소기업들을 위하여 활용하는 플랫폼을 구축하고 있다.[7] 특히 최근에는 공공기관 주도에 중소기업 해외진출을 지원하는 기능이 활성화되고 있다는 점에서 이 과제가 지향하는 공공기관 혁신은 우리 경제의 미래모습으로 자리매김할 가능성이 높다고 볼 수 있다. 더불어 공공기관 알리오 ESG 항목 및 사업설명 등 공시항목 확대를 유도하여 경영·정책정보와 연계 등을 통해 대국민 공공기관 정보 투명성을 확대하는 내용도 결국은 민간의 혁신 및 성장을 지원하는 한 노력이 될 수 있다.

넷째, 공공기관의 자율·책임·역량 강화를 들 수 있는데, 이것은 공공기관 직무 중심 보수·인사·조직관리 확산, 공공기관 자체 ESG 역량 강화 및 민간 협력업체 ESG 경영 지원 등을 포함하고 있다. 이것은 앞서 언급한 공공기관의 효율화 차원을 전제로 자율과 책임경영 나아가 자율·책임경영의 역량 확보를 의미하는 것으로 볼 수 있다. 더불어 공공기관의 이러한 혁신 특히, ESG 역량을 공공기관의 협력업체에 확산시킴으로써 공공기관 중심의 건전한 상생 생태계를 구축하는 의미를 담고 있다. 나아가 정부는 공공기관 지정 및 유형기준정비를 통한 공공기관 범위 합리화, 소규모 기관 등 경영평가 부담 완화, 그리고 인사·재무관리상 자율성 확대 등을 통해 공공기관의 자율과 책임경영을 강화하고자 하는 것으로 해석할 수 있다.

다섯째, 공공기관의 운영효율화와 역량 강화 차원에서 보수체계의 합리화와 관리체계의 개편 등도 제시되고 있다. 먼저, 보수체계 합리화를 위하여 공공기관의 직무급 도입 확산과 이와 연계하여 인사·조직관리를 직무와 직무성과 중심으로 전환하는 것을

그림 8-4 공공기관의 보수, 직무, 성과 간의 합리적 조화

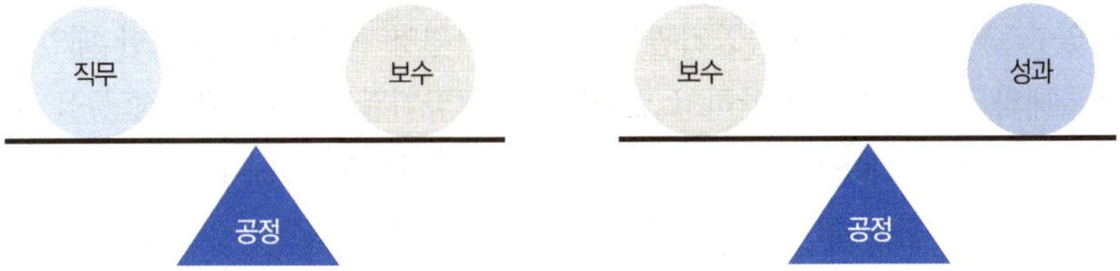

7) 온라인 플랫폼(해외경제정보드림)을 통해 공공기관의 해외수주·수출·창업 등 정보를 통합하여 제공할 뿐 아니라 거점국가를 중심으로 공공기관 해외진출 협의체를 구성하여 애로사항 점검 및 현지 네트워크 구축 지원 등을 포함하고 있다.

요구하고 있다. 사실 이러한 변화 노력은 이미 2~3년 전부터 시작되었으나, 131개 공기업·준정부기관 중 18개 기관만이 직무급을 도입하고 있는 실정이다. 이러한 이유는 직무급 도입이 노사와 합의 및 협상을 통해 추진되어야 한다고 지침에 제시하고 있다 보니 기관별 노조뿐 아니라 상급노조와 갈등 등으로 순조로운 합의안 도출이 어려운 것이 사실이다. 하지만 직무와 성과, 그리고 보수가 함께 움직여야 건전한 조직 및 인사운영이 가능하다는 관점에서 정부는 직무급 도입을 위한 지원으로 기관별 맞춤형 컨설팅 강화와 직무급 평가체계 정비 등을 지속하게 될 것이다. 특히 윤석열 정부의 국정가치 중 하나로 '공정'과 '상식', 그리고 '실용'의 가치를 들고 있다는 점에서 직무와 보수, 그리고 성과에 따른 보상 등은 공정이라는 지렛대에 의해 새롭게 자리매김해야 할 것으로 기대된다.

국정과제가 이러한 내용을 담고 있는 데에는 거의 모든 정부가 지속적으로 공공기관의 혁신에 관심을 가져왔지만, 최근에는 공공기관을 청년들에게 일자리 창출과 양질의 일자리 제공을 위한 수단으로 활용하는 데 대한 반성과 재편을 담고 있다는 판단을 할 수 있다. 즉, 공공기관의 최근 지속적 성장 및 팽창에 대해 윤석열 정부는 공공기관을 효율화·건전화하여 지속가능성을 확보하고, 공공기관 혁신 및 역량을 강화하여 민간부문의 혁신·성장을 지원하는 새로운 정책 방향을 제기한 것으로 판단된다.

제시한 [그림 8-4]에 나타나는 바와 같이 지난 3~4년 간 공공기관의 부채와 인력규모는 급격하게 증가하고 있는 것을 확인할 수 있다. 이것은 고용 차원에서 긍정적인 측면이 있지만, 고용과 부채가 함께 상승하는 것은 내실화 차원에서 대안이 강구될 시점이라고도 할 수 있다. 현재와 같은 추세가 몇 년 더 유지된다면, 결국 공공기관의 우리나라 경제에 미치는 영향을 고려할 때 돌이킬 수 없는 문제를 야기할 수 있다는 우려를 가질 수 있기 때문이다. 이러한 흐름을 반영하는 최근의 언론기사들도 적지 않게 확인되고 있다. 최근 기사들은 공공기관에 대한 방만경영 해소와 이를 위한 대안으로 민간위탁 확대와 부채관리를 제안하고 있다. 또는 공공기관의 업무 재조정 등을 통한 체질 개선을 요구하는 내용도 확인되고 있다. 이러한 사회적 흐름과 정부의 공공기관에 대한 문제 인식은 공공기관이 지속적으로 우리 경제에 긍정적인 역할을 해야 한다는 당위적 요구 앞에서 더욱 거세질 수밖에 없는 이슈가 될 것이다.

그림 8-5 공공기관의 팽창에 따른 업무재조정 및 기능통합 등 조정 욕구 확대

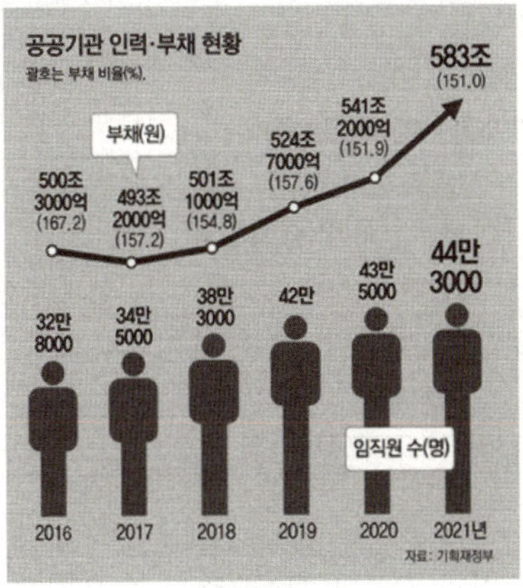

인용 : 동아일보

수술대 오르는 공공기관 '방만경영'..민간 위탁 늘리고 부채 집중관리

윤성균 기자 승인 2022.05.15 16:00 의견 0

"업무 재조정 등 체질개선"... 尹정부, 공공기관 혁신 드라이브

파이낸셜뉴스 입력 2022.06.02 18:08 수정 2022.06.02 18:08

뉴스홈 | 최신기사

공공기관 대대적 개혁...일부 업무 민간 넘기고 부채 집중관리

올해 하반기 공공기관 정책방향 수립...업무조정·방만경영 정상화

'개혁 의지' 보였던 추경호, 취임 후 재정·공공혁신회의 띄워

2) 공공기관 경영효율화

기획재정부는 2022년 7월 29일 윤석열 정부의 국정과제에서 도출된 공공기관 경영효율화에 대한 이행지침으로 공공기관 혁신 가이드라인을 제시하였다. 이 내용에 따르면, 공공기관-주무부처-공공기관운영위원회가 거버넌스 형태로 혁신계획을 작성 조정하여 이행하고, 이에 대한 점검 및 평가 결과를 공공기관뿐 아니라 주무부처의 정부업무평가에 반영하는 내용을 담고 있다. 이러한 공공기관 혁신 이행은 과거 어떤 정부보다 강력한 의지를 반영한 것으로 볼 수 있다.

표 8-7 2022년 공공기관 혁신 가이드라인 내용 요약

분야	핵심내용
기능	① 민간 · 지방자치단체 경합 기능 → 축소 ② 비핵심 업무, 수요 감소 기능 → 축소 ③ 기관 간 유사 · 중복 기능 → 일원화(통 · 폐합) 및 축소
조직 · 인력	기능조정에 따른 인력을 감축하고, 정 · 현원차 최소화 상위직 축소, 대부서화 등을 통해 비대한 조직 · 인력을 슬림화
예산	업무추진비, 여비 등 경상경비를 최대한 절감하고, 보수체계를 직무 · 성과 중심으로 개편
자산	불요불급한 자산을 매각하고, 핵심업무와 무관하거나 부실한 출자회사, 과도한 청사 · 사무실 등을 정비
복리후생	과도한 수준의 복리후생을 점검하여 합리적으로 조정

이 혁신 가이드라인의 내용을 보면, 공공기관에 5개 분야 중점 효율화를 요구하고 있는데, 기능, 조직 · 인력, 예산, 자산, 복리후생 등의 혁신을 요구하고 있다. 이 내용을 간략하게 요약하면 〈표 8-7〉과 같다.

가이드라인은 앞서 살펴본 국정과제의 내용을 세부적으로 구체화하여 기관이 이행하는 단위에서 이행 여부를 확인할 수 있는 형태로 이루어졌다. 특히 조직 · 인력 차원에서 2023년도 공공기관의 정원을 원칙적으로 감축할 것을 명시화하는 등 공공기관 입장에서 과거보다 강도 높은 혁신을 요구하고 있다.[8]

제시된 혁신 가이드라인은 공공기관과 주무부처가 기관의 특성을 감안하여 자체적으로 혁신계획을 수립하여 진행하되, 공공기관운영위원회의 의결을 거쳐 확정되는 것으로 적시하고 있다. 또한 실행력 담보를 위하여 공공기관과 주무부처의 적극적인 참여를 유도하는데, 공공기관의 경우 경영평가의 지표로 반영하고, 주무부처의 경우 정부업무평가의 지표로 활용하는 추진전략을 제시하고 있다.

특히 공공기관 혁신을 위한 기관내 · 외의 거버넌스 구축을 요구하고 있는데, 공공기관의 경우, 혁신과 관련하여 부기관장을 팀장으로 하는 '기관별 혁신 T/F'를 구성하여 기능, 조직 · 인력 등 5대 분야 효율화를 위한 혁신계획을 수립하도록 요구하고 있다. 또한 주무부처는 1급(예: 기조실장) 등을 팀장으로 하는 '산하기관 혁신 T/F'를 구성하

8) 가이드라인에 따르면, 2023년 공공기관은 기능조정 및 조직 · 인력 효율화에 따른 감축소요를 감안하여 2023년도 공공기관 정원은 감축하는 방향으로 검토할 것을 요구받고 있고, 국정과제나 법령 제 · 개정에 따른 필수인력소요라 하더라도 기존 정 · 현원차, 인력재배치를 통한 자체 흡수를 원칙으로 설정하고 있다.

여 소관 산하기관의 혁신계획을 점검·조정하도록 요구받고 있다.

이러한 공공기관과 주무부처의 추진 결과를 기획재정부는 공공기관 혁신 T/F를 구성하여 기관이 제시한 혁신계획을 점검·협의하고 향후 추진실적을 점검할 예정이다.

제4절

미래 전망

공공기관(지방공기업 포함)은 행정학의 관점에서 보면 정부실패와 시장실패의 논리에서 정부실패와 시장실패의 보완적 장치로 소기의 성과를 거두고 있다고 평가할 수 있다. 즉, 정부실패에 따라 공익성을 담보하되, 공공서비스의 생산과 전달의 조직적 유연성과 효율성, 그리고 전문성을 보완하는 역할을 다하고 있고, 시장실패의 영역에서 국민들의 공공서비스 수준을 발굴하고 유지 및 개선하는 데 역할을 다하고 있다. 그럼에도 불구하고 공공기관에 대한 일반적인 부정적 인식(예: 신이 내린 직장, 방만경영, 과도한 복지, 공공부문의 비효율성) 등에 대해 지적받고 있는 것이 현실이다.

따라서 새로운 정권이 출범하여 공공기관에게 혁신이라는 이름 하에 다양한 변화를 요구했던 것이 과거의 모습일뿐 아니라 현재도, 그리고 앞으로도 계속될 것으로 예측된다. 다만, 공공기관 입장에서 지속적인 혁신과 생산 및 전달하는 공공서비스의 질을 스스로 관리하여 늘 환경변화와 사회적 수요에 부응하고 있는 모습을 보여주는 것과 더불어 정권마다 부여되는 새로운 과제에 대해 국민관점에서 성실하게 이행하고 성과를 구체화시키는 노력을 지속해야 할 것이다. 이것이 공공기관으로 자신의 자율과 책임경영의 몫을 수행하는 것이고, 국민 속의 공공기관으로 자리매김하는 과제로 판단된다. 우리 사회의 구조적인 공공기관의 재편은 경제상황과 국가 전체 차원의 공공기관 효율화 차원에서 있을 수 있지만, 공공기관의 필수불가결한 수요는 여전히 유지될 것으로 전망된다.

행정학과 인접학문을 공부하는 대학(원)생들 입장에서 자신의 직업으로 공공기관의 취업은 매력적인 측면이 분명히 있을 것이다. 특히 직업안정성과 적절한 보상, 그리고 자신의 역량을 발휘하고 이에 걸맞은 처우를 기대하는 학생들 입장에서 공공기관의 취업은 충분히 자신의 욕구를 충족시키는 대안 중 하나가 될 것이다. 더욱이 공공기관의 취업이 지역인재 할당, 블라인드 채용, 대학기간 중 꾸준한 자기관리를 한다면 취업도 전의 기회가 많다는 점도 긍정적일 것이다. 이러한 측면에서 관심있는 학생들에게 NCS (National Competency Standards, 국가직무능력표준) 기반의 자기관리, 그리고 직무역량과 전공역량의 개발 등을 조언하고자 한다. NCS 기반의 취업은 누구든지 처음 접하고 도전하는 길이며, 정보를 가지고 준비한다면 좋은 결과가 상대적으로 담보될 수 있는 채용의 장이다. 그 첫 출발점은 매년 초에 개최되는 공공기관취업박람회에서 당해 연도 채용 동향에 대한 파악, NCS 기반에서 자신의 전공에 부합하고 자신의 관심에 맞는 직군과 직렬의 선택, 취업희망 기관의 복수 선정, 그리고 기관마다 NCS 직무역량 10개 영역 중 특별히 요구하는 4~6가지 역량의 준비, NCS 기반의 자기소개서 작성 등을 준비한다면, 공공기관과 여러분의 미래가 모두 긍정적일 것이라고 제안한다.[9]

참고문헌

기획재정부(2021). 『2022년 공공기관 경영평가편람』.

기획재정부(2022.7.29). 『생산성 · 효율성 제고를 위한 새정부 공공기관 혁신가이드라인』.

김수종(2007). 『공공기관 책임경영 정착방안』. 서울: 감사원 감사평가연구원.

김지영 · 허경선(2011). 『경영자율성 확대를 통한 공공기관 운영의 효율성 제고방안 연구』. 서울: 한국조세재정연구원.

근로복지공단(2021.8). 『ESG 선도를 위한 사회적 가치 추진전략 수립』.

나현(2009). 한국행정학회 온라인 행정학사전(공익).

대한민국 정부(2022). 『윤석열 정부 110대 국정과제』.

배용수(2015). 『공공기관론』. 서울: 대영문화사.

이상철(2012). 한국행정학회 온라인 행정학사전(공공기관).

이종수 · 윤영진 · 곽채기 · 이재원 외(2014). 『새 행정학 2.0』. 서울: 대영문화사.

행정안전부 · 지방공기업평가원(2021). 『2021년 지방공기업 경영평가편람』.

9) 공공기관 취업뿐 아니라 최근의 채용이 NCS 기반으로 이루어진다는 점에서 https://www.ncs.go.kr/index.do에 접속하여 자신에 대한 진단을 하고 준비하는 것은 큰 도움이 될 것이다.

제9장

지방행정

주희진

제1절

지방행정의 개요

1 지방행정

지방행정은 영향 범위에 따라 다음 세 가지로 파악할 수 있다. 첫째, 가장 넓은 의미로 행정의 주체와 내용에 관계없이 '일정한 지역 내에서 행하여지는 모든 행정'을 지방행정으로 이해할 수 있다. 이것은 자치행정[1)]과 위임행정[2)]뿐만 아니라 중앙정부가 지방에 설치한 특별지방행정기관[3)]이 담당하는 관치행정까지도 지방행정에 포함된다.

둘째, 좁은 의미로서 일정한 지역에서 수행하는 행정 중에서 '지방자치단체가 수행하는 행정'만을 지방행정으로 보는 경우이다. 이것은 지방행정 수행방식 중에서 자치행정과 위임행정만 지방행정에 포함되며, 관치행정은 제외된다. 프랑스와 이탈리아, 우리나라 등이 이러한 방식을 채택하고 있다.

셋째, 가장 좁은 의미로 파악하는 경우로서 '지역주민들이 그들의 일상생활에 관련된 사무를 중앙정부에 의하지 않고 자기들의 의사와 책임 하에 스스로, 또는 대표자를 통하여 처리하는 행정'으로 보는 견해이다. 이는 앞서 살펴본 지방행정의 수행방식 중에서 자치행정만을 의미한다.

---

1) 자치행정이란, 지방자치단체가 자치사무를 중앙정부의 통제를 받지 않고 독자적·자율적으로 수행하는 방식을 의미한다.

2) 위임행정이란, 지방자치단체가 중앙정부로부터 사무를 위임받아 중앙정부의 간섭과 통제 하에 지방행정을 수행하는 방식이다. 위임행정은 다시 지방자치단체 자체에 위임하는 기관위임행정과, 지방자치단체의 집행기관(지방자치단체의 장)에 위임하는 기관위임행정으로 구분된다.

3) 특별지방행정기관은 국가의 특정한 중앙행정기관에 소속되어 당해 관할구역 내에서 시행되는 소속 중앙행정기관의 권한에 속하는 행정사무를 관장하는 지방행정기관을 말한다. 국가는 특별지방행정기관에 대한 지휘·감독권한을 가지며, 중앙에서 확정된 국가사무의 집행권만 갖는다는 특징이 있다.

2 지방자치제도

1) 지방자치의 의의

지방행정이 지방자치단체에 의한 행정이라면, 지방자치란 일정한 지역의 주민들이 지방공공단체를 구성하여 국가 또는 중앙정부로부터 어느 정도 독립성을 가지고, 그 지역 안의 공동문제를 자기 부담에 의하여 주민 스스로, 또는 주민의 대표자를 통하여 처리하는 것이다.

일정한 지역공동체의 주민이 지방자치단체에 참여하여 지역의 공동사무를 자기 책임 하에 스스로 또는 대표자를 통하여 처리하는 정치분권화제도를 의미한다. 그러므로 지방자치는 지방자치행정이란, 일정한 지역에서 지역주민, 또는 지역주민의 대표자 및 지방공무원을 구성되어 있는 지방자치단체가 그 지역에서 발생하는 지역문제를 해결하기 위하여 지방정책을 수립 · 집행하는 자주적 · 자율적인 활동을 말한다.

2) 지방자치제도의 장 · 단점

지방자치제도가 지니는 가장 큰 장점은 첫째, 개인의 권리와 자유를 신장시킨다. 정치적 과정에의 제도적 · 비제도적 통로를 통한 민주적 절차는 주민과 지방정부의 협력체제를 유도하여 그 결과 성숙한 시민의식을 함양시킨다(임승빈, 2017: 4). 둘째, 지방자치는 주민복지를 증진시킬 수 있다. 주민은 직접 선출한 의원과 단체장을 통하여 수요를 전달할 수 있으며, 지방자치단체와 지방의회는 해당 지역에서 활용 가능한 인적 · 물적 자원을 동원하여 지역 특성을 고려한 지역정책이 이루어질 수 있도록 한다. 셋째, 지방자치는 정부경쟁력을 강화시킬 수 있다. 정치 · 경제적으로 독립성을 지니는 다양한 지방정부는 주민에게 최선의 정책을 제공하고, 또한 이는 전입과 전출이 자유로운 주민들로 하여금 자신의 지역에 더 높은 선호와 함께 지역에 대한 유출 방지로 이어질 수 있다.

한편, 이러한 장점에도 불구하고 지방자치제도의 단점은 첫째, 규모경제의 비효율성이 발생한다. 이러한 현상은 특히 외부효과가 발생하는 공공재의 경우나 규모의 경제가 존재하는 공공재, 조세제도의 운영 등에서 많이 발견된다. 예컨대, 쓰레기처리나 도로업무 등의 사업은 각 지방자치단체마다 개별적으로 이들 사업을 추진할 경우 설립과 운영과정에서 더 많은 비용이 발생할 수 있다. 둘째, 지방자치단체 간 차이로 인한 행정서비스의 형평성 문제를 초래할 수 있다. 각 지방자치단체가 가지는 재정력에 차이가 발생하기 때문에 재정력이 높은 지역과 낮은 지역 간에는 행정서비스의 양과 질의 차이가 발생할 수 있다. 또한 이러한 차이는 결국 해당 지역의 주민의 삶의 질에도 영향을 미칠 수밖에 없다. 셋째, 지역개발은 지역이기주의 현상을 야기하면서 사회적 갈등 요인을 초래할 가능성이 있다. 지역이기주의 현상은 정부와 주민, 주민과 주민, 그리고 지방자치단체 간에 갈등을 불러일으키고 그 결과 정책실패를 가져올 수 있다(임승빈, 2017: 5).

3) 우리나라 지방자치제도의 도입

우리나라의 지방자치는 김순은(2020)에 따르면, 크게 7개의 시대적 단계를 거쳐 발전하였다. 도입기는 1948년 자력에 의한 현대적 정부의 출범에서부터 1960년 제2공화국 수립 이전까지의 시기이며, 도약시도기는 4·19 혁명을 기점으로 민주주의의 새로운 시도기를 의미한다. 휴면기는 1961년 지방자치가 폐지된 시점부터 1979년까지이며, 재도입준비기는 1980년부터 1991년 지방의회 선거가 실시되기 이전까지이다. 재도입기는 1991년 지방자치가 재도입된 시기를 의미한다. 도입기는 1995년 지방정부의 장을 선출하는 선거가 실시되어 지방자치의 틀이 자리잡은 시점이며, 지방분권 시도기는 1999년 국민의 정부가 지방분권 개혁을 시도한 시점이다. 마지막으로, 지방분권 확대기는 2020년 30년 만에 이루어진 지방자치법의 전부개정으로 지방자치의 새로운 제도가 마련된 이후 현재까지 이어진다고 할 수 있다(김순은, 2020: 2 재인용).

3 지방자치단체

1) 지방자치단체의 개념

일반적으로 지방자치단체란 “국가 영토의 일부를 자기의 구역으로 하고, 그 구역 내의 모든 주민을 구성원으로 하여 국가로부터 독립해서 일정한 자치권을 가지는 법인격 있는 단체”를 말한다. 즉, 지방자치단체란 “국가의 영토의 일부를 자신의 구역으로 획정하고 그 구역 내의 주민들에 의해 선출된 기관이 국가로부터 상대적으로 독립하여 자주적으로 지방적 사무를 처리할 권능을 가지는 법인격 있는 단체"라고 지칭할 수 있다(이용선, 2019: 162).

따라서 지방자치단체의 구성요소는 첫째, 장소적 구성요소로서의 '구역', 둘째, 인적 구성요소로서 '주민', 셋째, 법제적 구성요소로서 '자치권' 등 세 가지가 있다.

2) 지방자치단체의 종류

첫째, 보통지방자치단체로서 전국에 걸쳐서 보편적·일반적으로 존재하는 지방자치단체를 말하며, 그 존립목적·조직·기능 등에 있어서 일반적·보편적·종합적 성격을 가지고 있다. 우리가 통상 지방자치단체라고 할 때에는 이 보통지방자치단체를 가르킨다. 우리나라 「지방자치법」은 지방자치단체의 종류를 광역자치단체(특별시, 광역시, 특별자치시, 도, 특별자치도)와 기초자치단체(시·군·자치구)로 구분하고 있다.

둘째, 특별지방자치단체가 있다. 특별지방자치단체는 특수한 행정사무를 처리하기 위하여 또는 행정사무의 공동처리를 위하여 설치되는 지방자치단체를 말한다. 보통지방자치단체와 달리 상수도관리, 하천관리, 소방, 교육 등 특정한 기능을 수행하는 경우가 대부분이다. 또한 특별지방자치단체는 보통지방자치단체와 같이 법인격을 지닌다. 우리나라 특별지방자치단체는 「지방자치법」에 명시되어 있는데, 제176조부터 제181조까지 2개 이상의 지방자치단체가 하나 또는 둘 이상의 사무를 공동으로 처리할 필요가 있을 때 규약을 정하여 설립하는 지방자치단체조합이 있다. 또한 「지방자치법」이 전부개정됨에 따라 제2조제3항 및 제199조~제211조가 신설됨에 따라 2개 이상의 지방자치단체가 공동으로 특정한 목적을 광역적으로 사무를 처리할 필요가 있을 때 특별자치단체를 설치할 수 있게 되었다.

지방자치단체 외에 특정한 목적을 수행하기 위하여 필요하면 따로 특별지방자치단체를 설치할 수 있게 되었다.

제2절

지방자치단체의 기관

1 기관구성형태

1) 기관통합형

기관통합형이란, 지방자치단체의 의결 기능(의결관)과 집행 기능(집행권)을 모두 단일기관인 지방의회에 귀속시키는 형태를 말한다. 기관통합형 하에서의 지방의회는 지방자치행정에 관한 모든 권한을 갖고 있는데, 보통 지방의회 의장은 지방자치단체장을 겸직하여서 지방자치단체를 대표하는 상징적인 존재로 인식된다. 그러나 행정수반으로서의 실질적인 권한집행은 지방의회의 각 위원회에서 담당한다. 기관통합형의 대표적인 실례로는 영국의 의회형, 미국의 위원회형, 프랑스의 의회의장형 등을 들 수 있다.

기관통합형의 장점은 의결기관과 집행기관이 하나이기 때문에 양 기관의 마찰이나 이로 인한 행정의 낭비나 지연이 없어 효율적·안정적으로 운영할 수 있으며, 의원이 직접 행정을 담당하기 때문에 주민의 의사를 보다 정확히 반영할 수 있다.

반면, 단점으로는 하나의 기관이 정책을 개발·시행하고 평가하므로 견제와 균형의 원리가 적용되지 않아 권력이 남용될 우려가 있고, 지방자치행정에 정치적 요소가 개입되기 쉬우며, 이에 따른 지방행정의 전문성에 문제가 발생하기도 한다.

2) 기관대립형

기관대립형이란, 기관분리형 또는 수장형(presidential system)이라고도 하는데, 권력분립주의에 입각하여 지방자치단체의 의사결정 기능을 담당하는 의회와 의사집행 기능을 담당하는 집행기관을 각각 분립시키고, 그 권한을 분담시켜 서로 견제와 균형에 의하여 자치행정을 운영하게 하는 형태를 말한다. 이 유형은 국가의 권력구조에 있어서의 대통령중심제와 유사한 것으로 집행기관의 전문화에 역점을 둔 기관구성형태이다.

기관대립형의 가장 큰 장점은 집행기관과 지방의회가 상호견제와 균형을 이루므로 권력남용을 방지할 수 있다. 또한 집행기관의 장에게 행정권이 통합적으로 주어짐으로써 부처할거주의(sectionalism)를 막고 행정에 대한 책임을 더욱 명확하게 물을 수 있다.

반면, 기관대립형은 의결기관과 집행기관이 상호분리되어 있으므로 양 기관의 입장이 상호배타적일 때에는 지방행정의 혼란과 마비를 초래할 수 있다. 특히 지방자치단체장과 지방의회의원(특히 다수당)의 정당이 다를 때에는 정책결정을 위한 합의도출이 어려워 지방행정의 혼란 및 비효율이 발생할 가능성이 높다. 또한 지방자치단체장과 지방의회 다수당의 정당이 상호일치할 경우 기관대립형의 장점인 상호견제와 균형의 원리가 훼손될 개연성이 높다(김수신, 2014: 96).

3) 절충형

절충형은 기관통합형과 기관대립형을 조화시킨 형태이다. 의결기관과 집행기관을 따로 두고 있다는 점에서 기관대립형의 요소를 가지고 있으나, 그들이 대립되지 않고 있는 점에서는 기관통합형적인 요소를 가지고 있는 유형이다. 대체로 보아 절충형은 지방의회와 지방자치단체장 이외에 집행위원회(참사회)와 같이 집행 기능을 실제로 수행하는 기관을 따로 두어 집행기관을 이원화하고 있어, 결과적으로 의결기관을 합하면 기관 3원형이 되고 있는 것이 특색이다. 예컨대, 대표적인 절충형의 의회 · 집행위원회형은 지방의회가 그 산하의 소수의 소속의원으로 구성된, 집행기관의 성격을 지니는 위원회를 별도로 구성하여 이 위원회로 하여금 행정문제를 처리하게 한다. 이는 지방의회가 집행권을 갖는다는 점에서 기관통합형과 동일하지만 집행권을 지방의회 그 자체가 직접 행사하기보다는 별도로 구성된 집행위원회로 하여금 행사하게 한다는 점에서 기관통합형과는 차이가 있다.

절충형의 장점으로는 기관통합형과 기관대립형의 중간적 형태로서 운영의 묘를 살린다면 두 형태의 장점을 살려 대립과 마찰을 피하면서 기관 상호 간의 협조체제를 유지할 수 있다는 점이다. 그럼에도 불구하고 절충형은 집행이 이원화되거나 또는 회의제 집행으로 인하여 행정책임의 소재가 불명확해질 수 있으며, 회의제 집행이므로 지방행정의 의사결정과 집행이 지체될 우려가 있다.

4) 주민총회형

주민총회형(popular assembly system)은 직접민주제의 원리를 현실적으로 적용한 조직유형이다. 즉, 해당 지방자치단체의 유권자 전원으로 구성되어 있는 주민총회가 해당 지방자치단체의 최고기관으로 지방자치단체의 기본정책 · 예산 · 인사문제 등을 직접 결정하여 집행하는 것이다.

대표적인 예로는 일본의 정촌(町村)총회, 미국의 타운미팅(Town Meeting) 스위스의 Gemeindeversammlung 등을 들 수 있다. 특히 스위스는 전형적인 직접민주제의 나라로서, 대부분의 농촌지역 기초자치단체가 주민총회를 구성하고 있다(김수신, 2014: 98).

2 지방의회

1) 지방의회의 의의

지방의회란 주민에 의하여 선출된 의원을 그 구성원으로 하여 성립하는 합의제 기관[4]으로 다음과 같은 지위를 가진다.[5]

(1) 헌법상 기관

「헌법」 제118조 제1항과 제2항은 "지방자치단체에 의회를 둔다", "지방의회의 조직 · 권한 · 의원선거와 지방자치단체의 장의 선임방법 기타 지방자치단체의 조직과 운영에 관한 사항은 법률로 정한다"고 규정하고 있다.

(2) 주민의 대표기관

지방의회는 주민이 그의 대표를 통하여 간접적으로 정치적 결정에 참여하는 대의민주주의의 원리에 따라 주민의 대표기관으로서의 지위를 가지며, 이에 따라 지방의원 각각은 주민의 대표자를 의미한다.

(3) 입법기관

지방의회는 자치법규인 조례를 제정하고 이를 개폐하는 권한을 가진다. 우리나라 「헌법」 제117조와 「지방자치법」 제28조에서는 지방자치단체에 "법령의 범위 안에서 자치에 관한 규정"을 제정할 수 있는 자치입법권한을 부여하고 있다. 다만, 주민의 권리

---

4) 지방의회는 주민의 선거에 의해 선출된 다수의 의원들로 구성되기 때문에 합의제적 성격을 지닌다. 즉, 지방의회는 의회 내의 서로 대립되는 다수의 의견을 대화와 타협을 통해 수렴 · 통합하여 주민의 의사를 대변하는 기관이다. 따라서 의회의 운영은 민주주의 방식인 다수결 원칙에 따르게 된다.

5) 이하의 내용은 김상미(2019: 275-278)의 내용을 정리하여 작성하였다.

제한 또는 의무의 부과에 관한 사항이나 벌칙을 정할 때에는 법률의 위임이 있어야 한다고 명시하여 조례입법의 한계도 명확히 명시하고 있다. 또한 2020년에 전부개정된 「지방자치법」에서 "법령에서 조례로 정하도록 위임한 사항은 그 법령의 하위 법령에서 그 위임의 내용과 범위를 제한하거나 직접 규정할 수 없다"는 조항이 신설되어 자치입법권이 강화되었다는 평가가 제시되고 있다.

(4) 감시 및 통제기관

지방의회와 집행기관인 지방자치단체의 장은 상호독립된 지위를 갖지만, 기관분립주의의 원칙에 따라 상호견제와 균형의 관계를 갖는다. 이러한 원칙에 따라 주민의 대표기관인 지방의회는 지방자치단체장이 집행하는 모든 행정사무를 감시하고 통제하는 지위를 부여받고 있다.

2) 지방의회의 권한

(1) 의결권

의회의 의결권은 의회의 권한 가운데 매우 중요한 부분을 차지한다. 하지만 의결권은 지방자치단체의 사무 전반에 걸쳐 미치는 것은 아니며, 해당 지방자치단체의 소관사무의 범위 내에서 의결권을 행사할 수 있다. 즉, 지방자치단체의 고유사무와 단체위임사무에 관하여서만 의결권을 행사할 수 있고, 기관위임사무에 관하여서는 이를 행사할 수 없다. 지방의회가 개괄적 열거주의에 따라 조례의 제정 · 개폐, 예산의 확정 · 결산의 승인 등 「지방자치법」에 의결할 수 있는 사항이 열거되어 있다.

(2) 행정감시권

우리나라는 기관분립형의 기관구성형태를 채택하고 있기 때문에 지방자치단체와 지방의회 간의 견제와 균형의 관계를 유지해야 한다. 지방의회는 주민의 대표기관으로서 지방자치단체의 정책 및 의사를 결정할 뿐만 아니라 그 정책이 주민의 복지증진을 위해 적합하게 집행되고 있는지를 감시하여 집행기관이 위법 · 부당한 처리를 하였을 때는 이를 시정조치하도록 하는 행정감시적 권한을 갖는다.[6]

6) 「지방자치법」에서 지방의회에 부여하고 있는 집행기관에 대한 감시 및 통제방법으로는 행정사무에 관한 감사권 · 조사권(동법 제49조), 자치단체의 장에 대한 서류제출요구권(동법 제48조), 자치단체의 장과 관계공무원의 출석요구 · 행정사무 처리상황 보고 및 질문권(동법 제51조) 등이 있다. 이외에도 지방의회는 재정과 일반행정에 관한 심의 · 의결권을 통하여 폭넓은 감시 · 비판 기

(3) 청원수리・처리권

지방의회는 주민의 대표기관으로서 주민의 청원에 대하여 신속하게 응대하고, 그 주민의 청원사항을 지방행정에 반영하는 활동을 해야 한다. 청원이란 주민이 지방자치단체에 대하여 불만 또는 희망을 진술하고 그 시정 또는 구현을 요구하는 것을 말한다. 청원수리권은 지역주민에 대한 대표들의 직접적인 봉사자로서 주민들의 생활의 불편이나 문제를 해결해야 함은 물론 잘못된 행정으로 야기되는 고충과 주민들의 요구사항을 지방행정에 적절히 반영해야 할 책임이 있다(김상미 외, 2019: 297).

(4) 자율권

지방의회는 그 의사와 내부사항을 집행기관이나 선거민을 포함한 외부세력의 간섭을 받음이 없이 독자적으로 결정하고 운영할 권한을 가진다. 자율권은 크게 선거권과 자율운영권으로 나뉜다. 지방의회는 법령이 정하는 바에 의하여 일정한 기관 또는 기관구성원의 선거권을 가진다. 또한 자율운영권으로서 지방의회의 내용과 내부사항에 있어서 집행기관을 비롯한 외부의 간섭 없이 독자적으로 운영할 권리를 가지는데, 자율운영권에는 내부조직권, 규칙제정권, 의사자율권, 의원경찰권 등이 있다.

3) 지방의회의 역할

첫째, 주민생활 개선을 위한 정책제안자로서의 역할이다. 지방의회는 주민의 대표자 역할을 수행하기 때문에 주민의 생활 영역에서 여러 가지 문제점 및 현안사항을 발굴하여 이를 해결할 수 있는 적극적인 방안을 마련해야 한다.

둘째, 집행기관에 대한 감시자로서의 역할이다. 지방의회는 집행기관의 수행하는 각종 사무 등을 감시함으로써 주민이 원하는 방향으로 정책이 형성・집행되는지에 대하여 끊임없이 감시하고, 문제점을 발견하였을 경우 이에 대한 시정을 요구하는 역할을 수행해야 한다.

셋째, 분쟁의 조정자로서 지방의회는 지방자치단체 내지는 지역사회에서 일어나는 각종 분쟁의 조정자 역할을 담당해야 하며, 마지막으로 민원해결자로서 지방의회와 지방의회의원은 민원의 발생소지를 줄이고, 발생된 민원의 해결을 도모해 행정상의 부담을 줄이는 역할을 수행해야 한다(김신우, 2017: 103).

능과 정책통제 기능을 행사한다.

3 지방자치단체의 집행기관

1) 집행기관의 의의

지방자치단체의 집행기관이란 지방자치단체의 각종 사무를 처리하고 의회의 의결사항을 집행하는 지위에 있는 기관을 말한다. 우리나라 지방자치단체의 집행기관은 종합행정집행기관인 일반행정기관으로서의 지방자치단체의 장과 교육 등 집행기관으로서의 교육감이 있다. 이외에도 행정의 정치적 중립성, 전문성, 공정성 등을 확보하기 위한 행정위원회 등이 있다. 또한 지방자치단체장의 행정기관으로서의 보조기관, 소속행정기관, 하부행정기관, 합의제행정기관, 지방자치단체의 외곽기관 등을 보유하고 있다(김수신, 2017: 107).

2) 지방자치단체장의 권한

지방자치단체장의 권한은 지방의회의 경우와는 달리 열거주의에 의하지 않고 개괄주의에 의하기 때문에 광범위하다. 특히 지방자치단체장은 지방자치단체 사무의 실제적 집행권자일 뿐만 아니라, 사무의 전반적 통할권자도 되기 때문에 그 권한은 강력하다. 또한 지방자치단체장은 지방자치단체의 사무인 고유사무와 단체위임사무뿐만 아니라, 국가로부터 자신에게 위임된 기관위임사무도 처리하기 때문에 어떤 의미에서는 지방자치단체의 사무보다 더 광범위한 사무를 관장하고 있다고 할 수 있다.

앞서 언급한 바와 같이 개괄주의에 근거하고 있는 지방자치단체장의 권한 중 대표적인 몇 가지만 언급하자면, 당해 지방자치단체를 대표하고 그 사무를 통할하는 통할대표권, 지방사무(자체사무, 단체위임사무, 기관위임사무)를 관리하고 집행하는 사무의 관리·집행권, 기초자치단체에 대한 감독, 소속 직원에 대한 임면권, 법령이나 조례가 위임한 범위 내에서 그 권한에 속하는 자치사무와 국가사무에 대한 규칙제정권, 의회운영에 대한 권한 등이 있다.

3) 지방자치단체장의 역할

첫째, 지방자치단체장은 외부에 대하여 지방자치단체를 대표하는 지위에 있다. 지방자치단체장은 「지방자치법」 제114조에 따라 지방자치단체를 대표하고 그 사무를 총괄하는 지위를 가진다.

둘째, 집행기관의 장으로서 지방자치단체의 사무를 집행하는 최고책임자의 지위를 가진다. 「지방자치법」 제113조에서 지방자치단체장은 그 지방자치단체의 사무와 법령에 따라 지방자치단체장에게 위임된 사무를 관리하고 집행한다고 명시하고 있으며, 그 소속 행정청 및 관할구역 안의 지방자치단체를 지도·감독하는 역할도 수행한다. 따라서 지방자치단체장은 주민의 삶의 질 개선을 위하여 정책을 개발하고 그것을 집행·실천해야 한다.

셋째, 지방자치단체장은 조정자로서 지역사회 내에서 일어나는 각종 분쟁과 이해관계를 조정하는 역할을 수행한다. 지역 내의 각종 주민조직·이익집단의 이해관계를 조정하고 이들이 지방행정에 협조·참여하도록 하며, 중앙부처는 물론 관내 유관기관·단체 등과 원활한 협조체제를 유지하여야 한다.

제3절 우리나라 지방행정의 주요 이슈

1 새로운 지방행정의 토대 마련: 지방자치법 전부개정[7)]

2020년 12월, 우리나라 지방행정의 근간이 되는 「지방자치법」이 32년 만에 전부개정되었다. 1949년 제정된 「지방자치법」은 1988년 지방자치단체 종류와 의원정수 등을 규정하는 전부개정을 하였고, 2007년 법률용어를 한글화하는 전부개정을 하였다. 내용을 전부개정한 것은 32년 만에 추진된 것이다.

「지방자치법」 전부개정은 지방행정에 대한 주민의 참여권 및 주민에 대한 지방자치단체의 책임성 강화를 통한 주민주권의 구현, 지방의회의 정상화, 탄력적인 지방행정, 국정 동반자로서의 지방자치단체 지위 격상에 역점을 두고 있다.

주민주권과 관련하여 지방의회 의정활동, 집행기관의 조직재무 등 지방자치 정보가 지역주민에게 투명하게 공개되게 되었고, 지역주민은 공개된 정보를 통해 주민조례발

7) 이하의 내용은 주희진(2021: 98-99)의 내용을 발췌하여 정리한 것임을 밝힌다.

안제도를 활용하여 조례를 제정·개정·폐지하고자 할 경우 의회에 직접 조례안을 발의할 수 있게 되었다. 아울러 주민감사 청구 연령기준이 19세에서 18세로 낮아져 더 폭넓은 주민감사가 이루어지는 주민자치의 모습이 크게 변하게 되었다.

또한 주민생활에 불편을 주는 지방자치단체 간 관할 구역 경계조정 절차가 마련되어, 지방자치단체 간 자율적 합의를 통해 우선 조정하도록 하고, 합의가 안 되는 경우에만 중앙분쟁조정위원회에서 조정하도록 함으로써 구역 경계와 생활권 불일치로 인한 주민의 불편 해소가 보다 신속·용이하게 되었다.

탄력적인 지방행정을 위하여 경계조정 간소화, 특례시제도, 특별자치단체의 도입 등이 이루어졌다. 아울러 인구 100만 명 이상 도시에 대해 특례시 명칭이 부여되고 실질적 행정수요와 국가균형발전, 지방소멸위기 등을 고려하여 지정되는 시·군·구 등에 대한 특례를 부여할 수 있는 근거가 마련되었다.

특별지방자치단체 도입으로 시·도 통합 등 지방행정체제의 구체적인 논의가 본격화되었으며, 지방의회 사무기구 인사권 독립과 그동안 지방의원에 대한 보좌인력 요청에도 불구하고 보좌인력의 정치화 문제로 도입되지 못하였던 정책지원 전문인력(정책지원관)이 도입됨으로써 지방의회가 활성화될 수 있는 기반이 마련되었다. 또한 중앙-지방협력회의 설치로 국정 거버넌스의 완성도가 높아질 것으로 기대된다.

표 9-1 지방자치법 전부개정의 주요 내용

구분		주요 내용
주민주권의 구현	주민의 권리 강화	• 주민의 자치행정참여 원리 강화 • 주민조례발안제도 도입 • 주민감사청구제도 개선 등
	주민에 대한 책무성 강화	• 윤리특별위원회·윤리심사자문위원회 의무화 • 정보공개·지방의회 의정활동 정보공개 • 지방의원 겸직금지 정비 등
자치권 확대	지방자치단체의 권한 강화	• 조례제정권 강화 • 사무배분원칙과 의무 명시 • 지방의회 인사권 독립 등
	지방행정의 효율성 강화	• 특례시제도 도입 • 경계조정 효율성 제고 등
중앙·지방 및 지방정부 간 협력 강화		• 국가와 지방자치단체의 협력의무 명시 • 중앙–지방협력회의의 제도화 • 특별지방자치단체의 도입 • 지방자치단체 간 협력 지원

2 사무이양의 새로운 제도: 지방일괄이양법의 통과

「중앙행정권한 및 사무 등의 지방 일괄 이양을 위한 물가안정에 관한 법률 등 46개 법률 일부개정을 위한 법률」(이하 "지방일괄이양법"이라 한다)이 오랜 기간의 추진 노력 끝에 2020년 제정되고 2021년에 시행되었다.

「지방일괄이양법」은 이양하기로 결정관 중앙의 권한 및 사무를 조속하게 이양할 수 있도록 여러 개별 법률에서 규정하고 있는 규정들을 일괄적으로 하나의 법률에 묶어 개정하는 방식을 취하고 있다. 따라서 이는 자치분권을 추진하기 위하여 매우 중요한 수단으로 그 필요성이 지속적으로 제기되어왔다. 즉, 중앙사무를 지방으로 이양하기 위해서는 해당 개별 법률의 개정이 필요한데, 각각의 법률을 국회 소관 상임위원회에서 심의를 하기 위해서는 오랜 시간이 소요되기 때문이다. 또한 법률 개정을 강제하는 수단도 마련되어 있지 못하기 때문에 장기 미이양된 사무들이 계속 축적되는 문제가 발생하였다. 그럼에도 불구하고 국회상임위원회 소관주의 등 여러 가지 이유로 오랜 시간 국회의 문을 넘지 못하였다.

2018년 5월 「지방일괄이양법」을 국회운영위원회에서 취급하기로 여야가 합의한 후 비로소 국회 본회의를 통과하게 되었다. 이 법은 2000년부터 2012년까지 지방이양심의기구(현 자치분권위원회)가 이양하기로 확정하였으나 이양되지 않은 장기 미이양 사무 407개와 법제처 심의과정에서 연계 이양 필요성에 의해 추가 발굴된 194개 사무 등 총 19개 부처 571개 사무를 지방으로 일괄 이양하는 내용을 담고 있다.

「지방일괄이양법」의 통과 · 시행이 가지는 의의는 다음과 같다. 첫째, 국가에서 지방으로의 사무이양을 통한 지방행정 효율성 증대이다. 사무이양은 보다 분권화된 사무수행을 가능하게 하고 지역의 수요를 보다 잘 반영하며, 행정의 효율성을 제고할 수 있다는 것이다(임현, 2021: 126). 특히 저출산 · 고령화 등 급격하게 변하는 지방행정환경에 탄력적으로 대응하기 위해서는 지역 특성에 맞는 지역정책을 추진하는 것이 보다 효율적일 수 있다는 점에서 의의를 가진다.

둘째, 지방이양에 따른 행 · 재정적 보전장치를 마련하였다는 점이다. 그동안 이양된 사무의 대부분이 인 · 허가, 신고 · 등록사무와 같이 단순 집행적 성격을 갖는 경우가 많았기 때문에, 중앙정부 차원에서는 행 · 재정적 소요가 크지 않거나 그에 관한 판단이 어렵다는 이유로 사무수행을 위한 충분한 지원을 지방자치단체에 하지 않았고(최

표 9-2 역대 정부의 중앙권한의 지방이양사무 수(2021.1.1 기준)

(단위: 사무건수)

구분	이양 확정	이양 완료						추진 중
		소계	국민의 정부	참여 정부	이명박 정부	박근혜 정부	문재인 정부	
계	3,146	2,588	232	987	763	206	400*	667
국민의 정부	612	611	232	374	4	1	0	1
참여정부	902	875	–	613	243	19	0	27
이명박 정부	1,587	993	–	–	516	186	291** (+109)	594
박근혜 정부	–	–	–	–	–	–	–	–
문재인 정부	45***	–	–	–	–	–	–	45

* 문재인 정부에서 추진한 「지방일괄이양법」으로 400개 사무이양 완료.
** 이양 완료된 400개 사무된 이명박 정부에서 이양 확정된 291개 사무 외에 일괄법안 마련 과정에서 기능 단위로 연결된 관련 사무로 109개 사무가 추가 이양됨.
*** 문재인 정부에서 이양 확정된 45개 사무는 현재 소관 부처에서 법률 개정 추진 중.
출처: 김순은 외(2021: 53) 인용.

근열, 2016: 33), 이것이 현실적으로 지방이양의 큰 걸림돌로 작용하기도 하였다(임현, 2021: 128). 이에 사무의 지방이양과 그에 따른 지방자치단체의 사무수행을 원활히 할 수 있도록 사전에 이양에 필요한 비용을 조사·평가하도록 하였으며, 이에 따라 「지방자치분권 및 지방행정체제개편에 관한 특별법」에 대통령 소속 자치분권위원회에 지방이양비용평가전문위원회를 두어 지방사무이양에 따른 인력과 재정소요비용을 심의하고 의결하는 근거를 마련하였다.

3 주민밀착 치안서비스 제공: 자치경찰제의 입법화[8)]

자치경찰제는 중앙정부를 중심으로 집권화된 단일의 국가경찰제와 대비되는 개념이다. 따라서 자치경찰 조직의 설치 및 그 운영에 대한 권한과 책임이 지방자치단체에 부여된 경찰체제를 자치경찰제라고 개념을 지을 수 있다(황문규, 2021: 195).

자치경찰제에 관한 논의는 광복 직후 대한민국 경찰 창설 당시에서부터 이루어졌음

8) 이하의 내용은 황문규(2021: 194-202)의 내용을 일부 발췌하여 보완·정리한 것임을 밝힌다.

에도 불구하고, 약 76년이 지난 2021년에서야 본격적으로 시행하기에 이르렀다. 자치경찰제에 대한 논의는 역대 정부별로 조금씩 내용을 달리하고 있다. 대한민국 경찰 창설 이후 김대중 정부 시기까지를 보면 자치경찰제에 대한 논의는 경찰의 정치적 중립을 확보하기 위한 경찰기구의 독립에 초점을 맞추었다(최종술, 2003: 103). 이후 노무현 정부에서는 지방분권과 국가균형발전의 차원에서 논의가 이루어지기 시작했다. 자치경찰제를 도입하여 국가경찰 및 지방자치단체의 권한과 책임을 합리적으로 배분하여 주민생활 중심의 치안서비스를 제공하게 하자는 것이었다. 이에 국가경찰조직을 그대로 유지하면서 기초 단위 지방자치단체에 자치경찰을 신설하는 기초 단위 자치경찰제 모델(이원화 모델)이 제시되었고, 2006년 7월 제주지역에 한정하여 제주자치경찰제라는 이름으로 시범 실시되었다. 그러나 시범 실시 결과, 국가경찰과는 별개로 자치경찰이 추가로 신설되므로 경찰 총량이 오히려 늘어나고 재정부담도 높아진다는 문제에도 불구하고, 이에 맞는 치안서비스는 크게 개선되지 못하였다는 문제가 발생하였다(황문규, 2021: 197).

자치경찰제 모델의 초안은 국가경찰을 분리하여 자치경찰본부와 자치경찰대를 설치하는 이원화 모델이었다. 국가경찰의 43,000명의 경찰력을 국가경찰로 분리하여 시・도의 수준에 자치경찰본부, 시・군・구의 수준에 자치경찰대를 설치하고 지구대와 파출소는 원칙적으로 자치경찰에 배속하는 것이 이원화 모델의 핵심이었다. 그러나 코로나바이러스감염증-19(COVID-19)로 인한 사회적 환경의 변화로 국가재정이 압박받는 상황은 고비용이 소요되는 이원화 모델을 수정할 수밖에 없도록 하였다(김순은, 2021).

2021년 1월부터 시행된 「국가경찰과 자치경찰의 조직 및 운영에 관한 법률」(이하 "경찰법")에 근거한 일원화 모델은 기존 국가경찰체제를 유지하는 것을 전제로, 경찰사무만을 국가경찰과 자치경찰의 사무로 구분하고, 그 사무에 따라 지휘・감독의 주체를 달리한다. 즉, 자치경찰사무이든 국가경찰사무이든 이를 수행하는 것은 국가경찰조직과 국가경찰공무원으로 일원화하되, 자치경찰사무에 대해서는 시・도지사 소속 자치경찰위원회의 지휘・감독을 받게 하는 방식이다. 종전의 특별지방행정기관이었던 지방경찰청이 반국가-반지방의 시・도 경찰청으로 전환한 것이 일원화 모델의 가장 중요한 특징이다.

다만, 자치경찰사무를 수행하는 주체가 국가경찰이라는 점에서 기존 획일화된 치안서비스를 지역실정에 따라 또는 지역주민이 필요로 하는 자율적이고 창의적인 치안서비스를 제공할 수 있을지에 대해서는 여전히 논란이 있다(황문규, 2021: 202). 이는

그림 9-1 자치경찰제 일원화 모델

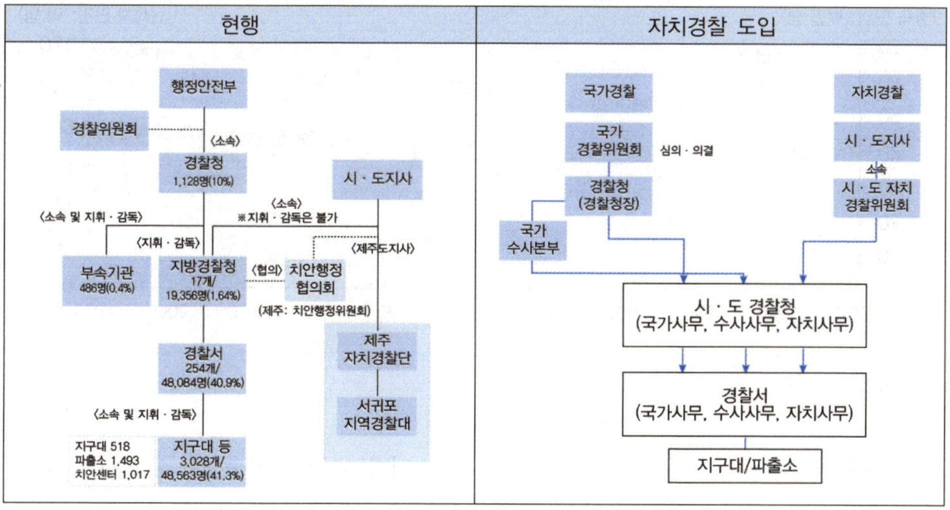

시 · 도 경찰청장을 지휘 · 감독하는 자치경찰위원회가 자치경찰사무를 얼마나 실질적으로 관장하느냐의 문제와 직결되기 때문에 향후 보다 심층적인 분석이 필요하다고 하겠다.

제4절 우리나라 지방행정의 미래 방향

1 미래환경 변화 예측

1970년대 100만 명을 넘었던 출생아 수는 2020년에는 27만 명 선으로 떨어졌다. 이에 따라 합계출산율도 1970년 4.53명이었던 것이 1984년에 1.74명으로 급격하게 떨어졌고, 이후 2018년에는 0.98명으로 1명 이하까지 떨어졌다. 이러한 하락추세는 현재 더욱 가속화되어 나타나고 있으며, 2022년 9월 통계청의 발표[9]에 따르면, 0.81명으로 OECD

그림 9-2 세계와 한국의 인구 추이

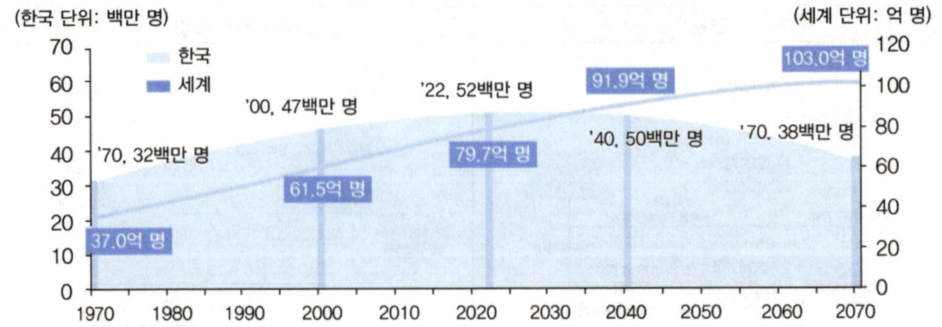

출처: 통계청(2022).

국가 중 합계출산율이 5년째 최하위를 기록하고 있다(세계 합계출산율 2.32명). 세계인구가 2022년에 79억 7천만 명에서 2070년 103억 명으로 증가하는데 비해, 한국 인구는 같은 기간 5,200만 명에서 3,800만 명으로 감소할 것이라는 예측이 나왔다.

우리나라는 2006년부터 저출산에 대한 위기감이 제기됨에 따라 15년 간 380조 원이 넘는 예산과 3,000개를 웃도는 다양한 저출산 정책을 내놓았지만 합계출산율에서 보듯이 그 결과는 오히려 부정적인 평가가 주를 이루고 있다. 결국 우리나라 지방자치의 구조는 인구의 증가가 아니라 인구의 감소를 전제로 재설계되어야 함을 시사하는 것이다(홍준현, 2021: 438).

한편, 고령화 속도는 더욱 빨라질 전망이다. 세계 인구 중 고령인구 구성비는 올해 9.8%에서 2070년 20.1%로 증가하는 반면, 한국은 올해 17.5%에서 2070년 46.4%로 급증할 것으로 예상된다. 반면, 세계 인구 중 경제 중추인 생산연령인구(15~64세) 구성비는 올해 64.9%에서 2070년 614.4%로 감소하고, 한국은 올해 71.0%에서 2070년 46.1%로 줄어들 전망이다. 또한 고령인구는 늘고 생산연령인구는 줄면서 세계의 총부양비[10]는 올해 54.0명에서 2070년 62.9명으로 증가하는 반면, 한국은 올해 40.8명에서 2070년 116.8명으로 급증할 것으로 예측된다.

이러한 저출산·고령화 문제와 더불어 우리나라가 직면한 또 하나의 중요한 문제는 지방소멸이다. 소멸되는 지역에 대해서는 인구감소로 인한 상권 붕괴가 일어나고 나

9) 통계청(2021). 『2021년 장래인구추계를 반영한 세계와 한국의 인구현황 및 전망』.

10) 총부양비는 생산연령인구 100명이 부양해야 하는 유소년과 고령인구를 의미한다.

아가 지역공동체의 존립 자체가 위협받게 된다. 특히 우리나라처럼 유출된 지방인구가 수도권에 집중될 경우 지방소멸은 강화되는 반면, 수도권은 주택가격 상승과 일자리 부족 등 수도권 생활여건의 악화가 심화되며, 이는 다시 초저출산으로 이어지는 악순환이 이어져 국가 전체적인 부정적 연쇄효과가 이어지게 된다. 이러한 지방소멸 문제에 대응하기 위하여 인구감소지역의 지정, 지방소멸대응기금, 「인구감소지역 지원 특별법」 제정 및 고향사랑기부제 등을 시행하고 있으나 급속하게 진행되고 있는 지방소멸 문제를 근본적으로 해결하기에는 여전히 미흡한 실정이다.

2 우리나라 지방행정의 미래과제

1) 주민 중심의 자치로의 전환

1991년 지방의회가 주민 직선에 의해 부활된 이후 약 30여 년이 지난 지금, 지방자치는 많은 발전을 이루었다. 그러나 우리나라 지방자치의 수준은 주민이 주인이 되어 스스로 정책을 결정해 나간다기보다는 중앙정부로부터 지방정부가 '분권'을 이행하는 수준이었다. 2020년 전면개정된 「지방자치법」에서도 주민자치 근거 조항이 포함되지 못하였다는 점은 한계로 지적되고 있다. 주민자치회란 풀뿌리 자치의 활성화와 민주적 참여의식 고양을 위하여 읍·면·동에 설치되고, 주민의 대표로 구성되어 주민자치센터를 운영하는 등 주민의 자치활동 강화에 관한 사항을 수행하는 조직이다. 즉, 주민 중심의 생활근린자치를 강화하여 지역공동체 활성화 및 지역발전을 도모하고자 읍·면·동 단위별로 구성하는 행태의 주민자치조직으로서(최근열, 2014: 222; 이병렬 외, 2015: 160; 주희진, 2021: 104), 2013년 주민자치회 시범 실시가 실시된 이래로 2021년 12월 기준 1,013개로 확대되었다.

그러나 당초 정부에서 제출한 지방자치법 전부개정법률안에는 주민자치회에 대한 조항이 포함되어 있었음에도 불구하고 국회 논의과정에서 삭제된 것이다. 이에 다양한 풀뿌리 주민조직과 학계에서는 주민자치회 조항의 복원을 강하게 요구하고 있다.

2) 국정의 동반자로서 중앙-지방의 국정 거버넌스 구축

우리나라는 그동안 지방을 정치의 주체로 인정하지 않고 중앙정부의 하위행정기관으로 보는 중앙집권의 관치행정적 특성이 강했다. 그 일례로, 전부개정이 이루어지기 전의 「지방자치법」에서 국가는 지방을 지도와 감독의 지방으로 보아 제9장의 명칭도 "국가의 지도와 감독"으로 명시되어 있는 등 국가와 중앙정부를 동일시하고, 지방자치단체는 중앙정부와 대등한 관계가 아니라 중앙정부에 예속된 관계로 설정하고 있었다. 그러나 전면개정 이후 제9장의 명칭은 "국가와 지방자치단체의 관계"로 수정하고 균형적인 행정서비스의 제공을 위하여 국가-지방의 협력의무를 명시함으로써 중앙-지방의 관계를 수평·대등의 관계로 인정하였다(김순은, 2021: 22). 또한 「중앙지방협력회의의 구성 및 운영에 관한 법률」의 제정으로 국가와 지방 간 협력적 거버넌스가 구축을 위한 토대를 마련하는 등 지방자치단체가 국정의 동반자로서의 위상을 갖도록 하는 노력이 이루어지고 있다.

중앙정부와 지방자치단체는 국가를 구성하고 있는 양대 축으로서 서로 갈등하거나 어느 한쪽의 역할이 미흡할 경우 국가체제는 충분한 역량을 발휘하기 어렵다. 앞서 언급한 여러 제도가 마련되었지만 아직은 온전한 협력적 국정 거버넌스를 구축을 위한 초기 단계라고 볼 수 있다. 향후 중앙정부와 지방자치단체는 지휘·감독에 기초한 수직적·행정적 관계에서 협의·계약에 기초한 수평적·법률적 관계로 나아가야 할 것이다.

3) 지역 특색에 맞는 지역 주도의 지방행정 추진

앞서 살펴본 바와 같이, 최근 지방행정의 환경은 급격하게 이루어지는 저출산·고령화와 이로 인한 인구절벽 문제, 제4차 산업혁명과 코로나바이러스감염증-19(COVID-19) 등 유례 없는 전염병 등은 '지방의 재발견'이라는 수식어가 나올 정도로 그 어느 때보다 지방의 역할이 강조되고 있으며, 이전과는 다른 지속가능한 수요변화에 대한 대응을 주문하고 있다. 이에 따라 중앙의 권한 및 사무의 지방이양과 함께 지방자치단체의 전문성과 효율성·책임성이 강조되고 있다. 전면개정된 「지방자치법」에서 도입된 기관구성의 다양성 확보는 특히 주민에 대한 책임문제와 직결되어 주민의 지방자치단체에 대한 만족도를 좌우할 수 있는 변화라고 할 수 있다.

지금까지의 지방행정은 국가 주도 혹은 중앙정부 주도의 획일화된 지방행정이 이루어졌다고 할 수 있다. 하지만 앞서 살펴본 바와 같이 직면하고 있는 지방행정 환경변화를 고려할 때 이러한 형태의 운영으로는 한계가 있다. 이에 따라 우리나라 미래 지방행정은 지역의 특성을 고려하여 지역이 주도하는 지방행정의 방향으로 나아가야 할 것이다.

참고문헌

김상미 외 12인(2019). 『신 지방의회론』. 서울: 박영사.

김수신(2014). 『지방자치행정론』. 한국방송통신대학교출판문화원.

김순은(2020). 『우리나라의 지방자치와 지방분권: 자치분권으로 가는 길』. 서울: 조명문화사.

김순은(2021a). 문재인 정부 자치분권의 역사적 배경과 이론적 기초: 지방자치법을 중심으로. 『문재인 정부의 자치분권: 성과와 의의』. 11-31. 대통령소속 자치분권위원회.

김순은(2021b). 자치경찰제의 추진과정과 의의 및 향후 과제. 『문재인 정부의 자치경찰 이해와 적용』. 대통령소속 자치분권위원회.

이병렬・이종수(2015). 주민자치회 시범실시의 제도적 한계와 발전과제. 『한국자치행정학회보』, 29(1): 157-180.

이용선(2019). 『지방자치론』. 고양: 대영문화사.

임승빈(2017). 『지방자치론』. 파주: 법문사.

임현(2021). 제1차 지방일괄이양법 제정의 의미와 성과. 『문재인 정부의 자치분권: 성과와 의의』. 대통령소속 자치분권위원회.

정순관(2021). 문재인 정부 자치분권 추진의 주요 내용과 특징. 『문재인 정부의 자치분권: 성과와 의의』. 32-67. 대통령소속 자치분권위원회.

주희진(2021). 문재인 정부의 주민주권과 자치분권. 『문재인 정부의 자치분권: 성과와 의의』. 93-111. 대통령소속 자치분권위원회.

최근열(2014). 읍면동 주민자치회 시범실시 실태 및 발전과제. 『한국지방자치연구』, 16(3): 215-240.

최근열(2016). 중앙권한 및 사무의 지방이양 실태 및 발전과제. 『한국지방자치연구』, 18(3): 25-45.

최종술(2003). 한국적 자치경찰제의 도입방안에 관한 연구. 『행정논총』, 41(1): 101-132.

통계청(2020). 『2021년 장래인구추계를 반영한 세계와 한국의 인구현황 및 전망』. 통계청 보도자료, 2022.9.5.

홍준현(2021). 자치분권 미래비전과 추진전략. 『문재인 정부의 자치분권: 성과와 의의』. 436-462. 대통령소속 자치분권위원회.

황문규(2017). 문재인 정부의 광역단위 자치경찰제에 관한 고찰. 『한국지방자치학회보』, 29(4): 23-54.

황문규(2021). 자치경찰제의 추진과정과 의의 및 향후 과제. 『문재인 정부의 자치분권: 성과와 의의』. 194-215. 대통령소속 자치분권위원회.

뉴시스. “50년 뒤 한국, 인구 3,800만 명 ‘뚝’, 합계출산율 세계 꼴찌 수준”. (https://newsis.com/view/?id=NISX20220905_0002002500&cID=10401&pID=10400)(검색일: 2022.9.5)

제10장

지방재정

이미애

| 제1절 |

지방재정의 의의

1 지방재정의 개념

정부(政府)는 중앙정부와 지방정부로 구분되며, 지방정부(地方政府)는 중앙정부에 대하여 지방의 자치정부를 의미한다. 우리나라에서는 지방자치단체라고 한다(국회예산정책처, 2021: 14).

「지방자치법」 제2조에 따라 지방자치단체는 광역자치단체와 기초자치단체로 구분되며, 광역자치단체는 특별시, 광역시, 도, 특별자치도, 특별자치시로 구성, 기초자치단체는 시, 군, 자치구로 구성된다. 이에 따라 지방자치단체는 17개 광역자치단체와 226개 기초자치단체로 구성되어 있다.

이러한 정부는 가계와 기업으로부터 거두어들인 조세수입(국세와 지방세) 등을 기반으로 공공재 및 공공서비스의 제공을 위해 지출활동을 하게 되는데, 이러한 정부부문의 경제활동을 재정이라고 한다(국회예산정책처, 2021: 14).

지방재정은 지방자치단체의 재정을 말하는 것으로 「지방재정법」 제2조에 따라 지방자치단체의 수입과 지출 활동, 지방자치단체의 자산 및 부채를 관리·처분하는 모든

그림 10-1 지방자치단체구조

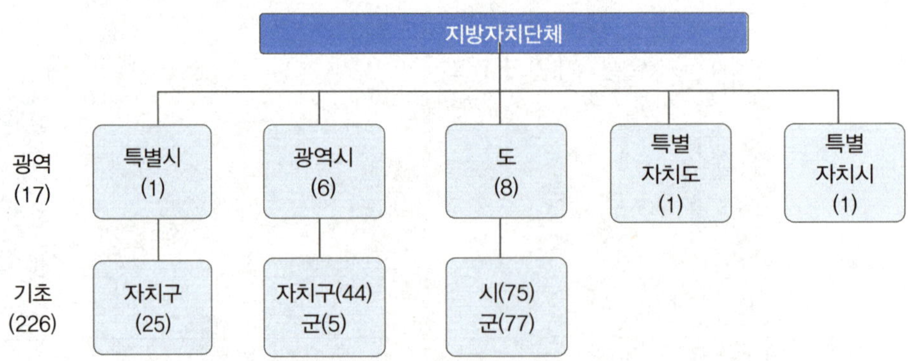

활동을 의미한다. 즉, 각 지방정부가 관할구역 내 주민들의 공적인 수요를 충족하기 위하여 재화와 서비스를 생산 · 공급하기 위해 행하는 재원의 동원과 관리 및 배분 등 일련의 공경제적 활동과 과정이다(손희준, 2019: 19).

지방자치단체는 지방세, 세외수입(사용료, 수수료, 분담금 등), 이전수입(중앙정부 및 상급자치단체로부터의 교부세, 보조금 등), 지방채 등을 재원으로 관할구역의 자치사무와 법령에 따라 지방자치단체에 속하는 사무에 필요한 경비를 지출하는 활동을 한다.

2 지방재정의 분류

1) 운용주체에 따른 구분

지방재정은 일반자치단체의 재정(일반재정)과 교육자치단체의 재정(교육재정)으로 구분한다. 일반재정(일반자치단체)는 광역자치단체(시 · 도)와 기초자치단체(시 · 군 ·

그림 10-2 우리나라 재정의 분류

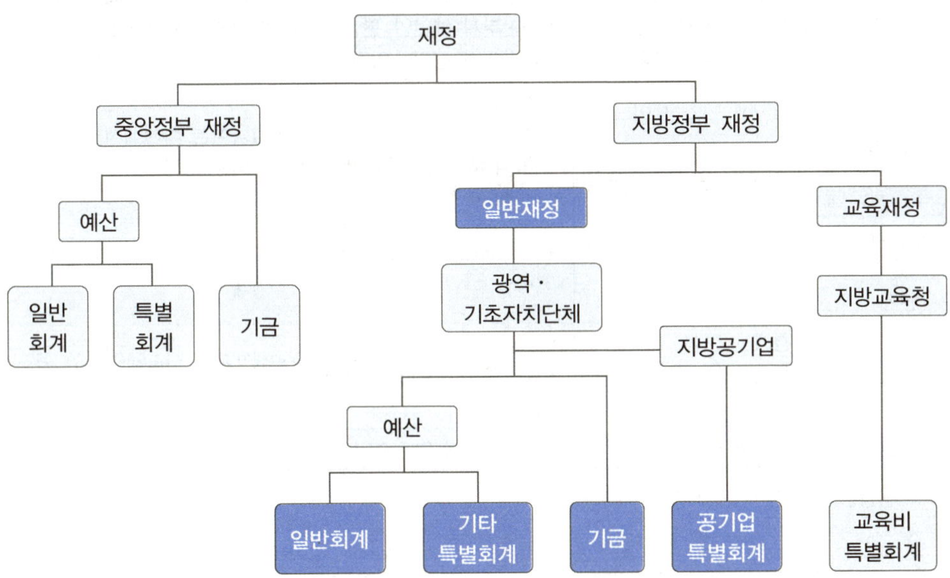

출처: 국회예산정책처(2022: 17) 재구성.

구)가 운용한다. 교육재정(교육자치단체)은 지방교육청(시 · 도교육청)이 운용하고 있다.[1)]

2) 운용수단에 따른 분류

일반재정은 운용수단과 수행사업의 성질에 따라 예산(일반회계와 특별회계)과 기금으로 구분한다.

일반회계는 지방자치단체 재정운영의 가장 기본이 되는 회계로서, 지역주민의 기초

표 10-1 지방재정의 회계별 특징 비교

구분	예산		기금
	일반회계	특별회계	
설치 목적	• 일반적인 재정활동 – 일반행정 기능 유지 – 기본적인 행정수요 충족	• 특정세입으로 특정세출 충당 – 특정사업 운영 – 특정자금 보유 및 운용	• 특정목적 위한 특정자금 운용 – 특정사업자금 관리 및 운용 – 특정부문자금 융자 및 적립
재원조달 및 운용형태	• 공권력에 의한 조세수입 • 무상급부 제공이 원칙	• 일반회계와 기금의 운용 형태 혼재	• 출연금, 부담금 등 다양한 재원 • 자금관리, 융자, 적립 등 다양
확정 절차	• 사업부서 예산 요구 • 예산부서 예산안 편성 • 지방의회 심의 · 의결	• 사업부서 예산 요구 • 예산부서 예산안 편성 • 지방의회 심의 · 의결	• 기금운용부서 계획 수립 • 예산부서 협의 · 조정 • 지방의회 심의 · 의결
집행 절차	• 합법성에 입각한 엄격한 통제 – 목적 외 사용 금지가 원칙	• 합법성에 입각한 엄격한 통제 – 목적 외 사용 금지가 원칙	• 합목적성 차원에서 자율성과 탄력성 보장
수입과 지출의 연계	• 특정 수입과 특정 지출의 연계 배제	• 특정 수입과 특정 지출의 연계	• 특정 수입과 특정 지출의 연계
계획 변경	• 추경예산 편성 • 예산의 이용, 전용, 변경, 이체	• 추경예산 편성 • 예산의 이용, 전용, 변경, 이체	• 정책사업 지출액의 20% 초과 변경 시 지방의회 의결
결산	• 지방의회 심의 · 승인	• 지방의회 심의 · 승인	• 지방의회 심의 · 승인

출처: 행정안전부(2021: 324–341) 재구성.

1) 교육재정은 「지방교육자치에 관한 법률」 제38조(교육비특별회계)에 따라 "시 · 도의 교육 · 학예에 관한 경비를 따로 경리하기 위하여" 해당 광역자치단체에 두는 교육비특별회계로 운용되는데, 그 재정운용의 주체가 시 · 도교육청이다.

적인 행정수요를 충족시키고 일반행정의 기능을 유지하기 위해 운용되는 회계로 자치단체별로 하나의 일반회계를 운영하고 있다.

특별회계는 지방자치단체 직영기업(공기업특별회계)이나 특정한 목적의 달성을 위하여 특정 세입으로 특정 세출을 충당(기타특별회계)하고자 설치・운용되는 회계이다.

기금은 특정한 목적의 달성을 위하여 특정한 자금을 보유・운용할 필요가 있을 때 설치하는 것으로 예산(일반회계와 특별회계)보다 신축적으로 운용할 수 있다는 것이 특징이다.

3) 성격에 따른 분류

재정활동은 본질적으로 정부의 수입과 지출활동이다. 예산과 기금 등 모든 재정운용수단은 수입과 지출로 구성된다.

제2절 지방재정의 구조

1 지방재정의 세입구조

1) 세입구조

지방정부가 그 행정수요를 충족시키기 위하여 마련하는 모든 재원을 지방세입이라고 한다. 지방재정의 세입구조는 조세수입을 근간으로 하는 중앙재정과 달리 지방세를 비롯한 다양한 세입원으로 이루어진다(전상경, 2003: 109).

우리나라의 지방세입은 지방자치단체가 자체적으로 재원을 조달할 수 있는지에 따라 자체재원과 이전재원으로 구분할 수 있다. 자체재원은 지방세와 세외수입이 있으며, 이는 지방자치단체가 자체적으로 조달하는 재원을 의미한다. 이전재원에는 지방교부세, 조정교부금과 국고보조금, 시・도비 보조금이 있으며, 이는 상위정부로부터 지원받는 재원을 의미한다. 그리고 기타로 지방채 등이 있다.

그림 10-3 지방세입구조

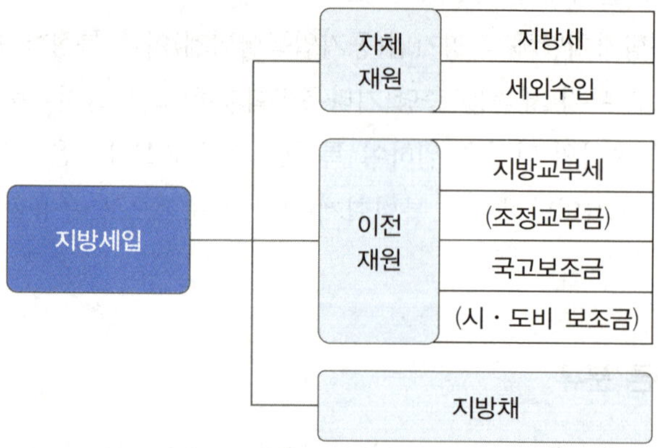

지방세입의 세입구조를 보면, 2022년 예산기준 자체재원인 지방세가 가장 높은 37.6%를 차지하고 있으며, 그다음은 이전재원인 보조금이 25.4%, 교부세가 20.3%인 것으로 나타났다.

또한 지난 10년 간 세입구조의 변화를 보면, 자체재원(지방세, 세외수입)은 2010년 56.8%에서 2022년 46.1%로 감소한 반면, 이전재원(교부세, 보조금)은 2010년 39.5%에서 2022년 45.7%로 증가한 것으로 나타났다(〈표 10-2〉 참조).

표 10-2 지방세입의 재원별 규모(2010~2022)

(단위 : 억 원, %)

구분		2010	2012	2014	2016	2018	2020	2022
합계		1,398,565	1,510,950	1,635,793	1,845,825	2,294,158	2,797,555	2,883,083
자체재원		794,341 (56.8)	858,913 (56.8)	750,895 (45.9)	866,726 (47.0)	1,015,437 (44.3)	1,160,041 (41.5)	1,328,144 (46.1)
	지방세	478,758 (34.2)	537,953 (35.6)	544,751 (33.3)	648,401 (35.1)	779,140 (34.0)	909,501 (32.5)	1,085,070 (37.6)
	세외수입	315,556 (22.6)	320,960 (21.2)	206,145 (12.6)	218,326 (11.8)	236,297 (10.3)	250,539 (9.0)	243,075 (8.4)
이전재원		552,510 (39.5)	612,641 (40.5)	692,590 (42.3)	749,718 (40.6)	859,089 (37.4)	1,101,325 (39.4)	1,317,281 (45.7)
	지방교부세	355,505 (25.4)	292,159 (19.3)	316,006 (19.3)	319,527 (17.3)	378,721 (16.5)	493,320 (17.6)	584,825 (20.3)

구분							
보조금	297,005 (21.2)	320,482 (21.2)	376,584 (23.0)	430,191 (23.3)	480,368 (20.9)	608,005 (21.7)	732,456 (25.4)
지방채	51,714 (3.7)	39,396 (2.6)	48,727 (3.0)	37,766 (2.0)	37,582 (1.6)	84,586 (3.0)	40,343 (1.4)
보전수입 등 및 내부거래			143,580 (8.8)	191,615 (10.4)	382,050 (16.7)	451,603 (16.1)	197,315 (6.8)

주: 1) 당초예산액 순계규모 기준.
2) 2014년도 세입과목 개편을 고려하여 2010~2013년도 세외수입 내역을 재편함. 즉, '세외수입'에서 잉여금, 전년도이월금, 전입금, 예탁금 및 예수금을 차감하고, 차감액은 '보전수입 등 및 내부거래'로 옮겨 자체재원과 이전재원 규모를 파악함.
출처: 행정안전부(각 연도). 『지방자치단체 통합재정 개요』; 행정안전부(각 연도). 『지방재정연감』 바탕으로 재구성.

2) 지방세의 유형과 구조

지방세는 "지방정부가 관할 영역 내에서 부과하는 조세"라고 정의할 수 있으며, 이러한 지방세에는 지방정부활동을 위한 재원조달이라는 목적뿐만 아니라 관할 지역 사회를 바람직한 상태로 가져가고자 하는 정책적 목적이 부여될 수 있다(우명동, 2016: 121). 즉, 지방세는 지방정부가 주민을 대상으로 당해 지방정부의 재정수요에 필요한 재원에 충당하기 위하여 특별급부에 대한 반대급부로 징수하는 것이 아니라 강제력을 동원하여 징수하는 조세라고 볼 수 있다(라휘문, 2021: 138; 이선화, 2012: 7; 이희봉, 2011: 361).

우리나라의 지방세는 총 11개 세목으로 구성되는데, 보통세는 취득세, 재산세, 지방소비세 등 9개 세목, 목적세는 지역자원시설세, 지방교육세 등 2개 세목이 있다. 또한 「지방세법」 제2조에 따라 징수 주체별로 특별시세, 광역시세, 도세 또는 시・군세, 구세로 구분되고 있으며, 성질별로는 소득과세 소비과세, 재산과세(보유과세와 거래과세)

표 10-3 지방세 유형과 구조

구분			세목
징수 주체별	도세	보통세	취득세, 등록면허세, 레저세, 지방소비세
		목적세	지역자원시설세, 지방교육세
	시・군세	보통세	주민세, 재산세, 자동차세, 지방소득세, 담배소비세
	광역시세	보통세	취득세, 레저세, 담배소비세, 지방소비세, 주민세, 지방소득세, 자동차세
		목적세	지역자원시설세, 지방교육세
	자치구세	보통세	등록면허세, 재산세

<table>
<tr><td rowspan="5">성질별</td><td colspan="2">소득과세</td><td>지방소득세, 주민세(종업원분, 균등분)</td></tr>
<tr><td colspan="2">소비과세</td><td>지방소비세, 담배소비세, 레저세, 자동차세(주행분), 등록면허세(면허분), 지역자원시설세(자원)</td></tr>
<tr><td rowspan="2">재산과세</td><td>보유과세</td><td>재산세, 주민세(재산분), 지역자원시설세(부동산), 자동차세(보유분)</td></tr>
<tr><td>거래과세</td><td>취득세, 등록면허세(등록분)</td></tr>
<tr><td colspan="2">기타 과세</td><td>지방교육세, 지난 연도 수입</td></tr>
</table>

등으로 구분할 수 있다.

지방세의 성질별 구조를 보면, 2020년 결산기준 재산과세가 50.0%로 가장 높으며, 그다음 소비과세 24.3%, 소득과세 18.5%로 재산과세 중심의 재정구조를 가지고 있다. 최근 10년 간 지방세원의 구조를 보면 전체 지방세수에서 재산과세가 차지하는 비중은 약 50%로 소득과세나 소비과세보다 2.5배 가량 높은 수준이다(〈표 10-4〉 참조).

반면, 중앙재정인 국세는 2020년 결산기준 소득과세 51.7%, 소비과세 34.0%, 재산과세 9.7%, 기타 4.6%로 소득과세와 소비과세가 높은 규모를 차지하고 있다.

이러한 지방세는 과세주체의 다양성, 재산과세 중심, 부가세의 존재, 국세 연계성과 같은 몇 가지의 특성을 가지고 있다(라휘문, 2021: 139-141).

첫째, 과세주체가 다양하다. 국세는 중앙정부라는 단일의 과세주체가 있지만 지방정부는 광역지방정부와 기초지방정부로 분리되어 있을 뿐만 아니라, 광역지방정부도 단일의 과세주체가 아니라 17개라는 다수의 과세주체가 존재하고, 기초지방정부는 226개의 과세주체가 있다. 둘째, 재산과세 중심이다. 국세는 소득과세와 소비과세의 비중이 높지만, 지방세는 재산과세의 비중이 높은 수준을 보이고 있다. 셋째, 독립세 중심이

표 10-4 지방세원의 과세 성질별 규모(2010~2020)

(단위 : 억 원, %)

구분		2010	2012	2014	2016	2018	2020
합계		491,598	539,381	617,250	755,317	843,183	1,020,488
소득과세		83,059 (16.9)	104,351 (19.2)	109,704 (17.7)	146,687 (19.4)	184,988 (21.9)	188,515 (18.5)
	지방소득세	81,454	102,603	97,169	130,946	167,057	169,411
	주민세(균등분, 종업원분 등)	1,613	1,748	12,535	15,741	17,931	19,104
	사업소세	△8	–	–	–	–	–

소비과세	100,201 (20.4)	105,758 (19.5)	136,272 (21.9)	156,211 (20.7)	164,368 (19.5)	247,971 (24.3)
지방소비세	26,789	30,335	58,357	64,011	74,624	165,692
담배소비세	28,749	28,812	29,528	37,440	34,776	35,777
레저세	10,675	11,293	10,729	10,602	10,164	1,686
자동차세(주행분)	31,691	33,452	34,975	39,728	40,264	39,939
등록면허세(면허분)	762	949	1,272	1,560	1,754	2,055
지역자원시설세(자원)	–	917	1,411	2,871	2,785	2,821
지역개발세	954	–	–	–	–	–
도축세	581	–	–	–	–	–
재산과세	253,788 (51.6)	275,636 (50.7)	314,824 (50.7)	381,080 (50.5)	422,984 (50.2)	510,057 (50.0)
재산세	48,173	80,492	87,791	99,299	115,321	137,731
주민세(재산분)	1,328	1,515	1,675	1,807	2,017	2,135
지역자원시설세(부동산)	–	35,801	10,237	11,629	13,470	14,951
자동차세(보유분)	31,195	35,801	37,542	35,805	38,613	41,402
종합토지세	△8	–	–	–	–	–
도시계획세	24,653	27	10	△0	△0	△0
공동시설세	6,496	–	–	–	–	–
취득세	68,249	138,024	163,912	217,016	238,135	295,363
등록면허세(등록분)	73,701	11,628	13,657	15,523	15,428	18,474
기타	55,257 (11.2)	57,613 (10.7)	60,438 (9.8)	71,338 (9.4)	70,843 (8.4)	73,945 (7.2)
지방교육세	48,710	50,814	54,549	62,661	65,439	71,358
지난 연도 수입	6,547	6,799	5,889	8,677	5,405	2,587

주: 1) 연도별 세입결산액 기준. 다만, 세제개편 이후, 상세한 지방세목별 징수실적이 공개되지 않은 일부 항목은 부과실적으로 대체함.

예를 들어, 2011년도의 지방세제 개편* 이후, 주민세(균등분, 종업원분, 재산분 등), 등록면허세(등록분, 면허분), 자동차세(주행분, 보유분), 지역자원시설세(특정자원분, 특정부동산분) 등은 정부가 제공·발간하는 통계에서 2011~2015년도 내역을 확인하기 어려움. 오직 해당 세목의 징수실적 합산액만 파악할 수 있음. 2016~2017년도 내역은 현재 국가통계포털의 '지방세통계 – 지방세 세목별 징수실적'에서만 제공하고 있음. 2018년도 이후부터는 『지방세통계연감』에도 상세 내역이 수록됨.

* [폐지] 도축세 [통·폐합 및 신설] ① 취득세+등록세(취득 관련분) → 취득세, ② 등록세(취득무관분)+면허세 → 등록면허세, ③ 재산세+도시계획세 → 재산세, ④ 공동시설세+지역개발세 → 지역자원시설세, ⑤ 자동차세+주행세 → 자동차세.

2) 주민세(균등분 등): 주민세 재산분을 제외한 종업원분, 균등분, 소득세할, 법인세할 합산액.

출처: 통계청 국가통계포털(https://kosis.kr/); 행정안전부(각 연도). 『지방세통계연감』(구. 지방세정연감) 바탕으로 재구성.

기는 하나 여전히 부가세가 존재하고 있다. 넷째, 중앙재정과 지방재정은 긴밀하게 연계되어 있다. 따라서 국세 감세정책이 이루어지면 지방세 역시 감세효과가 발생한다. 예를 들면, 지방세인 지방소비세는 국세인 부가가치세와 연동되어 있다. 부가가치세가 감소하면 지방소비세 역시 줄어든다. 또한 내국세가 감소하면 내국세의 일정부분을 재원으로 하는 지방교부세가 감소된다(라휘문, 2021: 140-141).

2 지방재정의 세출구조

지방정부는 행정목적을 달성하기 위하여 여러 가지 활동을 전개하는 데 그 활동을 위해서는 항상 재화의 지출을 필요로 하며, 이러한 재화의 지출을 지방세출이라고 한다(지방자치인재개발원 · 시도공무원교육원, 2020: 140). 즉, 지방정부가 공적인 활동을 수행하는 데 필요한 물적자원, 즉 재화를 지출하는 것을 지방세출이라고 볼 수 있다(손희준, 2019: 375). 지방세출은 지방정부가 수행하고자 하는 모든 행정 기능과 업무를 금전적으로 표현한 것이기 때문에 지방세출이야말로 지방재정활동의 궁극적인 목표라고 할 수 있다(손희준, 2019: 376).

지방세출은 분류의 기준에 따라 기능별, 성질별 등 다양하게 구분할 수 있다.

지방세출의 기능별 분류는 지방정부가 수행하는 중요한 기능에 따라 세출을 분류한 것(전상경, 2003: 87)으로 정부가 어떤 정책을 어느 정도의 경비로 수행하고 있는가를 볼 수 있도록 분류하는 것이다(라휘문, 2021: 334). 기능별로 일반공공행정, 공공질서 및 안전, 교육, 문화 및 관광, 환경, 사회복지, 보건, 농림해양수산, 산업 · 중소기업 및 에너지, 교통 및 물류, 국토 및 지역개발, 과학기술, 예비비 등 14개 기능으로 구성되어 있다.

기능별 세출예산은 2022년 기준 사회복지 예산이 30.5%로 가장 많은 비중을 차지하고 있는 것으로 나타났으며, 그다음은 기타(인력운영비 및 기본경비 등) 15.4%, 그리고 환경 9.5%인 것으로 나타났다. 가장 낮은 비중을 보이고 있는 것은 과학기술 0.1%인 것으로 나타났다. 특히 사회복지 예산의 경우, 지난 10년 간의 변화를 보면 2010년 19.0%에서 2022년 30.5%로 꾸준히 증가하고 있는 것으로 나타났다(〈표 10-5〉 참조).

표 10-5 기능별 지방세출 규모(2010~2022)

(단위: 억 원, %)

구분	2010	2012	2014	2016	2018	2020	2022
계	1,398,565 (100.0)	1,510,950 (100.0)	1,635,793 (100.0)	1,845,825 (100.0)	2,106,784 (100.0)	2,532,263 (100.0)	2,883,083 (100.0)
일반 공공행정	119,620 (8.6)	128,920 (8.5)	138,381 (8.5)	154,040 (8.3)	126,003 (6.0)	133,454 (5.3)	164,694 (5.7)
공공질서 및 안전	21,758 (1.6)	27,653 (1.8)	26,831 (1.6)	34,484 (1.9)	37,318 (1.8)	43,219 (1.7)	58,990 (2.0)
교육	81,385 (5.8)	98,201 (6.5)	96,849 (5.9)	106,714 (5.8)	129,396 (6.1)	139,509 (5.5)	157,968 (5.5)
문화 및 관광	77,949 (5.6)	74,441 (4.9)	79,981 (4.9)	90,403 (4.9)	102,866 (4.9)	121,263 (4.8)	134,061 (4.6)
환경보호	149,026 (10.7)	154,187 (10.2)	162,636 (9.9)	181,578 (9.8)	208,324 (9.9)	257,342 (10.2)	275,302 (9.5)
사회복지	265,342 (19.0)	309,157 (20.5)	400,832 (24.5)	466,075 (25.3)	571,293 (27.1)	751,015 (29.7)	880,572 (30.5)
보건	22,250 (1.6)	20,825 (1.4)	24,139 (1.5)	29,122 (1.6)	35,217 (1.7)	40,057 (1.6)	58,282 (2.0)
농림 해양수산	97,237 (7.0)	104,329 (6.9)	111,931 (6.8)	117,648 (6.4)	132,074 (6.3)	157,957 (6.2)	187,290 (6.5)
산업·중소기업	30,172 (2.2)	32,514 (2.2)	30,120 (1.8)	35,056 (1.9)	45,237 (2.1)	62,637 (2.5)	81,167 (2.8)
수송 및 교통	164,648 (11.8)	156,791 (10.4)	151,833 (9.3)	164,560 (8.9)	182,878 (8.7)	206,290 (8.1)	230,371 (8.0)
국토 및 지역개발	128,440 (9.2)	125,744 (8.3)	114,703 (7.0)	123,919 (6.7)	141,816 (6.7)	174,719 (6.9)	168,434 (5.8)
과학기술	4,375 (0.3)	5,149 (0.3)	6,316 (0.4)	4,798 (0.3)	4,685 (0.2)	3,722 (0.1)	3,975 (0.1)
예비비	21,964 (1.6)	30,566 (2.0)	30,468 (1.9)	44,674 (2.4)	50,801 (2.4)	45,485 (1.8)	37,863 (1.3)
기타	214,400 (15.3)	242,472 (16.0)	260,773 (15.9)	292,752 (15.9)	338,875 (16.1)	395,592 (15.6)	444,114 (15.4)

주: 본청 및 시·군·구, 당초예산 순계기준.
출처: 행정안전부(각 연도), 『지방자치단체 예산개요』; 행정안전부(각 연도), 『지방자치단체 통합재정 개요』.

지방세출의 성질별 분류는 경비의 경제적 성질에 착안하여 분류한 것으로 행정서비스의 인적·물적 및 화폐적 요소에 대응하는 경비의 구성을 나타내며, 경비에 사용된 용도와 국민경제에 기여한 정도를 파악하는 데 유용하다(라휘문, 2021: 340). 즉, 지방정부의 재정지출이 어떤 형태로 이루어지고, 특정 경제적 기능을 갖는 경비가 얼마나 지출되고 있는가를 개괄적으로 파악하기 위한 분류방식이다(전상경, 2003: 92). 성질별로 인건비, 물건비, 경상이전, 자본지출, 융자 및 출자, 보전재원, 내부거래, 예비비 등으로 구성된다.

성질별 세출은 경상이전(일반보상금, 이주 및 재해보상금, 포상금, 연금부담금, 배상금, 출연금, 민간이전, 지방정부이전, 전출금 등)이 전체 세출 규모의 48.2%로 가장 많은 비중을 차지하고 있으며, 그다음은 자본지출(시설비 및 부대비, 민간자본이전, 지방정부 등 자본이전, 공사·공단 자본전출금, 자산취득비 등)이 26.8%, 인건비가 10.1%, 내부거래(기타 회계 등 전출금, 기금전출금, 교육비특별회계전출금, 예탁금, 예수금원리금상환 등)가 6.7%를 차지하고 있다. 가장 낮은 비중을 차지하고 있는 것은 융자 및 출자(0.5%)인 것으로 나타났다(〈표 10-6〉 참조).

표 10-6 성질별 지방세출 규모(2010~2020)

(단위: 억 원, %)

구분	2010	2012	2014	2016	2018	2020	
계	1,385,709	1,502,609	1,620,661	1,857,454	2,103,211	2,851,818	100.0
인건비	157,715	174,429	190,623	210,553	242,473	289,039	10.1
물건비	93,464	103,964	111,761	127,890	144,820	164,864	5.8
경상이전	453,181	541,655	635,090	743,586	895,492	1,375,354	48.2
자본지출	529,557	518,069	496,441	554,935	604,352	763,184	26.8
융자 및 출자	13,006	10,628	16,821	13,915	12,509	13,965	0.5
보전재원	36,408	42,134	52,417	54,112	27,357	35,313	1.2
내부거래	93,718	104,341	105,113	137,099	159,194	189,715	6.7
예비비 및 기타	8,662	7,390	12,395	15,365	17,014	20,384	0.7

주: 결산기준.

출처: 행정안전부(각 연도), 『지방자치단체 예산개요』; 행정안전부(각 연도), 『지방자치단체 통합재정 개요』.

제3절

정부간 재정관계와 지방재정조정제도

1 중앙과 지방간 재정관계

우리나라의 지방재정은 중앙정부 및 지방정부와 재원을 이전받거나 이전하는 방식의 재정상 관계를 맺고 있다.

먼저, 국가의 총 조세(국세와 지방세)는 중앙정부와 지방정부의 기능배분에 따라 국가재정과 지방재정으로 구분된다. 다만, 중앙재정이 지방재정에 비해 많은 규모가 차지하도록 체계화되어 있다. 구체적으로 재원규모가 큰 소득과세(소득세, 법인세 등)와 소비과세(부가가치세, 개별소비세 등)가 중앙정부의 재원으로 되어 있고, 지방재정은 재산과세(취득세, 등록면허세, 재산세, 자동차세 등)를 중심으로 구성되어 있다. 이로 인해 우리나라의 중앙재정과 지방재정의 세입 규모는 약 7:3 정도이며, 재정사용액의 규모는 4:6 정도로 세입과 세출의 차이가 발생한다. 따라서 지방재정의 부족 재원은 중앙정부의 이전재원을 통해 충당되고 있다.

또한 지방정부가 필요한 재원은 우선적으로 자체재원에 의하여 충당하는 것이 원칙이다. 즉, 지방정부가 필요한 재원은 지방세와 세외수입에 의하여 충당하여야 하는 것이다. 그러나 지방정부별로 경제력의 격차, 인구 수의 차이 등 다양한 원인으로 인하여 자체재원의 규모가 큰 지방정부와 규모가 작은 지방정부가 공존하는 현상이 발생한다. 따라서 이러한 문제점을 해소하기 위해 중앙정부는 지방교부세, 보조금 등을 통해 재정지원이 이루어지고 있다(라휘문, 2021: 36).

그다음, 중앙정부와 지방정부간의 관계와 유사한 현상이 광역지방정부와 기초지방정부간의 관계에서도 나타난다. 즉, 기초지방정부는 재정규모가 광역지방정부에 비해 열악하고, 해당 광역지방정부 내에 있는 기초지방정부간에도 재정규모의 불형평성이 존재한다. 따라서, 광역지방정부는 기초지방정부를 대상으로 조정교부금, 시·도비 보조금 등을 통해 재정조정 기능을 수행하고 있다(라휘문, 2021: 37-38).

따라서 중앙정부와 지방정부의 총 재정규모 중 일부재원은 지방교부세, 조정교부금, 보조금, 교육재정교부금 등의 방식으로 중앙정부와 지방정부, 광역자치단체와 기초자치단체, 일반자치단체와 교육자치단체간에 재원 이전을 통해 최종 재정지출이 이루어진다.

이와 같이 중앙과 지방이 각자의 역할 수행에 필요한 만큼 세금을 거두어들이지 않고, 정부간 재정이전을 통해 이루어지는 하는 이유는 크게 다음의 세 가지로 나누어 볼 수 있다. 첫째, 이전재원을 통해 지방자치단체간의 재정격차를 시정함으로써 모든 국민이 거주지역에 관계없이 최소한의 표준적인 행정서비스(national minimum standard)를 제공받을 수 있도록 하기 위한 것이다. 둘째, 지역간에 외부효과(externalities)를 유발하는 지방공공재는 어느 한 지방자치단체가 전담하여 공급할 유인이 적으므로, 이전재원이라는 재정적 유인을 통해 적정수준의 공급이 이루어지도록 하기 위한 것이다. 셋째, 중앙정부의 사무가 지방자치단체로 위임되는 경우, 관련 비용은 상위정부가 부담하는 것이 원칙이므로, 정부간의 재정조정 장치를 두는 것이다.

그림 10-4 중앙-지방간 재정구조 및 규모

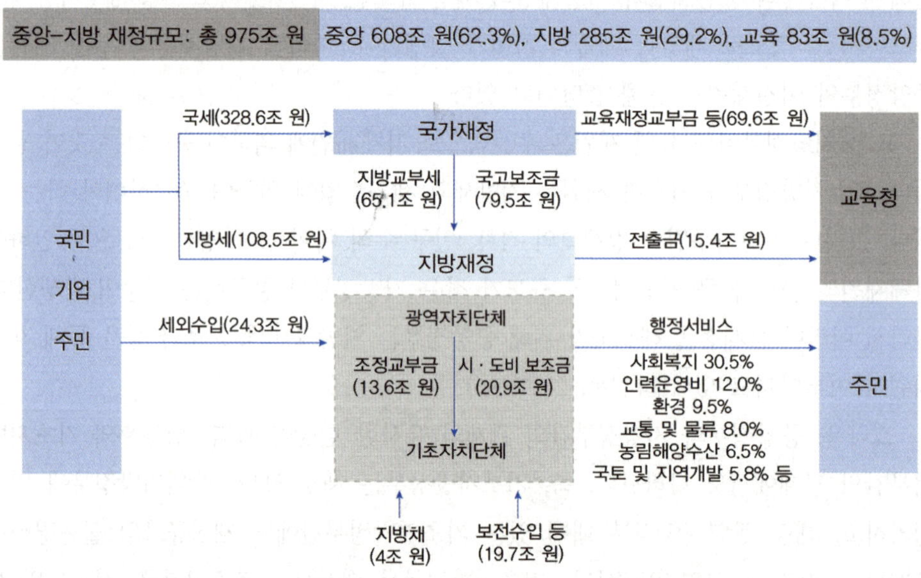

주: 2022년 예산기준, 국가재정은 본예산, 지방재정 및 지방교육재정은 당초예산 통합재정지출액(일반회계+특별회계+기금).

출처: 행정안전부(2022). 『2022년도 지방자치단체 통합재정 개요』 재구성.

2 지방재정조정제도의 의의 및 유형

1) 지방재정조정제도의 의의

지방재정조정제도는 지방자치단체간의 경제력 차이 등으로 인한 재정상의 불균형을 완화하여 국가 전체적으로 재정운영의 효율성을 제고하기 위하여 국가나 상위 지방정부가 재정력이 취약한 지방자치단체로 재원을 이전해 주는 제도이다(김동기, 2008: 151). 지방자치단체가 행정 기능수행에 필요한 경비는 기본적으로 지방세 및 세외수입으로 구성되는 자체재원을 통해 충당하는 것이 바람직하다. 그러나 「지방세법」에 따라 동일한 세원을 갖고 있음에도 불구하고, 지방자치단체간에는 관할지역의 부존자원 가치, 인구, 면적, 경제력 등에서 기인하는 재원조달 능력에 차이가 존재하므로 재원보장 및 재정격차 완화를 위한 조정과정이 필요하다.

이러한 지방재정조정제도는 지방자치단체간 재정력 격차의 시정을 통해 지방공공서비스의 확충, 지방자치단체의 공공재 공급에 따른 외부효과를 내부화함으로써 효율성 제고, 중앙정부의 위임사무에 대한 비용부담 등의 역할과 기능을 하고 있다.

우리나라의 지방재정조정제도는 중앙정부와 지방정부간의 재정조정과, 광역자치단체와 기초자치단체간의 재정조정으로 구분할 수 있다.

2) 지방재정조정제도의 유형

(1) 중앙정부의 지방재정조정제도

중앙정부의 지방재정조정제도는 중앙정부와 지방자치단체간 수직적 · 수평적 재정 불균형을 조정하는 수단으로 지방교부세, 국고보조금이 있다.

지방교부세는 「지방교부세법」에 따라 지방자치단체의 행정운영에 필요한 재원의 보장과 재정불균형 완화를 위해 지방자치단체에 교부하는 제도로 보통교부세, 특별교부세, 부동산교부세, 소방안전교부세 등이 있다.

이 중 보통교부세와 부동산교부세는 용도 지정없이 지방자치단체 일반재원으로 사용가능하며, 특별교부세와 소방안전교부세는 용도가 지정되어 있는 특정재원이다. 지방교부세의 재원은 해당 연도 내국세 총액의 19.24%, 종합부동산세 총액, 담배에 부과하는 개별소비세 총액의 45%, 전년도 정산액(내국세, 종합부동산세, 개별소비세의 예산액과 결산액간의 차이로 인한 교부세 차액)을 가감한 금액으로 구성된다.

국고보조금은 「보조금 관리에 관한 법률」에 따라 국가의 정책적 필요에 따른 지방자치단체 사업의 지원 또는 국가위임 사무의 수행을 위하여 사업비의 일부 또는 전부를 지방자치단체에 교부하는 제도로, 지방교부세와 달리 사업별로 용도와 조건이 지정되어 특정 목적으로 집행해야 하며 일정한 지방비 부담이 요구된다.

국고보조금의 재원은 해당 연도에 중앙정부 예산으로 계상된 일반회계, 특별회계, 기금으로 구성된다(국회예산정책처, 2022: 32-33).

표 10-7 중앙과 지방간 지방재정조정제도

구분	지방교부세	국고보조금
근거법령	「지방교부세법」	「보조금 관리에 관한 법률」
재원구성	• 내국세의 19.24% – 보통교부세: 정률분 교부세 총액의 97% – 특별교부세: 정률분 교부세 총액의 3% • 부동산교부세: 종합부동산세 전액 • 소방안전교부세: 담배에 부과되는 개별소비세의 45%	국가의 일반회계 또는 특별회계 예산으로 계상
용도	• 보통·부동산교부세: 용도지정없이 지방자치단체 일반예산으로 사용 • 특별교부세: 용도지정, 조건부여 가능 • 소방안전교부세: 특수수요는 용도지정 가능 – 소방 분야에 교부세 총액의 75% 이상 사용	용도와 조건이 지정되어 특정목적재원으로 운용
성격	• 보통·부동산교부세: 일반재원(자주재원 성격) • 특별교부세: 특정재원(자주재원 성격) • 소방안전교부세: 일반 및 특정재원(자주재원 성격)	특정목적재원 (이전재원 성격)

주: 소방안전교부세율은 2018년 20%에서 2019년 35%, 2020년 45%로 인상.
출처: 행정안전부(2022: 70) 재인용.

(2) 지방자치단체간의 지방재정조정제도

지방자치단체간 지방조정제도는 지방자치단체간 수직적·수평적 재정불균형을 조정하는 수단으로 시·도비 보조금, 조정교부금 등이 있다.

시·도비 보조금은 「지방재정법」 제23조 제2항에 따라 광역자치단체의 정책적 필요에 따른 기초자치단체 사업에 대한 지원 또는 시·도 위임사무의 수행을 위하여 사업비의 전부 또는 일부를 기초자치단체에 지원하는 제도이다. 광역자치단체의 일반재원으로 조달되며, 재원의 용도가 지정되어 있고 대부분의 경우 기초자치단체의 재원 분담을 전제로 한다.

조정교부금 중 자치구 조정교부금은 특별・광역시가 자치구의 안정적인 행정운영에 필요한 재원을 보장하고, 자치구간 세원 분포의 불균형에 따른 재원확보 능력의 차이를 시정하기 위해 지원하는 제도이다. 재원은 특별・광역시의 시세(市稅) 중 보통세(광역시의 경우, 주민세 재산분 및 주민세 종업원분 제외)의 일정액(20%~23.9%)으로 구성된다. 한편, 시・군 조정교부금은 시・군간의 재정력 격차를 조정하기 위한 제도이다. 광역 시・도가 관할 시・군이 징수한 도세의 일부를 해당 시・군에 배분하는 방식으로 운영되며, 시・군에서 징수하는 광역시세・도세의 27%(인구 50만 명 이상의 시와 자치구가 아닌 구가 설치되어 있는 시는 47%)를 재원으로 한다.

조정교부금은 일반조정교부금과 특별조정교부금으로 구분되며, 일반조정교부금은 시・군의 행정운영에 필요한 재원을 보전하는 등 일반적 재정수요에 충당하기 위한 교부금이고, 특별조정교부금은 시・군의 지역개발사업 등 시책을 추진하는 등 특정한 재정수요에 충당하기 위한 교부금이다.

표 10-8 광역과 기초간 지방재정조정제도

구분	시・도비 보조금	조정교부금	
		자치구 조정교부금	시・군 조정교부금
근거 법령	「지방재정법」 제23조 제2항	• 「지방재정법」 제29조의2 • 「지방재정법 시행령」 제36조의2	• 「지방재정법」 제29조 • 「지방재정법 시행령」 제36조
재원 구성	시도의 일반회계 또는 특별회계	• 특별・광역시의 보통세 중 조례로 정하는 일정액(20~23.9%) • 일반조정교부금(90%), 특별조정교부금(10%)	• 광역시・도세(화력・원자력발전・특정 부동산에 대한 지역자원시설세 및 지방교육세 제외) 총액 및 지방소비세의 27%(인구 50만 명 이상 시와 자치구가 아닌 구가 설치되어 있는 시는 47%)에 해당하는 금액 • 일반조정교부금(90%), 특별조정교부금(10%)
용도	특정한 지원대상사업 재정수요 충당 (용도 지정)	• 일반조정교부금: 용도지정 없이 지방자치단체의 일반재원으로 사용 • 특별조정교부금: 교부시 부과된 조건이나 목적에 맞게 사용	

출처: 행정안전부(2022: 86) 재인용.

3 지방재정조정의 현황

2022년 기준 지방재정의 세입 총계는 400.1조 원이며, 이 중 자체재원은 137.2조 원이고, 이전재원은 221.7조 원으로 총계예산 대비 46.8%를 차지하고 있다. 중앙정부의 이전재원은 187.1조 원(지방교부세 58.5조 원, 국고보조금 128.6조 원)으로 46.8%이고, 광역자치단체의 이전재원은 34.6조 원(자치구조정교부금 6.0조 원, 시・군 조정교부금 7.6조 원, 시・도비 보조금 20.9조 원)으로 8.6%를 차지하고 있다(〈표 10-9〉 참조).

표 10-9 정부간 지방재정조정현황

(단위: 조 원, %)

구분			2010	2012	2014	2016	2018	2020	2022
총계예산(A+B+C)			197.9	223.1	243.7	290.7	324.5	428.7	400.1
자체재원(지방세+세외수입)(A)			93.4	104.7	81.9	96.7	108.0	123.1	137.2
이전재원	이전재원 합계(B)		97.2	112.3	124.0	140.9	163.6	241.2	221.7
	중앙 → 지방	소계(a)	81.7	94.3	104.3	117.4	136.8	201.5	187.1
		지방교부세	27.7	33.6	35.2	37.3	47.9	50.1	58.5
		국고보조금	54.0	60.7	69.0	80.1	88.9	151.4	128.6
	광역 → 기초	소계(b)	15.6	18.0	19.7	23.4	26.8	39.7	34.6
		자치구조정교부금	3.4	3.3	3.9	4.9	5.7	6.5	6.0
		시・군 조정교부금	3.6	4.2	4.2	5.6	6.0	7.2	7.6
		시・도비 보조금	8.7	10.5	11.7	13.0	15.1	26.0	20.9
기타(지방채+보전수입 등 및 내부거래)(C)			7.3	6.1	37.8	53.2	53.0	64.5	41.3
총계예산 대비 비중		중앙 → 지방(a)	41.3	42.3	42.8	40.4	42.2	47.0	46.8
		광역 → 기초(b)	7.9	8.1	8.1	8.1	8.2	9.3	8.6
		이전재원(B)	49.1	50.4	50.9	48.4	50.4	56.3	55.4

주: 2020년까지는 최종예산, 2022년은 당초예산 기준임.
출처: 행정안전부(각 연도). 『지방자치단체 통합재정 개요』.

제4절

주요 이슈: 역대 정부별 지방재정 정책의 변화 및 특징

1 역대 정부별 지방재정 정책의 변화와 특징

역대 정부별 재정분권 정책의 변천을 크게 여섯 가지 시기로 나누어 보면 다음과 같다. 먼저, 주민의 직접선거 방식에 의해 지방의회(1991년)와 지방행정부(1995년)를 구성할 수 있게 된 시점을 기준으로, 그 이전에 수립된 정부들의 재정분권 정책, 그다음, 본격적인 지방자치제도 시행 이후 수립된 정부들의 주요 재정분권 정책이다.

먼저, 1997년 이전 정부들의 기초·광역자치단체의 의회의원과 지방자치단체장을 주민이 직접선출하는 본격적인 지방자치의 시행을 앞두고, 지방재정을 확충할 필요성이 제기되었다. 지방세제 변화 중에서는 자치구세의 도입(1988년), 담배소비세(1989년), 종합토지세(1990년), 지역개발세(1992년)의 신설, 탄력세율제도의 확대(1992년)와 마권세의 경주·마권세로의 개편(1994년) 등을 주요한 변화로 꼽을 수 있다.

또한 지방재정조정제도의 변화로 1972년 「경제의 안정과 성장에 관한 긴급명령」('8·3 조치')에 따라 폐지되었던 지방교부세의 법정교부율이 1982년 8·3 조치의 해제와 함께 지방교부세 교부율을 다시 법률로 규정하였으며, 재정여건 등을 고려하여 내국세의 13.27%로 법정교부율을 결정하였다. 그리고 교부세 총액의 11분의 10을 보통교부세, 11분의 1을 특별교부세로 하였다. 국고보조금은 1986년 「국고보조금법」을 「보조금의 예산 및 관리에 관한 법률」로 개정하면서 1987년부터 국고보조금 지원의 신청주의를 원칙화하고 사업별 기준보조율과 지역별 차등보조율을 적용하여 지방자치단체의 계획적이고 안정적인 사업운용이 가능하도록 하였다. 그 밖에 1982년 증액교부금, 1988년 조정교부금, 1991년 지방양여금이 신설되었다.

김대중 정부(1998~2002년)에서는 1999년 제정된 「중앙행정권한의 지방이양 촉진 등에 관한 법률」에 따라 자치분권 차원에서 중앙정부 사무의 지방이양이 추진되었다. 국세 및 지방세 개편과 관련하여 2000년 휘발유·경유 등의 유류에 부과하는 국세, 즉 교통세(현재 교통·에너지·환경세)의 일부를 세원으로 하는 주행세의 신설, 2001년 국세인 교육세의 일부를 지방세로 전환하여 지방교육세 신설, 2001년 농지세의 농업소득세로 변경, 2001년 경주·마권세의 레저세로의 개편 및 과세대상의 추가 등을 통해 지방재정 확충과 관련된 정책이 실시되었다.

또한 지방재정조정제도의 변화로 정부는 지방자치제도의 본격적인 시행에 따라 증대되고 있는 행정수요에 대처하고 열악한 지방재정을 확충하기 위해 2000년에 지방교부세의 법정교부율을 내국세 총액의 13.27%에서 15%로 조정하였다. 그 밖에 광역자치단체와 기초자치단체간의 재정조정 수단으로 특별시를 제외한 시·도에서 시·군의 재정을 보전하기 위해 2000년에 재정보전금 제도가 도입되었다.

노무현 정부(2003~2007년)에서는 중앙과 지방의 고른 발전을 목표로 집권 초기부터 지방분권과 국가균형발전에 관한 정책들이 적극적으로 추진되었다. 지방세제 변화 중에서는 2005년에 부동산 보유세제의 대대적 개편, 2006년 담배소비세율의 인상, 2006년 자동차세율 조정권의 이양 범위 확대, 2006년 지역개발세의 과세대상에 원자력발전 추가 등을 주요한 변화로 제시할 수 있다.

지방재정조정제도와 관련하여서는 국고보조금제도의 개편으로 지방분권 강화를 위해 국고보조사업의 일부를 지방으로 이양하면서 소요재원의 보전을 위한 분권교부세를 신설(2005년)하였으며, 이를 위해 지방교부세 법정교부율을 15%에서 19.13%, 19.24%로 두 차례 상향(2005년, 2006년)하였다. 이에 따라 내국세 총액의 1만분의 83(2005년), 1만분의 94(2006년)는 분권교부세로, 분권교부세액을 제외한 교부세 총액의 100분의 96은 보통교부세, 100분의 4는 특별교부세로 배분할 것을 규정하였다. 이와 함께 국가의 균형발전과 연계된 사업은 국가균형발전특별회계를 신설(2005년)하여 이관되었다.

한편, 부동산 보유세제의 전면적인 개편에 따라 도입된 국세, 즉 종합부동산의 지방이전을 위하여 종합부동산세의 총액을 재원으로 하는 부동산 교부세(2006년)가 신설되었다. 그 밖에 증액교부금 및 지방양여금의 폐지(2005년), 지방재정법의 전면개정 및 시행(2006년), 제주특별자치도의 출범(2006년) 등이 이루어졌다.

이명박 정부(2008~2012년) 시기에 이루어진 지방세제 변화 중에서는 서울시의 재산세 공동과세 제도 도입(2008년), 지방소비세와 지방소득세의 신설(2010년), 「지방세법」의 분법화 및 지방세목의 간소화(2011년) 등이 있다. 특히 국세 중 소득세 및 법인세와 동일한 과세대상 및 과세표준에 대해 그 결정세액의 10%를 부과하는 지방소득세, 국세인 부가가치세의 5%를 재원으로 하는 지방소비세를 신설하였다. 또한 지방소비세에 의한 지방자치단체간 재정격차를 완화하기 위해 수도권(서울, 경기, 인천)의 지방소비세 세수의 35%를 재원으로 하는 지역상생발전기금을 신설하였다.

또한 지방재정조정제도와 관련하여서는 분권교부세의 운영기한 연장(2010년), 지방소비세 도입에 따라 기존처럼 광역 · 기초자치단체에 모두 배분하기보다는 기초자치단체에 한정하여 교부하기로 하는 부동산교부세의 교부기준 변경(2010년), 그리고 국가균형발전특별회계의 광역 · 지역발전특별회계로의 개편(2010년) 등이 있다.

박근혜 정부(2013~2016년) 시기에 이루어진 지방세제 변화 중에서는 지방소비세를 기존 부가가치체의 5%에서 11%로 세율 인상(2014년), 지방소득세의 독립세화(2014년), 화력발전에 대한 지역자원시설세의 과세 시행(2014년), 등록면허세의 세율 인상(2014년), 담배가격 인상 추진과 관계하여 담배소비세의 과세대상 확대(2014년) 및 세율 인상(2015년) 등이 주요한 변화이다.

또한 지방재정조정제도의 변화로 보통교부세와 특별교부세의 법정교부율을 기존 96% 대 4%에서 97% 대 3%로 조정(2014년), 담배분 개별소비세의 20%를 재원으로 하는 소방안전교부세를 신설(2015년)하고, 2009년 폐지를 앞두고 운영기한이 5년 더 연장되었던 분권교부세는 보통교부세로 통합(2015년)하였다. 그 밖에 특별시와 광역시의 자치구간 재정격차를 완화하기 위한 조정교부금과 시 · 도에서 시 · 군의 재정을 보전하기 위한 재정보전금의 명칭을 조정교부금으로 통일(2014년)하였다.

문재인 정부(2017~2022년)는 출범 초기 "지방재정 자립을 위한 강력한 재정분권"을 국정과제로 제시하면 현행 8 : 2 수준의 국세와 지방세 비율을 단기적으로는 7 : 3, 장기적으로 6 : 4까지 조정하여 지방의 재정자립도를 높이고자 하였다. 이에 따라 2018년 재정분권 정책의 단계적 추진을 위해 1단계 재정분권 정책(2019~2020년)을 발표하고, 2021년 2단계 재정분권 정책(2021~2022년)의 추진방안을 발표하였다. 1단계 재정분권 정책으로는 지방소비세 10%p 인상, 3.6조 원 내외의 국가균형발전특별회계 사업의 기능이양, 소방안전교부세의 법정교부율을 담배분 개별소비세액의 20%에서 2019년 35%, 2020년 45%로 인상 등의 정책이 시행되었다. 2단계 재정분권 정책으로는 지방소비세 4.3%p 인상, 2.25조 원 가량이 국고보조사업 지방이양, 지역소멸대응기금 조성, 기초단체 국고보조 인상 등의 정책이 발표되었다.

표 10-10 역대 정부별 지방재정 정책의 변화

구분	지방세	지방재정조정제도		기타
		지방교부세	국고보조금	
과거 (~'97)	• 자치구세 도입('88) • 담배소비세 신설('89) • 종합토지세 신설('90) • 지역개발세 신설('92) • 탄력세율제 확대('92) • 마권세 → 경주마권세 변경('94)	• 교부세율: 내국세의 13.27%('82) – 보통교부세: 교부세 총액의 10/11('82) – 특별교부세: 교부세 총액의 1/11('82)	• 신청주의 원칙화('87) • 사업별 기준보조율 및 지역별 차등보조율 적용('87)	• 증액교부금 신설('82) • 조정교부금 신설('88) • 지방양여금 신설('91)
김대중 정부 ('98~'02)	• 주행세 신설('00) • 지방교육세 신설('01) • 농지세 → 농업소득세 변경('01) • 경주마권세 → 레저세 변경('02)	• 교부세율: 내국세의 15%('00)		• 재정보전금 신설('00)
노무현 정부 ('03~'07)	• 종합토지세 → 재산세 통합('05) • 종합부동산세(국세) 신설 및 교부세로 전액 지방 배분('05) • 담배소비세율 인상('06) • 자동차세율 조정권 이양 확대('06) • 지역개발세 과세대상에 원자력발전 추가('06)	• 교부세율: 내국세의 19.13%('05) → 19.24%('06) – 보통교부세: (분권교부세액 제외) 교부세 총액의 96/100('05) – 특별교부세: (분권교부세액 제외) 교부세 총액의 4/100('05) – 분권교부세 신설: 내국세의 0.83%('05) → 0.94%('06) – 부동산교부세 신설: 종합부동산세 전액('06)	• 국고보조사업 정비 및 일부 지방이양으로 제도 개편('05) • 균형발전특별회계 신설('05) • 제주특별자치도 계정 신설('07)	• 증액교부금, 지방양여금 폐지('05) • 지방재정법 전면개정('06) – 예산편성지침 시달제도 개선 – 주민참여형 예산편성제 도입 등 • 제주특별자치도 출범('06)
이명박 정부 ('08~'12)	• 서울시 공동재산세 도입('08) • 지방소비세 신설('10) • 지방소득세 신설('10) • 지방세법 분법('11): 지방세기본법, 지방세법, 지방세특례제한법 • 지방세목 16개 → 11개('11)	– 분권교부세 5년 연장('10) 부동산교부세: 광역 · 기초 → 전액 기초자치단체('10) (특별자치시 · 도 포함)	• 국가균형발전특별회계 → 광역 · 지역발전특별회계 변경('10)	• 지역상생발전기금 신설('10) • 세종특별자치시 출범('12)

박근혜 정부 ('13~'16)	• 지방소비세 및 등록면허세 세율 인상('14) • 지방소득세 독립세화('14) • 화력발전에 대한 지역자원시설세 과세 시행('14) • 담배소비세 과세대상 확대('14) 및 세율 인상('15)	– 보통교부세: 교부세 총액의 97/100('14) – 특별교부세: 교부세 총액의 3/100('14) – 분권교부세 → 보통교부세통합('15) – 소방안전교부세 신설('15): 담배분 개별소비세의 20%	• 광역 · 지역발전특별회계 → 지역발전특별회계 변경('15) • 세종특별자치시 계정 신설('15)	• 재정보전금 → 조정교부금 명칭 통일('14)
문재인 정부 ('17~'21)	• 지방세징수법 독립법제화('17) • 지방소득세 최고세율 상향('18) • 궐련형 전자담배세율 인상('18) • 지방소비세율 단계적 인상 – 1단계: 15%('19), 21%('20) – 2단계: 23.7%('22), 25.3%(23)	– 소방안전교부세: 담배분 개별 소비세의 35%('19), 45%('20)	• 지역발전특별회계 → 국가균형발전 특별회계 변경('18) • 1단계: 국고보조 일반사업 전환(기능이양) 3.6조 원('19) • 2단계: 국고보조 사업 기능이양 1.03조 원('22), 1.22조 ('23) • 기초자치단체 국고보조 인상	• 지역상생발전기금 연장 및 지방소비세율 인상분 출연('19) • 고향사랑 기부제 도입('19) • 지역소멸대응 기금 도입

출처: 이미애 · 안지선(2018) 수정 보완.

2 최근 재정분권 정책의 주요 이슈

정부는 중앙-지방간의 재원과 기능(사무) 배분의 불균형에서 기인하는 지방분권의 한계를 보완하고 균형발전을 촉진시키는 한편, 지방자치단체의 재정자율성과 책임성을 제고하기 위해 '재정분권 추진방안(관계부처 합동, 2018)'을 수립하고, 이에 따라 제1단계('19~'20년) 및 제2단계('22~'23년) 재정분권을 추진하고 있다.

먼저, 1단계 재정분권('19~'20년)에서는 지방세 확충과 기능이양을 위한 지방소비세율 10%p 인상, 국가균형발전특별회계 포괄보조사업 등 중앙정부 기능의 지방이양, 소방직 지원을 위한 소방안전교부세율 25%p 단계적 인상을 추진하였다. 지방소비세 10%p 인상분은 기능이양 보전분(3.6조 원)과 기초자치단체 조정교부금 및 교육전출금 등 재정조정분(0.9조 원)으로 정액배분한 후, 나머지 지방소비세 인상분에 대해 시도 소비지수에 지역별 가중치(수도권 : 광역시 : 도=1 : 2 : 3)를 적용하여 배분하고, 수도권자치단체의 지방소비세 세수의 35%를 지역상생발전기금으로 출연하였다.

또한 지방세 확충과 연계하여 중앙정부의 기능이양(3.6조 원 규모)을 추진하였으며, 소방직 국가직화와 소방인력 충원을 위해 소방안전교부세율은 기존 담배분 개별소비세의 20%에서 '19년 35%, '20년 45%로 인상하였다.

1단계 추진방안의 이행결과, 국세 대비 지방세 비중이 4%p 개선되었고, '20년 기준 3.2조원 규모의 지방재정이 순확충되었다(국회예산정책처, 2022: 41).

그다음, 2단계 재정분권('22~'23년)에서는 지방소비세율 추가 4.3%p 인상, 지역소멸대응기금 신설을 통해 낙후지역 기반시설 개선, 기초자치단체 국고보조율 인상을 제시하였다. 지방소비세 인상분은 기능이양에 따른 전환사업보전분과 가초자치단체 및 지방교육청의 재원변동분을 선보전하는 것은 동일하나 나머지 지방소비세 인상분에 대해 기존 시도 소비지수에 지역별 가중치(수도권 : 광역시 : 도=1 : 2 : 3)를 적용하여 광역자치단체별로 배분하는 방식에서 광역자치단체에 배분된 지방소비세를 광역 및 기초에 6 : 4로 재배분하도록 개선되었다.

또한 지방소비세 인상을 통한 지방세 확충과 함께 2.3조 원 규모의 국고보조사업이 지방이양될 예정이며, '지방소멸대응기금'을 신설하여 낙후지역의 기반시설 확충 등에 사용할 계획이며, 국가 일반회계 예산 1조 원을 지방자치단체 교부금으로 확보하여, 지역소멸지수, 낙후도 등에 따라 광역 및 기초에 25%, 75%씩 배분할 예정이다.

2단계 재정분권을 통해서는 국세 대비 지방세 비중이 1.1%p 개선되고, 2.3조 원 규모의 지방재정이 순확충될 것으로 예상된다(국회예산정책처, 2022: 42).

이러한 재정분권 1 · 2단계에 따른 지방소비세의 구조 및 안분방식을 살펴보면 [그림 10-5]와 같다.

표 10-11 재정분권 이행경과 및 추진방안

구분	이전	1단계		2단계
	'18년	'19년	'20년	'22~'23년
지방소비세율	11%	15%(+4%p)	21%(+6%p)	25.3%(+4.3%p)
소방안전교부세율	20%	35%(+15%p)	45%(+10%p)	–
기능이양	–	3.6조 원		2.3조 원
국세 : 지방세 ('16년–76 : 24)	77.7 : 22.3	76.4 : 23.6	73.7 : 26.3	72.6 : 27.4

출처: 국회예산정책처(2022: 41).

그림 10-5 지방소비세 구조 및 안분방식

<table>
<tr><td colspan="2">부가가치세 납부세액 100%</td></tr>
<tr><td>(국세) 부가가치세 74.7%</td><td>(지방세) 지방소비세 25.3%</td></tr>
</table>

<table>
<tr><th>구분</th><th>안분방식</th></tr>
<tr><td>기존
5%p</td><td>시도 소비지출 × 가중치(1 : 2 : 3)
[시・도] 지방소비세</td></tr>
</table>

<table>
<tr><td rowspan="4">기존
6%p</td><th rowspan="2">취득세 감소분</th><th rowspan="2">지방교육세
감소분</th><th colspan="2">지방교부세 감소분</th><td rowspan="3">교육
전출금
공제</td><th rowspan="2">지방교육
재정교부금
감소분</th></tr>
<tr><td colspan="2">보통교부세
배분비율(19.24%)</td></tr>
<tr><td>취득세
감소비율(98%)
+
사회복지수요(2%)</td><td>취득세
감소비율</td><td>시・도
몫</td><td>시・군・구
몫</td><td>보통
교부금
배분비율
(20.27%)</td></tr>
<tr><td>[시・도]
지방소비세</td><td>[시・도]
지방소비세</td><td>[시・도]
지방
소비세</td><td>[시・군・구]
세외수입</td><td>[시・도]
지방
소비세</td><td>[교육청]</td></tr>
</table>

<table>
<tr><td rowspan="4">1단계
재정
분권
(10%p)</td><th colspan="2">전환사업 보전분</th><th colspan="2">재정조정분</th><th>잔여분</th></tr>
<tr><td rowspan="2">시・도</td><td rowspan="2">시・군・구</td><td rowspan="2">조정교부금</td><td rowspan="2">교육전출금</td><td>광역</td></tr>
<tr><td>시・도 소비지출×가중치
(1 : 2 : 3)</td></tr>
<tr><td>[시・군・구]
지방소비세</td><td>[시・군・구]
지방소비세</td><td>[시・군・구]
지방소비세</td><td>[교육청]</td><td>[시・도] 지방소비세</td></tr>
</table>

<table>
<tr><td rowspan="4">2단계
재정
분권
(4.3%p)</td><th colspan="2">전환사업 보전분</th><th colspan="2">재정조정분</th><th colspan="2">잔여분</th></tr>
<tr><td>시・도</td><td>시・군・구</td><td>조정교부금</td><td>교육전출금</td><td>광역(60%)</td><td>기초(40%)</td></tr>
<tr><td rowspan="2">[시・도]
지방소비세</td><td rowspan="2">[시・군・구]
지방소비세</td><td rowspan="2">[시・군・구]
지방소비세</td><td rowspan="2">[교육청]</td><td>시・도 소비
지출×가중치
(1 : 2 : 3)</td><td>인구 50%,
재정자주도
역지수
50%</td></tr>
<tr><td>[시・도]
지방소비세</td><td>[시・군・구]
지방소비세</td></tr>
</table>

출처: 관계부처 합동(2018.10.30). 재정분권 추진방안; 행정안전부(2019). 2019년 지방재정전략회의; 행정안전부(2021). 2021년 지방재정전략회의 자료 재구성.

제5절

대안과 미래

지방자치 시대의 지방재정은 어떤 모습일까? 지방자치(地方自治)는 땅 지(地), 장소 방(方), 스스로 자(自), 다스릴 치(治), 자기가 사는 지역을 주민들이 스스로 다스리는 제도, 즉 자기 지역의 일을 지역주민이 스스로 결정하고 처리하는 제도를 뜻하며, 우리나라는 각 지역주민들이 뽑은 대표들이 지역의 일을 결정하고 처리한다(네이버 지식백과). 지방재정(地方財政)은 재물 재(財), 정사 정(政), 지방정부의 재정으로 지방정부의 살림살이를 뜻한다. 즉, 지방정부가 관할구역 내 주민들의 공공수요를 충족시켜 주기 위하여 재화와 서비스를 생산 · 공급하기 위해 행하는 재원의 동원과 관리 및 배분 등 일련의 공경제적 활동과 과정을 의미한다(손희준, 2019: 19). 결국 지방자치 시대의 바람직한 지방재정은 지방정부가 관할구역의 지역주민이 납부하는 세금으로 지역주민의 공적 수요를 충족시켜주기 위한 재정활동이라고 볼 수 있다.

그러나 지방재정은 중앙재정의 틀 속에서 지방정부와 중앙정부가 상호다양한 관계를 맺으면서 운영되고 있다. 그 결과 중앙과 지방간의 세입 · 세출구조는 비대칭적인 구조를 갖고 있다. 2022년 순계예산 기준, 중앙과 지방간의 세입규모는 중앙 455.8조 원(55.1%), 지방 288.3조 원(34.9%), 지방교육 82.7조 원(10%)인 반면, 세출 규모는 중앙 250.8조 원(40.8%), 지방 276.6조 원(45%), 지방교육 87.7조 원(14.3%)로 세입 대비 세출 규모가 더 큰 비대칭적인 구조를 가지고 있다.

이러한 결과는 지방정부의 기능 및 역할이 중앙정부에 비해 상대적으로 크다고 볼 수 있으며, 다른 한편으로 지방재정이 지방세 등과 같은 자체수입보다는 중앙정부의 지방교부세, 보조금 등과 같은 이전재원 중심의 세입구조와 사회복지 분야를 중심으로 한 중앙정부의 보조사업 중심의 세출구조를 가지고 있기 때문이다. 이러한 재정구조의 근본적인 한계로 지역주민의 욕구를 충족시키기 위한 지방재정 활동에 한계를 가질 수밖에 없다.

그러므로 중앙정부와 지방정부의 세입과 세출의 배분구조에 대한 검토를 통해 지방재정이 지방세에 기반한 자체재원 중심으로 개편되어야 한다. 즉, 지방정부의 사무와 세출에 맞는 세입능력이 부여되어야 한다. 이때 세입은 지역의 경제활동과 연계되고, 세수신장성, 안정성 등을 고려하여 소득 · 소비과세를 중심으로 재편될 필요가 있다. 또한 과세자주권 강화를 위해 지역의 특성이 반영된 과세제도가 정착되도록 하여야 한다. 다만, 지방세 확충 과정에서 나타날 수 있는 지역간 재정격차 해소 및 보전 기능은 상위정부가 재정조정제도를 통해 조정할 필요가 있다.

결국, 바람직한 지방재정은 지역의 문제를 스스로 해결하기 위해 그 재원을 지역주민들로부터 거둬들이고, 지역의 실정에 따라 자율적으로 공공서비스를 제공한다면, 주민들은 자신의 지역문제에 관심을 갖고, 자신의 혈세(血稅)가 제대로 쓰이고 있는지 감시하고, 단체장과 의회의 투명성을 요구하게 될 것이다. 이러한 재정운용의 자율성은 재정책임성을 이끄는 중요한 수단이 될 것이다.

참고문헌

[단행본/연구보고서]

김동기(2008). 『지방분권시대의 한국지방재정학』. 서울: 법문사.

김정훈(2012). 『국고보조금 제도 개선방안: 대상사업과 보조율을 중심으로』. 한국조세연구원.

국회예산정책처(2021). 『2021 대한민국 지방재정』. 서울: 국회예산정책처.

국회예산정책처(2022). 『2022 대한민국 재정』. 서울: 국회예산정책처.

라휘문(2021). 『지방재정론』. 고양: 대영문화사.

손희준(2019). 『새지방재정학』. 고양: 대영문화사.

우명동(2016). 『지방재정학개론』. 서울: 해남.

이미애(2019). 균특회계사업 지방이양에 따른 인천시 대응과제. 『인천연구원 이슈브리프』, 7: 1-20.

이미애 · 안지선(2018). 『재정분권 정책에 따른 지방자치단체 재정변화에 관한 연구』. 인천: 인천연구원.

이미애 · 안지선(2021). 『재정분권 2단계 정책에 따른 인천시 대응 방안』. 인천: 인천연구원.

이현우 · 김동성 · 박충훈 · 송상훈 · 이용환 · 최성환 · 라휘문 · 손희준 · 정종필 · 주만수 · 손주희 · 가선영(2019a). 『재정분권 추진에 따른 경기도 재정운영 대응 전략』. 경기: 경기연구원.

이현우 · 이용환 · 박충훈 · 우명동 · 남황우 · 유태현 · 신원득 · 김진덕 · 이채영 · 가선영(2019b). 『정부의 재정분권 추진과 지방정부의 재정혁신 전략 연구』. 경기: 경기연구원.

전상경(2003). 『현대지방재정론』. 서울: 박영사.

주운현 외(2021). 『쉽게쓴 행정학』. 서울: 윤성사.

행정안전부(각 연도). 『지방교부세 산정 해설』.
행정안전부(각 연도). 『지방세정연감』.
행정안전부(각 연도). 『지방자치단체 통합재정 개요』.
행정안전부(각 연도). 『지방재정연감』.
행정안전부(각 연도). 『지방자치단체 예산편성 운영기준 및 기금운용계획 수립기준』.

[관련법 및 규정]
국가균형발전 특별법(법률 제17597호). 2021.6.9. [일부개정]
보조금 관리에 관한 법률(법률 제17758호). 2021.1.1. [타법개정]
부가가치세법(법률 제17653호). 2021.7.1. [일부개정]
지방교육자치에 관한 법률(법률 제17954호). 2021.3.23. [타법개정]
지방교육재정교부금법(법률 제17769호). 2021.1.1. [타법개정]
지방세기본법(법률 제17768호). 2021.1.1. [일부개정]
지방세법(법률 제18294호). 2021.7.8. [일부개정]
지방자치단체 기금관리기본법(법률 제17836호). 2021.4.6. [일부개정]
지방재정법(법률 제17892호). 2021.7.13. [타법개정]
학교용지 확보 등에 관한 특례법(법률 제17667호). 2021.6.23. [일부개정]

[행정자료]
관계부처 합동(2018.10.30). 재정분권 추진방안.
정부혁신지방분권위원회(2004). 국고보조금 정비방안.
행정안전부(2017). 자치분권 로드맵(안).
행정안전부(2019.6.4). 2019년 지방재정전략회의.
행정안전부(2021.8.11). 2021년 지방재정전략회의.

[전자문서자료/홈페이지]
법제처 국가법령정보센터. https://www.law.go.kr/
행정안전부 지방재정통합공개시스템. https://lofin.mois.go.kr/portal/main.do

제11장

정부간 관계

라휘문

제1절

정부간 관계의 대두배경과 의의[1)]

1 정부간 관계의 대두배경

정부간 관계라는 용어는 연방주의를 채택하고 있는 미국에서 처음으로 사용되었다. 미국이 정부간 관계라는 용어를 처음으로 사용한 이유는 연방정부, 주정부, 그리고 지방정부로 구성되어 있는 미국이라는 국가의 특성 때문이다. 미국의 연방정부는 각 주정부가 합의를 통해 만들었기 때문에 연방정부와 주정부간의 관계를 어떤 형태로 정립하는 것이 좋은 것인지에 대해 관심을 가질 수밖에 없었을 것이다(임재현, 2017: 48). 구체적으로는 주정부의 합의를 통해 연방정부가 만들어졌기 때문에 주정부의 권한이 연방정부의 권한보다 더 많아야 하는 것인지, 아니면 연방정부에게 주정부간 관계를 조정할 수 있는 권한을 부여하는 등 연방정부의 권한이 주정부의 권한보다 더 많아야 하는지 등에 대한 고민이 필요했었을 것이다. 또한 미국은 연방정부와 주정부 이외에 지방

딜런의 법칙(Dillon's Rule)

딜런(John F. Dillon)이라는 아이오와 주 법원의 판사는 미국의 주정부와 지방정부간 권력관계에 대해 이야기하면서 지방정부의 권력이 주헌법에서 나왔다고 한다. 이것을 딜런의 법칙이라고 한다. 주정부로부터 지방정부의 권력이 나온 것이라면 미국의 주정부는 지방정부를 강력하게 통제할 수 있고, 지방정부는 주정부가 부여한 자치권만을 행사할 수 있을 것이다. 그리고 지방정부의 권력이 주정부로부터 나왔기 때문에 주정부가 지방정부를 폐지할 수 있는 권한도 가진다고 보아야 할 것이다.

딜런의 법칙에는 첫째, 지방자치의 관습적 권리를 인정하지 않는다. 둘째, 주정부에 의하여 지방정부가 창조되었기 때문에 탄생과 폐지는 주가 결정한다. 셋째, 지방정부는 주정부가 부여한 자치권의 범위 내에서 권한을 행사할 수 있다. 넷째, 따라서 지방정부는 주정부의 의지를 실천하는 대리인에 지나지 않는다(임재현, 2017: 49-50).

1) 이 장은 라휘문(2023)에 의하여 집필된 『세발자전거를 타고 가는 길: 정부간 관계의 새로운 길』의 제1장과 제2장을 수정 및 보완한 것임.

정부도 존재하고 있어서 연방정부, 주정부, 지방정부간의 관계에 관심을 가질 수밖에 없었을 것이다. 이러한 배경 하에서 정부간 관계라는 용어를 사용하게 된 것이다.

미국의 정부간 관계는 역사적인 사건의 흐름과 유사하게 변화하고 있다. 이를 구체적으로 살펴보면 첫째, 미국이라는 국가의 태동에서부터 1930년대 초반에 이르는 초기 단계에는 연방정부, 주정부, 지방정부가 상호독립적으로 자기 일을 수행하였다. 이 시기에는 연방정부와 주정부간에 교류가 많지는 않았다. 연방정부의 규모는 작았고 권력 역시 많지는 않았다. 주정부는 연방정부와 비교할 때 많은 권한을 가지고 있었지만 그렇다고 하여 주정부가 연방정부에 대해 막대한 권한을 행사하지도 않았다. 주정부는 단지 자신에게 부여된 권한을 충실하게 수행하는 데 관심이 있을 뿐이었다(임승빈, 2018: 162-166). 이러한 형태의 정부를 이중연방제, 레이어 케이크(layer cake) 연방주의라고 부른다(강용기, 2014: 119-120).

레이어 케이크와 정부간 관계

레이어 케이크는 케이크 사이에 잼이나 크림 등을 넣어 층처럼 만든 것으로 각층으로 나누어져 있지만 하나의 케이크이다. 연방정부와 주정부는 미국이라는 하나의 국가를 형성하지만 레이어 케이크의 층이 나누어져 있는 것처럼 각자의 역할을 수행한다는 의미를 가진다.

둘째, 미국은 1929년 9월 3일 381.17이었던 미국의 증시가 1933년 7월 8일에 41.22로 폭락하는 '경제 대공황'이라는 역사적인 사건에 직면하게 된다. 미국 증시의 급격한 하락은 미국 시장을 침체로 치닫게 하였을 뿐만 아니라 전 세계를 경제 암흑기로 몰고 가게 되었다. 그 당시의 대통령이었던 루스벨트(Franklin D. Roosevelt)는 '경제 대공황'이라는 당면 문제의 해결을 위하여 뉴딜정책을 실시하게 되었고, 이는 연방정부의 권한을 확대하는 계기가 되었다. 연방정부가 재정을 부담하고 주정부가 집행을 책임지는 공동사업을 다수 입안하여 추진하는 등 연방정부와 주정부간 상호의존관계 또는 상호협력관계가 자리매김하여 갔던 것이다. 이를 협력적 연방제라고 부른다. 협력적 연방제 체제에 있어 한 가지 특이한 점은 연방정부의 역할이 커지기는 하였으나 이것이 주정부나 지방정부의 역할과 권한을 축소시키지는 않았다는 점이다. 연방정부의 기능이 강화되기는 하였으나 이는 대부분 주정부나 지방정부의 어려움을 덜어주기 위한 것이었고, 연방정부의 지원 또한 연방정부의 의지를 반영하기 위한 것이라기보다는 주정부 및 지방정부의 어려움을 덜어주기 위한 것이었다(임승빈, 2018: 162-166). 그래서 이를 마블 케이크(marble cake) 연방주의라고 부르기도 한다.

마블 케이크와 정부간 관계

마블 케이크는 검은 반죽과 흰 반죽이 섞여 있으면서 얼룩덜룩한 무늬가 나오게 만든 케이크이다. 두 개의 반죽이 혼합되어 새로운 것이 만들어지는 것이 아니라 각각은 존재하지만 맛을 더하는 개념인 것이다. 연방정부와 주정부, 그리고 지방정부가 각각 존재하면서 상호협력에 의하여 일을 처리하는 것을 은유적으로 표현하였다고 볼 수 있다.

셋째, 미국의 정부간 관계는 1960년대부터 1980년대 사이에 새롭게 변화를 한다. 존슨(Lyndon Johnson) 대통령이 선거에서 승리한 이후 실시한 최초의 연두국정연설(1965년 1월 4일)에서 '위대한 사회(great society)'라는 정치이념을 제시하면서부터 정부간 관계가 변화한 것이다. 연방정부는 연방정부의 권한을 확대하는 입법과 법원의 판결을 통해서 또 목적별 보조금과 같은 재정지원제도를 통해서 그 권한을 크게 확대하였고, 이를 바탕으로 독자적인 정책목표를 적극적으로 추진하기 시작하였다. 연방정부는 독자적인 정책목표와 지침을 세우고 주정부나 지방정부의 참여를 요구하거나 주정부의 권한에 속하던 영역에 개입하는 경우가 대폭 증가하였다. 그 결과 연방정부와 주정부 및 지방정부의 관계는 마치 피켓으로 담장을 엮어 놓은 말뚝 울타리(picket-fence) 모습처럼 복잡한 구도를 이루게 되었다. 즉, 지방정부에 설치되어 있는 각 부서가 중앙정부에 설치되어 있는 각 부서의 일선기관이 되는 현상을 보이게 된다. 이를 창조적 연방제라고 부른다(강용기, 2014: 119-120).

넷째, 1980년대 이후 미국의 정부간 관계는 분권화 정책의 추진과 함께 또 다른 변화를 하였다. 1980년대 이후 추진한 분권화 정책을 통해 연방정부의 권한이 축소되었고 주정부와 지방정부의 권한이 확대되었다. 이를 신연방제라고 부른다. 신연방제는 연방의 개입을 축소하고 주정부의 권한과 기능을 확대하는 분권적 흐름을 말한다. 이러한 입장은 닉슨(Richard M. Nixon), 레이건(Ronald Reagan) 등을 거쳐 현대에 이르고 있다. 닉슨은 주정부에게 국고보조금의 자율적 사용권을 부여하여 주정부의 자율성을 신장시키고자 하였다. 레이건은 연방의 기능을 주정부에 돌려주고자 하였다. 연방이 주정부에 간섭하고 있고 불필요하게 개입하고 있다는 것이다. 이러한 시각에서 연방의 주에 대한 지출은 대폭 감소하였다(강용기, 2014: 119-120).

살펴본 것처럼 미국의 정부간 관계는 고정되어 있는 것이 아니라 역사적인 사건과 연계되면서 변화를 거듭하여 현재에 이르고 있다. 태동기에 나타난 이중연방제, 레이어 케이크 연방주의와 같은 형태의 정부간 관계에서 협력적 연방제, 마블 케이크 연방주의로 변화하였다가 창조적 연방제, 그리고 신연방제로 변화를 한 것이다.

2 정부간 관계의 개념

정부간 관계라는 용어가 미국에서 처음으로 사용되었고, 정부간 관계는 미국의 역사적인 사건과 함께 변화하였다는 것을 살펴보았다. 그러면 정부간 관계라는 개념이 무엇이고 왜 중요하게 다루어야 하는지가 궁금해진다.

정부간 관계는 1930년대부터 미국에서 사용되기 시작하였다고 보는 것이 일반적이다. 라이트(Wright, 1988: 13-14)의 논문에 의하면 1937년 스나이더(Clyde F. Snider) 교수가 『미국정치학회보』에 논문을 게재하면서 정부간 관계라는 용어를 사용하게 되었다고 한다. 그 이후 1950년대 미국 의회가 법률명이나 위원회의 명칭에 정부간 관계라는 용어를 사용하면서 일반화되었다. 구체적으로는 1953년 미국 의회에 정부간 관계 임시위원회(The Temporary Commission on Intergovernmental Relations)와 1959년 정부간 관계 자문위원회(The Advisory Commission on Intergovernmental Relations) 등이 설치됨으로써 정부간 관계라는 용어를 공식적으로 사용하기 시작한 것이다. 또한 정부간 관계라는 용어가 법률 등에 공식적, 그리고 보편적으로 사용되기 시작한 것은 1968년 정부간 협력 법(Intergovernmental Cooperation Act)이 출발점이었다고 보고 있다.

정부간 관계를 연방주의, 정부간 관계론, 그리고 정부간 관리론으로 구분하여 제시하고 있는 학자도 있다. 구체적으로 살펴보면 미국은 건국 초기부터 연방정부와 주정부간의 상호관계를 중심으로 정부간 관계를 논의해 왔기 때문에 초기의 정부간 관계를 연방주의라고 명명하여야 하고, 1930년 이후부터는 정부간 관계론, 그리고 1970년대 이후에는 정부간 관리론으로 보아야 한다(Wright, 1990: 158; 강용기, 2014: 119-120)는 것이다. 이를 비교하여 살펴보면 〈표 11-1〉과 같다. 연방주의, 정부간 관계, 그리고 정부간 관리는 앞에서 살펴본 것처럼 의미의 차이가 있기는 하나 이를 통칭하여 가장 일

표 11-1 연방주의, 정부간 관계, 정부간 관리의 비교

구분	연방주의	정부간 관계	정부간 관리
포함 단위	국가-주, 주 상호간	국가-주-지방 주-지방 국가-지방 지방 상호간	정부간 관계 단위를 기반으로 하며 행정, 연결망의 정치, 공공-민간부문의 혼합
권위관계	국가가 최고권위	정부간 계층질서	비계층의 연결망
갈등 해결의 방법	법, 법원, 선거	시장, 게임, 동맹	거래, 협상, 토론, 문제의 처리
가치	목적(임무)	관점(정책과 행정)	산출물, 프로그램 결과(관리)
정치적 요소	고도의 정치(당파주의)	정책결정(조정)	집행(문제 해결)
주도자	선거직의 정치인	일반 행정인	정책전문가

출처: Wright(1990: 158), 강용기(2014: 122).

상적으로 사용되고 있는 것이 정부간 관계라는 용어일 것이다.

정부간 관계의 개념은 다수의 학자들이 제시하고 있으나 약간씩의 차이를 보이고 있다. 가장 대표적인 학자인 라이트(Wright, 1988)는 엔더슨(W. Anderson)의 주장을 활용하여 정부간 관계를 미국 연방시스템 내 모든 정부 단위 간에 이루어지는 활동 또는 상호 작용의 중요한 총체라고 정의하였다. 라이트(D. S. Wright)가 제시한 정부간 관계의 특징을 보면, 첫째, 정부간 관계는 연방정부와 주정부간의 관계를 의미하는 연방제와는 달리, 연방과 주정부간의 관계, 주와 지방정부간의 관계, 그리고 지방정부와 지방정부간의 관계를 모두 포괄하고 있는 개념이다. 둘째, 정부간 관계는 정부를 구성하는 인적자원의 요소를 중시하고, 더불어 구성원간의 상호작용을 중요시한다. 셋째, 정부간 관계에서 구성원간의 관계는 일시적이거나 단편적인 관계가 아니라 공식적으로 승인되거나 법규나 판결에 의해 고정된 정기적인 관계이다. 마지막으로 넷째, 정부간 관계는 정책적 요소에서 주로 재정적 이슈에 초점을 두고 있다는 것이다(Wright, 1988 : 14-25; 김병준, 1997; 23-24).

강용기(2014: 121)는 정부간 관계를 연방정부와 주정부, 주정부와 주정부, 주정부와 지방정부, 지방정부와 지방정부간의 관계를 포함하는 것으로 보았고, 서상아(2008: 12)는 중앙정부와 지방정부, 지방정부 상호간에 이루어지는 모든 정책 분야에서의 상호작용으로 정의하고 있다. 조창현(2005: 86-87)과 문유석(2015: 395)은 정부간 관계를 연방정부와 주정부간 관계는 물론 주정부와 지방정부, 지방정부와 지방정부간의 관계를 모두 포함하는 보다 포괄성을 띤 개념이라고 보았고, 최창호 · 강형기(2016: 337)는 국가

와 지방정부의 관계, 중앙정부와 지방정부의 관계, 지방정부와 지방정부간의 관계를 포괄하는 다양한 의미를 함축하고 있다고 하였으며, 임재현(2017: 48)은 정부간 관계를 특정 국가 내에 존재하는 다양한 정부들간의 상호관계를 말한다고 하였다.

박기관(2019: 18)은 정부간과 관계라는 용어로 구분한 후 정부간 관계를 설명하고 있다. 정부간은 협의의 개념과 광의의 개념으로 나누어 볼 수 있다고 하면서 협의의 정부간 개념은 중앙정부와 지방정부간, 지방정부간으로 구분하였고, 광의의 정부간 개념은 협의의 정부간 개념에 국회와 지방의회를 포함시켜 의회를 구성하고 있는 중앙정부와 지방정부간, 지방정부간으로 구분할 수 있다고 한다. 관계는 수직적 통제관계와 수평적 경제관계 및 상호의존적 협력관계로 나누어 설명하고 있다. 첫째, 수직적 관계는 중앙정부와 지방정부와의 관계라는 수직적 통치구조론으로 해석한다. 이 정부간 관계는 중앙정부와 지방정부간의 지배와 피지배의 관계이다. 둘째, 중앙정부와 지방정부가 대등한 지위에 있는 수평적 관계이다. 이 관계는 지방정부가 중앙정부에 예속된 상태에서 중앙정부의 일방적인 통치가 아닌 지방정부가 의사결정 주체로서 당사자의 능력을 갖는다. 셋째, 중앙정부와 지방정부간, 지방정부간에 서로 제약하며 상호협력하는 상호의존적 관계이다. 이 관계는 동반자적 관계로, 정부간에 상호작용을 통해 교환 및 협상과정이 이루어진다(정정화 외, 2019: 18-20).

앞에서 제시한 것처럼 다수의 학자들이 정부간 관계의 개념을 각각 제시하고 있으나 이를 종합하면 "중앙정부와 지방정부간, 지방정부와 지방정부간을 대상으로 구성원들간의 공식적, 비공식적 접촉과 정보교환뿐만 아니라 법률적, 정책적, 정치경제적 성격과 배경과 같은 내용을 다루는 것을 말한다"고 볼 수 있을 것이다.

표 11-2 정부간 관계의 개념

학자	개념
라이트(Wright, 1988)	미국 연방시스템 내 모든 정부 단위간에 이루어지는 활동 또는 상호작용의 중요한 총체
강용기(2014)	연방정부와 주정부, 주정부와 주정부, 주정부와 지방정부, 지방정부와 지방정부간의 관계
서상아(2008)	중앙정부와 지방정부, 지방정부 상호간에 이루어지는 모든 정책분야에서의 상호작용
조창현(2005) 문유석(2015)	연방정부와 주정부간 관계는 물론 주정부와 지방정부, 지방정부와 지방정부간의 관계를 모두 포함하는 보다 포괄성을 띤 개념

최창호 · 강형기(2016)			국가와 지방정부의 관계, 중앙정부와 지방정부의 관계, 지방정부와 지방정부간의 관계를 포괄하는 다양한 의미 함축
임재현(2017)			특정 국가 내에 존재하는 다양한 정부들간의 상호관계
박기관(2019)	정부간	협의	중앙정부와 지방정부간, 지방정부간을 의미
		광의	협의의 정부+국회와 지방의회
	관계	수직적 관계	중앙정부와 지방정부간의 지배와 피지배의 관계
		수평적 관계	지방정부가 중앙정부에 예속된 상태에서 중앙정부의 일방적인 통치가 아닌 지방정부가 의사결정 주체로서 당사자의 능력을 가지는 관계
		상호의존관계	중앙정부와 지방정부간, 지방정부간에 서로 제약하며 상호협력하는 상호의존적 관계
종합			중앙정부와 지방정부간, 지방정부와 지방정부간을 대상으로 구성원들간의 공식적, 비공식적 접촉과 정보교환뿐만 아니라 법률적, 정책적, 정치경제적 성격과 배경과 같은 내용을 다루는 것

3 정부간 관계의 중요성

정부간 관계를 알아야 하는 이유, 즉 정부간 관계의 중요성은 국민, 정책결정자, 학자 등 이해관계자별로 다를 수 있을 것이다. 즉, 이해관계자별로 정부간 관계에 대한 인식이 다를 수 있다는 것이다.

첫째, 국민이 정부간 관계에 관심을 기울여야 하는 이유는 한국의 정부간 관계가 어떤 형태인지를 알아야 국민이 자기의 생각을 국정에 반영하는 것이 가능한지를 판단할 수 있기 때문이다. 구체적으로는 한국의 정부간 관계가 수직적 관계라면 지방정부가 국정에 참여할 수 있는 기회는 감소할 것이고, 따라서 지역주민의 생각이 중앙정부에 전달되기는 쉽지 않을 것이다. 그 이유는 수직적 관계에서의 지방정부는 중앙정부의 대리인으로서 중앙정부가 시키는 일을 집행하는 중앙정부의 하위기구로서의 역할수행에 초점이 맞추어지기 때문이다. 지방정부는 지역주민의 의견을 수렴하여 반영하기보다는 중앙정부가 시키는 일을 어떻게 하면 더 잘할 수 있을 것인지를 고민하게 되는 것이다. 만약 정부간 관계가 수평적 관계라면 지역주민의 의견을 수렴한 지방정부가 국정운영과정에 적극적으로 참여하여 중앙정부와 대등한 관계에서 의견을 피력하고 정책을 만들 수 있도록 할 것이다. 이러한 점이 정부간 관계에 대해 국민이 관심을 가질 필요가 있는 이유일 것이다.

둘째, 정책결정자는 또 다른 이유로 인해 정부간 관계에 관심을 가져야 한다. 그 이유를 보면 정책결정자는 관여, 기능과 사무의 배분, 기구와 인력, 그리고 재정관계 등을 결정하여야 하는 역할수행의 의무가 있는데, 이때 정부간 관계에 대한 정책결정자의 인식에 따라 결과가 달라질 수 있기 때문이다. 만약 정부간 관계가 수직적이라면 정책결정자는 특정 기능이 아니라 해당 기능을 구성하고 있는 단위사무 중 일부를 이양하려고 할 것이다. 중앙정부에서 수행하고 있는 기능 전체를 이양하게 되면 이양된 기능에 대해서는 중앙정부가 관여할 수 없게 되기 때문에 기능 전체의 이양보다는 기능을 구성하고 있는 단위사무 중 일부를 이양하려고 할 것이다. 정부간 관계가 수평적이라면 중앙정부와 지방정부가 대등한 관계이기 때문에 기능 단위로 이양하는 것에 대하여 의문을 제기하지 않을 것이다. 기구와 인력도 마찬가지이다. 수직적 관계라면 지방정부의 기구가 몇 개이어야 하고, 공무원 정원은 몇 명 이내로 하여야 하는 등 중앙정부가 관여하게 되는 것이다. 반면, 수평적 관계라면 주민이 선거를 통해서 선출한 지방의회와 주민이 주도할 수 있도록 권한을 지방정부에 부여할 것이다.

셋째, 학자들 역시 정부간 관계에 관심을 가져야 한다. 그 이유는 학자들의 경우, 학생들에게 정부간 관계 관련 이론을 가르쳐야 하기 때문이다. 학생들이 사회에 나갔을 때 한국에 맞는 정부간 관계를 결정할 수 있도록 바람직한 정부간 관계를 가르치기 위하여 노력하여야 한다. 이는 한국의 미래를 결정하는 매우 중요한 일이다. 또한 학자는 연구를 통하여 한국의 정부간 관계가 현재 어떤 위치에 와 있고, 향후 어디로 가야 하는지를 제시하는 역할수행의 의무가 있기 때문에 정부간 관계에 관심을 가질 필요가 있다.

표 11-3 정부간 관계의 중요성

구분	중요성
국민	• 한국의 정부간 관계가 어떤 형태인지를 알아야 국민이 자기의 생각을 국정에 반영하는 것이 가능한지를 판단할 수 있기 때문임.
정책결정자	• 정책결정자는 관여, 기능과 사무의 배분, 기구와 인력, 그리고 재정관계 등을 결정하여야 하는 역할수행의 의무가 있는데, 이때 정부간 관계에 대한 정책결정자의 인식에 따라 결과가 달라질 수 있기 때문임.
학자	• 학생들에게 정부간 관계 관련 이론을 가르쳐야 하기 때문임. • 연구를 통하여 한국의 정부간 관계가 현재 어떤 위치에 와 있고, 향후 어디로 가야 하는지를 제시하는 역할수행의 의무가 있기 때문임.

제2절

정부간 관계모형

1 연방제 국가에 적용할 수 있는 정부간 관계모형

정부간 관계를 설명하는 모형은 시기를 기준으로 고전적 정부간 관계모형과 현대적 정부간 관계모형으로 구분하기도 하고, 국가의 형태를 기준으로 연방제 국가(Federal State)에 적용할 수 있는 정부간 관계모형과 단일국가(Unitary State)에 적용할 수 있는 정부간 관계 형으로 구분하기도 한다. 어떤 기준을 적용하여도 정부간 관계를 설명하는 데에는 문제가 없다. 다만, 설명의 편의를 위하여 연방제 국가에 적용할 수 있는 모형과 단일국가에 적용할 수 있는 모형으로 구분하여 정리하고자 한다.

연방제 국가에 적용할 수 있는 정부간 관계모형의 대표는 라이트(D. S. Wright)가 1988년에 제시한 모형이라고 할 수 있다. 라이트(Wright, 1988: 39-55)는 각 정부의 자율성의 정도를 기준으로 정부간 관계모형을 제시하고 있다. 라이트가 제시하고 있는 정부간 관계모형은 포괄적 권위모형(The Inclusive Authority Model), 조정적 권위모형(The Coordinate Authority Model), 중첩적 권위모형(The Overlapping Authority Model)의 세 가지이다(최창호 · 강형기, 2014: 743).

1) 포괄적 권위모형(Inclusive Authority Model)

포괄적 권위모형은 연방정부에서 주정부, 지방정부로 내려가면서 권한이 점점 작아지는 모습을 말한다. 연방정부가 가장 많은 권한을 가지고 있고 그다음은 주정부, 그리고 지방정부가 가장 적은 권한을 가지고 있다는 것을 의미한다. 정부형태는 중앙집권적 형태이자 연방정부, 주정부, 지방정부간의 관계는 상하간의 명령통제관계라고 볼 수 있다. 철저한 계층제적 관계를 보인다고 보아야 할 것이다.

포괄적 권위모형에서는 지방정부가 자율성을 갖지 못하며 상급정부에 의존하게 된다. 철저한 수직적 관계라고 보아야 할 것이다. 따라서 지방정부는 자기 지역의 중요 결정을 스스로 결정하는 것이 아니라 연방정부나 주정부가 결정한 것을 집행하는 역할만 하게 된다. 이러한 점 때문에 지방정부는 독자적인 정부가 아니라 연방정부나 주정부의 일선기관이라고 보아야 한다(Wright, 1988 : 43; 강재호, 2004; 11-12).

지방정부의 자치권에 대한 제약이 많고 연방정부 혹은 주정부의 정책결정 과정에서 지방정부의 의사가 받아들여질 가능성이 적다. 연방정부와 주정부의 의견이 상충될 때에는 연방정부가 최종적으로 결정할 권한을 보유하며, 주정부와 지방정부는 이를 따라야 한다. 이는 앞에서 살펴보았던 것처럼 딜런의 법칙과 관련이 있는 모형이다(임재현, 2017: 53). 사실 이와 같은 정부간 관계는 항상 갈등이 폭발할 수 있는 가능성이 있다. 다만, 강력한 감독과 통제를 통해 갈등표출을 억누르고 있다고 보아야 할 것이다(최창호·강형기, 2014: 743).

2) 조정적 권위모형(Coordinate Authority Model)

조정적 권위모형은 연방정부와 주정부가 대등한 지위를 가지고 명확하게 분리되어 완전 자치적·상호독립적·상호경쟁적인 관계에 있는 반면, 지방정부는 주정부에 종속된 이원적 관계를 제시하는 모형이다. 기능적인 측면에서 볼 때 연방정부와 지방정부는 상호 독립적이기 때문에, 지방정부의 자치권은 고유의 권리로서 연방정부에 의해 함부로 축소되거나 침해될 수 없다(임재현, 2017: 53).

좀 더 쉽게 정리하면, 연방정부와 주정부는 독립적이고 대등한 관계이다. 따라서 연방정부와 주정부는 서로 독립적이고 자치적인 관계에 있다고 보아야 한다. 그러나 지방정부는 주정부에 의존하고 있다. 따라서 주정부와 지방정부간의 관계는 앞에서 살펴본 포괄적 권위모형의 특성을 가진다(김용웅 외, 1995: 36; 강재호, 2004: 12). 그리고 지방정부는 연방정부와는 독립적으로 운영되고 있다.

3) 중첩적 권위모형(Overlapping Authority Model)

정부간 관계모형으로 포괄적 권위모형과 조정적 권위모형을 살펴보았다. 두 가지의 모형은 우익과 좌익처럼 양극단에 위치하고 있다. 즉, 포괄적 권위모형은 정부간 관계를 수직적인 관점에서 보는 것이다. 계층제가 만연되어 있고, 명령에 의하여 통제되고 관리된다. 반면, 조정적 권위모형은 연방정부와 주정부·지방정부가 동등하고 자율적이다. 물론 지방정부는 주정부에 의존적이다. 이와 같은 두 개의 모형은 살펴본 것처럼 양극단에 위치하고 있기 때문에, 현실을 제대로 설명하는 데에는 한계가 있다는 비판을 받았다. 이러한 점을 의식하여 라이트는 중간의 성격을 가지고 있는 새로운 모형인 중첩적 권위모형을 제시하게 되었다.

중첩적 권위모형은 포괄적 권위모형과 조정적 권위모형의 절충형으로 연방정부, 주정부, 지방정부가 상호의존적 관계임을 나타내는 모형이다(임재현, 2017: 53). 즉, 연방정부, 주정부, 지방정부가 각각 고유한 영역을 가지는 동시에 동일한 관심과 책임 영역을 가지면서 기능의 일부를 공유하고 대화와 타협을 중시하는 상호의존적 관계를 강조하는 모형이다. 각 정부의 독자적 영역들은 상대적으로 작은 영역이며, 특정 사안에 대한 영향력은 상당히 제한되게 된다. 결과적으로 이들간에는 상호조정이나 타협을 통해 문제를 해결하게 되고, 이를 위해 교섭 또는 중재가 이루어지게 된다. 중첩적 권위모형의 주된 특성으로는 제한된 권력분산, 상호의존성, 제한적 자율성, 협상 및 교환관계가 제시되고 있다(Wright, 1988: 49; 김용웅 외, 1995: 37; 강재호, 2004: 11-12). 연방정부는 주정부와 지방정부의 업무수행에 대해 재정적·기술적 지원을 하고, 주정부와 지방정부는 연방정부의 정책수립과 사업추진에 협조한다. 라이트는 중첩적 권위모형을 가장 바람직한 것으로 보았다(임재현, 2017: 53).

그림 11-1 라이트의 모형

구분	포괄적 권위모형	조정적 권위모형	중첩적 권위모형
모형	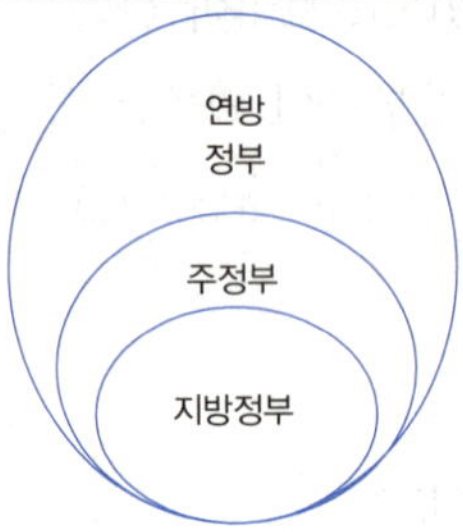	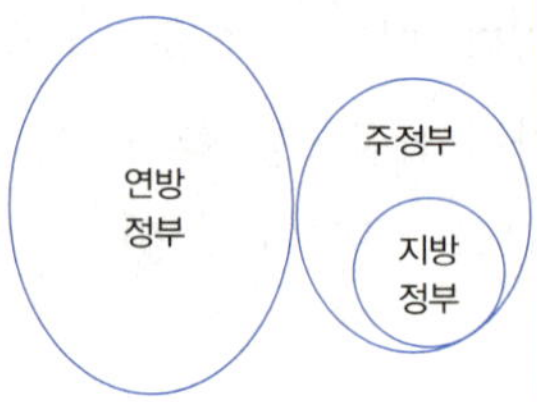	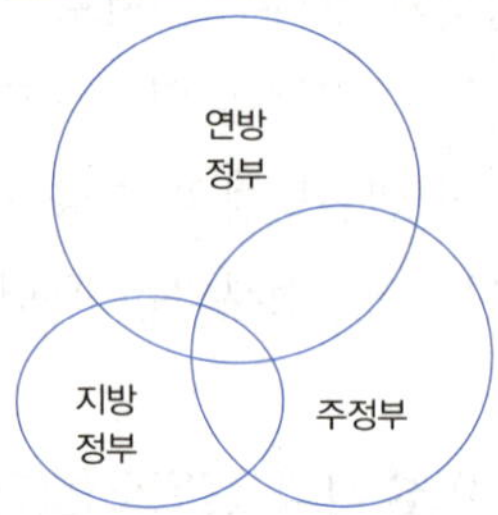
관계	포괄·종속	분리·독립	상호의존
권위	계층	독립	협상
사무	기관위임사무 주종	고유사무 주종	고유사무 > 기관위임사무
인사	완전종속	완전분리	상호교류
재정	완전종속	완전분리	상호의존

출처: 최창호·강형기(2014: 739), 강용기(2014: 124).

자치분권으로 여는 미래도시: 스위스 지방분권 선진국 사례

스위스는 베른주, 취리히주, 제네바주 등 26개 칸톤(canton)으로 이루어진 연방정부로 주마다 자신들만의 고유한 전통을 그대로 간직해 지방정부의 권한이 더 세다.

칸톤마다 연방헌법에 위배되지 않는 범위 내에서 칸톤 자체 헌법을 만들고 행정부와 입법부, 사법부가 별도로 존재하며, 여러 개의 '코뮌(commune, 커뮤니티)'으로 구성되어 있다. 코뮌 역시 지방자치제의 일환으로 행정과 입법은 물론 조세 등 자치권을 가지고 있다. 다만, 칸톤끼리 연맹이나 연방으로부터의 탈퇴는 금지된다. 연방정부가 있지만, 권한은 극히 제한적으로 지방정부를 중심으로 돌아간다.

국가와 지방정부간에 권한은 일명 '보조성의 원칙'에 입각하며 기초자치단체에 우선 배분된다. 학교, 지역 도로, 건설 등 주민 복지와 관련된 사안은 모두 코뮌이 맡고, 이를 해결하기 힘든 사업 등에 관해서만 상급자치단체인 칸톤이 처리하는 방식이다. 연방은 연방헌법에 따른 업무만 가능하다. 역시 칸톤이 처리하는 어려운 외교, 국방, 통화, 통신, 에너지 정책 등에 관한 역량을 보완해주는 역할만 한다. 이처럼 스위스의 행정은 강력한 지방자치를 바탕으로 작은 커뮤니티인 코뮌에서 칸톤, 연방에 이르기까지 3단계로 이루어진다. 중앙집권화되지 않은 다양한 형태의 수직·수평적 협력이 특징이다. 스위스가 이처럼 자치분권이 강화된 까닭은 서로 다른 집단과 계층으로 구분되었기 때문이다. 각 연방마다 언어, 종교, 문화 등 다양성과 개별성이 조화를 이루며 권력의 분산을 통해 하나의 주권국가로서 통합 기능을 가진다. 이렇다 보니 스위스의 26개 칸톤은 서로서로 '낮은 세금·높은 공공서비스'를 주장하며 유럽 내 기업을 유치하기 위한 경쟁한다. 2천 700여 개의 코뮌도 마찬가지로 주민들이 해당 코뮌에 오래 거주할 수 있도록 효율적으로 코뮌을 운영하고 싶어하는 의지가 있다. 또 마을의 갈등을 해결하고, 세금을 얼마나 걷고 높일지 낮출지, 법을 만드는 과정 등 모든 것을 주민들 스스로 주민총회를 통한 찬반 투표로 이뤄진다. 레굴라 부크뮐러(Regula Buchmuller) 스위스 베른시 대통령 직속 대외협력부장은 "코뮌 자체들이 서로 더 잘살기 위해 질 좋은 서비스를 제공해 사람들이 거주하게 만들게 끔 한다. 그것에서 자치의 힘이 나온다"면서 "코뮌에 사람이 많을수록 세율도 낮아져 최대한 효율적으로 동네를 꾸미고, 이를 이행하고 싶어하는 의지가 크다"고 밝혔다.

더 나은 지방자치를 실현하기 위해 코뮌끼리의 협력도 이뤄지고 있다. 학교나, 의료서비스, 소방, 하수, 노인복지, 쓰레기 처리 등을 목적으로 코뮌끼리 협력하고 각종 혜택을 제공받기도 한다. 예로, 학교가 없는 코뮌은 이웃 코뮌에 교육을 제공받고, 칸톤 내 대학이 없는 경우 대학이 있는 칸톤과 협력해 문제를 해결하는 것이다. 규모가 작은 코뮌은 광범위하고 효율적인 행정을 감당하기 힘들어 코뮌간의 '조인'도 이뤄지고 있다. 칸톤 차원에서 다양한 도움을 줄 수는 있지만, 최근 들어 스위스는 코뮌을 줄이고 다른 코뮌에 가입하도록 권유하는 노력을 펼치고 있다고 한다. 베른주도 인근 코뮌간

하나로 합치는 프로젝트를 현재 진행 중이다. 레굴라 부크뮐러 대외협력부장은 "작은 단위 코뮌들은 정부도 세우고 학교도 세워야 하는데 사람은 없다"면서 "베른시가 1만 8천 명 정도되는 코뮌과 작은 코뮌을 조인시키는 프로젝트를 준비하고 있다"고 전했다.

이외에도 작은 코뮌 4~5개가 우리나라의 초광역 협력처럼 하나를 구성하는 방법이나, 5개의 코뮌이 1개의 학교나 정부를 공유하는 식의 방법, 민간부문과 협력하는 방법 등이 있다고 한다. 입법과 행정, 조세 등 모든 것을 주민들이 스스로 감당하고 자부심을 느끼는 데는 스위스의 교육에서 나오고 있다.

스위스는 교육과 복지서비스 기능을 확대시키고 있다. 정부 인력과 조직 증가는 물론 정책집행을 위한 예산규모도 증가하고 있다. 이는 스위스 정부가 시민 삶의 질과 가장 직접적으로 연관된 교육과 복지서비스를 중심으로 운영되고 있다는 것을 보여주는 것이다. 레굴라 부크뮐러 대외협력부장은 "가장 중요한 것은 자치분권 교육이다. 어린이, 청소년, 시민 등을 위한 다양한 교육 프로그램이 있다"면서 "교육 프로그램을 통해서 민주시민으로 성장할 수 있는 시스템을 만드는 것이 가장 중요하고 그 힘으로 모든 공동체가 유지된다"고 강조했다. 그러면서 "주민들 책임감 없으면 지방자치가 돌아가지 않는다. 직접민주주의로 인한 자부심도 높다"고 덧붙였다.

출처: 남도일보(2022.8.30)

2 단일국가에 적용할 수 있는 정부간 관계모형

1) 로즈모형

연방제 국가에 적용할 수 있는 모형의 대표선수가 라이트(D. S. Wright)라면 단일국가에 적용할 수 있는 모형의 대표선수에는 로즈(R. A. W. Rhodes)가 있다. 로즈(Rhodes, 1996: 1-30)는 유연한 네트워크 형태의 정부구조에 대한 연구를 선도했던 학자 중 한 명이다. 그는 1980년대 초반부터 정책네트워크이론, 권력의존모형, 거버넌스이론을 주도하여 왔다(임재현, 2017: 50-52). 또한 그는 중앙과 지방간의 관계에 관심을 가지고 있던 학자 중에 한 명이었다. 그는 중앙정부와 지방정부 모두 자원을 가지고 있고 서로 영향력을 미칠 수 있는 위치에 있기 때문에, 상호의존적 정책네트워크를 만들어서 관계를 맺어야 한다는 것을 강조하였다(강용기, 2004: 8). 로즈에 의하면, 모든 조직은 부족한 자원이 있고 각각의 활동목적을 달성하기 위해서 각 조직은 자원을 교환하는 과정을 통해서 상호의존적이 된다는 것이다(최창호 · 강형기, 2014: 742).

로즈는 중앙정부와 지방정부의 관계가 단순하지 않기 때문에, 다각도에서 살펴보아야 한다고 하면서 권력의존모형을 제시하였다. 권력의존모형은 중앙정부-지방정부간 관계에 대한 전통적인 개념으로는 중앙정부-지방정부 관계의 본질을 이해하기 어렵다는 문제를 의식한 결과이다. 중앙정부 내에는 지방정부를 위해 활동하는 다수의 행위자들이 존재하고, 또한 공기업과 특수법인이 중앙정부-지방정부 관계에 커다란 영향을 미치기 때문이다. 이러한 점 때문에 권력의존모형에서는 거시적인 차원과 미시적인 차원에서 정부간 관계를 살펴보고 있다. 거시적인 차원에서는 구조화된 중앙정부와 지방정부의 관계를 파악하는 것이고, 미시적 차원에서는 행위자간 자원의 의존관계와 교환관계, 그리고 전략을 파악하려는 것이다.

권력의존모형은 로즈가 정부간 관계를 파악하게 위해 권력과 의존의 개념을 중시하면서 권력을 보다 정확하게 파악하기 위해 세 가지 유형, 즉 자원으로서의 권력, 지배적 상호작용으로서의 권력, 편견의 동원으로서의 권력으로 분류한 것을 말한다. 그에 따르면, 중앙정부와 지방정부의 관계는 이러한 권력을 둘러싸고 전략적인 행위자들이 자원을 이용하여 교환과 게임을 하는 관계로 파악하고 있다. 로즈의 권력의존모형은 기본적으로 중앙정부-지방정부 관계를 조직과 사무처리에 초점을 맞추는 단순한 관계로 파악하지 않고, 현대 사회의 구조변화, 국가의 통치관리체제의 변화, 계층의 이익갈등, 지역정치적 요소, 정책망의 행위자 요소 등을 포함하는 새로운 시각을 제시하고 있다.

로즈의 권력의존모형은 다섯 가지 명제에 근거하고 있다. 첫째, 자원의 측면에서 볼 때 모든 조직은 다른 조직과 의존관계에 있다. 둘째, 목표 달성을 위해서 조직들은 자원을 교환해야 한다. 셋째, 조직 내 의사결정이 여타 조직들에 의해 제약되는 것은 사실이지만 지배적인 연합이 재량권을 보유하게 된다. 지배적인 연합의 인식에 따라 문제가 규정되고 자원이 모색된다. 넷째, 지배적인 연합이 자원의 교환과정을 조절하기 위해 경기의 규칙이라 알려진 전략을 구사한다. 다섯째, 재량권의 차이는 상호관계에 있는 조직의 목표 및 상대적인 권력잠재력에서 비롯된다. 상대적인 권력잠재력은 각 조직의 자원, 경기의 규칙, 조직간 교환과정의 산물이다(임재현, 2017: 50-52).

2) 엘코크모형

엘코크(Elcok, 1994: 3-8)는 영국 정부를 대상으로 정부간 관계모형을 제시한 학자이다. 그는 정부간 관계모형으로 대리인모형, 동반자모형, 교환모형과 같은 세 가지의 모형을 제시하고 있다(강용기, 2004: 7).

대리인모형에서는 지방정부를 중앙정부의 대리자로서 간주한다. 따라서 중앙정부가 정책을 결정하면 지방정부는 이를 효율적으로 집행하는 역할을 수행하여야 한다는 것이다. 이는 중앙정부가 지방정부를 권력적으로 지배 · 통제한다는 것을 의미한다.

동반자모형은 중앙정부와 지방정부가 대등한 위치를 보유하고 있다고 간주한다. 지방정부는 중앙정부의 통제의 대상이 아니라 동반자라는 것이다. 국민에게 서비스를 공급하기 위하여 중앙정부는 정책을 결정하는 역할을 수행하고, 지방정부는 필요한 자원을 동원하는 역할을 수행한다는 것이다.

교환모형은 중앙정부와 지방정부가 가지고 있는 각각의 자원을 교환하는 과정에서 권력의 균형이 형성된다고 간주한다. 즉, 중앙정부는 자기만이 가지고 있는 권력자원, 중앙정부와 지방정부가 모두 가지고 있는 정치적 자원, 재원, 정보 · 지식, 그리고 지방정부만이 가지고 있는 기득권을 서로 교환하는 과정에서 권력균형을 이룬다(임재현, 2017: 52)는 것이다.

엘코크(H. Elcock)의 모형과 유사한 모형을 제시하고 있는 학자는 윌슨과 게임(Wilson & Game)이다. 그들은 대리인모형, 권력의존모형, 지배인모형의 세 가지를 제시하고 있다. 대리인모형은 엘코크의 대리인모형, 권력의존모형은 엘코크의 동반자모형, 그리고 지배인모형은 엘코크의 교환모형과 일정부분 유사한 형태이다(강용기, 2004: 7-8). 따라서 별도의 논의를 하지는 않겠다.

'광화문의 태극기' 영구 설치냐, 일시 게양이냐

광복 70주년을 맞아 광화문광장에 대형 태극기 게양대를 설치하는 문제를 두고 벌여온 국가보훈처와 서울시의 힘겨루기 판정이 국무총리실로 넘어가게 되었다. 게양대의 영구 설치를 주장하는 보훈처와 한시적 또는 이동형 설치 의지를 굽히지 않는 서울시의 의견이 팽팽히 맞서자 국가보훈처는 급기야 국무총리 보좌기관인 국무조정실 산하 행정협의조정위원회의 조정을 신청했다. 중앙부처와 지방정부간의 행정협의조정위원회가 열리는 것은 지난 2011년 안양교도소 재건축 문제 이후 4년 만이다.

보훈처 "광복 70주년 상징성 감안해야"

보훈처는 지난 15일 "서울시가 광복 70주년 대표 기념사업인 '광화문광장 대형 태극기의 상시 설치를 거부한다는 입장을 지난달 23일 정부에 통보했다"며, "향후 모든 행정구제 절차를 통해 광화문광장에 반드시 태극기가 게양되도록 할 것"이라고 밝혔다. 보훈처는 지난 6월 2일 광화문광장 사용 허가권을 가진 서울시와 '광복 70주년 기념사업 추진을 위한 공동업무협약서(MOU)'를 체결하고 광화문광장에 태극기 게양대를 설치하는 사업을 추진해 왔다.

보훈처는 "작년부터 광복 70주년 기념사업을 준비하면서 광화문광장 태극기의 상시적인 설치를 전제로 서울시와 협의를 진행해왔는데 시가 약속을 뒤집었다"며, 행정협의조정위원회의 조정 신청을 포함한 모든 절차를 통해 광화문광장 태극기 설치방안을 추진할 것을 밝혔다. 보훈처는 대형 태극기가 광복 70주년의 상징이고 국민여론의 87%가 광화문광장 태극기 설치를 지지하고 있다는 이유를 들었다.

국가보훈처는 당초 광복 70주년을 상징해 광화문광장 북단에 높이 70m의 게양대에 가로 12m 세로 8m의 대형 태극기를 설치하는 방안을 추진해왔으나 게양대가 너무 높다는 비판에 따라 광복절인 1945년 8월 15일을 상징해 45.815m로 변경했다.

서울시 "한시적 설치는 찬성, 영구 설치는 반대"

하지만 서울시는 의정부 터 원형보존 계획에 따라 광화문광장 태극기 게양대 설치는 한시적인 것이 적합하다는 입장이다. 시 열린광장운영시민위원회는 지난달 "광화문광장 옆 시민열린마당에 '의정부 터 복원사업'을 추진하고 있어 이 정비 작업을 착수하기 전인 2017년 3월까지 게양대를 한시적으로 설치하는 것이 가능하다"며, "만약 영구설치가 필요하다면 정부 서울청사 또는 대한민국역사박물관 등 정부시설 부지 내에 설치하는 것이 바람직하다"는 의견을 제시했다.

광화문광장 시민열린마당의 북단 육조마당은 광화문의 옛 육조거리를 현대적으로 재현한 곳으로 출입부에는 전통담장, 좌우에는 육조를 상징하는 구조벽이 설치되어 있다. 벽체 일부에는 육조거리 및 의정부의 내력을 기록해놨다. 열린광장운영시민위원회에서는 광화문광장에 태극기를 영구적으로 설치하는 것이 인접한 경복궁, 광화문 주변경관과 어울리지 않는데다 '시대 흐름에 역행하는 것'이라는 의견을 내놓기도 한 것으로 알려졌다.

박원순 서울시장도 최근 한 언론사 인터뷰를 통해 "광화문광장 태극기 설치 자체를 반대한 적이 없다"며, "다만, 항구적으로 광장에 뭔가 설치하는 건 조심해야 하며 한시적으로 설치하거나 이동할 수 있게 하면 좋겠다는 것"이라고 밝혔다.

행정협의조정위 조정 결정은 어떻게 이뤄지나

행정협의조정위원회는 중앙행정기관의 장과 지방자치단체의 장이 사무를 처리할 때 의견을 달리하는 경우 협의·조정하는 기구로 재적위원 과반수 출석, 출석위원 3분의 2 이상 찬성으로 의결된다. 위원회는 국무총리가 위촉하는 위원장 1명을 포함해 기재부 장관, 행자부 장관, 국무조정실장, 법제처장 등 당연직 4명과 위촉직 4명, 지명직 2~5명으로 13명 이내로 구성·운영된다. 행정협의조정위 조정 결정까지 짧게는 1개월에서 길게는 1년 이상 소요되는 것으로 알려졌다. 중앙행정기관과 지방자치단체는 위원회 결정을 이행해야 한다.

지금까지 행정조정 대상은 주로 지역정서와 직결되는 문제나 지방자치단체와 정부간 비용부담을 둘러싼 갈등이 대부분이었다. 가장 최근 사례인 2011년 안양교도소 재건축 문제에 대해서는 위원회가 법무부의 손을 들어줬다. 안양시는 이에 불복해 소송을 냈지만 패소했다. 반면, 2001년 군산 계야도 어업권 손실보상 문제에서는 당시 군산시의 손을 들어줬다. 행정협의조정위 실무를 맡는 행자부 관계자는 "유사한 과거 사례가 없는 데다 아직 위원들이 선임도 되지 않은 사안이라 섣불리 조정결과를 예측하긴 어렵다"고 말했다.

출처: 한국일보(2015.12.21)

3) 아마카와의 모형

아마카와는 정부간 관계를 수직적 관점에서 집권과 분권이라는 일차원적 대립으로만 보아서는 곤란하고 융합과 분리라는 다른 하나의 기준이 필요하다고 하면서 집권과 분권, 융합과 분리를 교차시키는 독특한 정부간 관계모형을 제시하였다.

최창호 · 강형기(2014: 740-742)는 집권과 분권의 경우 정책결정의 권한이 중앙정부에 있는지 아니면 지방정부에 있는지를 분석하려는 개념이고, 융합과 분리는 중앙정부가 결정한 정책을 중앙정부의 특별지방행정기관에서 집행하도록 하는 것인지 아니면 지방정부가 집행하는 것인지를 분석하려는 개념이라고 한다. 상식적인 선에서도 알 수 있듯이 영미계 국가는 분리의 경향이 강한 반면, 지방정부를 중앙의 집행기관으로써 이용하는 대륙계 국가의 정부간 관계는 융합의 경향이 크다. 즉, 영미계 국가는 지방정부의 권한이 큰 반면, 대륙계 국가는 중앙정부의 권한이 상대적으로 더 크다는 것을 의미한다.

아마카와와 제시한 집권과 분권, 융합과 분리를 교차시키면 네 가지의 유형이 나타난다. 1사분면에 있는 집권 · 분리는 중앙정부가 강한 권한을 가지고, 중앙정부와 지방정부의 관심 영역은 서로 중복되지는 않는다. 관심 영역이 정부간에 존재하지 않기 때문에, 협력 또는 대립현상이 많이 생기지는 않지만 만약 정부간에 대립하는 현상이 있다면 중앙정부에 유리한 형태로 해결된다. 2사분면에 있는 집권 · 융합은 중앙정부가 강한 권한을 가지고 있으면서 중앙정부와 지방정부의 관심 영역이 중복되는 유형이다. 중앙정부와 지방정부는 협력하면서도 분쟁과 대립을 하기도 한다. 만약 대립현상이 생기면 중앙정부에 유리하게 결정된다. 3사분면에 있는 분권 · 융합은 지방정부가 강한 권한을 가지고 있고, 중앙정부와 지방정부의 관심 영역이 중복되는 유형이다. 중앙정부와 지방정부는 수시로 협력하고 있지만 동시에 분쟁하기도 하고 대립도 하는 횟수가

그림 11-2 아마카와의 모형

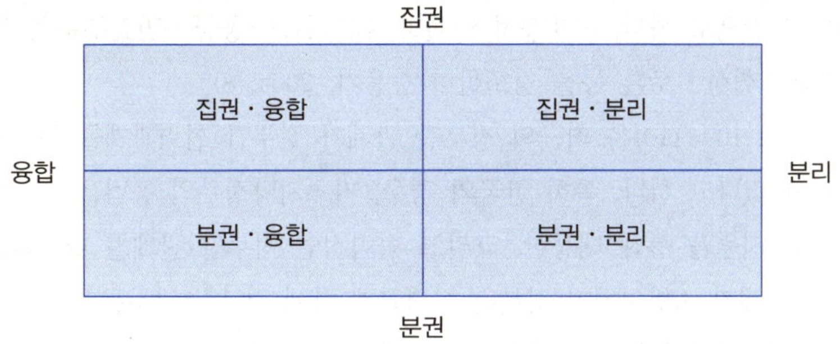

출처: 최창호 · 강형기(2014: 740-742).

적지 않다. 만약 대립현상이 발생하면 지방정부에 유리하게 결정된다. 4사분면에 있는 분권 · 분리는 지방정부에게 강한 권한이 주어져 있지만, 중앙정부와 지방정부의 관심 영역이 중복되지는 않는다. 협력 또는 대립현상이 많지 않지만 만약 대립하는 현상이 발생한다면 지방정부에 유리한 형태로 해결된다(최창호 · 강형기, 2014: 740-742).

제3절

최근의 정부간 관계모형과 미래의 방향

최근의 정부간 관계에 대해서는 많은 학자들이 자신의 의견을 피력하고 있다. 짐머만(Zimmerman, 1995: 203-304)은 중앙정부와 지방정부간의 관계가 전통적 가부장적 관계로부터 동반자적 관계로 전환되어야 한다고 주장하고 있다. 그 이유는 다가올 미래의 경우, 지방정부가 가지고 있는 문제가 지방정부의 역량만을 가지고는 해결할 수 없는바 중앙정부의 협조가 필요하기 때문이다. 동시에 중앙정부도 결정한 정책을 추진하기 위해서는 지방정부의 협력이 필요하다는 것이다. 즉, 정부간 관계는 상호의존적 관계, 동반자적 관계로 전환되어야 한다는 것이다(강용기, 2004: 8).

또한 라이트(Wright, 1988: 39-55)는 중첩적 권위모형을 중심으로 현재의 정부간 관계를 보고 있다. 각 정부들은 독립된 법인체이기 때문에 제한된 범위 내에서 서로 권한을 가지고 있으면서 필요에 따라 협력과 경쟁을 하는 관계에 놓여 있다고 보면서, 미래에는 정부간 관리가 필요하다는 것을 강조하고 있다. 그가 말하는 정부간 관리는 정부간 관계를 기반으로 하되, 비계층적 연결망, 네트워크, 공공·민간부문의 혼합, 문제의 처리, 거래·협상·토론 등을 강조한다(강용기, 2004: 8).

심익섭(2007: 109-110)은 최근의 정부간 관계가 정부간 협력관계를 형성하는 방향으로 나아가고 있다고 한다. 특히 한국의 경우, 기초지방정부의 능력을 촉진하기 위해 필요한 제도적 지원을 통해 대등한, 그리고 협력적인 정부간 관계를 형성하고 있다는 것이다. 그는 21세기 지방자치가 정부간 협력관계 하에 정부간 갈등문제를 공동으로 대응하여 이를 해결하여야 한다고 주장하고 있다. 그러면서 터너(R. S. Turner)의 정부간 동반자모형과 엘리슨(B. A. Ellison)의 창도적 연합모형을 제시하고 있다.

학자들이 생각하는 미래의 정부간 관계는 수직적 관계보다는 수평적 관계를 강조하고 있는 것으로 보인다. 명령과 통제에 의하여 중앙정부의 일을 대신하는 대리인이 아니라 국정의 동반자로서 지방정부가 대우받아야 한다는 것이다.

지금까지 살펴본 정부간 관계, 최근의 정부간 관계에 대한 학자들의 견해를 종합하면 다음과 같은 결론을 도출할 수 있다. 정부간 관계를 설명할 수 있는 많은 모형들을 다수의 학자들이 제시하였다. 정부간 관계는 많은 요인들에 의하여 영향을 받는다. 따라서 특정의 모형만 가지고는 현상을 설명하는 데 어려움이 있다. 또한 시대가 변화하면서 정부간 관계가 달라질 수 있다. 따라서 학자들은 많은 모형을 제시할 수밖에 없었을 것이다. 그런데 현재 제시하고 있는 정부간 관계모형으로 한국에서 나타나고 있는 현상을 모두 설명할 수 있는지에 대해서는 의문이 든다. 정부간 관계를 중앙정부와 지방정부, 광역지방정부와 기초지방정부, 지방정부간에 한정하여 논의하는 것이 맞는 것인지 의문이 든다. 예를 들어, 중앙정부가 수행하고 있었던 기능을 지방정부로 이양할 것인지 아니면 이양하지 않을 것인지를 결정하여야 한다고 가정하자. 이때 고려하는 것은 중앙정부가 잘할 수 있는 일인지, 아니면 지방정부가 잘할 수 있는지가 된다. 그런데 여기에서 잊지 않아야 할 것은 중앙정부가 지방정부로 이양하려고 하는 기능이 누구를 위한 것인지에 대한 고려이다. 중앙정부가 일을 하든 지방정부가 일을 하든 그 수혜자는 지역의 주민과 기업 등일 것이다. 그런데 기능의 이양여부를 결정할 때 지역의 주민과 기업 등을 위해서는 중앙정부에서 그 일을 수행하는 것이 좋은지, 아니면 지방정부에서 수행하는 것이 좋은지를 생각하고 있지는 않은 것으로 보인다. 지금까지 제시된 모형은 거의 모두 정부간 관계에서만 논의하고 있지, 정부간 관계가 어떻게 정해지느냐에 따라 수혜의 정도가 달라지는 지역의 주민과 기업 등에 대한 고려가 없다는 것이다.

이러한 점을 토대로 하면 미래의 정부간 관계모형은 기존의 정부간 관계모형의 한계를 극복할 수 있어야 할 것이다. 새로운 정부간 관계모형은 중앙정부와 지방정부간의 관계에만 초점을 맞출 것이 아니라 지방정부간의 관계로 논의가 확대되어야만 하고, 지역의 주민과 기업 등을 논의에 포함시킬 수 있어야 할 것이다. 보다 나아가서는 지역의 주민과 기업 등을 위한 정부간 관계가 형성될 수 있어야 할 것이다.

참고문헌

강용기(2004). 정부간 관계의 거버넌스. 『한국지방자치학회보』, 16(2): 5-19.

강용기(2021). 『현대 지방자치론』. 고양: 대영문화사.

강재호 외(2004). 『중앙-지방간 협력관계 증진방안 연구』. 대통령자문정책기획위원회 보고서.

김병준(1997). 정부간 관계의 이론. 정세욱(편). 『정부간 관계』. 서울: 법문사.

김용웅 외(1995). 『지방화시대의 국토개발분야에서 중앙과 지방의 역할분담에 관한 연구』. 국토개발연구원.

문유석(2015). 정부간 관계의 관점에서 본 중앙과 지방 간의 관계: 농정분야를 중심으로. 『지방정부연구』, 18(4): 393-416.

박기관(2019). 정부간 관계 이론모형. 『정부간 관계론』. 고양: 대영문화사.

서상아(2008). 『정부간 관계에 대한 공무원 인식조사』. 한국행정연구원 연구보고서.

이달곤(1992). Patric J. Dunleavy의 중앙과 지방관계론. 오석홍(편). 『행정학의 주요이론』. 294-303. 서울: 법문사.

이달곤(2005). 『지방정부론』. 서울: 박영사.

임승빈(2018). 『지방자치론』. 서울: 법문사.

임재현(2017). 『지방행정론』. 서울: 대영문화사.

정정화 외(2019). 『정부간 관계론』. 고양: 대영문화사.

조창현(1993). 『지방자치론』. 서울: 박영사.

조창현(1996). 『지방자치론』. 서울: 박영사.

조창현(2005). 『지방자치론』. 서울: 박영사.

최창호 · 강형기(2014). 『지방자치학』. 서울: 삼영사.

최창호 · 강형기(2016). 『지방자치의 이해』. 서울: 삼영사.

Dunleavy, P.(1980). *Urban Political Analysis*. London: Macmillan.

Dunleavy, P.(1982). Socio-Political Theories. in G. Jones. *New Approaches to the Study of Central-Local Government Relations*. London 1 Gower.

Dunleavy, P.(1984). The Limits to Local Government. in M. Boddy & C. Fudge(eds.). *Local Socialism?* 48-81. London: Macmillan.

Dunleavy, P. & O'Leary, Brendan(1987). *Theories fo the State: The Political of Liberal Democracy*. Macmillan.

Gordon, George J.(1982). *Public Administration in America*. New York: St. Martin's Press.

Rhodes, R. A. W.(1981). *Control and Power in Central-Local Relations*. London: Gower.

Rhodes, R. A. W.(1983). *Control and Power in Central-Local Government Relations*. Hants: Gower Publishing Co. Ltd.

Rhodes, R. A. W.(1996). *Power Dependence: Theories of Central-Local Relations*. Brookfield, Vermont: Cower Publishing Company.

Wright, Deil S.(1978). *Understanding Intergovernmental Relations*. California: Duxbury Press.

Wright, Deil S.(1988). *Understanding Intergovernmental Relations. Pacific Grove*. California: Brooks/Cole Publishing Company.

Wright, Deil S.(2008). American Intergovernmental Relations(IGR): From Single-Country Origins To Wider Utility. 한국행정학회 추계학술대회 발표논문.

Zimmerman, Joseph F.(1995). *State-Local Relations*(2nd ed.). Westport, Connecticut: Praeger Publishers.

제12장

행정과 시민사회

최준규

제1절

시민사회 접근의 필요성

행정학은 일반적으로 정부의 운영과 관리를 연구하는 사회과학 학문 분야, 혹은 공적인 가치를 달성하기 위해 정부가 행하는 정책 및 관리활동에 대해 연구하는 학문으로 정의된다. 실제로 행정학은 좁은 의미에서 인사·조직, 재무, 지방 등 정부운영의 각 분야를 연구해왔다. 다만, 정부는 그 자체로 존재 의미를 가지는 것이 아니라 정부가 창출하는 공적인 가치에서 그 의미를 찾을 수 있다. 다시 말해서, 정부는 그 자체로 존재하기 위한 것이 아니라, 국가와 사회의 존속, 국민의 안녕을 위해 운영된다는 것이며, 이러한 정부의 공적인 가치는 사회문제 해결이라는 보다 확대된 역할체계와 연결된다. 따라서 보다 광범위한 접근에 따르면, 행정학은 사회문제를 해결하는 다양한 방식을 연구하는 학문체계로 정의할 수 있다. 다만, 전통적인 사회에서 정부가 조직·인력·예산 등 강력한 자원과 권한을 보유하고 있었고, 사회문제 해결에 중심적 주체로 활동해왔기 때문에 전통 행정학은 정부의 운영과 관리를 주된 학문 영역으로 다루고 있었다고 파악하는 것이 타당하다.

이론적 측면에서 사회문제 해결이라는 의제를 다룰 때, 가장 대표적으로 등장하는 두 주체는 정부와 시장이다. 법·제도적 대표성을 바탕으로 의사결정을 하는 정부와 시장을 중심으로 의사결정을 수행하는 시장은 지금까지도 우리 사회의 다양한 문제를 해결하는 중심기제로 평가된다. 다만, 현대 사회의 다양하고 복잡한, 그리고 역동적인 사회문제를 해결하기 위해서는 시장과 정부와는 차별화된 제3의 주체가 요구된다. 정부·시장과는 차별화된 방식으로 공공성을 추구하는 시민사회는 공공성을 기반으로 운영되는 정부조직을 대표하는 제1섹터, 영리를 목적으로 하는 기업이 중심이 된 제2섹터와 함께, 사회문제를 해결하는 또 하나의 축으로서 제3섹터를 형성한다. 국제적으로 제3섹터는 NPO, 시민단체 그 외 민간의 비영리 단체를 의미하며, 더 넓게는 자선단체나 공공서비스를 제공하는 민간단체 등을 포괄하는 의미로 활용된다.

한국 사회에서도 시민사회는 사회발전의 주된 동력의 하나로 작동해왔다. 한국의 시민단체는 1987년 6월 민주항쟁을 기점으로 급속하게 성장하였으며, 이는 이전에 형식적으로 존재하던 시민권을 실질적으로 드러낸 계기였다. 1990년대 이후 현재까지 시민사회는 꾸준히 성장하고 있으며, 정부운영의 중요한 축을 담당하고 있다. 특히 공공 영역에서 거버넌스 논의가 도입되면서 정부운영에 있어서 중요한 행위자로 시민사회가 자리해오고 있다(최준규, 2006). 최근에는 공공부문에서 민관 파트너십이 중요한 행정 기제로 자리잡으면서, 시민사회의 역할은 더욱 강화되는 경향을 보이고 있으며, 전통적인 NPO 조직 이외에도 지역 기반의 풀뿌리 공동체 조직, 사회적경제 조직 등 그 형태가 다양해지면서 우리 사회에서 차지하는 역할을 강화해오고 있다.

그러한 측면에서 사회문제 해결이라는 행정학의 본원적 목적에 대응하고, 최근까지 강화되고 있는 민관 파트너십, 거버넌스에 대한 작동기제를 심층적으로 이해하기 위해서는 시민사회에 대한 이해가 필수적이라 할 수 있다. 사회문제 해결, 공적인 가치 창출 과정에서 시민사회의 역할을 살펴보기 위해서는 전통적 개념상의 NGO · NPO 범위를 넘어서서, 최근 확장되어 가는 민간주체에 대한 포괄적 경향을 확인할 필요가 있다.

제2절

시민사회의 개념 및 역할

1 시민사회의 개념

시민사회의 개념적 범주는 매우 넓다. 또한 최근까지 새로운 형태의 조직들이 생겨나면서 그 개념적 · 실체적 범위가 확장되는 경향을 보이고 있다. 광의의 제3섹터 모델을 적용하여 국가, 시장, 시민사회로 나눌 경우, 시민사회는 국가 영역의 정부와 시장 영역의 기업을 제외한 시민사회 혹은 비영리섹터 영역의 NPO(non-profit organization)와 비슷한 범주이다. 전통적 개념 정의에서 시민사회에 대한 정의는 NGO, NPO의 정의와 같은 맥락에서 정의되어 왔다. World Bank는 NGO를 다음과 같이 정의하고 있다. NGO란 인간의 고통경감, 빈곤층의 이해증진, 환경보존, 기초 사회서비스 제공, 또는 지역사회개발 등의 활용을 추구하는 사적 조직들이다. 넓은 의미에서 NGO라는 용어는 정부로부터 독립적인 모든 비영리 조직, NPO에 적용될 수 있다. 전형적인 NGO는 전적으로 혹은 부분적으로 자선적 기부와 자발적 봉사에 의존하는 가치에 기초한 조직들이다.

법 · 제도적 측면에서 살펴보면, 한국 사회에서는 2000년 제정된 「비영리민간단체 지원법」에 의한 정의에서 그 근간을 찾아볼 수 있다. 한국 사회에서 가장 대표적으로 비영리민간단체를 정의하고 있는 해당 법률에서는 비영리민간단체를 "영리가 아닌 공익활동을 수행하는 것을 주된 목적으로 하는 민간단체"로 정의하고 있으며, 다음의 조건을 갖춘 단체를 지칭하고 있다. 다음의 조건은 ① 사업의 직접 수혜자가 불특정 다수일 것, ② 구성원 상호 간에 이익분배를 하지 아니할 것, ③ 사실상 특정 정당 또는 선출직 후보를 지지 · 지원 또는 반대할 것을 주된 목적으로 하거나, 특정 종교의 교리전파를 주된 목적으로 설립 · 운영되지 아니할 것, ④ 상시 구성원 수가 100인 이상일 것, ⑤ 최근 1년 이상 공익활동 실적이 있을 것, ⑥ 법인이 아닌 단체일 경우에는 대표자 또는 관리인이 있을 것 등으로 제시된다. 「비영리민간단체 지원법」에 근거한 정의는 법률에 의한 대표적 정의라는 점에서 참고할 수 있지만, 이는 법률의 집행을 위해 지원대상 조직을 정의한 것으로 일반적 의미의 시민사회, NGO · NPO 정의와 부합한다고 보기는 어렵다. 특히 최근에는 시민사회의 범주가 다양해지고 넓어짐에 따라 「비영리민간단체 지원법」에 의한 대상조직만으로 시민사회를 규정하는 것은 실제 한국의 시민사회 환경을 이해하는 데도 매우 부적절한 방식으로 볼 수 있다.

개념적 차원에서 많은 학자들이 NGO에 대한 개념을 정의하고 있음에도 불구하고 NGO에 대한 통일된 개념규정을 찾아보기는 힘들다. 그것은 NGO가 매우 다양한 영역을 포괄하며, 다양한 사회적 · 역사적 맥락을 가지고 있는 데 기인한다. 일반적으로 NGO는 공익성, 공식성, 자원성, 자발성, 독립성, 다원성, 연대성, 비영리성 등의 특징을 가지는데, 그 활용목적에 따라 NGO에 대한 개념 정의도 조금씩 다르게 사용되고 있는 실정이다. 다시 말해서, NGO는 개별 조직이 가지는 어떤 특성을 강조하느냐에 따라서 NGO(non-government organization), NPO(non-profit organization), PVO(private voluntary organization), CSO(civil society organization), CVO(community voluntary organization) 등과 같이 여러 용어로 표현될 수 있다(최준규, 2006). 개념적 차원에서 시민사회를 NGO보다 더 확장된 개념을 볼 것인지, 더 협소한 개념으로 볼 것인지에 대해서는 다른 견해가 존재한다. 시민사회 단체를 CSO 개념으로 파악하고 정부에 대한 비판적 의견을 생산하는 주창조직(advocacy organization)으로 정의할 경우, 시민사회는 NGO개념보다 협소하게 정의된다. 하지만 최근에 시민사회를 지칭하는 경우에는 NGO뿐만 아니라 사회적경제, 공동체 등 다양한 활동양식에 근거하는 새로운 주체들을 포괄하는 광범위한 정의로 활용되기도 한다.

2 시민사회의 역할 및 기능

1) 역할 및 기능의 분류

시민사회의 정의와 마찬가지로 시민사회의 역할 및 기능을 분류하고 있는 개념적 틀 역시 학자에 따라 다양하게 정의될 수 있다. 시민사회, NGO의 기능을 분류하기 위한 기준은 다양한 측면에서 제시될 수 있는데, 대표적인 기준으로는 이해관계의 범주(공익과 집단·회원의 이해관계), 활동특성(서비스 공급 여부), 활동양식(서비스 조직과 주창형 조직 등) 등을 언급할 수 있다.

시민사회의 역할 및 기능을 포괄적으로 살펴보고 있는 대표적 연구로 프럼킨(Frumkin, 2005)의 연구를 살펴보면, 비영리와 자원적 부문(nonprofit and voluntary sector)의 구성요소를 크게 세 부문을 구분하여 제시하고 있다. 가장 먼저 제시하고 있는 구분은 공공부문 지원형 조직(public-serving nonprofits)은 공공서비스를 전달하는 서비스 공급주체로서 비영리 조직을 유형화하고 있다. 이들 조직은 아동 및 노인돌봄, 복지 등 다양한 사회서비스 영역에서 정부의 공공서비스를 이행하는 역할을 수행하고 있다. 다음으로 제시되는 분류는 회원 기반형 조직(member-serving nonprofits)으로 이와 같은 유형은 해당 비영리 조직에 가입된 회원의 이익을 극대화하는 방식으로 작동한다. 대표

그림 12-1 시민사회의 구성요소

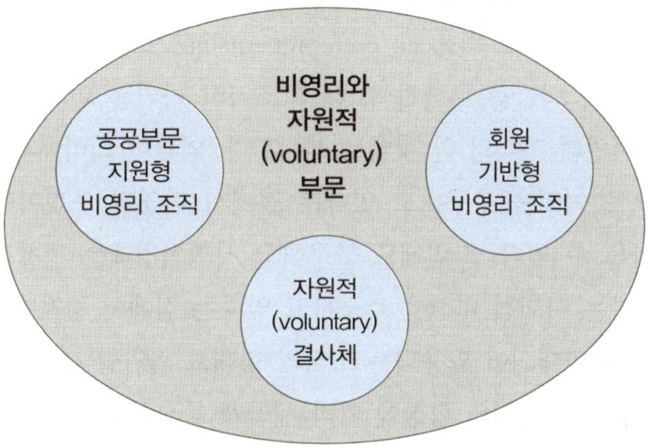

출처: Frumkin(2005: 9).

적으로는 여성, 노동 등 부문의 이해관계를 대변하는 시민사회 조직을 언급할 수 있다. 비영리 조직으로 분류하지는 않지만 포괄적 의미의 시민사회 구성요소로 포함하는 협동조합 등도 회원의 이해관계를 대변하는 대표적 조직형태로 제시된다. 마지막으로, 자원적 결사체(voluntary association)로 각종 자원봉사 조직, 종교 기반의 봉사기구 등이 이 유형에 해당되는 시민사회 조직으로 볼 수 있다.

프럼킨(Frumkin, 2005)은 비영리 조직에 대해 보다 세분화된 역할 및 기능을 살펴보기 위해 두 가지 차원의 분석기준을 적용한다. 먼저, 조직의 행동양식으로 개별 비영리 조직이 수요 중심의 속성을 가지는지, 공급 중심의 속성을 가지는지를 살피는 기준이며, 또 다른 하나는 해당 비영리 조직의 미션으로 조직의 역할상 사업을 이행하는 도구적 기능이 강한지, 아니면 조직의 의견을 표출하는 의사표현의 기능이 강한지를 살펴보는 기준으로 제시된다. 이에 따라 프럼킨(Frumkin, 2005)은 조직의 행동양식과 미션을 기준으로 크게 네 가지 유형의 비영리 조직을 구분하고 있다.

가장 먼저 등장하는 것은 서비스 전담 조직(service delivery)으로 사업수행의 도구적 역할을 수행하고, 구체적인 수혜자 집단의 수요에 대응하는 비영리 조직으로 제시된다. 서비스 전달 조직은 시장실패와 정부실패가 나타나는 영역에서의 구체적인 공공 수요에 대응하는 조직으로 정의된다. 구체적으로는 사회복지, 공공보건, 교육 등의 영역에서 나타나며, 비영리 조직의 활동을 위한 자원은 일반적으로 회원의 멤버십에 기반한 활동, 자원봉사, 기부 등을 통해 이루어지는 경향을 가진다. 정부와의 관계에 있어서는 보조금이나 사업 위탁 등의 방식으로 관련 분야 공공서비스 제공의 역할을 대행하면서, 정부와의 파트너십을 형성하는 형태로 나타나고 있다.

두 번째는 사회적경제 조직(social entrepreneurship)으로, 사회적경제 조직은 사업수행에 있어서 도구적 역할을 수행하며, 해당 조직이 가지는 미션을 재화와 서비스의 형태로 공급하는 비영리 조직의 한 형태로 제시된다. 엄격한 의미에서 사회적경제 조직은 경제적 방식으로 이익을 추구하고 있다는 점에서 비영리 조직이라고 제시하는 데 논쟁의 여지가 있을 수 있다. 그럼에도 불구하고 사회적경제는 경제적 방식을 통하여 개별 조직이 추구하는 사회적 미션을 추구하고 있다는 점에서 공적인 가치를 인정받고 있으며, 최근 폭넓게 확대되어 활용되는 조직의 형태로 파악할 수 있다. 사회적경제 조직에 대해서는 최근 시민사회의 확장에 따라 새롭게 등장하는 형태로 다시 언급하겠지만, 경제적 방식으로 미션을 수행하더라도, 이익의 분배 등을 제한하고 있다는 점에서 일정부분 비영리적 성격을 가진다고 볼 수도 있다.

세 번째로 제시되는 조직형태는 시민참여 조직(civic and political engagement)이다. 시민참여 조직은 조직이 지향하는 사회적 가치를 주창하는 의사표현 기능을 수행하며, 사업수행에 있어서 해당 미션을 지지하는 회원을 기반으로 운영되는 속성을 가진다. 시민참여 조직은 사회문제에 대한 비판적 의견을 제시하기 위하여 시민을 조직화하고, 사회 내에 관련 네트워크를 확장하는 역할을 수행한다. 해당 비영리 조직이 가지는 미션을 주장하는 데 초점을 두고 있다는 점에서 주창 조직(advocacy organization)으로 정의되기도 한다. 시민참여 조직은 한국 사회에서 정책에 대한 비판적 의견을 제시하는 전형적인 시민운동의 성격과도 유사한 형태를 보이지만, 최근에는 정부에 대한 비판적 의견을 제시하는 시민운동 성격과 함께 다양한 부문의 이해관계를 대변하고 주장하는 성격의 비영리 조직까지 포괄적 형태로 나타나는 경향을 보인다.

마지막으로, 가치 기반 조직(value and faith)은 주체적으로 서비스를 공급하는 역할을 수해하면서, 서비스 제공의 근본적 목적은 해당 조직의 미션을 확장하는 데 있는 의사표현 기능 중심의 조직으로 제시할 수 있다. 구체적으로 가치 기반 조직은 자원봉사자, 기부자 등에게 사회활동을 통해 그들의 가치와 신념을 표현할 수 있는 기회를 제공한다. 대표적으로는 자선단체, 자원봉사단체, 종교단체를 통한 다양한 활동을 예로 들 수 있다. 이들은 사회발전을 위하여 다양한 서비스를 열정적으로 제공하지만, 근본적으로는 개별 조직이 가지는 미션을 확장하기 위한 방법으로 사회문제에 대한 적극적 참여를 추구한다는 점에서 기존의 서비스 전달 조직과는 차별화되는 성격을 가진다.

표 12-1 시민사회의 기능분류

구분	수요 중심 조직 (demand-side orientation)	공급 중심 조직 (supply-side orientation)
도구적 기능 (instrumental rationale)	**서비스 전달 조직** (service delivery) 사회가 필요로 하는 서비스를 제공하고, 정부와 시장실패에 대응	**사회적경제 조직** (social entrepreneurship) 혁신을 위한 방법으로 활용되며, 사회적경제 조직이 경제적·사회적 목적을 융합하는 기회를 제공
의사표현 기능 (expressive rationale)	**시민참여 조직** (civic and political engagement) 사회문제에 대한 주창활동을 위한 시민을 조직화하고, 공동체 내에 사회자본을 조성	**가치 기반 조직** (value and faith) 자원봉사자, 기부자 등에게 사회활동을 통해 그들의 가치와 신념을 표현할 수 있는 기회를 제공

출처: Frumkin(2005: 25).

앞서 언급한 바와 같이 시민사회, NGO, NPO 등을 기능적으로 분류하는 이론은 학자에 따라, 개별 학자가 주장하는 초점에 따라 매우 다양하게 제시될 수 있다. 그 가운데에서 프럼킨(Frumkin, 2005)의 분류체계는 좁은 의미의 비영리 조직만을 대상으로 하기보다는 사회적경제 조직이나 종교 기반의 가치 중심 조직까지 아우르고 있다는 점에서 유의미한 관점을 제공한다. 물론 이외에도 서비스 특성이나 재원조달의 방식 등에 의한 분류체계도 중요한 함의를 제공할 수 있다. 따라서 시민사회의 역할 및 기능에 대한 분류체계는 하나의 유형을 고정적으로 제시하기보다는 분류하고자 하는 목적에 따라 적절한 이론적 · 제도적 분류체계를 적용하여 그 의미를 파악하는 것이 바람직할 것이다.

2) 비판적 견해

시민사회의 역할 및 기능으로 제시한 네 가지 유형의 비영리 조직형태는 각각의 영역에서 공적 가치를 창출하는 등 사회적 순기능을 가져오지만, 동시에 그 자체로 발생 가능한 한계가 있을 수 있다. 프럼킨(Frumkin, 2005)은 각 유형에 따른 순기능과 함께 발생가능한 핵심문제와 주요 내용을 언급하며, 시민사회에 대해 보다 균형잡힌 시선을 유지할 필요가 있음을 강조하고 있다. 각각의 유형에 기반한 주요 문제와 주요 비판의 내용을 살펴보면 다음과 같다.

서비스 전달 조직의 경우, 가장 문제가 되는 것은 조직이 자신의 미션을 잃어버린 상태로 정부의 대행 기능만 수행하는 대리인화(vendorism)의 문제이다. 비영리 조직이 정부재원에 지나치게 의존할 경우 비영리 조직으로서의 자체 미션을 상실하고 자율성을 잃어버리는 문제가 발생할 수 있다. 이러한 경우 시민사회는 공공의 목적을 위한 자발적 결사체라기보다는 정부의 공공서비스 전달을 위한 하청업체와 같이 전락하게 되는 문제가 발생한다. 또한 공급 측면에서는 정부에서 마땅히 책임성을 가지고 공급해야 할 서비스에 대해 비영리 부문에 지나치게 의존하게 되는 측면이나 시간이 지남에 따라 서비스가 동형화되고 다양성을 상실하는 문제도 발생할 수 있다고 지적한다. 사회복지, 공공보건 등 관련 분야에서 비영리 조직을 통한 서비스 전달은 시민사회 조직의 전문성을 바탕으로 수혜자 집단의 만족도를 제고하고, 정부정책의 효율성을 높이는 긍정적 효과를 산출할 수 있으나, 지나칠 경우 도리어 서비스의 질적 저하와 함께 개별 시민사회 조직의 건전성도 저해될 수 있다.

사회적경제 조직에 대한 비판은 상업화(commercialism)로 요약할 수 있다. 사회적 경제의 경우, 경제적 방식에 기초하여 사회적 목적을 달성하는 과정을 통해 새로운 방식의 사회문제 해결 기제를 확산하는 기회를 제공한다. 하지만 사회적경제 영역의 경우, 사회적 목적성을 추구하더라도 시장을 통한 문제 해결을 추구한다는 점에서 절대적으로 서비스가 부족한 지역에 대한 대안으로는 한계가 있다는 점이 지적될 수 있다. 또한 사회적경제 조직이 경제적 활동에 치우치게 될 경우 균형있게 지향해야 할 사회적 미션이 약화되는 경우도 사회적경제 조직의 상업화가 가지는 핵심문제로 지적된다.

시민참여 조직의 문제는 양극화(polarization)로 제시할 수 있다. 여기서 양극화가 의미하는 것은 자원의 양극화라기보다는 사회적 의견을 배타적 양 극단으로 형성되도록 하고, 그에 따라 불필요한 사회갈등을 확산하는 부분을 의미한다. 사회문제의 해결에 있어서 다양한 의견의 제시와 합리적 비판은 건강한 사회를 만드는 주된 동력이지만, 지나칠 경우 사회 전체의 공익성 보다는 개별 조직의 이해가 앞서는 분파주의적 갈등이 나타날 수 있다는 점을 경계할 필요가 있다. 이러한 분파주의는 주요 사회문제를 의제화하는 과정에서 사회의 공공선을 목표로 하는지 개별 이해관계자 집단의 사적 이해를 기반으로 활동이 수행되는지 그 경계가 모호해지는 문제와도 연결된다. 또한 개별적 지지를 보내는 풀뿌리 회원들과 실제 시민운동을 수행하는 리더 집단과의 소통부재 역시 시민참여의 대표성을 저해하는 문제로 제기되고 있다.

마지막으로 가치 기반 조직의 경우, 개별 조직의 미션에 기반하여 사회적 활동을 수행하고 공적 가치를 창출시키는 긍정적 효과를 가지지만, 지나치게 개별 조직의 미션이 강조될 경우 다른 집단을 배제하는 배타주의(particularism) 형태가 나타날 수 있다. 가치 기반 조직은 사회적으로 요구되는 긍정적 활동을 수행하지만 근본적인 목적은 개별 조직의 가치를 확산하는 데 있으므로, 비영리 조직의 활동내용이 공공성과 어느 정도 부합하는가 등에 대한 책임성 문제 등도 나타날 수 있는 것도 관심을 가지고 살펴야 할 부분이다. 특히 특정 집단의 가치가 지나치게 강조되면서, 사회적 배제나 차별로 이어지는 것은 또 다른 사회문제를 야기할 수 있다는 점에서 신중히 접근할 필요가 있다.

시민사회 활동이나, 정부와 시민사회의 협력관계에 있어서는 긍정적인 부분이 크게 나타나고 있지만, 경우에 따라서는 경계해야 할 비판적 지점도 상당부분 존재한다. 시민사회는 정부, 기업과 함께 사회문제 해결의 주된 축을 형성하고 있지만 정부실패와 시장실패가 그러하듯 시민사회 역시 나름의 문제들을 내포하고 있다. 최근 시민사회와의 협력이 정부운영에 있어서 점점 더 강조되고 있는 추세이지만, 시민사회와의 협력이

표 12-2 시민사회 유형에 따른 비판적 견해

구분	핵심문제	주요 내용
서비스 전달 조직	대리인화	• 정부재원에 대한 지나친 의존으로 인한 자율성 약화 • 비영리 부문 공급규모에 대한 과도한 집중 • 서비스의 동형화 및 다양성 감소
사회적경제 조직	상업화	• 서비스 부족 지역에 대한 무관심 • 조직 미션의 혼란 • 개인적 수혜의 차이
시민참여 조직	양극화	• 조직 간의 협소한 분파주의 • 사적 이해에 기반한 로비와의 모호한 경계 • 개별 회원과 리더 사이의 불균형
가치 기반 조직	배타주의	• 사적 의제의 부상 • 사회적 배제와 차별의 문제 • 책임성의 문제

출처: Frumkin(2005: 165)의 내용을 재구성.

새로운 사회문제 해결의 대안으로 자리하기 위해서는 시민사회 영역에 대한 비판을 바탕으로 균형잡힌 협력관계, 거버넌스 구조를 만들어가려는 노력이 필요하다.

제3절

시민사회 관련 제도 및 현황

1 시민사회 관련 제도적 기반

시민사회에 대한 정의 자체를 일반화시키기 어려운 만큼 시민사회를 규정하는 법·제도적 기반을 하나로 제시하는 것도 어려움이 있으며, 이론적·제도적 측면에서 타당한 접근으로 보기 어렵다. 다만, 그럼에도 불구하고 한국사회에서 시민사회 성장의 계를 제공한 주요 법·제도적 기반을 살펴보자면, 대표적으로 2000년에 제정된 「비영리민간단체 지원법」과 「자원봉사활동 기본법」을 제시할 수 있다. 이외에도 최근에는 지방자치단체를 중심으로 각종 공익활동 지원에 관한 자치법규 등을 통해 지역사회 내의 다양한 공익활동 수행단체에 대한 지원제를 운영하고 있는 경우도 다수 발견할 수 있다.

가장 먼저 2000년 제정 · 시행된 「비영리민간단체 지원법」은 "비영리민간단체의 자발적인 활동을 보장하고 건전한 민간단체로의 성장을 지원함으로써 비영리단체의 공익활동 증진과 민주사회 발전에 기여하려는 것"을 법 제정의 목적으로 제시하고 있다. 「비영리민간단체 지원법」은 국가와 지방자치단체가 비영리민간단체의 고유한 활동 영역을 존중하고 이들이 창의성과 전문성을 발휘하여 공익활동에 참여할 수 있게 노력해야 한다고 명시하고 있다. 관련법에는 비영리민간단체를 영리가 아닌 공익활동을 수행하는 것을 주된 목적으로 하는 민간단체로 정의하고, 구체적인 요건을 제시하고 있다. 이와 같은 요건은 비영리민간단체에 대한 보조금 사업을 수행하기 위한 요건으로 그 자체로 한국의 시민사회나 비영리민간단체 전체 규모를 대표하고 있다고 보기는 어렵다. 다만, 시민사회 활성화에 대한 국가의 책무를 법적으로 규정한 첫 걸음이라는 점에서 의의를 가진다. 이외에도 부대적인 부분이기는 하지만 이전까지 공공부문에서 비영리 조직, 비정부 기구, 시민단체 등 다양한 방식으로 혼재되어 사용되던 용어를 비영리민간단체로 통일하여 사용하기 시작한 시점이라는 점도 시민사회에 대한 제도적 기반 마련이라는 점에서 의미를 가질 수 있다.

다음으로, 한국의 자원봉사 추진에 있어서 가장 기본이 되는 법률 체계로서 「자원봉사활동 기본법」을 제시할 수 있다. 「자원봉사활동 기본법」은 공공 차원에서 자원봉사활동에 대한 기본적 사항을 규정하고 지방정부 차원에서 자치법규를 만들어 이행할 수 있는 근거를 마련하고 있다는 점에서 의의를 가진다. 「자원봉사활동 기본법」은 자원봉사활동에 대한 기본적인 사항을 규정함으로써 자원봉사활동을 진흥하고 행복한 공동체 건설에 이바지함을 목적으로 제시하고 있다. 해당 법률이 통과됨에 따라 전국 대부분의 지방자치단체에서 관련 조례를 마련하였으며, 국가와 지방자치단체 차원에서 자원봉사 활성화를 위한 계획 수립의 근거를 제공하고 있다. 「자원봉사활동 기본법」은 특정한 시민사회 조직에 대한 내용을 규정하고 있는 바는 아니지만 자원적 활동(voluntary activities)에 대한 제도적 근거를 마련하고 있고, 시민참여의 기반을 형성하고 있다는 점에서 한국 시민사회 형성의 중요한 제도적 근거 가운데 하나로 파악해볼 수 있다.

이외에 많은 지방자치단체의 경우, 각 지방자치단체의 조례, 자치법규에 근거하여 공익활동 지원 관련 조례 등을 운영하고 있다. 지방자치단체별로 차이를 가지고 있으나 대부분의 공익활동 지원 조례의 경우, 주민의 공익활동 참여 활성화 및 비영리민간단체의 공익활동을 지원하는 것을 목적으로 하고 있다. 전반적으로 조례는 비영리민간단체 차원의 다양한 공익활동 지원을 목적으로 제시하고 있으나, 실제 제도의 운영에 있어서는 공익활동 영역의 중간지원조직인 공익활동지원센터의 설치와 운영 근거를 마련하는 데 초점을 두고 있는 경향을 보인다(경기도, 2019).

2 시민사회 주요 현황

시민사회의 개념 자체가 포괄적이고 단일하게 적용하기 어려우며, 새로운 형태의 비영리 성격의 조직들이 확대되고 있는 측면에서 한국 시민사회현황을 정확하게 제시하기는 어려우며, 대표적인 공식자료를 찾아볼 수도 없는 실정이다. 개괄적인 현황을 살펴보기 위하여 시민운동정보센터에서 발간한 『한국시민사회연감 2012』를 살펴보면, 비영리 조직의 수는 1970년 이전에 3,796개였다가, 1970년대에 125개, 1980년대에 433개, 1990년대에 2,004개, 2001년도에서 2008년도까지 1,562개가 신설되었으며, 2008년도에는 7,920개에 달하는 것으로 나타났다(경기도, 2019). 이러한 경향은 한국의 시민사회가 1990년대 이후 양적 측면에서 비약적으로 성장해왔다는 것을 보여주는 현황으로 제시할 수 있다.

앞서 언급한 바와 같이, 「비영리민간단체 지원법」에 따른 비영리민간단체현황이 한국의 시민사회 규모를 특정하기는 어렵지만, 현재 시민사회 관련 구체적 현황자료를 생산하는 몇 안 되는 공식자료라는 점에서 살펴볼 의의는 있다. 관련 현황을 살펴보면 2022년 2분기 기준으로 전체 비영리민간단체의 수는 15,472개에 이르며, 그 가운데 중앙부처 등록단체가 1,744개, 지방자치단체 등록단체 수가 13,728개로 파악된다. 중앙정부 차원의 부서별 등록현황으로는 행정안전부(280개), 보건복지부(203개), 통일부(195개), 외교부(188개), 문화체육관광부(185개), 환경부(183개) 등이 많은 등록단체를 보유하고 있는 것으로 파악된다. 지방자치단체 등록현황을 살펴보면 서울시(2,375개), 경기도(2,359개) 등의 지역에 집중되어 있으며, 이외에도 전라북도(1,049개), 부산광역시(908개) 등도 많은 비영리민간단체가 등록된 현황을 보이고 있는 것으로 파악된다. 다만, 이와 같은 현황은 「비영리민간단체 지원법」상의 비영리민간단체현황만 종합한 것이며, 통계적으로 누적치를 활용하고 있다는 점에서 실제 한국 시민사회의 규모를 대표하거나, 활동 규모를 파악하는 자료로는 정확하지 않은 측면이 있다. 실제 최근에는 비

표 12-3 연도별 비영리민간단체 등록현황

구분	중앙부처 등록단체 수	시 · 도 자치단체 등록단체 수	등록단체 합계
2022년	1,744	13,728	15,472
2021년	1,735	13,736	15,471
2020년	1,709	13,400	15,109
2019년	1,681	13,061	14,742
2018년	1,663	12,696	14,359
2017년	1,625	12,320	13,945
2016년	1,599	11,906	13,505
2015년	1,567	11,359	12,926
2014년	1,499	10,722	12,221
2013년	1,413	10,186	11,599
2012년	1,304	9,582	10,886

주: 비영리민간단체현황의 분기별 등록통계, 매년 4분기 자료를 바탕으로 작성하였으며, 2022년의 경우만 2분기 자료를 적용.

출처: 비영리민간단체 공익활동 지원사업 관리정보시스템(NPAS)의 현황자료를 재구성(https://npas.mois.go.kr/)(검색일: 2022.9.20).

영리민간단체 형태가 아니더라도 사회적경제나 다양한 형태의 공동체 활동을 통해서 기존의 시민사회가 수행하던 공익활동을 수행하고 있으며, 기업 등도 사회적 목적 실현을 위한 다양한 사업을 수행하고 있다는 점에서 비영리민간단체 등록현황은 하나의 참고자료로만 이해되어야 한다.

정부 차원에서 시민사회와의 협력 규모에 대한 실체적 분석을 위해서는 정부예산에서 민간 영역으로 이동하는 예산의 비중을 구체적으로 살펴볼 필요가 있다. 2019년 기준 행정안전부 국고보조금 예산은 66개 사업 1조 6,178억 원으로 총예산 대비 2.9%으로 그 내용은 지방자치단체 보조사업에 1조 5,325억 원(94.7%), 민간보조 853억 원(5.3%)으로 구성되어 있다. 또한 기획재정부의 국고보조금 예산은 14개사업, 4,348억 원으로 지방자치단체 보조사업에 2,706억 원(62.2%), 민간보조사업에 1,642억 원(37.8%)으로 운영되고 있다. 이와 같은 정부의 각 부처가 업무내용별로 국고보조금을 지방자치단체와 민간단체에 지원하고 있는데, 그 규모는 매년 60조 원에서 70조 원에 달하고 있다. 이 가운데 어느 정도가 비영리민간단체의 활동을 지원하고 있는지에 대한 면밀한 조사가 필요하지만, 2010년 연구자료에 따르면 우리나라 중앙정부에서 비영리민간단체에 지원하는 지원금은 총 3,227억 원으로 조사되었다. 2010년 당시 대한민국 정부의 결산액이 특별회계까지 포함하여 248조 6,533억 원인 것을 감안하면 정부예산 대비 비영리민간단체에 대한 지원금의 규모는 정부예산의 약 0.13%로 추정해볼 수 있다(경기도, 2019).[1] 물론 이러한 추정치도 비영리민간단체 지원만을 대상으로 하는 만큼 최근 정부운영에 있어서 시민사회의 협력의 규모는 이보다 크게 확장된 규모로 나타날 것으로 판단된다.

제4절 시민사회 영역의 확장

전통적인 관점에서 시민사회는 NGO・NPO와 같이 정부 혹은 시장과는 차별화된 독립적 영역을 의미해왔다. 그런 의미에서 시민사회는 정부와 차별화되거나 영리를 추구하는 시장 조직, 기업과 차별화되는 방식으로 조직이 정의되는 경향을 보여왔다. 다만, 최근에는 정책환경의 변화가 빨라지고 새로운 형태의 조직들이 급격하게 늘어남에 따라 이전과는 다른 방식으로 시민사회의 개념도 확장되는 경향을 보이고 있다. 시민사회의 범주에서 고려될 수 있는 새로운 형태의 조직은 매우 다양하게 나타나고 있지만, 대표적인 형태로 고려할 수 있는 영역으로 사회적경제와 공동체 부문을 제시할 수 있다.

1 사회적경제의 개념 및 동향

사회적경제는 1970년대 신자유주의 등장 이후 자본주의 시장과 국가에서 더 이상 해결해 줄 수 없는 경제적 위기나 사회연대의 부족, 복지국가 기능 약화를 보완할 목적으로 생겨난 대안적 경제의 속성 혹은 특징을 말한다(최중석, 2019). 이러한 사회적경제 용어는 시장실패와 정부실패에 대응하는 과정에서 발생했다는 점에서 제3영역, 비

1) 『2010년 정부의 비영리민간단체 지원 백서』에서는 35개 중앙정부에 정보공개 청구를 했으며, 이를 통해 실제로 비영리민간단체에 대한 지원을 한다고 자료를 보내온 26개 중앙부처를 대상으로 비영리민간단체지원 현황자료를 확보하여 분석을 진행하였다.

그림 12-2 사회적경제 조직의 스펙트럼

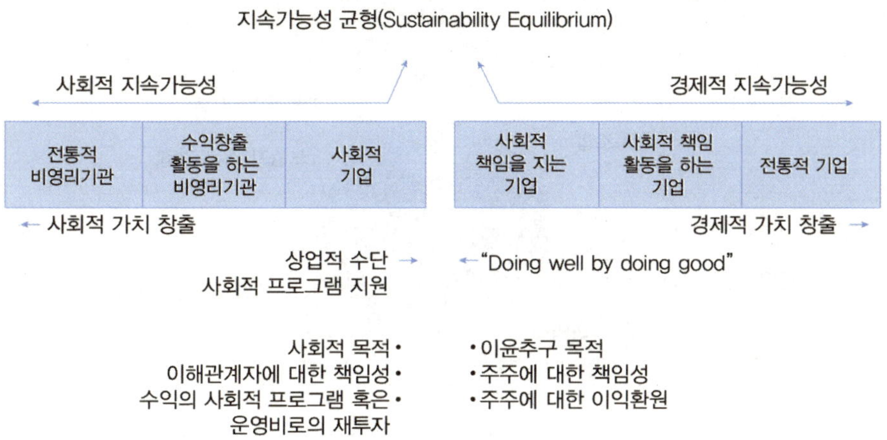

출처: Alter(2007: 14–15)에서 재구성.

영리 영역 또는 시민사회 영역이라는 용어와 함께 사용되기도 한다.

일반적으로 사회적경제란 공공경제와 시장경제와는 다른 제3섹터 경제 영역으로서 공동체 구성원의 호혜협력과 사회적 연대관계를 바탕으로 한 사회적경제 조직들이 재화와 용역을 생산함으로써 공동체 이익과 사회적 가치를 추구하는 민간 영역의 모든 사회경제적 활동으로 정의된다. 한국 사회에서 사회적경제는 고용노동부의 사회적기업, 기획재정부의 협동조합 등 제도적 형태를 중심으로 설명되는 경향이 있으나, 개념적 차원에서 사회적경제란 구성원 상호 간 연대와 협력, 적극적인 자기혁신과 자발적 참여를 바탕으로 사회서비스 확충, 복지의 증진, 일자리 창출, 지역공동체의 발전, 기타 공익에 대한 기여 등 사회적 가치를 창출하는 모든 경제적 활동으로 정의된다(Pearce, 2003). 이러한 경향을 반영하여 최근에는 사회적경제 조직을 정의함에 있어서 제도적 기반에 따른 협소한 정의를 따르기보다는 운영원리에 입각하여, 사회적책임 기업, 소셜벤처 등을 아우르는 포괄적 방식으로 접근하는 것이 일반적이다.

또 다른 관점에서 사회적경제는 제4섹터라는 형태로 정의되기도 한다. 2018년 다보스포럼에서는 '공유의 미래'를 만들기 위한 10대 과제의 하나로 '제4섹터 구축(Building a Fourth Sector)'를 제시하였다. 제4섹터는 전통적인 자선 영역이나 비영리 부문과는 차별화되는 영역으로, 기업활동에서 사회적 역할을 강조하는 사업체를 의미한다. 이러

그림 12-3 제4섹터의 개념적 범위

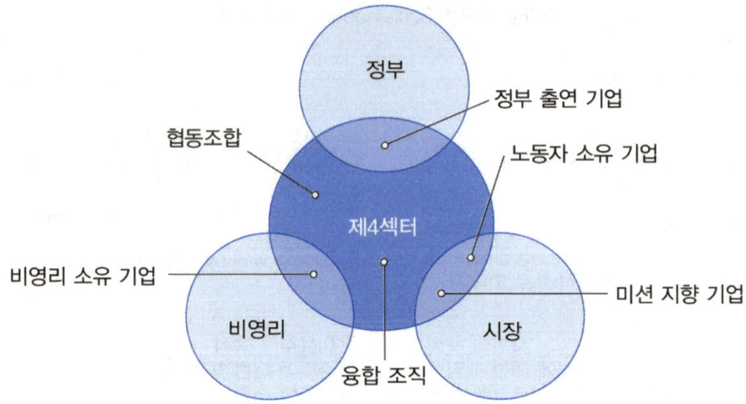

출처: Jonathan(2009).

한 제4섹터 정의는 최근 많은 기업들이 주주에게 이익을 제공함과 동시에 사회적·환경적 목적을 결합하기 위하여 가치 중심의 조직으로 전환되는 특성에 집중한다. 제4섹터는 개념적으로 기업활동(business activities)에 종사하면서 사회적 목적(social purpose)을 추구하는 조직을 의미한다. 제4섹터에 속하는 조직 특성을 보여주는 용어로는 '가치 중심의 조직(For-Benefit Organization)' 등이 활용되기도 한다. 가치 중심의 조직은 기존의 기업활동이 주주 중심의 조직이었던 점과 차별적으로 수혜자(beneficiary) 중심으로 이루어지는 가치에 집중하는 조직으로 정의할 수 있다.

사회적경제 조직, 제4섹터 조직을 전통적인 비영리 부문에 포함시킬 것이냐 포함시키지 않을 것이냐에 대해서는 이론적으로 다양한 의견이 존재할 수 있다. 사회적경제 조직의 기업적 운영원리에 초점을 두는 집단에서는 사회적경제 조직과 비영리 조직의 차별성을 강조할 수 있으며, 사회적 목적에 초점을 두는 집단에서는 사회적경제 조직을 시민사회의 한 부분으로 파악하려고 할 것이다. 다만, 큰 맥락에서 사회적경제 조직들이 정부실패와 시장실패에 대한 대안으로서 우리 사회의 공공성을 보완하는 중요한 기제로 활용되고 있다는 점에서, 시민사회의 확장된 움직임의 하나로 파악해볼 수 있을 것이다.

2 공동체의 개념 및 동향

시민사회나 사회적경제의 개념 정의와 마찬가지로, 공동체에 대한 개념 역시 학자마다 다양하게 나타나는 것으로 확인된다. 공동체라는 개념이 물리적 실체를 가지거나 제도적 기반 위에 성립된 개념이 아니기 때문에 각각의 정책이나 학문적 지향에 따라 다양한 범위와 속성으로 정의되고 있다. 그럼에도 불구하고 일반적으로 통용되는 공동체의 개념을 살펴보면, 공동체는 "지리적으로 제한된 공간 안에서 활동하는 구성원들 간의 사회적 상호작용이 활발하고 이를 통해서 공통의 유대감과 소속감을 공유하고 정체성을 형성하는 집단의 형태"로 제시된다(채종헌 외, 2014). 공동체의 개념을 바탕으로 공동체 개념의 구성요소를 살펴보면, 크게 지역성, 사회성, 유대감 등을 핵심요소로 정리해볼 수 있다. 다만, 이와 같은 공동체의 구성요소는 지역적 맥락이나 학술적 접근 방식 등에 따라 유동적으로 적용되어 나타날 수 있다. 예를 들어, 지역성에 대한 전통적 개념은 단일 지역의 거주공간을 전제로 하는 경우가 많았으나, 최근에는 IT 및 교통기술 등의 발달로 인하여 거주공간, 혹은 공간의 개념이 확장되어 적용되는 경우도 다수 발견된다. 실제로 지역성의 경우, 거주공간의 개념으로 적용하더라도 예전과 달리 마을 단위를 넘어 생활공간의 범위가 확장되는 경향을 보이고 있으며, 주요 관심사에 따라서는 지역을 넘어서 유대감의 공간을 형성하기도 한다(최준규 외, 2015; 최준규, 2022).

공동체의 개념이 다양한 것만큼 공동체의 유형 역시 그 목적이나 형태에 따라 매우 다양한 스펙트럼을 형성한다. 이와 같은 다양한 공동체 활동을 보다 구체적인 속성을 바탕으로 그 유형을 분류하기 위해서는 공동체 유형화를 위한 세부기준을 먼저 제시할 필요가 있다. 최준규 외(2015)의 연구에서는 다양한 형태로 나타나는 공동체의 포괄성을 공동체성, 사회성, 영리성을 중심으로 분류하고 유형화를 시도하고 있다. 해당 분류체계에서 공동체성은 지역 중심의 유대감과 지역성에 초점을 두는 속성으로 분류하고 있으며, 사회성은 공동체가 가지는 사회적 목적의 강도에 초점을 두고 있다. 지역성이 지역에 기반한 유대감을 제시하고 있다면, 사회성은 그보다는 내용적 측면에서의 사회적 목적성, 시민사회 분류체계에서는 일종의 주창(advocacy) 성격 등과 연결되는 성격을 가진다. 마지막으로, 영리성은 공동체 차원의 경제적 활동을 강조하는 속성으로 정리해볼 수 있다. 각각의 개념을 명확하게 구분하는 것은 어렵지만, 대략의 방향성을 중심으로 각 구성요소가 가지는 개념을 살펴보면 다음과 같이 제시할 수 있다(최준규 외,

표 12-4 공동체 유형화의 세부기준

구분	세부내용
공동체성	공동체의 기본적 속성으로 주민 사이의 유대감, 지역성, 그리고 초기 단계의 사회성을 포함한 형태를 포괄
사회성	공동체가 가지는 사회적 목적이 강화되는 경우에 결사체 중심의 모형으로 전환되는 형태를 말하며, 공동체 조직의 전환 혹은 연대의 형태로 구현
영리성	공동체의 자체적인 경제활동이 강조되는 모형으로, 공동체 내부에 경제활동 기제가 작동하는 형태를 의미

출처: 최준규 외(2015).

2015; 최준규, 2022).

제시된 공동체 유형의 세부기준에 따라 생각해볼 수 있는 공동체의 유형은 매우 포괄적으로 제시할 수 있다. 간략하게 기준별로 상상 가능한 공동체의 유형을 살펴보면, 일차적 주민모임에서 사업성이 강하게 나타나는 사업체형, 사회적 목적이 강조되는 결사체형 등으로 제시해볼 수 있다. 보다 구체적 공동체의 형태들로 나열해본다면, 주민모임에서 주민사업, 시민단체, 마을만들기, 협동조합, 마을기업, 사회적경제 기업이나 최근 부상하고 있는 소셜벤처에 이르기까지 다양한 형태들을 확인해볼 수 있다. 다시 말해서, 일반적으로 사용되는 공동체라는 용어는 정형화된 하나의 개념이나 형태로 정의하는 것보다 다양한 활동양식을 포괄하는 총체적 활동양식으로 정의하는 것이 내용적으로 타당할 것이다.

공동체 형태의 다양성에도 불구하고, 공동체성, 사회성, 영리성이라는 세 가지 속성에 기반한 공동체 유형 분류에 해당하는 각각의 공동체 형태를 구조화하면 다음의 정육면체 형태와 같이 도식화할 수 있다. 제시된 구조를 구체적으로 살펴보면, 각각의 기준별 극단에서는 대표적으로 유형화 가능한 조직형태를 나타내고 있다. 다만, 공동체 활동이나 그 유형은 정형화된 일곱 개의 형태로 존재하는 것이 아니라, 정육면체로 이미지화되는 내부의 다양한 스펙트럼 전체를 포괄하는 것으로 이해할 필요가 있다. 다시 말해서, 공동체 유형에 대한 개념 적용은 경직된 분류체계로 이해하는 것이 아니라 상대적인 개념과 유형으로 이해하는 것이 구체적 현실을 반영하는 데 적합하다는 것을 의미한다.

앞에 제시한 유형화 체계가 공동체성, 사회성, 영리성이라는 공동체의 속성을 기반으로 제시한 내용이었다면, 공동체의 운영방식 · 운영형태 등에 따라서도 재분류해볼

그림 12-4 공동체의 유형과 조직형태

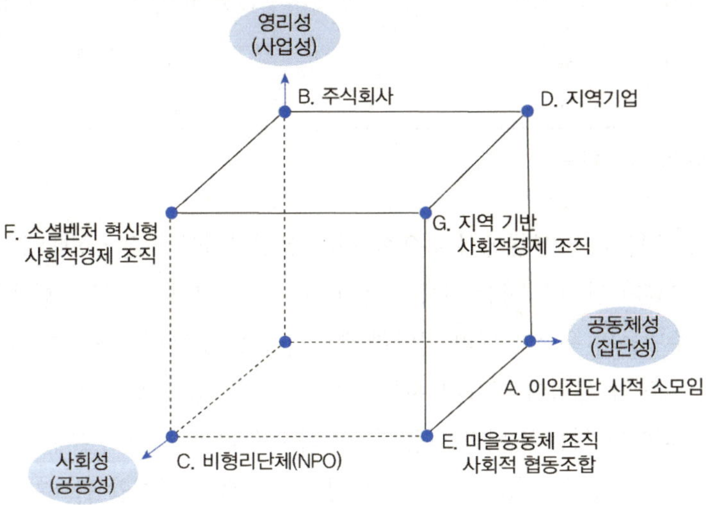

출처: 최준규 외(2015)의 내용을 재정리.

수 있다. 운영형태의 특성이 가지는 형태를 중심으로 공동체 유형을 재분류해본다면, 공동체 유형은 다시 '소모임 유형', '공동체 유형', '결사체 유형', '사업체 유형' 등으로 재분류할 수 있다. 가장 먼저 '소모임 유형'은 초기 단계의 주민모임을 의미하는 형태로, 최초 주민들이 조직화되는 형태를 의미한다. 이 형태에서의 주민모임은 사회적이나 경제적으로 특정한 방향성을 가지기보다는 희미한 공동의식을 기반으로 모이는 형태로 나타나는 것이 일반적이다. 다음으로, '공동체 유형'은 초기 단계의 주민모임에서 개별 공동체가 가지는 문제의식이 보다 명확해지는 단계를 의미한다. 공동체 유형에 해당하는 개별 공동체는 구성원들이 공통적으로 가지는 문제의식이 보다 명확하게 사회적 목적과 연계되거나 구체적 활동 방향으로 나타나는 경향을 가진다. '결사체 유형'은 공동체 활동의 단계를 넘어서 공동체가 가지는 사회적 목적이 강화되고, 활동의 범위가 확대되는 형태로 구현된다. 이러한 경우는 전통적 시민사회 조직으로 전환되거나 활동의 범위와 양식이 확대되는 경향을 보인다. 마지막으로, '사업체 유형'은 공동체 활동 내부적 동력 확보를 위하여 경제적 활동이 결합되는 형태로 정의할 수 있다. 공동의 경제활동과 자산의 보유 등의 기제가 내부화되는 단계이며, 마을기업 등 제도적 양식과 결합되는 형태 등을 대표적 사례로 제시할 수 있다(최준규, 2022).

표 12-5 공동체 운영방식에 따른 유형 재분류

유형구분	소모임 유형	공동체 유형	결사체 유형	사업체 유형
공동체성	약/중	중/강	중/강	약/중/강
사회성	약	중	강	중/강
영리성	약	약	중	강

출처: 최준규 외(2015)의 내용을 재정리.

다만, 공동체의 유형 분류에서 유의할 점은 운영방식이나 운영형태에 근거한 공동체 유형의 재분류가 단계별 성장 지향 모델이 아니라는 점이다. 지역사회에서는 공동체를 구성하는 주민들의 욕구에 따라 다양한 형태의 공동체 유형이 공존할 수 있다. 다시 말해서, 모든 소모임 유형이 공동체 유형으로 혹은 공동체 유형이 결사체 혹은 사업체 모형으로 전환되어야 하는 당위적 접근은 적절하지 못하며, 각각의 유형은 전체 사회라는 관점에서 각각이 맡은 역할과 기능을 수행하는 것으로 이해할 필요가 있다(최준규, 2022).

제5절

대안과 미래

한국 사회는 기업 영역에서 놀라울 정도의 압축적 성장을 경험해왔으며, 정부와 공공 영역에서는 공공행정의 고도화와 민주성을 함께 달성한 경험을 가지고 있다. 경제성장과 민주주의의 달성이라는 시대적 목적을 달성하는 과정에서 정부와 기업의 역할만큼이나 시민사회 역시 큰 역할을 수행해왔다. 시민사회는 지나친 자본주의의 폐해와 공공부무의 부패, 비효율성 등을 견제하기 위하여 다양한 의견을 제시하고 대안적 활동을 만들어왔다. 사회에 대한 비판과 시민운동을 중심으로 출발했던 한국의 시민사회는 최근에는 다양한 공공서비스의 전달, 사회혁신의 추진 등에 있어서도 상당한 성과를 거두면서, 사회문제 해결의 새로운 주체로 성장해오고 있다. 중앙 및 지방정부의 운영 등에 있어서 정부와 시민사회의 협력적 관계 형성, 민관 파트너십 등은 빠질 수 없는 정부운영 기제로 자리잡아가고 있다.

또한 한국 사회의 경제 및 사회가 고도화되고, 시민들이 가지는 사회서비스 수요가 고도화·다변화됨에 따라 시민사회가 가지는 역할의 중요성은 더 크게 증가할 것으로 보인다. 기술환경의 발전에 따라 경제사회적인 안정성은 더 커질 것이며, 사람들은 기본적이고 공통된 욕구보다 개별적으로 맞춤화된 서비스 욕구를 표출하게 될 것으로 예측된다. 단순·반복적인 서비스는 기술과 시스템에 의해 대체될 것이며, 사람들은 지역적 맥락과 개별적 수요에 기반한 휴먼서비스에 대한 욕구가 높아질 것으로 예상된다. 그 속에서 정부운영의 효과성을 도모하고, 시민의 삶의 질을 높이고, 정부에 대한 만족도를 제고하기 위해서는 전통적인 행정운영방식을 넘어서는 새로운 정부운영방식이 요구된다. 이와 같은 새로운 정부운영방식의 필요성은 건강한 시민사회의 역량과 비판적 시민이 함께하는 플랫폼 민주주의, 플랫폼 정부로의 전환 등에서 발견할 수 있다. 다시 말해서, 정부가 지역사회와 시민 차원에서 고도화된 서비스를 개별적으로 제공하는 데는 한계가 있기 때문에, 정부는 지역 차원의 의제와 점점 더 다양하고 역동적으로 변화하는 사회문제에 대응할 수 있는 시민사회와의 협력을 더 강화하는 방향으로 변화할 것으로 예상된다.

그 속에서 향후 한국의 시민사회가 지속적으로 공공선을 확장하고 사회문제 해결의 한 축으로 기능하기 위해서는 시민사회의 개방성 강화에 대한 노력이 필요할 것으로 판단된다. 한국의 시민사회가 한국 사회의 성장에 있어서 중요한 역할을 수행해왔지만 아직까지도 시민 다수의 활동으로 이어지기 보다는 소수의 엘리트와 시민활동가를 중심으로 진행되는 경향을 보이고 있다. 물론 최근에는 자원봉사 영역이 확대되고 사회적 경제, 공동체 등 다양한 부문으로 그 영역이 확장됨에 따라 이전보다 많은 시민이 참여하는 성과를 보이고 있지만, 조직화된 소수의 활동을 다수의 일반시민으로 확대하려는 노력은 지속적으로 강화될 필요가 있다. 특히 정부와 시민사회의 협력관계가 강화됨에 따라, 간접적으로나마 시민사회가 공공의 자원을 활용하기 위한 대표성을 확보할 필요가 있으며, 그러한 대표성 확보의 근간은 보다 많은 시민들의 일상적 참여를 확대하는 것에서 시작될 수 있다.

일반시민의 일상화된 참여를 확대한다는 점에서 한국의 시민사회는 주민자치, 풀뿌리 공동체 활동 등 일상화된 참여 정책과의 연계도 강화할 필요가 있다. 자치분권과 주민자치가 강화되면서 불특정 다수의 일반시민의 정부활동 참여도 그 양과 질에서 대폭 확대될 것으로 예상된다. 정부운영 과정에서 다수의 시민참여가 실효성을 확보하기 위해서는 다양한 분야에서의 전문성을 가지는 조직화된 시민역량, 시민사회의 역량이 결합될 필요가 있다. 다시 말해서, 한국 사회에서 새로운 사회문제 해결에 대응하는 효과적인 거버넌스 구조를 달성하기 위해서는 플랫폼으로서의 정부, 다양한 시민의 참여 확대와 더불어 촉진자・중개자로서의 시민사회 역량 강화가 함께 논의될 필요가 있다.

참고문헌

경기도 소통협치국 민관협치과(2019). 『경기도 공익활동촉진 지원방안 연구』. 경기도 정책과제.

조흥식 외(2010). 『2010년 정부의 비영리민간단체 지원 백서』. 한국NPO공동회의 백서 제2편. 유니세프한국위원회・한국NPO공동회의.

채종헌 외(2014). 『지역공동체 활성화를 통한 사회통합 증진방안에 관한 연구』. 한국행정연구원.

최준규(2006). NGO 운영과 책무성에 관한 연구. 성균관대학교 국정관리대학원. 석사학위논문.

최준규(2022). 재난 이후 지역사회 복원을 위한 공동체 정책에 관한 연구. 『시민정치연구』, 제4호.

최준규 외(2015). 『경기도 따복공동체의 개념 및 추진방향』. 경기연구원 정책과제.

최준규 외(2016). 『경기도 따복공동체 기본계획 수립 연구』. 경기도따복공동체지원센터.

최준규 외(2021). 『재난 이후 공동체 정책을 통한 지역사회 복원에 관한 연구』. 경기연구원 정책과제.

최준규 외(2022). 『경기도 자원봉사 활성화를 위한 정책 방향 연구』. 경기연구원 정책과제.

최준규・윤소은(2018). 사회혁신의 새로운 기반, 제4섹터. 『GRI FOCUS』.

최중석(2019). 『사회적경제학』. 서울: 좋은땅.

Alter, S. Kim(2007). Social Enterprise Typology. Virtue Venture LLC.

Jonathan, Crinion(2009). Can Earth Survive Capitalism? *Creativity*.

Frumkin, Peter(2005). *On Being Nonprofit: A Conceptual and Policy Primer*. Harvard University Press.

Pearce, John(2003) *Social Enterprise in Anytown*. Gardners Book.

제13장

공공갈등과 정부의 역할

조경훈

| 제1절 |

공공갈등의 이해

1 갈등의 개념

갈등(葛藤)은 국립국어원에 따르면, '칡(葛)과 등나무(藤)가 서로 얽히는 것'과 같이 복잡하게 얽힌 관계가 개인 및 집단 사이에서 목표나 이해관계의 차이로 인해 상호충돌하는 것으로 설명하고 있다. 이러한 의미는 갈등의 영어 표현인 'conflict'에서도 비슷한 것을 확인할 수 있는데, 라틴어 'confliqere'는 'con(함께)'과 'fligere(충돌·다툼)'의 합성어로서 상호작용에서 발생하는 양립 불가능한 충돌을 의미한다.

이러한 정의에서 바로 확인할 수 있는 갈등의 본질은 다음의 두 가지 요건으로 정리할 수 있다. 첫째는 복수의 행위자가 존재한다는 것으로(Deutsch, 1977; Pruitt & Carnevale, 1993; Kriesberg, 2003; Lewicki et al., 2003), 개인의 내면에서 발생하는 내적 갈등(심리적 갈등)도 존재할 수 있지만, 일반적인 의미의 갈등은 특정 개인 또는 집단이 다른 개인 및 집단과의 관계에서 발생하는 것이라 할 수 있다. 둘째로 갈등은 적대적 충돌의 형태로 발생한다는 것이다(Dahrendorf, 1959; Coser, 1967; Deutsch, 1977; Pruitt & Carnevale, 1993; Krisberg, 2003). 개인 및 집단이 갖는 상호작용의 종류는 다양할 수 있는데, 신뢰를 바탕으로 상호호혜적인 협력적 관계가 가능할 수도 있으며, 경쟁적 관계를 형성할 수도 있다. 더 나아가 적대적 충돌로 상호 간 관계의 손실이 발생할 수도 있다.

이러한 갈등의 모습은 흔히 이해관계자 상호의 관계를 손상시키고, 주변은 물론 사회 전체적으로도 부정적인 영향을 미치는 것으로 이해되어 왔다. 그러나 갈등은 침체된 조직이나 사회에 자극을 일으켜 활력을 불어 넣어줄 수 있다는 긍정적인 기능도 존재할 수 있으며, 헤겔(Georg Wilhelm Friedrich Hegal)의 변증법적 구조와 같이, 갈등을 통해 사회의 모순과 문제를 드러내어 결과적으로 사회의 발전에 기여하는 것이 가능할 수도 있다. 이러한 관점에서는 갈등이 발생하는 것 자체를 회피하는 조건을 형성하는 것이 중요한 것이 아니라, 갈등이 발생한 이후에 사회에 도움이 되는 방향으로 갈등을 극복하고 해소할 수 있는 방안을 모색하는 것이 더 중요하게 고려될 것이다.

2 공공갈등의 이해

공공갈등은 사회갈등, 사회적 분쟁 등의 표현으로 사용되기도 하며, 일반적인 갈등과 비교하여 가장 큰 차이는 공익에 대한 갈등으로서 정부의 정책과 관련하여 발생하는 갈등이라는 것이다(지속가능발전위원회, 2005; 하혜영, 2007). 그러므로 공공갈등은 대체로 공공재의 활용과 배분과 관련된 문제가 갈등의 원인이 될 수 있으며, 그 범위가 좁게는 개인에서부터 넓게는 국가 전체 또는 국제적 차원까지 확대될 수 있는 특성이 있다. 한편, 갈등의 범위가 넓어질 수 있기 때문에 갈등과정에서 다양한 이해관계자가 연관될 수 있다(Dukes, 1996; Carpenter & Kennedy, 2001). 공공 영역에서도 중앙정부 외에 광역 및 기초자치단체, 공공기관 및 공기업 등이 있으며, 민간 영역에는 지역주민, 시민단체, 환경단체, 민간기업이 갈등 상황에 연관될 수 있다. 다양한 이해관계자가 참여한 갈등 상황은 모두를 만족시킬 수 있는 최적의 대안을 도출하는 데 어려움을 가중시키는 요소가 될 수 있으며, 불완전한 대안으로 인해 갈등 상황이 지속될 수 있도록 하는 이유가 될 수 있다. 공공갈등의 또 다른 특성으로는 다양한 갈등 이슈가 복수로 존재한다는 것이며, 각 이슈에 하부 이슈가 존재하는 다층적인 구조로 인하여 대안의 모색이 어렵다는 것이다(문명재 외, 2007; 정정화, 2011; Pruitt & Carnevale, 1993; Carpenter & Kennedy, 2001).

이러한 기본적인 공공갈등의 특성에 더하여, 최근의 사회적 변화가 빠르고 복잡하게 이루어지고 있어, 정부가 대응해야 하는 사회적 문제의 모습도 매우 복잡하고 어려운 상황이라 할 수 있다. 갈등의 원인을 규명하는 것 자체가 어렵고 혼란스러우며, 복수의 이해관계자가 연관된 다수의 다층적 이슈가 연계되어 있는 상황은 갈등의 해소 방안을 모색하는 것을 어렵게 할 수 있다. 그리고 과거의 경험으로부터 참고하여 활용할 수 있는 대안도 효과적으로 작동하지 않을 가능성이 큰 상황은 갈등의 장기화로 인한 사회적 비용의 소모를 증가시킬 우려가 있다. 이러한 측면에서 오늘날의 공공갈등은 헤드와 알포드(Head & Alford, 2008)가 지적한 복잡성(complexity)과 포괄성(diversity)의 조건을 갖춘 소위 '난제(wicked problem)'로서 지위를 갖게 된다고 할 수 있다.

공공갈등의 진행과정에 대해 프루이트와 루빈(Pruitt & Rubin, 1986), 크리스버그(Kriesberg, 2003), 주재복(2001), 박홍엽 · 홍성만(2006) 등은 다양한 단계로 구분하였으나, 대체로 일반적인 갈등과 마찬가지로 갈등의 발생-증폭-유지-완화(감소)-해소의 단계를 거치는 것으로 구분하였다. 그러나 실제 사례를 살펴보면 갈등의 발생이 이처럼 일방향적으로 이루어지지 않는다. 완화되거나 해소된 것으로 생각된 경우에도 동일한 이유 또는 완전히 다른 이유로 인해 갈등이 다시 재점화될 수 있으며, 해소에 이르지 못하고 오랜 기간 동안 악화와 완화 사이를 오가며 갈등 상황이 유지되는 경우도 있다. 앞서 언급한 바와 같이 다수의 이해관계자가 연계되어 있으며, 갈등 이슈가 복잡한 공공갈등의 특성으로 인하여 여러 이슈가 순차적으로 영향을 미치며 갈등 상황에 부정적으로 작용하기도 한다.

지금까지 간략하게 살펴본 바와 같이, 공공갈등은 사안에 대한 파악과 해소방안을 모색하는 것이 매우 어려운 것이 오늘날의 상황이라 할 수 있다. 그러므로 공공갈등에 대해 적절하게 이해하고 바람직한 대응을 통해 사회에 긍정적인 방향으로 극복하도록 하기 위한 노력과 관심이 필요하다고 할 수 있다.

공공갈등의 복잡성에 대한 이론 모형의 검토

예를 들어, 정부에서 특정 지역에 개발사업을 추진하는 경우에 관련된 주된 이슈는 환경보호와 이익의 배분 등을 생각해 볼 수 있는데, 캠벨(Campbell, 1996)은 개발사업과 관련된 이슈에 대하여 경제발전, 환경보호, 사회적 평등을 주요 축으로 두고 '개발갈등(development conflict)', '자원갈등(resource conflict)', '자산갈등(property conflict)'과 같은 갈등이 발생할 수 있음을 제시하였다.

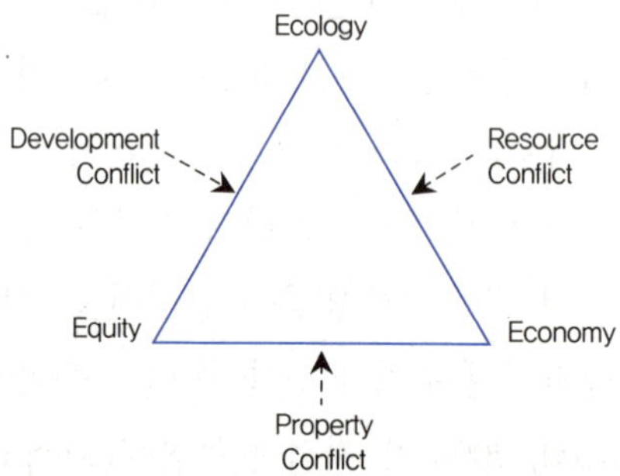

캠벨(Campbell, 1996)은 자산갈등에 대해 관련 이해관계자 사이의 경제적 위치에 따라 발생하는 입장의 차이로 인해 발생하며, 개인의 재산에 대해서는 정부의 개입에 저항하는 동시에, 공공재에 대한 개발은 향유하고자 하는 이중적인 모습을 보인다고 하였다. 자원갈등은 개발에 따른 자원의 활용이 경제발전에 기여할 수 있으며, 동시에 환경

을 훼손시키는 결과를 가져올 수 있음을 보여주고 있다. 개발갈등은 사회적 형평성과 환경보전의 축 사이에서 사회적 형평성이라는 사회자본을 증가시키는 동시에 환경보호를 이루어야 하나, 입장에 따라 우선순위의 차이가 있어 갈등으로 이어질 수 있다는 것이다.

한편, 고즈초크(Godschalk, 2004)는 캠벨(Campbell, 1996)의 모형에 거주가능성(livability)의 개념을 추가하여 입체적인 모형을 구축하였다. 그리고 거주가능성을 중심으로 경제 · 환경 · 형평의 요인 사이의 갈등 유형을 설정하였다.

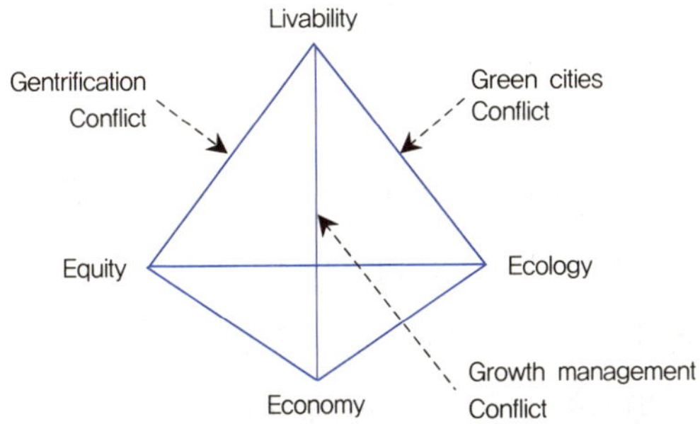

'성장관리 갈등(growth management conflict)'은 무분별한 개발로 인한 거주환경의 악화 문제를 의미하며, '녹색도시 갈등(green cities conflict)'은 자연보존과 개발 사이에 대한 문제이다. '고급주택화 갈등(gentrification conflict)'은 낙후지역의 기존 주민에 대한 고려와 재개발 사이의 문제를 의미한다(Godschalk, 2004).

이러한 모형의 복잡화와 관련하여 고려해야 할 사항은, 우리 사회가 관심을 두는 가치가 늘어남에 따라 발생할 수 있는 갈등의 유형이 폭발적으로 증가할 수 있다. 즉, 사회의 복잡화에 따라 갈등의 양상을 올바르게 파악하기 어려울 수 있는 것이다.

제2절

갈등요인과 대응방안

공공갈등의 바람직한 해소방안을 모색하기 위해서는 기존의 공공갈등사례들이 어떠한 과정으로 진행되었고 해소되었는지 검토할 필요가 있다. 이선우 · 조경훈(2015) 및 조경훈(2015)은 다수의 공공갈등사례 및 선행연구를 검토하여 공공갈등의 원인이라

할 수 있는 갈등요인을 경제적 요인, 가치적 요인, 절차적 요인, 참여적 요인으로 구성하였으며, 각 요인에 대한 대응방안도 모색하였다.

공공갈등의 유형은 다양한 기준으로 분류할 수 있으며, 특히 이해관계자에 따라 크게 정부와 주민 간 갈등과 정부기관 간 갈등으로 구분할 수 있다. 다만, 우리 사회에 큰 영향을 미치는 공공갈등 유형으로서 사회적 관심이 높은 정부와 주민 간 갈등을 중심으로 논의를 진행하도록 한다.

1 경제적 요인

경제적 요인은 정부의 정책으로 인해 주민의 재산가치에 대한 저하가 발생하거나 예상되는 경우에 불만이 발생하는 것을 의미한다. 재산가치의 저하 이외에 이익이 발생하는 경우에도 타 지역과 비교하여 만족스럽지 않은 경우에도 경제적 요인으로 인한 공공갈등이 발생할 수 있다(이재무 · 조경서, 2019).

한편, 근래에는 「발전소 주변지역지원에 관한 법률」, 「송 · 변전설비 주변지역의 보상 및 지원에 관한 법률」, 「폐기물처리시설 설치촉진 및 주변지역 지원 등에 관한 법률」 등에 따라 공공 시설로 인해 발생하는 주민의 경제적 침해에 대하여 보상 및 지원을 법적으로 보장하고 있다. 그러나 정부의 보상이나 지원이 이루어지더라도 충분히 만족스럽지 못한 경우에는 갈등이 발생할 수 있는데, 정부의 기준과 주민의 보상심리 및 만족수준에서 격차가 발생하기 때문이다.

경제적 요인으로 인해 발생한 공공갈등에 대한 대응 방법으로는 기대하는 보상심리를 충족시켜 주는 것이 제시되고 있다(윤영채 · 심문보, 2000; 이강웅, 2008; 김관보 · 이선영, 2010; 이형우 · 이남우, 2012). 예상되거나 발생한 재산가치의 하락에 대하여 보상이 존재하고 있지 않은 경우에는 적절한 수준의 손해를 산정하여 보상을 약속하는 것으로 갈등이 해소될 수 있다. 그러나 제공되는 보상이 충분치 않은 것으로 인식되는 경우에 보상의 문제는 오히려 새로운 갈등의 원인이 될 수 있으며, 이러한 경우에는 기대수준을 충족시켜 줄 수 있는 수준으로 보상을 강화하는 것이 대안으로 제시될 수 있다(김영곤, 2018).

다만, 실제 사례에서는 경제적 요인으로 인하여 발생한 공공갈등은 보상을 제공하거나 확대하는 것으로 해결되지 않을 수 있다. 법적 근거에 따라 정부가 보상을 제공하는 경우에 주로 간접적 보상(지역발전사업, 복지사업, 기금 조성 등)이 제공되는데, 일반적으로 주민들은 직접적 보상(현금 지급)을 선호하기 때문에 여전히 갈등 상황이 이어질 수 있다.

갈등사례

1993년 목동자원회수시설 증설 갈등, 1995년 마포자원회수시설 건설 갈등, 동해 폐기물종합단지 조성 갈등, 진주 광역쓰레기매립장 건설 갈등, 1998년 태백 쓰레기매립장 조성 갈등은 모두 보상에 대한 합의를 통해 갈등을 해소한 사례이다.

영광원전의 온배수로 인근 해수온도가 상승하면서 인근 어장이 피해를 받자 1995년 지역어민들이 피해보상을 요구하였다. 그러나 보상에 대한 결정이 이루어지지 않자 어민들은 당시 추가 증설 중이던 5·6호기에 대한 반대운동과 건설 승인 취소소송을 제기하기도 하였다. 보상이 이루어지지 않은 채 5·6호기가 완공되고 온배수로 인한 피해가 확대되어 관광객도 감소하는 등 문제가 지속되자 2003년 국민고충처리위원회에 민원을 신청했고, 그 결과로 2006년 원전측이 시정권고를 받아 총 287억 원의 보상금이 지급되었다. 2008년 다시 소송을 통해 어민 10명에게 5년 동안의 어업피해 15%에 대해 보상하라는 판결이 내려졌으나, 2013년 보상에서 제외됐던 어민 412명이 제기한 손해배상에 대해서는 원고패소 판결을 내렸다.

평택미군기지 이전에 대한 공공갈등에서 2003년 정부가 제시한 토지보상가격에 주민들이 전혀 만족하지 못하면서, 이를 삶의 터전으로부터의 박탈로 인식하여 보상 자체를 거부하게 되었다. 특히 주변지가의 상승은 정부의 낮은 보상가를 제안받은 주민들에게 더 큰 박탈감을 느끼게 하였다(최승범, 2009). 한편, 제주해군기지 건설에 대한 갈등에서도 낮은 토지보상가격의 문제가 제기되었다(서휘석·김길웅, 2011).

경제적 손해에 대한 보상이 제공되는 경우에도, 다른 갈등의 요인으로 전이되어 갈등이 심화될 수 있다(이세미 외, 2022). 보상을 수급하는 지역의 주민 내부에서 보상을 수용할지, 거부할지에 대하여 다른 의견을 지닌 집단으로 분열되어 상호갈등이 발생하는 경우에는 지역공동체의 해체라는 결과를 가져올 수도 있다.

갈등사례

한탄강댐 건설 갈등에서 정부의 보상을 받는 지역에 따라, 그리고 같은 지역에서도 주민 간 가진 의견에 따라 댐 건설의 찬반 주민 간 갈등이 심각하게 전개되었다. 그리고 제주 해군기지 입지 갈등의 강정마을과 부안 방폐장 입지 갈등, 삼척 원전 후보지선정 갈등에서도 이와 유사한 구도의 찬반 주민 간 갈등이 전개되었다. 이러한 주민 간 갈등은 찬반 주민 사이의 감정을 악화시켜 오랜 기간 구축된 지역공동체를 붕괴되는 결과를 가져온다(김종석 · 강은숙, 2008).

이는 공공갈등의 사례 중 선(線)을 따라서 다른 입장을 가질 수 있는 경우(도로, 철도, 하천, 송전선로 등) 또는 면(面)에 따라서 집단이 구분될 수 있는 경우(오염물질이 발생하는 비선호시설 입지, 항공기 소음 등)는 지역주민의 입장에 따라 다른 보상체계가 합리적으로 구축되어야 한다. 즉, 보상의 적정선 및 바람직한 분재방안에 대한 논의와 합의가 필요하며, 보상수준 및 체계에 대한 이해관계자의 신뢰 확보가 필요할 것이다.

2 가치적 요인

가치적 요인은 환경, 안전, 문화에 대한 가치관이나 신념체계를 보존하기 위하여 정부의 정책에 반대하는 갈등 양상을 의미하는 것이다(김예승 · 홍성우, 2010; 박병식 · 장황래, 2011). 예를 들면, 비선호시설로 인해 환경이 악화될 것이라는 우려, 신체 및 건강에 대한 위해가 발생할 것이라는 인식, 지역의 문화적 가치가 저해될 것이라는 인식 등이 해당한다.

가치적 요인은 대체로 경제적 요인과 뚜렷이 구분되는 별개의 요인으로 제시되고 있으나(백종섭, 2002; 박형서 외, 2007; 김관보 · 이선영, 2010; 임동진, 2011), 실제 사례에서는 가치적 요인이 경제적 요인과 연결되어 있는 것으로 볼 수 있다. 안전에 대한 위험성을 인식하는 상황에서 위험에 대한 수용도와 경제적 편익 사이의 비교형량을 통해 갈등 사안에 대한 의사결정을 하게 되며, 정리하자면 위험(risk)과 편익(benefit)에 대한 비교로 비선호시설에 대한 수용성이 결정될 수 있다는 것이다.

갈등사례

감천댐 · 영월댐 · 한탄강댐 등 건설 사례에서 지역환경의 상실문제, 경기 여주군 농어촌폐기물 종합처리장 · 경산 남곡리 쓰레기매립장 · 광주 상무 쓰레기소각장 · 남양주 광역 쓰레기처리장 · 춘천 신동면 도시형폐기물 처리시설 등 건설사례에서 생활환경의 악화 문제 역시 경제적 보상의 문제로 귀착되는 것을 볼 수 있다.

한편으로, 경제적 요인과 관계 없이 가치적 요인을 중심으로 갈등과정이 전개된 경우는 다음과 같은 사례가 있다.

갈등사례

천성산의 터널 공사에 관련된 갈등은 환경위험에 대한 문제가 주요 이슈가 되었는데, 지율스님의 단식농성과 '도롱뇽 살리기'라는 상징적인 이슈가 계속적으로 재생산되면서 사회적 관심으로 전환되었다.

경주 경마장 건설에 대한 공공갈등은 건설 부지에 고고학적으로 중요한 문화재 유적이 많이 분포되어 있다는 문제가 제기되어 결국 건설계획이 백지화되었다. 갈등과정에서 관련 학계와 정부, 그리고 주민 간 갈등 원인의 핵심은 개발과 보존의 가치에 대한 인식 및 입장의 차이로 인한 것이었다.

화성 태안 3지구 개발과정에서 사도세자의 묘를 옮기며 축조한 저수지 '만년제'가 훼손될 우려가 있어 문화계와 종교계를 중심으로 개발에 대한 반대운동이 전개되었다.

이러한 가치적 요인으로 발생한 공공갈등에 대응하기 위한 방법으로는 정책의 홍보 강화와 사례의 핵심적 사안에 대한 객관적 · 과학적 사실의 확인이 제시되고 있다(김관보 · 이선영, 2010; 이선우 · 홍수정, 2012; 이형우 · 이남우, 2012; 박인수 · 박수일, 2018; 김민정 · 이아림, 2019). 국가 및 광역 단위의 정책을 집행하는 과정에서 지역의 가치에 대한 손실이 다소 발생할 수 있다는 것을 충분히 설명하고 이해를 구함으로써 상호이해와 신뢰를 형성할 수 있다는 것이며(이민창, 2005; 은재호 외, 2011), 위험성과 같은 중요한 사항에서 이해관계자가 각기 다른 정보를 보유하고 있는 경우에, 이에 대한 객관적이고 과학적인 사실을 공유하는 것으로서 상호 간의 오해를 극복할 수 있다는 것이다(강권오, 2021).

그러나 이해관계자 간 신뢰가 저하되어 있는 갈등 상황에서 일방이 설득과 설명을 통해 다른 일방의 인식을 전환하도록 하는 것이 현실적으로 쉽지는 않을 수 있다. 다른 일방의 설명이나 주장을 수용하는 것이 어려울 수 있기 때문이다.

갈등사례

삼척 원전 후보지 선정을 둘러싼 공공갈등에서 원자력유치위원회는 원전의 유치가 농·축·수산업 발전과 지역경제가 활성화를 가져온다는 홍보전과 대단위 행사를 개최하는 등 노력을 기울였으나, 이는 원자력에 대한 인식 개선의 효과보다는 반대 측을 자극하여 반대 집회를 더욱 크게 열도록 하는 데 영향을 주었다.

상황인식이나 정보이해의 차이에 대하여 객관적이고 과학적인 방법으로 조정하는 것도 현실적으로 어려울 수 있다. 객관적인 제3자에 의해 과학적으로 제시된 사실에 대해서도 입장의 차이에 따라 다른 해석을 할 수 있기 때문이며, 마찬가지로 상호 간 신뢰가 저하된 상황에서는 다른 일반의 설명을 수용하는 것도 매우 어려울 수 있다.

갈등사례

2005년 계룡산 관통 터널 건설로 인한 갈등에서 지역주민이 공사현장으로부터 받는 피해의 정도와 정부가 인정하는 피해의 기준이 달라, 정부가 주민의 피해를 인정하지 않자 갈등이 감정적으로 격해지게 되었으며, 기준이 될 수 있는 환경영향평가서의 신뢰성 문제로 인해 오히려 갈등이 심화되는 원인이 되었다.

이러한 사항을 고려하였을 때, 가치적 요인에 성공적으로 대응하기 위해 우선적으로 고려해야 할 사항은 이해관계자 사이의 신뢰형성과 축적이다. 정책홍보나 정보의 공유, 사실에 대한 공동확인 등도 신뢰의 구축 이후에 이루어져야 유의미한 결과를 거둘 수 있는 것이다.

다른 한편으로, 정책의 주요 의사결정권자가 갈등을 해결해야 한다는 강력한 의지를 보인 경우 해결된 사례가 있다. 부천 추모공원 건립에 대한 주민의 반대에 대해 선거를 통해 새로이 선출된 시장이 백지화를 선언하여 오랜 갈등을 해소시켰으며, 평택

미군기지 이전에 대한 갈등에서도 당시 총리가 대화를 제의하면서 주민의 이주 합의가 이루어지기도 하였다. 그러나 천성산 터널 건설 갈등과 한탄강댐 건설 갈등에서 당시 대통령의 백지화 및 재검토의 의견을 표시하였음에도, 결과적으로 사업을 추진하는 것으로 결정되어 갈등 상황이 더욱 격화되기도 하였다.

3 절차적 요인

절차적 요인은 법이나 제도로 규정되어 있는 절차를 이행하지 않아 갈등의 원인이 되는 경우, 그리고 필수적으로 필요한 절차가 미비되어 있거나 사회적 인식 수준에 부합하는 수준으로 설계되어 있지 않은 경우가 해당한다(나태준, 2005; 홍성만 · 박홍엽, 2006; 박형서 외, 2007; 김관보 · 이선영, 2010; 조홍남 외, 2019). 절차가 미비된 경우의 문제는 제도의 개선 · 보완으로 갈등의 극복이 가능하나, 이미 마련되어 있는 절차를 이행하지 않는 것은 이해관계자 상호 간의 신뢰를 저하시킬 수 있기 때문에 갈등 상황에 더욱 부정적인 영향을 미칠 수 있다.

> **갈등사례**
>
> 남양주 광역처리장 건설 갈등과정에서 법으로 규정되어 있는 환경영향평가를 받지 않은 사실이 드러나 주민들의 반발이 강하게 나타났으며, 계룡산 관통 터널 건설 갈등에서는 환경영향평가 결과 주민들의 피해를 최소화하기 위해 야간에 공사를 금지하는 등 지정된 공사방법을 준수하지 않아 주민들의 반발이 확산되었다.

절차적 요인에 대한 문제를 극복하기 위해서는 절차를 이행하지 않은 측에 대하여 절차를 준수할 수 있도록 강조하는 동시에, 이러한 문제를 지적하며 불만이 발생한 상대에게는 갈등 해소를 위한 대화와 협력을 계속할 필요가 있다는 것을 설득해야 한다. 이러한 과정에서 상호 간 협력적인 관계를 구축하기 위하여 중재 · 조정과 같은 대체적 분쟁 해결(alternative dispute resolution: ADR)을 활용하는 것이 필요할 수 있다. 이는 법적인 판결로 갈등을 해결하는 것이 결과적으로 많은 시간과 비용을 소모하며, 어느 일방이 승리하고 다른 일방은 패배하는 결과로 이어지는 한계를 극복하기 위하여 제안된 방법으로, 건설적으로 갈등 사안을 해소할 수 있는 수단으로서 활용되고 있다. 주로 객관적 제3자인 전문가를 활용하여 중재 또는 조정에 임하게 되는데, 이때 전문가의 역량이 충분치 않아 중재나 조정에 실패할 수 있다.[1] 갈등 조정 및 중재에 대한 역량을 강화하기 위한 방안으로는 갈등 대응기구를 설치하고 그 역할과 지위를 강화하는 것이 제안되고 있다(이선우, 2011). 갈등조정협의회, 갈등심의위원회, 지역심의위원회, 민관협의체 등 사안에 따라 다양한 협력적 기구들이 활용될 수 있는데, 법적 지위 및 기능이 충분치 못하여 지역주민이 원하는 수준의 의사결정이 이루어지지 못한다는 한계가 지적되고 있다. 갈등 당사자인 여러 이해관계자가 충분한 협력과 숙의를 통해 의사결정을 할 수 있도록 권한과 한계를 명확히 규정함으로써 중재 및 조정에 대한 역량이 충분히 발휘될 수 있는 제도적 틀을 갖추는 것이 필요하다.

4 참여적 요인

참여적 요인은 주민이 정부의 정책의사결정 과정에 직접 참여하는 것이 제한되어 불만이 발생하는 경우에 대한 것으로, 다음과 같은 세 가지 세부내용으로 정리할 수 있다. 우선, 정책의사결정 과정에서 정부가 일방적인 인식이나 행태를 보여 갈등이 발생하는 것이다(김도희, 2001; 이민창, 2005; 이경원 · 김정화, 2011). 다음으로는 주민참여에 대한 기회가 보장이 되지 않아 주민의 의견수렴 및 의사에 대한 반영이 충분하게 이루어지지 않은 것을 의미한다(임재형, 2006; 김형락 · 최진식, 2009; 정정화, 2012). 마지막으로는 정부와 주민 간 인지할 수 있는 정보에 격차가 존재하고 있으며, 정부가 제한적으로 정보를 제공한 경우가 해당한다(이민창, 2005; 이현정 · 김선희, 2021). 이러한 세부내용은 개별적으로 작동할 수도 있으나, 대체로 주민참여와 정보공개가 정부의 일방적 자세로부터 비롯되었다고 할 수 있기 때문에, 이에 대하여 우선 고려될 필요가 있다.

정부는 이른바 계층제 중독으로 인해 갈등 상황에서도 주도적인 역할을 하고자 일방적인 인식과 자세를 견지하는 DAD(decide-announce-defend) 방식으로 대응할 수 있으며, 이는 갈등의 발생과 심화에 부정적인 영향을 미칠 수 있다. 이러한 DAD 방식의 정책의사결정은 정부에 대한 신뢰를 저하시키고 협력적으로 갈등 사안을 해결할 수

1) 한탄강댐 건설 관련 갈등 · 마산 수정만 매립 갈등 · 하남시 광역화장장 유치 갈등 · 광주 상무 소각장 건설 갈등 · 밀양 송전선로 갈등 · 국립서울병원 관련 갈등사례에서 조정 · 중재를 통한 갈등 해소가 시도되었다.

있는 가능성을 낮추는 원인이 될 수 있다. 그러므로 정부의 주요 정책결정권자가 갈등 사안을 협력적으로 해결하고자 하는 의지가 필요하며, 이를 실현할 수 있는 제도적인 보장이 필요하다.

주민참여가 충분치 않아 문제가 되는 경우도 역시 정부의 일방성으로 인한 것이기 때문에 이에 대한 제도적 보장이 필요하며, 기존에 주민참여에 대한 제도가 있음에도 불구하고 갈등의 원인이 되는 경우에는 참여의 기회를 확대하고 참여 수준의 강화가 이루어지도록 제도의 개선을 고려할 필요가 있다. 정부가 주도적으로 추진하는 정책에서 여러 자원과 권한, 정보 등에서 주민에 비해 정부가 상대적인 우위를 지니고 있으며, 이러한 상황에서 정부가 일방적으로 정책을 추진하는 경우, 주민에게는 불합리하게 인식될 수 있기 때문이다.

한편, 정보의 비대칭성(information asymmetry)은 주민의 입장에서는 정책에 대한 불확실성의 증대와 정부에 대한 신뢰의 저하로 이어질 수 있다. 신뢰의 저하는 상대방에 대한 비협조적 자세로 이어질 수 있으며(최흥석 외, 2003), 주민 간 의견의 격차를 보이는 경우에는 주민 간 갈등으로 이어질 수 있다. 이를 극복하기 위해서는 의사결정 과정 전반에 대한 투명성을 강화하는 것이 필요하며, 이와 관련된 제도적 개선이 필요할 수 있다.

갈등사례

계룡산 관통 터널 건설로 인한 갈등에서 환경영향평가서가 허위 · 부실로 작성되었다는 지적으로 인해 정부와 주민 간 갈등이 깊어지게 되었다.

제주 해군기지 건설 갈등에서도 쟁점 관련 보고서에 대한 신뢰성이 문제가 되어 객관적 사실을 확인하기 위한 절차가 오히려 갈등을 심화시키는 원인이 되었다. 2012년 1월 총리실은 '민관복합형관광미항 크루즈 입출항 기술검증위원회'를 구성하여 보고서를 작성하였으나, 특정 결과를 유도하여 보고서를 왜곡 작성하였다는 의혹이 시민단체들에 의해 주장되었고, 소송까지 제기하였다. 또한 국방부가 단독으로 실시한 15만 톤급 크루즈 선박 조종 시뮬레이션에서도 중대한 오류가 발견되었다. 그리고 2013년에는 제주해군기지건설 저지를 위한 전국대책회의는 국회가 제시한 70일 검증기간이 절차적 · 환경적 · 기술적 문제점에 대한 실질적인 검증이 이루어지지 않았다고 지적하기도 하였다.

제3절

갈등 해소에 대한 새로운 접근

공공갈등을 해소하기 위해서는 앞서 살펴본 바와 같이 갈등요인에 맞는 방안으로 대응이 필요하다. 그리고 체계적이고 합리적인 과정으로 접근하기 위한 방법으로 갈등영향분석이라는 기법이 활용되어 왔다. 갈등영향분석은 공공갈등 사안과 관련된 이해관계자에 대한 면담을 통해 입장(position)과 이해(interest)를 파악하고, 합의가 가능한 부분과 합의가 어려운 부분을 체계적으로 정리하여 갈등을 해소할 수 있는 가능성을 모색할 수 있는 기법이다. 그리고 이는 대안적 갈등 해소기법(ADR)인 협상, 화해, 중재, 조정의 활용에 기여할 수 있다. 갈등영향분석의 기법은 개별 갈등 사안의 해결에 집중할 수 있는 장점이 있기 때문에 전국적으로 다양한 갈등사례의 대응에 활용되어 왔으나, 갈등이 발생하고 심화된 이후에 갈등을 정리하기 위한 목적에서 갈등영향분석이 무분별하게 시행되면서 오히려 그 효용성에 의문이 제기되기도 하였다.

사회의 복잡화가 가속화되면서 공공갈등 사안과 연관된 이해관계자의 폭이 점차 확장되는 경향이 있다. 이에 따라 갈등영향분석을 통해 한정적으로 면담이 가능한 수준의 이해관계자 파악으로는 갈등의 완전한 해소가 어렵게 되었다. 또한 갈등 발생 이전에 사회문제에 사전적으로 대응하는 것에 대한 관심이 높아지면서 기존에 갈등 사안에 대한 갈등영향분석이 아닌 새로운 방안에 대한 관심이 높아지게 되었다.

다른 한편으로는 정부의 정책의사결정 과정에 시민의 의견을 반영하고자 하는 시도가 다양한 방향성에서 이루어졌다. 로컬 거버넌스의 차원에서 지역의 일을 자체적으로 결정할 수 있는 주민참여 기제가 주민자치회 및 주민참여예산제 등을 통해 확장되었으며, IT 기술의 발달을 적극적으로 활용하여 정책의 제안부터 전반적인 과정에 의견을 제시할 수 있는 온라인 정책제안 기제가 중앙정부와 지방자치단체에서 빠르게 확산되었다.

이러한 맥락의 흐름과 호응하여, 공공갈등에 대한 해결 기제도 보다 많은 시민들이 참여할 수 있는 방안을 모색하게 되었다. 최근에는 시민의 높아져가는 참여에 대한 열망을 반영하는 동시에 간접민주주의에 대한 한계를 극복할 수 있도록 숙의민주주의에 기반한 제도의 활용이 증가하고 있다. 모든 시민이 직접 참여하는 직접 민주주의보다, 소규모 공론장(mini-publics)을 기반으로 하여 대표성이 충분한 일정 수의 시민이 숙의

표 13-1 주요 공론화 기법

	공론조사	합의회의	타운홀미팅	시민 배심원제	시나리오 워크숍	플래닝 셀
규모	100~800명 (1,000명 이상 가능)	10~18명	제한 없음 (200~300명)	12~24명	4개 역할그룹 (4~6명)	100~500명
진행 방식	숙의적 토의 전문가의 질의응답	전문가 패널과 심층토론	반복적/ 발전적인 소규모 토론	배심원 회의 청문	시나리오 기반 토론	소그룹 토론 및 전체 토론
주최	공론화 위원회	운영위원회	운영위원회	시민단체, 독립기관	운영위원회	운영위원회
의사 결정 행위자	숙의참가자	시민패널	토론참여자	일반시민	역할그룹 참가자	토론참여자
기간	1~6개월	3개월 (행사 3~4일)	1~2개월 (행사 1일)	1~2개월 (행사 4~5일)	1~2개월 (행사 1~2일)	1~2개월 (행사 5일)

출처: 조경훈 외(2019).

를 거쳐 의사결정이 더 우수하다는 숙의민주주의는 최근 공론화라는 명칭으로 주로 활용되고 있다. 공론화 기법에는 다음과 같은 다양한 수단이 있으나, 우리나라에서는 주로 공론조사가 많아 활용되고 있다.

공론화 기제는 지역의 주민들이 직접 참여하고 학습과 토론을 통해 바람직한 방향성을 모색할 수 있다는 장점이 있다. 그러므로 다양한 공공갈등 상황에서 해소방안을 결정하기 위한 수단으로 적극 활용되었으며, 갈등 발생 이전에 중요하게 고려되어야 하는 사회적 이슈에 대응하기 위한 목적에서 운영되기도 하였다. 대입제도에 대한 개편 방향성 모색, 사용후핵연료 처리에 대한 의견수렴 등의 사례가 추진되었다.

한편, 2020년 초 전 세계적으로 발생한 팬데믹(pandemic) 상황은 우리의 삶의 방식에 큰 변화를 가져오게 되었다. 사회적 거리두기와 집합 제한은 대인관계를 맺는 방식부터 업무방식까지 큰 영향을 미치게 되었다. 다양한 상황에서 적극적으로 활용되고 있던 숙의적 참여 기제도 팬데믹으로 대응하여 온라인 방식을 활용한 비대면 참여로 상당부분 전환되었다.

다만, 온라인 참여 중심으로의 변화는 팬데믹 이전부터 참여 기제가 궁극적으로 나아갈 것으로 기대되는 미래의 방향성이었다(하현상 외, 2021). 참여의 비용을 절감하고

표 13-2 지방자치단체 공론화 운영사례

구분	법제도	조사설계	숙의활동	소통활동
서울시 공론화 (2018)	공론화 추진 위원회, 의제 선정 자문 위원회	온·오프라인 이원화하여 시민참여단 운영 1차 436명, 2차 246명	1·2차로 이원화하여 숙의과정 진행	별도의 공론화 추진위원회 홈페이지를 운영하여 일반시민의 의견을 수렴
창원시 공론화	공론화위원회, 소통협의회	161명의 최종 시민참여단	시민참여형 공론조사방식, 양자택일의 형태	일반시민과의 소통창구 미흡
대구시 공론화	공론화위원회, 전문연구단	252명의 시민참여단, 시민단체 관계자와 전문가를 포함	4개의 선택지 중 하나를 택하는 방식, 연구 용역을 통해 숙의집 내용 강화	컷오프, 페널티 제도 등을 활용
구리시 공론화	구리시 시정자문위원회	206명의 시민참여단	3개의 선택지 중 하나를 택하는 방식	총 9회의 주민설명회 개최
서산시 자원회수시설 공론화	공론화위원회	105명의 시민참여단	양자택일의 형태	피해주민 대상 보상대책 마련
제주도 공론화	제주도교육공론화 위원회	150명 규모의 시민참여단 중 학부모, 학생 다수 참여	토론회 장소에 교복전시회를 실시	공론화위원에 일반도민 다수 포함, 교육청 홈페이지 내 도민청원코너 운영

출처: 조경훈 외(2019).

참여 대상의 범위를 크게 확장시킬 수 있기 때문인데, 다만 이러한 변화가 팬데믹으로 인하여 준비되지 않은 상황에서 급격하게 전환이 이루어진 것이다. 이러한 비대면 중심의 참여 기제 확산은 제4차 산업혁명과 맞물려 '메타버스(meta-verse)' 방식의 활용가능성으로 이어지기도 하였다. 다만, 온라인 중심의 의견수렴 및 참여방법의 활용이 2019년 이전의 오프라인 참여와 비교하였을 때 양적으로는 성장하였으나, 질적인 측면에서는 저하되었다는 지적이 존재한다.

온라인 중심의 공론화 기제 운영은 참여자의 토론과 학습에서 지장을 초래할 수 있어, 공론화가 기대하는 숙의성의 발현이 제한될 수 있다. 이를 극복하기 위해 필수적인 부분은 가능한 오프라인의 참여로 구성하거나, 충분히 상호토의가 가능한 적은 수로 회의체를 구성하는 방법, 학습자료를 사전에 충실하게 마련하여 공유하는 방법 등이 가능할 수 있다.

공론화 기제는 시민이 성숙한 역량을 확보할 수 있도록 하는 데 기여할 수 있으며, 사회문제에 대한 선제적 발굴과 대응, 특히 공공갈등 사안에서 다수의 이해관계자가 만족할 수 있는 대안을 모색하는 데 유용하게 활용될 수 있다. 그럼에도 불구하고 갈등영향분석이 악화된 공공갈등 상황을 빠르게 정리하기 위한 수단으로 소모되다가 그 활용성이 다하게 된 것에서 교훈을 얻어야 한다. 공론화 기제가 정부가 맞닥트린 공공갈등 상황을 돌파하기 위한 도구로 활용되거나, 정부가 의도한 사업에 대하여 시민이 결정하였다는 정당성을 확보하는 장치로 이용되는 것은 지양해야 할 것이다.

제4절

신뢰의 회복과 협력

우리 사회의 지속가능한 발전을 통해 궁극적으로 국민이 행복한 삶을 이루어내기 위해서는 다양한 부분에서의 노력이 필요하겠지만, 무엇보다 정부의 정책이 성공적으로 추진될 필요가 있다. 그리고 정부의 정책과 관련한 공공갈등이 가능한 발생하지 않는 것이 당연히 바람직할 수 있으나, 다원화·복잡화된 사회의 특성에 따라 갈등의 발생 가능성이 높다고 할 수 있다. 그러므로 공공갈등의 발생 가능성에 대해 충분히 대비하건, 갈등이 발생하더라도 가능한 바람직한 방향으로 개선할 수 있도록 할 필요가 있다.

앞서 기존 사례에 대한 검토를 통해 공공갈등에 영향을 미칠 수 있는 이슈로 경제적 요인, 가치적 요인, 절차적 요인, 참여적 요인을 살펴보았다. 각 요인의 내용과 특성은 모두 다르지만, 극복하기 위한 대응방안은 결국 정부를 비롯한 이해관계자 간 상호 신뢰를 축적하는 것이 필요하다는 결론으로 귀결되었다. 이는 곧 공공갈등의 문제에 대한 근원이 결국 정부에 대한 신뢰의 문제로 이어진다는 것을 의미한다.

정부에 대한 신뢰가 저하된 상황에서는 정부가 아무리 바람직한 정책을 계획하고 추진한다고 하더라도 부정적인 시각으로 다른 의도를 의심하게 될 것이다. 즉, 신뢰가 저하된 경우에 주민은 정부가 정책 및 사업을 적절하게 운영할 수 있다고 신뢰하지 않으며, 이러한 상황이 지속되면 정책에서 중요한 쟁점에 대한 내용이 아닌 상호 간 감정의 악화로 인해 비협조적인 행위를 보일 수 있다(주재복, 2001; 채종헌, 2009). 이러한 지역주민의 행태에 대해 주민의 이기심으로서 '떼쓰기', '뺑 쓰기', '할 테면 해보라'는 식의 대응이 있음을 지적하는 경우도 있으나(김태기, 2005), 이러한 경우에도 정부가 주민의 참여를 보장하지 않거나 경제적 · 가치적 손실을 강요하는 등의 이유가 누적되었기 때문일 수 있다. 또한 특정 지역의 경우, 비선호시설을 집중적으로 설치하면서 오랜 기간에 걸쳐 지역주민에게 사회적 부담을 지우는 경우가 있는데, 이러한 경우에는 과거의 사례로 인해 이미 정부에 대한 신뢰가 저하된 경험이 학습되어 있기 때문에 협력적 관계의 구축이 매우 어려울 수 있다.

공공갈등이 어느 갈등요인으로 인한 것이든, 그리고 어떠한 대응방안을 활용하든 결국 중요한 것은 우리 사회에 신뢰가 충분히 축적되어 있어야 한다는 것이다. 이를 위해서는 갈등 상황이 아닌 일반적인 정부의 운영에서도 가능한 많은 정보를 사전에 공유하고 여러 이해관계자가 참여하여 정책을 결정할 수 있는 체계를 구축해야 할 필요가 있다. 협력적 관계를 통한 신뢰의 구축에는 매우 오랜 시간이 필요하지만, 한 번의 일방적인 행태로 인해 신뢰가 무너지는 것은 쉽다는 것을 염두에 두어야 할 것이다.

참고문헌

강권오(2021). 지방정부의 개발 정책을 둘러싼 공공갈등 구조 분석 연구: 제주특별자치도 비자림로 확포장공사 사례를 중심으로. 『분쟁해결연구』, 19(2): 5-36.

김관보 · 이선영(2010). 화장장건립 분쟁 사례에 대한 제도론적 고찰: IAD 분석틀의 '부천 화장장 게임상황'을 중심으로. 『한국행정학보』, 44(4): 261-284.

김도희(2001). 지방정부와 주민 간 입지갈등의 갈등유발요인에 관한 연구: 울산원자력발전소 입지갈등사례를 중심으로. 『한국정책학회보』, 10(1): 165-188.

김민정 · 이아림(2019). 핀란드의 민주적 갈등 관리 메카니즘: 한히키비 원전 건립 사례를 중심으로. 『정치정보연구』, 22(3): 1-28.

김영곤(2018). 허베이 스피리트호 사고로 인한 지역 내 갈등: 사고처리, 생계비 지원, 보상기금 배분을 중심으로. 『공존협력연구』, 4(2): 13-45.

김예승 · 홍성우(2010). 정책네트워크를 통한 비선호시설 입지갈등 분석: 원지동 '서울추모공원' 사례를 중심으로. 『한국정책연구』, 10(2): 29-49.

김종석 · 강은숙(2008). 비선호시설의 입지에 따른 정부간 갈등의 원인과 해결에 대한 게임이론적 고찰. 『행정논총』, 46(4): 351-377.
김태기(2005). 갈등해결정책의 문제점과 개선방안: 공공갈등을 중심으로. 『분쟁해결연구』, 3(2): 97-124.
김형락 · 최진식(2009). 공공갈등 조정과 해결 유형에 관한 연구: 장사시설 입지갈등을 중심으로. 『강원행정학회 · 한국행정학회 공동춘계학술대회 발표논문집』.
나태준(2005). 공공사업 갈등사례분석을 통한 해결기제의 모색. 『한국행정학회 추계학술대회 발표논문집』.
문명재 · 이철주 · 주기완 · 하연희 · 곽연륜(2007). 대형국책사업 집행실패의 영향요인 분석. 『한국정책학회보』, 16(2): 49-89.
박병식 · 장황래(2011). 한수원본사이전 지역갈등 분석과 해결방안: 한수원 본사이전을 사례로. 『한국행정학회 동계학술대회 발표논문집』.
박인수 · 박수일(2018). 환경시설 입지에 따른 공공갈등의 원인과 관리방안: 남양주시 에코-랜드와 내포신도시 에너지시설 사례를 중심으로. 『한국공공관리학보』, 32(1): 311-330.
박형서 · 김상욱 · 이순자 · 장은교 · 김광구(2007). 『공공사업 갈등지표 설정과 활용방안 연구: 공공사업 입지관련 갈등유발요인 분석 및 지표체계 구축』. 국토연구원.
박홍엽 · 홍성만(2006). 『공공갈등 주요사례분석 연구』. 지속가능발전위원회.
백종섭(2002). 서울시 추모공원 건립정책의 갈등원인과 해결방안. 『한국사회와 행정연구』, 13(2): 191-216.
서휘석 · 김길웅(2011). 군사시설 입지갈등의 단계별 원인분석과 갈등관리 전략에 관한 연구: 제주해군기지 입지 갈등을 중심으로. 『한국자치행정학보』, 25(3): 69-94.
윤영채 · 심문보(2000). 환경기초시설 입지갈등의 원인 규명과 해결방안에 관한 연구. 『한국행정논집』, 12(2): 371-388.
은재호 · 김형성 · 최대용(2011). 국방 · 군사시설 입지갈등의 원인과 해법: 제주해군기지 사례의 교훈. 『한국정책학회보』, 20(2): 319-352.
이강웅(2008). 혐오시설 입지갈등관리의 우선순위 모색: 사회적 인식 분석을 중심으로. 『지방정부연구』, 12(2): 179-199.
이경원 · 김정화(2011). 공공갈등과 공익의 재검토: 제주해군기지 건설 사례. 『경제와 사회』, 89: 298-332.
이민창(2005). 정책갈등현상의 제도론적 해석: NIMBY 사례를 중심으로. 『한국정책학회보』, 14(1): 71-96.
이선우(2011). 갈등조정과정에서의 갈등당사자집단대표들의 행태에 관한 분석. 『현대사회와 행정』, 21(3): 87-113.
이선우 · 조경훈(2015). 공공갈등의 합의 형성을 위한 진단에 관한 연구: 갈등요인과 대응

방법을 중심으로. 『공존협력연구』, 2(1): 1-37.
이선우 · 홍수정(2012). 송 · 변전설비 건설갈등해소를 위한 과정과 선택: 밀양 765kV 송전선로건설관련 갈등조정위원회 운영사례를 중심으로. 『한국정책과학학회보』, 16(2): 183-212.
이재무 · 조경서(2019). 한전부지 매각에 따른 공공기여금 처리 과정에서 나타난 지방정부간 갈등 양상 분석. 『한국동북아논총』, 24(2): 229-254.
이현정 · 김선희(2021). 제도분석틀(IAD) 수정모형을 적용한 공공의대 설립 갈등 사례분석. 『한국정책연구』, 21(4): 21-53.
이형우 · 이남우(2012). 장사시설 입지결정에 미치는 영향에 관한 연구. 『사회과학연구』, 19(2): 141-163.
임동진(2011). 공공갈등관리의 실태 및 갈등해결 요인분석. 『한국행정학보』, 45(2): 291-318.
임재형(2006). 한국의 공공분쟁에 있어서 시민단체의 개입이 분쟁기간에 미치는 영향에 관한 경험적 연구. 『정치정보연구』, 10(2): 219-235.
정정화(2011). 한국사회의 갈등구조와 공공갈등: 국책사업 갈등사례를 중심으로. 『한국사회와 행정연구』, 22(3): 1-27.
정정화(2012). 공공갈등 예방을 위한 제도적 접근: 공공토론제도의 도입을 중심으로. 『한국정책연구』, 12(2): 311-336.
조경훈(2015). 행위자 중심의 갈등관리모형에 대한 탐색적 고찰: Q방법론을 활용한 이해관계자 유형화를 중심으로. 성균관대학교 국정관리대학원 박사학위논문.
조경훈 · 주지예 · 최미정(2019). 『2019 서울 플랫폼노동 공론화 프로세스 평가 용역』. 서울시.
조홍남 · 손정웅 · 박형준(2019). 정책갈등프레임워크(PCF)를 활용한 신공항 입지갈등 분석: 제주 제2공항 사례를 중심으로. 『교통연구』, 26(2): 35-52.
주재복(2001). 지방정부간 정책갈등의 조정과정과 협력규칙: 서울시와 경기도의 상수원분쟁을 중심으로. 『한국정책학회보』, 10(1): 141-163.
지속가능발전위원회(2005). 『공공갈등 관리의 이론과 기법』. 상 · 하권.
채종헌(2009). 사회 네트워크 분석을 활용한 공공갈등의 구조분석: 울진 신원전 건설과 관련된 공공갈등 사례연구. 『한국행정학보』, 43(2): 147-176.
최승범(2009). 평택미군기지를 둘러싼 지역사회 갈등의 전개과정과 이의 해소를 위한 도시거버넌스의 발전방향: 토지수용 전단계를 중심으로. 『한국정책연구』, 9(1): 63-86.
최흥석 · 홍성만 · 주경일(2003). 사회적 갈등의 근거이론적 이해: 댐건설을 중심으로. 『한국행정학보』, 37(4): 169-191.
하현상 · 조경훈 · 황태연(2021). 『비대면시대 대응 국민참여 활성화 모델 개발 및 확산』. 행정안전부.

하혜영(2007). 공공부문 갈등해결에 미치는 영향요인 연구. 서울대학교 박사학위논문.

홍성만 · 박홍엽(2006). 공공정책갈등 생성과 증폭요인 연구: 비선호시설 입지갈등 사례를 중심으로. 『한국행정학회 · 서울행정학회 · 한국거버넌스학회 하계공동학술대회 발표논문집』. 903-918.

Campbell, S.(1996). Green Cities, Growing Cities, Just Cities? Urban Planning and the Contradictions of Sustainable Development. *Journal of the American Planning Association*, 62(3): 296-312.

Carpenter, S. L. & Kennedy, W. J. D.(2001). *Managing Public Disputes: A Practical Guide for Professionals in Government, Business and Citizen's Groups*. San Francisco: Jossey-Bass Publishers.

Coser, L. A.(1964). *The Functions of Social Conflict*. NY: Free Press.

Dahrendorf, R.(1959). Class and class conflict in industrial society. Stanford University Press. Deutsch, M.(1977). *The Resolution of Conflict: Constructive and Destructive Processes*. Yale University Press.

Deutsch, M.(1977). *The Resolution of Conflict: Constructive and Destructive Processes*. Yale University Press.

Dukes, E. F.(1996). *Resolving Public Conflict: Transforming Community and Governance*. Manchester and NY: Manchester University Press.

Godschalk, D. R.(2004). Land Use Planning Challenges: Coping with Conflicts in Visions of Sustainable Development and Livable Communities. *Journal of the American Planning Association*; Winter, 70(1): 5-13.

Head, B., & Alford, J.(2008). Wicked Problems: The Implications for Public Management. *Panel on Public Management in Practice, International Research Society for Public Management*, 12.

Kriesberg, L.(2003). *Constructive Conflicts: From Escalation to Resolution*. Lanham, MD: Rowman & Littlefield.

Lewicki, R. J., Gray, B. & Elliott, M.(2003). *Making Sense of Intractable Environmental Conflict*. Washington, D.C.: Island Press.

Pruitt, D. G. & Carnevale, P. J.(1993). *Negotiation in Social Conflict. Pacific Grove*, Belmont, CA: Thomson Brooks/Cole Publishing Co.

Pruitt, D. G. & Jeffrey, Z. Rubin(1986). *Social Conflict: Escalation, Stalemate, and Settlement*. New York, NY: McGraw-Hill.

제14장

디지털 정부와 미래행정

최남희

제1절

미래행정의 새로운 맥락

1 미래사회 변화와 행정의 관계: 인간, 시간, 공간의 변화와 행정

시간이 흐르면서 사람들의 생각과 선호가 변하고 사람이 존재하고 활동하는 세계로서 공간(space)의 상태도 변하고 있다. 시간적으로 현재에서 멀어질수록 인간의 사회경제 문제에 대한 인식의 강도와 관심 수준은 낮아지게 마련이다. 대부분의 사람들은 미래라는 시간을 막연히 다가오는 시간으로 쯤으로 생각하면서 살아간다. 발등의 불이 떨어진 정도로 다급한 문제가 아니면 중요하게 생각하지도 않고, 대응도 느리다. 그러나 인간에게 있어서 미래라는 것은 현재에 있어서도 가장 중요한 삶의 영역이며, 막연한 기대나 희망만 가지고서는 절대로 이루어질 수 없는 것이다. 현재 시점에서 미래에 사용할 지식을 교육받고, 보험과 연금에 가입하며, 기술개발에 투자하는 것 등이 바로 '미래는 곧 현재'이기 때문이다. 또한 과거 10년, 100년 동안의 변화보다 앞으로 1년 후의 변화가 훨씬 더 크고, 충격적일 수 있기 때문이다. 심지어는 오늘 바로 지금까지 인류가 전혀 생각하지도 못했던 새로운 사건(events)이 발생하거나 COVID-19 팬데믹과 커다란 위기가 시작될 수도 있다.

인간적 측면에서는 과거와는 완전히 다른 새로운 취향을 추구하는 사람들이 늘어나고 있으며, 인간을 대체하는 인공지능이 새로운 인간으로 등장하고 있다. 새로운 취향을 갖는 사람들의 등장은 새로운 사회로의 전환을 의미하기도 하지만 이는 새로운 사회문제와 위기의 시작이기도 하다. 예를 들어, 전통적인 가족구성을 거부하고 혼자 살기를 원하는 솔로 취향의 사람들이 등장하고 보편화되면서 솔로 문화와 솔로 경제가 등장하였지만, 다른 측면에서는 비혼과 저출산이 늘어나 인구감소가 가속화되는 위기를 초래하고 있다.

인공지능(Artificial Intelligence)은 인간처럼 언어와 논리, 그리고 시각적 정보를 학습하고 분석하는 능력에 기초하여 특정한 영역에서 점점 더 인간을 능가하고 있다. 인공지능이 인간의 지능을 뛰어넘는 것은 인간의 노동을 대신하는 도구로서 엄청난 기회가 될 수 있지만 언젠가는 인류를 대체할 수도 있다는 위기감까지 초래하고 있다. 미래사회에는 지금까지와는 전혀 다른 인간적 특성과 능력을 가진 인간이 개인, 기업, 정부를 구성하는 행위자로서 활동하게 될 것이다. 인공지능 비서, 의사, 판사, 공무원, 교사, 그리고 AI 예술가까지 세상은 인간적으로 새로운 문제와 맥락의 중심에 놓여 있다.

인간이 존재하고 활동하는 공간은 전통적으로 건조환경(built environment)과 자연환경(natural environmental)으로 구성된 물리적(physical)·실제적(real space) 공간만이 존재했다.[1] 개인, 기업, 정부가 존재하고, 일을 하는 공간도 물리적인 공간이 유일했지만 컴퓨터와 인터넷 같은 정보기술의 발달로 인간이 존재하고 사회경제적 활동을 영위하는 새로운 세상으로서 가상적 디지털 공간(digital cyber space)이 등장하였다. 디지털 공간은 실제 세계와는 달리 물리적 한계가 거의 없이 시간과 공간의 제약을 초월하기 때문에 정보기술의 발달에 따라 그 크기와 기능이 마치 우주가 빅뱅하듯이 급격히 팽창하고 있다.

[그림 14-1]에서 보는 바와 같이 미래사회의 맥락은 인간, 시간, 공간과 관련된 모든 것이 역동적으로 변화하면서 만들어지는 세상이라고 할 수 있다. 특히 미래사회 맥락은 제4차 산업혁명 시대의 혁신적인 정보기술의 발달에 따라 초연결, 초지능, 초공간

그림 14-1 새로운 인간–시간–공간과 미래사회 맥락의 대전환

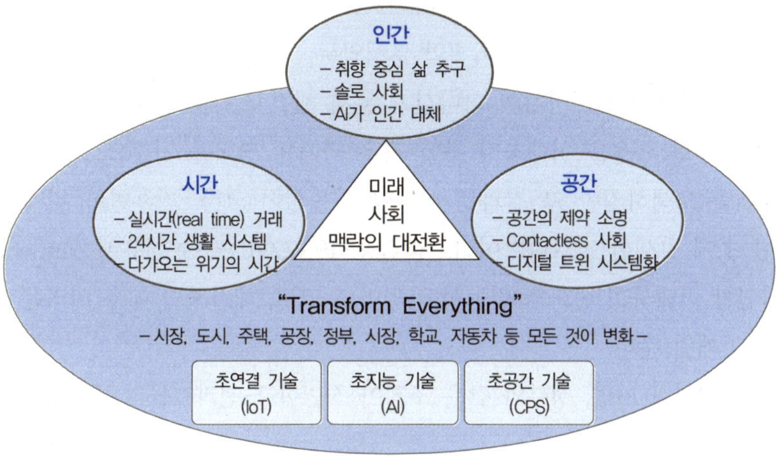

1) 건조환경은 사람에 의해 조성된 일상생활 환경으로 물리적인 주택, 도로, 공원, 공장, 학교 등과 같은 시설들로 이루어진 주거환경, 보행환경, 식품 관련 인프라, 근린공원, 녹지 등을 말한다(김동하 외, 2017).

화라는 기술적 싱귤래리티(singularity)를 향해 발전하고 있기 때문에 모든 것이 대전환되고 있는 상황이라고 할 수 있다. 정부는 다가오는 미래사회는 사회경제적 대전환을 준비하고 위기에 대응하는 역할을 수행해야 하는 책임이 있다. 정부는 인간, 시간, 공간의 맥락에서 미래사회에 때한 새로운 문제의식을 가져야 하며, 사회발전 목표의 설정, 일하는 방식과 역량을 갖추어야 한다.

앞으로 다가올 미래사회는 아무것도 정해져 있지 않고 시간의 흐름 속에서 인간과 공간 간의 새로운 맥락과 매우 복잡한 상호작용 구조에 의해 만들어 질 것이다. 미래학자 짐 데이터(Jim Dator)의 주장에 따르면 미래사회의 모습은 정해져 있지 않으며, 다만 무수히 많은 선택의 가능성이 있을 뿐이다(Dator, 2017). 미래사회는 모든 것을 인간의 의지대로 변화시키거나 만들 수 없으며 그렇다고 해서 모든 것이 다 인간의 의지와는 상관없이 정해져 있는 운명도 아니다. 미래사회는 복잡성과 불확실성의 영역이면서도 인간의 선의와 끊임없는 노력에 의해 창발적으로 발전할 가능성의 여지는 충분히 있다. 다만, 지방소멸이나 기후변화와 같은 미래사회 위기와 관련해서는 대응에 필요한 남아 있는 시간이 가장 중요한 문제라고 할 수 있다.[2)]

2 미래사회 변화의 VUCA 특성

정부가 해결해야 하는 문제는 어제의 문제와는 근본적으로 달라진 미래의 변동성이 큰 문제이기 때문에 정책결정자의 리더십과 문제 해결 전략은 근본적으로 달라져야 한다. 미래사회 변화 특성을 이해하지 못할 경우 과거의 경험을 기준으로 문제를 이해하거나 해결책을 모색하지만 그 결과는 실패할 가능성이 크다. 기후변화 위기는 물론이고, 2020년 초에 발생한 코로나바이러스감염증-19(COVID-19) 대유행(pandemic) 등은 정부가 직면할 미래사회 변화의 변동성이 얼마나 크고, 해결하기 매우 어려운 난제들이라는 것을 일깨워 준다.

미래사회 변화와 기업, 정부와 같은 조직이 직면한 도전과제들의 특성을 가장 잘 보

2) 남아 있는 시간이 문제라는 의미는 어떠한 위기 상황이나 바람직한 발전을 위한 목표를 달성하는데 있어 개인, 기업, 국가에게 주어져 있는 시간은 무한하지 않다는 것이다. 예를 들어, 지구의 기후변화 문제가 매우 심각한 비상사태인 이유와 관련하여 다수의 과학자들은 기후변화 위기를 해결하는데 걸리는 시간보다 남아 있는 시간이 훨씬 더 적기 때문이라는 것을 지적하고 있다(Lenton et al., 2019: 592-595).

여주는 개념으로 VUCA를 들 수 있다. 'VUCA'는 변동성(Volatility), 불확실성(Uncertainty), 복잡성(Complexity), 그리고 모호성(Ambiguity)을 통합적으로 의미하는 용어이다. VUCA라는 말은 1987년 워렌 베니스(Warren Bennis)와 버트 나누스(Burt Nanus)의 리더십 이론에서 리더들이 직면한 해결과제들이 일반적인 조건과 상황이 아니라 변동성, 불확실성, 복잡성 및 모호성이 큰 상태라는 것을 설명하기 위해 처음 사용되었다. 미 육군대학원(The US Army War College)에서는 이 개념을 냉전 종식 이후에 새롭게 등장한의 결과로 인식되는 보다 불안정하고 불확실하며 복잡하고 모호한 다자간의 대립 세계를 묘사하기 위한 개념으로 사용하였다(Wikipedia, 2020).

1) 변동성

변동성(Volatility)이란 사회변화 속도가 매우 빠른 것뿐만 아니라 변화의 양상이 매우 다양하다는 것을 의미한다. 비선형적으로 변하는 특성으로 인해 예측이 빗나가거나 계획적인 대응이 매우 곤란한 상황이 전개된다. 한마디로 불안정성이 매우 크다는 것이다. 지방정부가 직면하게 되는 향후의 산업, 인구, 환경, 보건, 복지 등과 관련된 지역문제를 다루는 데 있어 변동성이 클 경우에는 그 만큼 더 민첩하게 대응하고, 회복력을 높이기 위한 더 많은 인력과 재원, 그리고 지식을 확보해 두어야 한다.

2) 불확실성

불확실성(Uncertainty)은 무수히 많은 변수를 모두 고려하여 미래를 예측하기 매우 곤란하다는 것과 관련되어 있다. 어떠한 분야의 미래 상황이 어떠한 경로와 확률로 변화할지 알 수 없는 경우에 해당한다. 급격하고 커다란 변화가 일어날지 어떠한 변화도 안 일어날지 알 수 없는 상태이다. 불확실성은 정보와 지식의 결여에서 비롯될 수 있기 때문에 더 많은 정보를 수집하고 문제의 본질적 속성을 이해하는 것이 핵심적인 대응 전략이다.

3) 복잡성

복잡성(Complexity)은 상황을 초래하는 인과관계가 무수히 많은 요인들의 상호작용에서 비롯된 경우를 의미한다. 복잡성이 커지면 문제를 해결하는 데 있어 관련된 요인들이 매우 많기 때문에 좌절하기 쉽고, 불확실성과 관련되어 있을 경우에는 어떠한 결정도 내리기 어려운 상황에 직면할 수 있다. 복잡성에 대응하기 위해서는 환경에 조화로운 구조를 채택하여 상황을 단순화하고 그렇게 변화에 스스로 적응함으로써 성공적으로 변신할 수 있고 성과도 높일 수 있다.

4) 모호성

모호성(Ambiguity)은 발생한 상황이나 현상이 명확하지 않아 판별하기 어려운 경우를 의미한다. 상황이나 문제를 초래한 인과관계의 본질에 의문이 있는 상황이다. 모호성이 증대되는 경우는 새로운 기술이나 상품이 출현한 경우에 더 많이 발생한다. 이러한 상황에서는 원인이 초래할 결과나 행위의 예상된 경로를 결정하는 데 유용한 과거의 선례도 존재하지 않는다. 모호함에 대응하기 위해서는 많은 자원을 비축해야 하나 여기에는 시간과 에너지 낭비가 수반된다. 모호성이 높은 상황에서는 정보수집이 요구되지만 어떤 정보가 가장 유용한지 모를 가능성이 높기 때문에 도움이 되지 않을 수도 있다. 구조조정 또한 모호성이 클 경우에는 도움이 되지 못한다.[3)]

이상과 같은 특성을 갖는 VUCA 시대의 등장으로 인해 개인, 기업, 정부는 전통적인 과거사회에서는 예상하기 어려웠던 특성을 보여주는 미래사회에 관하여 무엇을 모르고 있는지조차도 모르는 상황에 놓이게 되었다. 특히 앞으로 다가오는 사회에서는 인류가 한 번도 생각해 보지 못한 새로운 도전과제와 새로운 특이점 기술(singularity technology)들이 등장하고 있어 심화된 '초 뷰카(hyper-VUCA)' 시대가 될 것이라고 한다. 뷰카 특성을 갖는 미래사회의 등장으로 사회변화의 불확실성과 변화의 속도가 예상보다 빠르게 진행되기 때문에, 단기, 중기, 장기라는 시계를 구분하여 예측하고 대응하는 접근 자체가 무의미해질 정도가 되었다(윤기영, 2022.1.17).

'초 뷰카' 시대에 정부가 어디로 노를 저어가야 할지 모든 것이 불확실하여 선명하지 않으나 분명한 한 가지는 그 어느 때보다 중대한 미래사회 변화의 미약한 신호들을(weak signals) 하나라도 놓치지 않고 포착하여 다양한 요인들과의 상호작용 가능성이 가져올 위기와 기회에 대응하여야 한다는 것이다. 고빈다라즈(Govindarajan, 2016)는 미래사회의 동태적인 변화에 대응하는 데 필요한 이러한 리더의 비선형적 사고와 대응

3) 이 부분 글의 VUCA와 관련된 내용은 충북연구원(2020)에서 발행한 충북연구원 30주년 기획총서/행정 『희망의 정부』에 수록된 저자의 글을 요약 발췌한 것임.

역량을 '계획된 기회주의(planned oppurtism)'라고 정의하였다(Govindarajan, 2016: 54-61).

'초 뷰카' 시대의 문제들은 동태적, 비선형적이어서 짧은 순간에 티핑(tipping)하는 특성이 강하기 때문에 문제가 선명하게 드러나고 나서 대응하는 것은 정책타이밍(policy timing)을 놓칠 가능성이 크다. 정책타이밍과 정책 방향을 놓치지 않기 위해서는 복잡성을 포착하고, 통제할 수 있을 정도로 정부시스템을 초지능화하여 민첩하고, 통합적으로 대응할 수 있는 수준의 역량을 갖추어야 한다. 정부가 가지고 있는 지식과 역량은 빠르게 낡아빠질 수 있는 과거의 경험에 불과할 수 있으며, 정부가 적극적으로 추진했던 과거의 정책들이 오늘날은 물론 미래사회의 가장 심각한 문제를 초래하는 원인이

표 14-1 VUCA의 네 가지 특성과 대응

구분	정의	사례	효과적인 대응방법
Volatility (변동성)	상대적으로 불안정한 변화: 정보는 이용가능하고, 상황은 이해할 수 있으나 변화가 빈번하고 때로는 예측 불가능함.	제트기 연료의 가격처럼 변화가 매우 큰 경우	민첩성은 변동성에 대처하는 핵심 열쇠. 자원은 여유를 만들고 미래의 유연함을 위한 잠재성을 창출하는 것을 적극적으로 지향해야 함.
Uncertainty (불확실성)	사건이 의미 있는 결과를 가져올지 여부에 대한 지식 부족	반테러 활동은 일반적으로 불확실성이 큼. 테러리즘의 많은 원인을 이해하지만 그들이 언제 어떻게 테러를 감행할지 정확하게 모름.	정보는 불확실성을 줄이는 데 매우 중요. 기업은 기존 정보 출처를 넘어서 새로운 데이터를 수집하고 동시에 새로운 관점에서 데이터를 고려하는 나가야 함.
Complexity (복잡성)	정교한 정보 네트워크와 절차를 형성하는 상호연결된 많은 부분 간의 상호작용과 관련. 종종 다중적 형태를 띠고 뒤얽혀 있지만 필연적으로 변화를 수반하지는 않음.	해외 시장으로 진출하는 것은 흔히 복잡성을 보임. 새로운 국가에서 비즈니스를 수행하려면 관세, 법률, 규정 및 물류문제의 복잡한 특성을 탐색해야 함.	외부 복잡성에 맞게 내부 회사 운영을 재구성하는 것은 복잡성에 대응하는 가장 효과적이고, 효율적인 방법임. 기업은 자신의 운영 및 프로세스를 환경 복잡성과 조화를 이루도록 노력해야 함.
Ambiguity (모호성)	'게임의 기본규칙'에 대한 지식 부족, 원인과 결과가 이해되지 않으며 무엇을 기대해야 하는지에 대해 예측할 수 있는 선례의 부재	인쇄에서 디지털 미디어로의 전환은 매우 모호했음. 기업들은 여전히 새로운 기술이 주어지면 고객이 데이터와 엔터테인먼트에 어떻게 접속하고 경험할지를 배워야만 함.	모호성을 줄이기 위해서는 지적 호기심에 기반한 실험이 필요. 지능적인 실험을 통해서 만 리더는 이전의 규칙이 더 이상 적용되지 않는 상황에서 어떤 전략이 유익하고 유익하지 않은지 결정할 수 있음.

출처: Bennett & Lemoine(2014), 최남희(2020: 197)에서 재인용.

될 수도 있다는 순환적 사고체계를 가져야 할 것이다.

제2절

디지털 정부의 미래행정과제

1 미래사회 문제와 발전 목표

디지털 정부의 미래행정과제는 직면한 미래사회 문제를 때를 놓치지 않고, 효과적으로 대응·해결해 나가는 것이다. 미래사회 문제를 해결하기 위해서는 다양한 성격과 복잡성을 갖는 사회문제들의 유형과 특성을 정확히 식별하고, 이해하는 것이 선행되어야 한다. 문제가 무엇인지를 정확하게 식별하고, 충분히 이해하였다고 하더라도 이를 해결하는 데 가장 효과적인 지식들을 동원하고 해결책들(solutions)을 찾지 못한다면 사회·경제·생태시스템들의 교란과 붕괴위기는 점점 더 증폭될 것이다.

미국의 도시사회학자 카트라이트(D. Cartwright)는 문제의 성격이 얼마나 단순하고 복잡한가에 따라, 즉 문제와 관련된 '변수들의 수'와 '변수들의 계량화 가능성 정도'에 따라 그 유형을 ① 단순한 문제(simple problem), ② 복합적 문제(compound problem), ③ 복잡한 문제(complex problem), ④ 메타 문제(meta-problem) 등 네 가지로 구분한 바 있다(Cartwright, 1987). 문제를 성공적으로 해결하기 위해서는 문제의 유형들과 그에 따른 특성을 파악하고 문제에 적합한 전략과 수단들을 선택해야 한다.

국가적으로 미래사회 대응과 관련하여 직면하고 있는 중요한 문제들은 ① 저출산·고령화 문제, ② 경제불황과 일자리 문제, ③ 기후변화와 에너지전환 문제, ④ 교육과 인적자원 문제, ⑤ 사회적·지역적 격차와 균형발전 문제, ⑥ 범죄·테러·재난·재해 등 안전 문제, ⑦ 남북관계와 국가안보 문제, ⑧ 감염병 팬데믹과 국민건강(질병·의료) 문제, ⑨ 국민 행복과 복지 문제, ⑩ 디지털사회 전환과 사이버안전 문제 등 열 가지 정도로 요약해 볼 수 있다.[4)]

한국과학기술기획평가원(KISTEP)이 국내 산학연 전문가 500명의 설문조사 결과를

---

4) 이는 다수의 연구들을 참고하여 집필자가 주관적으로 선정한 것이다.

표 14-2 문제의 네 가지 유형과 특성

문제의 유형	특성
① 단순한 문제 (Simple problems): finite & calculable	• 단순한 목표를 갖는 문제(single objective problems) • 문제의 범위와 상세함이 완전히 이해된 문제 • 사례: 교통문제 중 비용이 최소로 소요되는 최단거리의 선택과 같은 문제
② 복합적 문제 (Compound problems): infinite & calculable	• 다중적 목표를 갖는 문제(multiple objectives problems) • 어느 정도로 문제와 관련된 몇몇 요인들을 식별하고, 문제 해결 수단이 초래할 결과를 예측할 수는 있으나 상호작용관계(interrelationship)를 파악하기 곤란 • 사례: 사람이 건강하게 살기 위해 요구되는 다수의 질병 치료
③ 복잡한 문제 (Complex problems): finite & incalculable	• 다중적 이해관계(가치)가 충돌하고 있는 문제(multiple interest problems) • 관련된 요인들을 완전히 조사하거나 해결을 위한 수단이 어떠한 결과를 초래할지 계량적으로 예측할 수 없는 문제 • 사례: 이해관계의 충돌이 발생하는 협오시설의 입지, 최저임금 인상 등과 같은 문제는 해결과정에서 다수의 이해관계 갈등이 나타남.
④ 메타 문제 (Meta-problems): infinite & incalculable	• 다중적 이해관계와 목표를 갖는 문제(multiple interest & objective problems) • 가장 해결하기 어려운 문제 중의 문제 • 문제의 모든 범위(scope)도 상세한 본질도 이해하기 어려운 문제 • 모든 요인을 함께 고려해야 하는 문제 • 사례: COVID-19 감염병 문제, 기후변화 문제 등은 무수한 요인이 관련되어 정책수단 도출과 초래할 결과를 예측하기 매우 곤란, 문제 해결의 끝이 없음.

출처: Cartwright(1987: 92-99)에서 저자 재작성.

바탕으로 선정한 대한민국의 2029년 중요 10대 이슈에서도 유사하게 ① 저출산·초고령화, ② 격차 심화로 인한 사회불안정, ③ 저성장과 성장전략 전환, ④ 남북관계 변화, ⑤ 고용불안, ⑥ 기후변화 적응 실패, ⑦ 제조혁명, ⑧ 건강수명 증대, ⑨ 자연재난, ⑩ 산업구조의 양극화를 꼽고 있다(안상진, 2019). 한국과학기술기획평가원의 조사(2019)에서는 검토된 다수의 이들 이슈 중에서 과거에는 '블랙스완(발생 가능성은 작지만 일단 발생하면 영향력이 큰 사건)' 문제로 분류되었던 이슈들 중에서 발생 가능성과 영향력이 모두 큰 문제인 '회색 코뿔소'로 바뀐 문제들이 부상하였다고 밝히고 있다.[5]

미래사회 대응과 관련된 이러한 중요 문제들은 과거와 현재의 문제였고, 머지않은

5) 회색 코뿔소가 될 가능성이 큰 이슈는 저출산·초고령화, 저성장과 성장전략 전환, 남북관계 변화, 산업구조의 양극화, 격차 심화로 인한 사회 불안정, 고용불안, 제조혁명, 초연결 사회의 디지털 경제, 건강수명 증대, 삶의 질을 중시하는 라이프 스타일, 주변국과 지정학적 갈등, 국가 간 환경영향 증대, 기후변화 적응실패, 글로벌/지역 거버넌스 불확실성 증가 순이다(안상진 외, 2019: 7).

미래에는 지역사회와 국가존립을 좌우하는 중요한 문제이기도 하다. 카트라이트(Cartwright, 1987)의 문제유형 분류에 따를 경우 미래사회 대응과제들은 복합적 문제나 복잡한 문제라기보다는 대부분이 메타 문제 해당한다고 볼 수 있다. 메타 문제의 특성상 이 문제들은 관련된 변수들이 무수히 많고 계량화가 어려운 속성들이 뒤얽혀 있어 문제를 진단하거나 정책효과를 평가하기도 어렵다. 결국은 단절 없는 정책을 통해 지속적으로 문제를 해결해 나가는 노력을 통해서만이 문제를 조금씩이라도 해결해 나갈 수 있을 것이다.

미래정부는 모든 것이 붕괴되는 X-event들이 몰려오는 수준의 위기에 대응하고 동시에 인공지능과 같은 새로운 기술들이 주도하는 싱귤래리티(singularity) 시대에 경쟁력을 확보할 수 있는 새로운 산업경제구조로의 대전환(mega transformation)을 실현해야 하는 어려운 난제들(mega problems, problem of the problems)을 해결해 나가야 한다.[6] 앞으로 수십 년 동안 정부는 지금까지 한 번도 경험해 보지 못한 거대한 난제들이 무엇인지 올바로 인식하고, 이를 성공적으로 해결할 수 있는 인력과 행정시스템의 '초거대 지능(mega-intelligence)'을 갖추어야 한다.

또한 미래사회 변화 트렌드를 살펴보면 지금까지와는 완전히 다른 새로운 삶을 추구하는 취향과 가치를 추구하는 개인들이 늘어나면서 이를 충족시키기 위한 정부의 새로운 역량이 요구되고 있다. 정부는 어떻게 새로운 공공서비스를 통해 급격히 부상하고 있는 개인의 다양한 마이크로 취향과 소비 욕구를 충족시킬 수 있을 것인가를 새로운 접근시각과 역량을 중심으로 고민해야 한다. 특히 생태계적 관점에서는 인간사회와 자연생태계의 주체들이(사람과 동식물) 공존-공생-공감할 수 있는 가치를 창출, 공유하고, 회복력을 증진시킬 수 있는 지속가능한 토대를 만들어 나가야 한다. 개인, 기업, 정부가 지속가능한 미래사회를 만들어가기 위해 어떠한 목표를 설정하고 무엇을 실행해야 하는가는 유엔(UN)의 지속가능한 발전 목표(Sustainable Development Goals: SDGs) 체계 속에 잘 담겨 있다.

---

6) X-events는 카스티(Casti, 2012)의 저서에서 말하는 고도로 복잡하고 기술의존도가 매우 높은 현대 사회에서 모든 것을 무너뜨리는 치명적인 시스템 붕괴를 말하며(Casti, 2012), 싱귤레리티(특이점)는 지금까지와는 전혀 차원이 다른 질적인 변화가 나타나는 시점을 말한다. 커즈와일(Kurzweil, 2006)은 인공지능이 비약적인 발전을 거듭하여 인간의 지능을 뛰어넘는 시점으로 언급하고 있다.

표 14-3 UN의 17개 지속가능한 발전 목표(SDGs)

17개 목표	내용
1. 빈곤퇴치	모든 곳에서 모든 형태의 빈곤 종식
2. 기아종식	기아 종식, 식량 안보와 개선된 영양상태의 달성, 지속가능한 농업 강화
3. 건강과 웰빙	모든 연령층을 위한 건강한 삶 보장과 복지 증진
4. 양질의 교육	모두를 위한 포용적이고 공평한 양질의 교육 보장 및 평생학습 기회 증진
5. 성평등	성평등 달성과 모든 여성 및 여아의 권익신장
6. 깨끗한 물과 위생	모두를 위한 물과 위생의 이용가능성과 지속가능한 관리 보장
7. 모두를 위한 깨끗한 에너지	모두를 위한 적정한 가격에 신뢰할 수 있고, 지속가능한 현대적인 에너지에 대한 접근 보장
8. 양질의 일자리와 경제성장	모두를 위한 지속적·포용적·지속가능한 경제성장, 생산적인 완전고용과 양질의 일자리 증진
9. 산업, 혁신, 사회기반시설	복원력 높은 사회기반시설을 구축하고, 포용적이고 지속가능한 산업화 증진 및 혁신 장려
10. 불평등 완화	국내 및 국가 간 불평등 감소
11. 지속가능한 도시와 공동체	도시와 주거지를 포용적이며 안전하고 복원력 있고 지속가능하게 보장
12. 지속가능한 생산과 소비	지속가능한 소비와 생산양식의 보장
13. 기후변화와 대응	기후변화와 그로 인한 영향에 맞서기 위한 긴급 대응
14. 해양 생태계 보존	지속가능 발전을 위한 대양, 바다, 해양자원의 보전과 지속가능한 이용
15. 육상 생태계 보존	지속가능한 육상생태계 이용을 보호·복원·증진, 삼림을 지속가능하게 관리, 사막화 방지, 토지 황폐화 중지 및 복구, 생물다양성 손실 중단
16. 정의, 평화, 효과적인 제도	지속가능 발전을 위한 평화롭고 포용적인 사회 증진, 모두에게 정의를 보장, 모든 수준에서 효과적이며 책임감 있고 포용적인 제도 구축
17. SDGs를 위한 지구촌 협력	이행수단 강화, 지속가능 발전을 위한 글로벌 파트너십의 활성화

출처: 문도운 외(2016: 42-43)를 재작성.

2 미래 디지털 정부가 해결해야 할 반지능 문제

미래정부가 국가적으로 산적한 문제와 위기를 극복하고 지속가능한 발전을 실현하기 위해서는 무엇보다 먼저 우리나라 사회경제와 공공 영역의 도처에 만연되어 있는 반지능성을 제거해야 한다. 반지능(反知能)이란 개인적, 사회적으로 지능이 심각하게 부족한 결핍 상태, 또는 지능에 대한 수용을 심리적으로 거부하거나 지체된 상태, 그리고 지능에 대한 인식 자체가 거의 없는 상황인 몰지능 상태 등에 해당된다고 볼 수 있다. 지능(intelligence)이라는 개념은 "합리적으로 사고하고, 유목적적으로 행동하고, 환경을 효과적으로 다루는 개인 또는 조직의 종합적 능력"이라고 정의된다(두산백과, 2015).

반지능이란 정보, 지식, 수단의 결핍으로 인해 합리적이지 않거나 사회경제적으로 바람직하지 않은 선택과 행위들이 같은 공간과 상황에서 반복적으로 일어나게 만드는 사람, 사물, 시스템의 의사결정 조건 또는 환경을 말한다. 따라서 반지능은 개인적, 조직적, 사회적으로 지능의 맥락에서 정반대 쪽으로 멀어져 있는 상태일 것이다. 다만, 반지능이라고 해도 지능이 전혀 없는 제로(0) 상태라는 의미는 아니다. 반지능이 문제가 되는 것은 개인, 조직, 사회가 문제를 제대로 인식하지 못하거나, 방치, 잘못된 대응을 함으로써 인적·물적 피해와 위기를 줄이지 못하는 데 있다. 건물붕괴, 침수, 화재, 빙판길 연쇄 추돌, 농수산물 가격 파동 등과 같은 문제들이 정부의 역량에 따라서는 발생의 인과성이나 초래된 상황을 미리 알고 대응할 수 있었음에도 그렇게 하지 못했다면 이는 심각한 반지능이라는 것이다. '합리적 사고'와 '유목적적 행동'의 맥락에서 보면 건물은 무너지지 않도록 지어져야 하고, 만약 무너질 가능성을 초래할 수 있는 위험요소가 있었다면 반드시 알고 있어야 한다는 것이다. 이것이 바로 지능을 가지고 있는 개인, 조직, 정부의 합리적 사고와 스마트한 행동방식이다.

그러나 지능의 결핍, 거부·지연, 몰인식 등과 같은 반지능으로 인해 다양한 공공영역에서 무수히 많은 반지능성에 기인한 문제들이 초래되고 있다. 지능성의 관점에서 본다면 시공간적으로 경계의 제한을 받지 않는 문제 탐색과 포착, 최선의 해결수단 결정, 솔루션 실행과 평가시스템이 작동되는 것을 말한다.

국가·사회적으로 발생하는 무수한 문제나 사건들의 근본적인 원인 또는 사건의 발생을 사전에 막을 수 있었음에도 불구하고 그렇게 하지 못한 이유의 대부분은 한마디로 말하면 반지능에 의한 시스템 교란 때문이라고 할 수 있다. 대한민국 도처에서는 왜 끊임없이 사건, 사고가 발생하고, 매일매일 예상하지 못한 위협과 불안한 일들이 초래되며, 사람들은 각종 공공시설과 서비스에 불만을 가지며 살아가는가? 왜 우리나라에서는 여러 가지 심각한 비합리적이고, 비정상적인 문제들이 일어나고 더군다나 해결될 기미가 보이지 않는가? 그 이유는 무엇일까? 대한민국의 도처에서 끊임없이 발생하고 있는 문제나 사건들은 각종 사회경제 시스템의 복잡성이 증대하고, 거대·과밀화되어 통제 불가능한 요인들이 늘어났음에도 불구하고, 여기에 비례하여 공공 영역의 지능성이 확보되지 않았기 때문에 발생한 것들이다. 특히 도시에서와 같이 복잡성이 정부의 인지 수준과 대응 역량을 넘어설 정도로 크게 증폭하였으나 여기에 비례하여 지능성이 확보되지 않고 오히려 반지능성만 만연되어 있기 때문에, 각종 사건, 사고, 범죄, 비효율 문제가 점점 더 많이 발생하게 되는 것이다. 끊임없이 무수히 많은 문제들이 발생하는 이유는 누적된 반지능성이 지능화된 시스템을 통해 제거·통제되지 못하고 있기 때문이다. 시민들의 삶이 불안하고, 불만족스럽고, 불확실한 것은 도처에 만연되어 있는 반지능에서 촉발된다.

우리나라 국가사회 도처에서 위험을 증폭시키고, 나아가서는 국가적 위기를 초래하는 원인이 되는 반지능의 유형은 불통, 불협, 불신, 부정, 불균형, 불확실, 불완전, 불능 등 여덟 가지를 꼽을 수 있다. 이들 반지능의 속성들은 이 중에서 어느 것 하나만 작동해도 사회적으로 심각한 문제가 초래될 수 있다. 우리나라에서 초래되는 대형 사건과 사고들의 근본적인 원인을 살펴보면 여기에는 대부분이 여덟 가지 반지능성들 중에서 여러 가지가 동시에 결합 되어 더 큰 반지능성으로 증폭되었기 때문이라고 할 수 있다.

그림 14-2 팔불(八不)로 대표되는 여덟 가지 반지능성

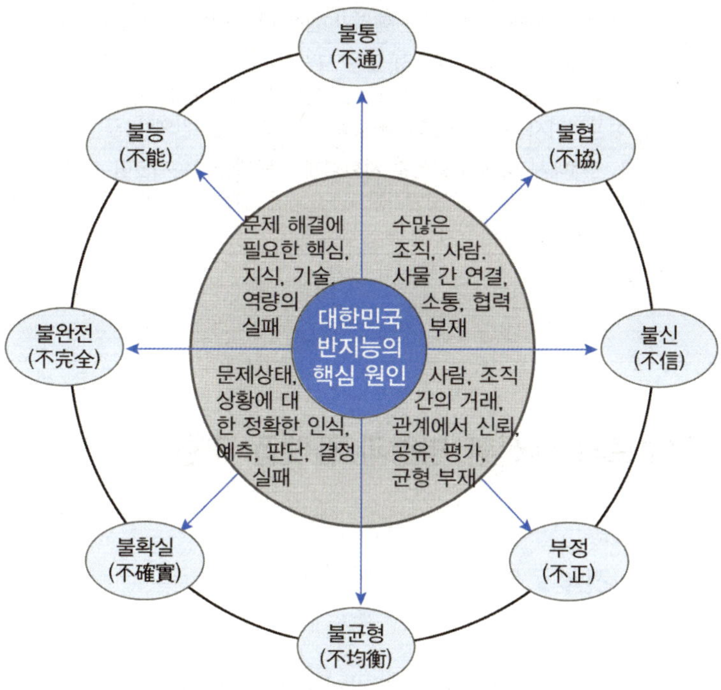

표 14-4 대한민국의 반지능 유형과 특성(도시에서의 사례)

반지능성 유형	반지능으로 인해 초래되는 행정문제의 특성
불완전	• 공공 영역에 존재하는 무수히 많은 사람, 공간, 사물, 시스템들이 단절되어 있고, 연결되어 있지 않아 어떤 형태의 정보공유나 상호작용도 하지 못하는 상태 • 사물인터넷 등의 네트워크에 접속/연결되어 있지 않음.
불통	• 공공 영역에 존재하는 무수히 많은 사람, 공간, 사물, 시스템들이 서로 간의 실시간 의사와 상황 정보를 주고받을 수 없는 상태
불협	• 공공 영역에 존재하는 무수히 많은 사람, 공간, 사물, 시스템들이 각자가 가지고 있는 역할과 기능을 중심으로 생각과 정보, 지식 등을 공동체의 목표 달성이나 문제 해결에 사용하지 않고 어긋나 있는 상태
불신	• 공공 영역에 존재하는 많은 활동 주체들이 사람, 공간, 사물, 시스템들의 고유한 역할과 기능, 그리고 서로 간의 관계를 신뢰하지 못하고 자기 자신 밖에 믿지 못하는 상태
불능	• 공공 영역에 존재하는 무수히 많은 사람, 공간, 사물, 시스템들이 시간과 장소, 상황에 따라 주어진 기능과 의도대로 대처하거나 움직일 수 없는 상태(예: 화재발생에도 불구하고 작동하지 않는 스프링클러 등)
부정	• 공공 영역에 존재하는 무수히 많은 사람, 사물, 시스템의 행동과 그 결과가 실시간 모니터링, 평가, 예측되지 않아 사회적·시스템적으로 바람직하지 않거나(예: 화재 등) 정해진 규칙에 어긋나는 행위가 발생하는 것(예: 교통신호 위반 등)
불균형	• 공공 영역에 존재하는 무수히 많은 사람, 사물, 시스템들에 의해 이루어지는 많은 활동이 시간적, 공간적, 기능적으로 균형을 이루지 못하고 혼잡, 초과, 부족, 불안, 붕괴 등 정상적이지 못한 상태에 빠짐(예: 수요와 공급 간의 불균형 등)
불확실	• 공공 영역에서 미래에 발생할 사회경제적 문제 상황, 재난이나 사고, 범죄들이 언제, 어디서, 어떻게 발생할 것인가를 진단, 대응 결정, 효과 예측을 할 수 없는 상태(예: 감염병 확산과 대응조치 효과 등)

제3절

디지털 정부로의 대전환 방향과 플랫폼 구현

1 미래 디지털 정부로의 대전환 방향

초고속으로 달릴 수 있는 자동차는 엔진의 출력뿐만 아니라 동력전달장치, 조향장치, 제동장치, 바퀴 등 모든 부품이 완벽하게 조화를 이루어야만 빠르게 주행하는 것이 가능하다. 행정도 자동차와 같다. 미래사회 문제와 위기는 돌발적으로 나타나거나 비선형적인 증상의 변화 행태를 보여주기 때문에 매우 민첩하고 효과적으로 대응하여야 한다. 정부가 돌발적으로 발생하는 문제 상황에 빠르게 대처하기 위해서는 지금까지의 존재 방식(예: 민원실), 생각하는 방식, 문제 해결을 위해 일하는 방식, 국민과 만나고 서비스하는 방식 등을 모두 대전환하여야 한다.

미래정부는 특이점과 디지털 기술의 대전환 시대, 국민 1%의 취향까지 세세하게 살펴 서비스를 제공해야 하는 마이크로 니즈 시대, 그리고 대한민국 사회의 각종 위기들이 티핑 포인트(tipping point)에 다가가고 있는 시대에 대응하기 위한 역량을 갖추기 위해 새로운 역량을 갖추어야 한다. 공감-공생-공존의 가치를 확립하고, 미래정부조직은 온라인과 오프라인이 연동된 공간에서 이음매 없이(seamless) 소통-연계-협력이 가능하도록 재창조(존재)되어야 하며, 스마트 거버넌스와 플랫폼, 그리고 국민들의 체감성이 높은 각종 응용서비스들을 활용하여 미래행정이 이루어져야 한다. 특히 미래정부는 제4차 산업혁명이 진행되고 있는 디지털 대전환 시대에 앞에서 제기된 여덟 가지 반지능 한계를 극복하기 위하여 초연결, 초지능, 초공간 기반의 디지털 정부로 새롭게 재창조되어야 한다.

그림 14-3 미래정부의 대전환을 위한 역할과 역량의 구도

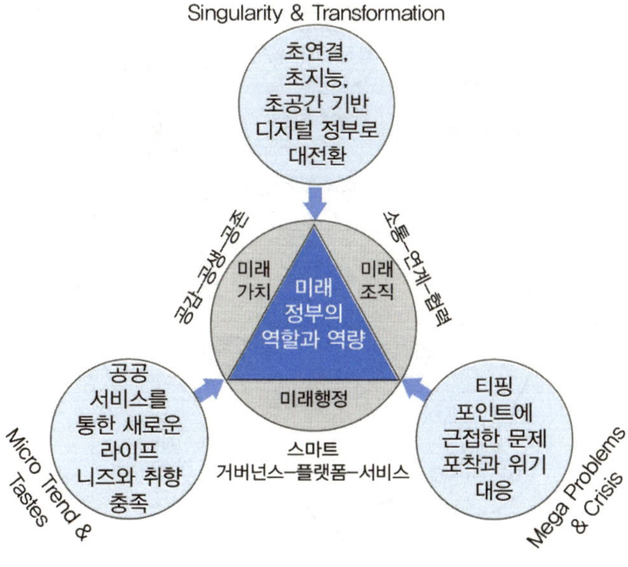

2 미래 디지털 정부 구현을 위한 기술융합

인간은 자신의 한계를 극복하기 위하여 기존의 능력을 확장하거나 상상할 수 있는 모든 새로운 능력을 더 많이 갖고자 노력해 왔다. 연산능력, 기억능력, 통신능력, 상황파악능력, 연결능력, 원격조종능력, 위치인식능력 등 많은 능력을 갖기 위하여 끊임없이 과학기술을 발전시켜 왔다. 컴퓨터, 이동통신, GPS, 센서, 인터넷, 로봇, 인공지능 등 무수히 많은 과학기술들이 등장한 이유이다. 21세기에 접어들면서 사람들은 보다 더 합리적이고, 건강하고, 편리하고, 안전하고, 행복한 삶을 위하여 디지털 기술뿐만 아니라 물리학, 생물학적 지식과 기술들을 초융합한 완전히 경계가 사라진 새로운 기술들을 개발하고, 창조적인 사용을 위해 끊임없이 도전해 오고 있다. 제4차 산업혁명이 부상하면서 개인, 기업, 정부 모두 다양한 기술들을 융합하여, 새로운 방식으로 일을 하는 대전환의 길을 가고 있다. [그림 14-4]는 디지털 정부를 가능하게 해주는 새로운 기술들의 초융합적인 결합 구도를 보여주고 있다.

그림 14-4 디지털 정부를 구현하게 하는 기술들의 초융합 구도

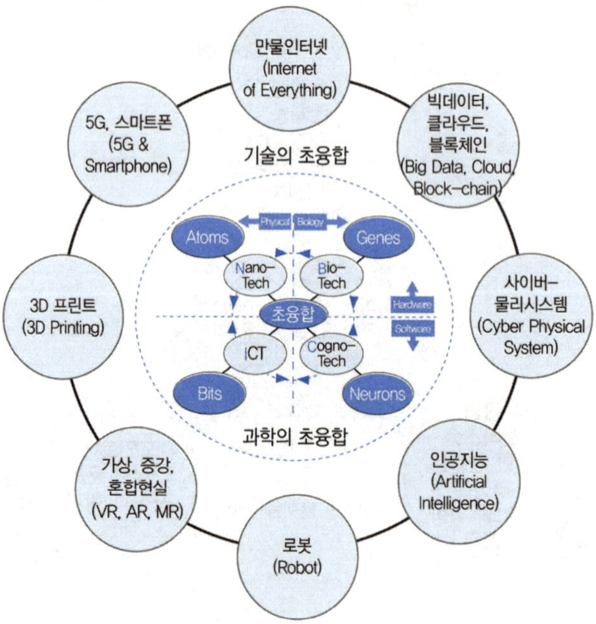

초융합을 추구하는 디지털 정부의 기반기술들은 오로지 정부의 일하는 방식을 위해서가 아니라 거대한 디지털 플랫폼으로서 공간의 물리적 한계(크기, 거리, 높이, 생명유지 조건 등)를 최대한 극복하고, 인간이 가지고 있는 가능한 한 최고의 지적능력이 발휘될 수 있도록 하기 위해 ① 만물인터넷, ② 빅데이터, 클라우드, 블록체인, ③ 사이버-물리시스템(디지털 트윈), ④ 인공지능, ⑤ 로봇, ⑥ 혼합현실과 메타버스, ⑦ 3D 프린팅, ⑧ 5G와 스마트폰 등과 같은 기술들을 결합한다.

인간적 측면에서 보면 국민의 대리인으로서 정부는 그 역량을 확장하기 위한 노력을 기울여야 하는데, 만약 정부가 이러한 융합기술들을 활용한다면 공무원으로서 인간의 확장과 증폭로봇 기술 기반의 초인간), 두뇌의 확장과 증폭(인공지능 기술 기반의 초지능), 공간의 확장과 증폭(물리적 공간과 인터넷 가상공간이 연동된 디지털 트윈 기반의 초공간), 기억의 확장과 증폭(빅데이터, 클라우드, 볼록체인 기술 기반의 초기억), 신경망의 확장과 증폭(사물이나 인터넷 기반의 초연결), 대화의 확장과 증폭(언제, 어디서든 모바일과 스마트폰을 활용한 초소통), 분자결합의 확장과 증폭(3D 프린터를 활용한 초제조), 시각의 확장과 증폭(가상현실과 메타버스 기술 기반의 초현실 세계) 등 여덟 가지 측면의 역량을 고도화하는 것이다.

사물인터넷(IoT)은 인간의 신경망을 대신하는 인터넷 네트워크를 통해 세상의 모든 것들을 인간에게 유익하도록 초연결 상태로 만들어 주는 기술이다. 초연결 상태라는 것은 단순히 접속만 되어 있는 상태가 아니고, 무엇이든 실시간으로 인식하고, 소통하고, 지시하고, 반응하고, 스스로 문제를 해결할 수 있는 시스템적 완결성을 갖춘 상태라는 것을 의미한다. 빅데이터, 클라우드, 블록체인 기술들은 인간이 가지고 있는 기억용량의 한계를 뛰어넘을 수 있게 해주는 의미를 갖는다. 이러한 기술들은 인간으로 하여금 무수히 많은 상황정보와 거래, 기억의 홍수 속에서 중요한 사항들을 망각하거나 혼돈에 빠지지도 않고, 서로 간에 불신하지 않도록 해준다. 뿐만 아니라 이들 기술들은 기억으로서의 정보를 단순히 저장된 것이 아니라 실시간으로 활용하거나 새로운 지식을 창조할 수 있는 지능체계로 전환하여 인간에게 제공해 준다는 데 커다란 가치가 있다. 특히 블록체인과 같은 초기억 기술들은 단편적인 기억들의 집합을 뛰어넘어 새로운 지식의 발견뿐만 아니라 사회경제적으로 신뢰의 가치까지 제공해 주는 기억의 무결점 상태와 무한한 확장을 의미한다

인공지능(AI)은 최근까지 체스, 퀴즈, 바둑에서 모두 인간을 이겼다. 사람들의 병을 진단하고, 미래가치에 대한 투자게임에서도 인간을 이기고 있다. 인공지능이 인간의 능

그림 14-5 인공지능 기술의 다양한 관련 측면

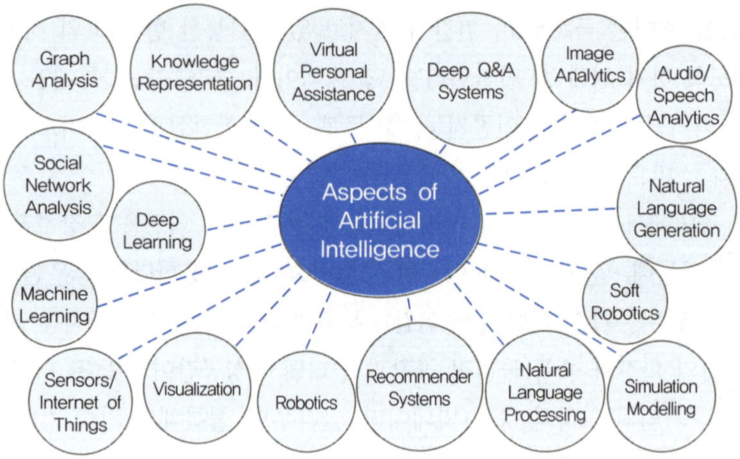

출처: The Various Aspects of Artificial Intelligence(https://twitter.com/ipfconline1/status/887801791701811204/photo/1).

력을 능가하는 것은 정보의 양, 기억용량, 연산속도, 스트레스를 느끼지 않는 차이 때문만이 아니라 인간이 모르고 있는 복잡한 상황에 대하여 인간보다 더 빨리, 더 완전하게 배우는 학습능력 때문이라고 할 수 있다. 인공지능은 기술적으로 매우 다양한 측면들과 관련되어 있다.

인간이 살아가고 있는 사회에는 시시각각 변하고 있는 무수한 상황들이 너무나 복잡하게 얽혀 있으며, 더군다나 무수히 많은 정보들로 이루어져 있기 때문에 인간의 제한된 지능으로는 제대로 인식조차 할 수 없다. 즉, 시시각각 역동적으로 변화는 세상 속에는 어떠한 사건과 재난이 우리를 기다리고 있는지조차 모르듯이 우리가 무엇을 모르고 있는지조차도 모르는 영역이 너무나 많다. 과거의 정부와 행정은 아주 일상적인 영역에서부터 미래의 가 보지 않은 미지의 세상에 대해서까지 무엇을 모르고 있는지조차도 모르는 '몰지능의 상태'에서 생각하고, 판단하고, 일을 해왔다. 그러나 인공지능은 인간이 무엇을 모르고 있는지조차도 모르는 몰지능의 상태를 극복해주는 데 결정적인 기여를 할 수 있기 때문에, 이러한 기술들을 디지털 정부의 역량으로 융합하는 것은 당연하다. 인간이 인공지능의 힘을 빌리는 것은 더 많은 문제들을 해결해 주고, 인공지능 이전에는 불가능했던 것을 가능하게 해줌으로써 새로운 기회와 가치를 가져다 줄 것으로 기대되기 때문이다.

디지털 트윈으로 대표되는 가상물리시스템(CPS)은 시공간을 초월하게 해주는 매우 중요한 의미가 있기 때문에 제4차 산업혁명 시대의 가장 핵심적인 기술로 부상하고 있다. 가상물리시스템(CPS)은 가상의 공간과 실제의 공간을 한 쌍으로 만들고, 실시간으로 양방향의 상황인식과 통제가 가능하도록 연동시키는 기술이다. 주택, 농장, 공장뿐만 아니라 공공 영역에서 관리해야 하는 거대한 도시까지도 가상공간과 물리공간이 하나로 연동될 수 있도록 함으로써 지금까지의 디지털 혁명에서는 상상도 할 수 없었던 혁명적인 변화가 가능해 졌다. 디지털 트윈은 스마트 도시에서 온·오프라인을 연동하여 보다 지능적으로 교통관제나 건축인허가, 환경관리 등을 위해서 주로 응용하는 기술이다.

앞에서 살펴본 다양한 기술들을 초융합한 디지털 정부의 미래사회 문제 해결과정 및 대응을 위한 플랫폼 구현의 기본구도는 [그림 14-6]에서 보는 것과 같다. 최근 정부가 추진하고 있는 '디지털 플랫폼 정부'는 초연결, 초공간, 초지능 역량을 갖는 디지털 정부의 구현을 위해 앞에서 언급한 기술들을 초융합하여 개방과 참여, 모든 정부조직간의 데이터 연계는 물론 시민 편의성과 복잡한 난제의 해결도 가능한 플랫폼을 구현하기 위한 시도라고 할 수 있다.

그림 14-6 디지털 정부의 문제 해결과정과 대응 플랫폼의 기본구도

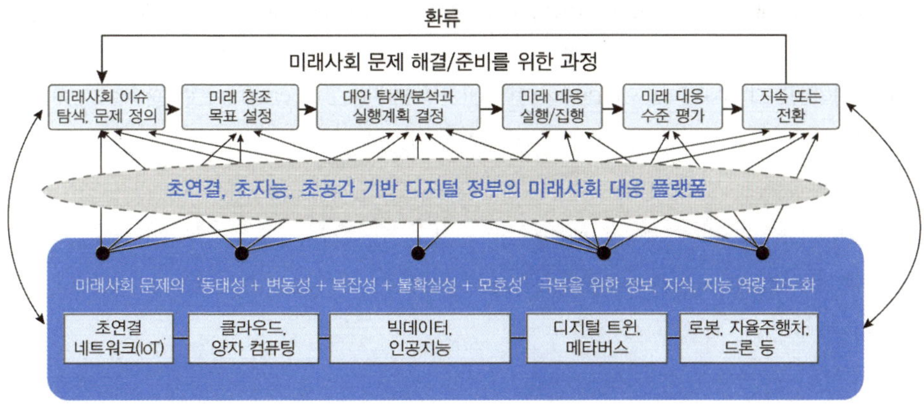

참고문헌

김동하 · 강혜리 · 진현영 · 유승현(2017). 건조환경과 건강에 대한 국내 연구의 체계적 문헌고찰. 『Korean J Health Educ Promot』, 34(3).

문도운 · 민경일 · 이소연 · 이하늬 · 이현아 · 전지은(2016). 『알기 쉬운 지속가능한 발전 목표. 국제개발협력시민사회포럼(KoFID)』. 42-43.

안상진 · 조아라 · 최문정(2019). 대한민국 미래이슈 2019: 변화되는 대외환경에 대한 탐색. 『KISTEP ISSUE Paper』, 260(2). 한국과학기술기획평가원(KISTEP).

윤기영(2021). 한국 사회는 어떤 파도를 탈 것인가. 한겨레. 1월 17일자.

한겨레(2021). 탄소감축 40% 선언에도 한국 기후대응 성적표 최하위권. 11월 9일자.

Cartwright, T. J.(1987). The lost art of planning. *Long Range Planning*, 20(2): 92-99.

Casti, J. L.(2012). *X-events: The collapse of everything*. Harper Collins.

Dator, J., & Hy Gaming, W.(2017). ALTERNATIVE FUTURES. *Journal of Futures Studies*, 22: 75-80.

Govindarajan, V.(2016). Planned opportunism. *Harvard Business Review*, 94(5): 54-61.

Kurzweil, Ray(2006). *Singularity is Near: When Humans Transcend Biology*. Viking Penguin, USA.

Lenton, T. M., Rockström, J., & Gaffney, O.(2020). Climate tipping points-too risky to bet against. *Nature*, 27(November): 592-595.

Mehr, H., Ash, H., & Fellow, D.(2017). Artificial intelligence for citizen services and government. *Ash Cent. Democr. Gov. Innov. Harvard Kennedy Sch.*, No. August, 1-12.

Wikipedia(2020). https://en.wikipedia.org/wiki/Volatility,_uncertainty,_complexity_and_ambiguity

제15장

미래사회와 행정

김미경

제1절

정부운영 패러다임의 변화

공공부문에서 변화가 발생하는 일은 예외적인 것이 아니다. 정부는 구조와 관리방식 및 행정서비스 전달체계 등에 최선의 방안을 마련하고자 늘 변화와 도전을 멈추지 않았다. 행정에 있어 무엇이 최선인가에 대한 유일한 답(one best way)은 존재하지 않는다. 미래사회에서도 더 좋은 정부와 행정을 고민하는 노력은 지속하여 규칙적으로 일어날 것이다.

이러한 견지에서 과연 국민을 잘 섬기며 효율적이며 효과적인, 그리고 바람직한 행정은 미래사회에 어떤 모습으로 작동되어야 하는지 꾸준히 탐색할 필요가 있다.이 장에서는 그렇다면 변화를 받아들이는, 즉 "세상을 보는 새로운 눈을 갖게 해줄 고안은 무엇인가?"라는 질문으로부터 미래사회를 대비하는 대안적인 정부 모습을 제시하고자 한다.

> 이제 우리들의 시대는 변하고 있다. 변화(variation)는 도태(selection)의 국면을 야기하며 이때 적소(適所, niches)를 확보한 유기체만이 경계 유지(retention)의 기회를 갖는다. 과연 정부역할은 적소를 찾아가고 있는가? 또한 행정 활동은 영속하여 유지될 것인가?

1960년대 이후 우리나라는 경제성장으로 집약되어지는 국가발전 또는 근대화를 이루기 위해 정부 주도의 중앙집권적 행정을 극대화하였다. 국가를 운영함에 있어 정부가 대표적인 주체로 행정활동을 독점하고 공공문제를 해결하였다. 관료들은 행정적 합리성 개념에 입각해 신속한 의사결정을 내리며 정부가 의도하는 국가발전의 모습을 다양한 제도로 사회에 노정시켜왔다. 주도적인 정부역할과 행정 기능의 극대화가 가져온 국가발전의 일면이 있다.

한편, 전통적 행정의 모습은 관료제를 중심으로 움직이며 행정법규를 담보하며 획일적이며 경직되어 적지 않은 문제를 야기하기도 하였다. 정책들은 주로 소수의 관료 엘리트들에 의해 주도됨으로써 국민의 다양한 요구가 왜곡되거나 봉쇄되는 문제점이 발생되었다. 국민의 요구가 진의로 수렴되지 않은 상황에서 행정편의적인 정부운영이 지속되거나, 국민의 의사에 부합하지 않는 행정활동을 초래하여 행정활동의 품질저하와 국민의 불만족을 초래하였다. 나아가 정부가 적절하게 대응하지 않은 사회적 문제들은 대부분 제도권 밖에서 어떤 형태로든 이슈로 제기되어 갈등을 촉발하고 더 큰 사회적 불안을 초래하는 원인이 되었다.

1980년대 후반 한국 사회는 강력한 국가 억압에 의해 사회욕구를 통제하였던 군사정권의 붕괴와 민주화의 진척으로 국민들의 의사표출이 폭발적으로 증가하였다. 과거 정부정책에 대해 수동적 객체였던 국민들은 다양한 정치행태를 통하여 정책결정 과정에 자신들의 의견을 반영시키고 채택된 정책에 대해서는 일정한 영향력을 행사하는 적극적 주체로서 변모하였다.

많은 사회적 이슈들이 다양한 형태로 논의되면서 행정의 영역은 깊고 폭넓어졌다. "정부가 어떻게 운영되어야 하는가?", 그리고 "정부는 무엇을 하여야 하는가?"에 대한 답은 과거와는 상이한 정부의 역할과 범위를 늘 요청하고 있다. 전통적 행정에 대한 회의적 견해와 이에 대한 반성의 노력들은 새로운 국정관리의 양상으로써 대안적 정부모델에 관한 접근들을 이론과 실제에서 활발히 변화시키고 있다.

2000년대 이후 과거 주인 노릇을 하던 정부의 일방행정에서 벗어나 국민이 주인되는 정부로 국정운영의 가치가 급변하고 있다. 국민과 정부의 협력과 그 협력의 모습이

그림 15-1 정부 패러다임의 변화와 거버넌스의 등장

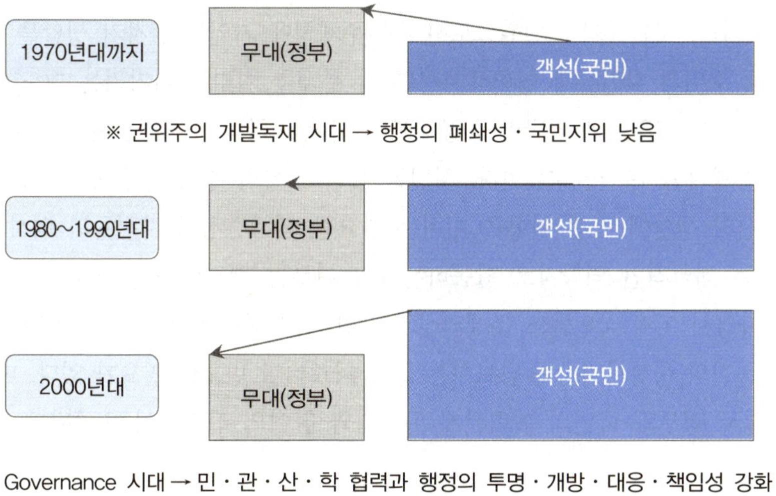

출처: (사)거버넌스센터. 『창립기념세미나 내부자료집』.

구체화되는 거버넌스의 구도는 국민관점의 공공서비스 품질을 담보하면서 행정의 고질적 문제를 풀어줄 열쇠로 등장하고 있다(김미경, 2017). [그림 15-1]과 같이 대부분의 국가가 국가경쟁력 강화, 국민의 만족도를 향상시키기 위해서는 과거의 정부 중심 그 중에서 부처 칸막이 방을 통한 정부 중심의 독점적 의사결정 구조로 점점 복잡해지는 현안들을 해결하기 어렵다는 데 공감하면서 정부와 민간의 협력적 구조로 거버넌스 국가운영을 추구하고 있다.

거버넌스는 개혁과정에서 정부뿐만 아니라 시민사회가 적극적으로 참여하여 나름대로의 기능을 수행하는 참여적 개혁의 틀이 전제된다. 공공기관이 제공하는 행정서비스의 내용과 수준 및 절차의 결정은 과거의 전통적 행정의 특성인 하향적인 방식에서 벗어나, 모든 방면에서의 고객의 참여와 의사소통이 가능한 상향식 메커니즘을 통한 참여적 거버넌스로 생산과정이 권고되고 있다. 이러한 가운데 국민의 민원을 통찰하는 작업부터 시작하지 않는 행정활동은 모두 형식적이라는 비판을 받는다 해도 달리 방법이 없게 되었다. 물론 국민의 소리를 듣는다는 것이 결코 그들이 하는 말을 그대로 공공재화로 전환하는 것을 의미하지는 않는다. 공무원이 당연하다고 생각하는 상식 그 자체가 실제로 국민 입장에서 보면 어처구니없는 비상식이 될 수도 있기 때문에 정부는 국민과 협력하는 거버넌스 구도로 전환되어야 했다.

한편, 국민들도 정부역할에 대하여 갖는 태도와 자세를 좀 더 자율적으로 가질 필요가 있다. 자치의식이란 사회에 대한 애착심과 정서적 일체감에 기초한 시민이라는 자각뿐만 아니라, 시민사회의 일원으로서 자기주체성에 기인하여 자기 생활을 개선해 나가기 위해 주위의 사람들과 협력해서 사회의 문제를 처리해 나가려는 태도라고 볼 수 있다. 이러한 자치의식에 기반한 공공재화에 대한 적극적인 시민참여는 정부역할에 대한 성숙한 통제를 촉진할 수 있다. 시민들이 더 이상의 행정의 수혜자 혹은 방관자가 아닌, 자신의 생활에 직접 영향을 미치는 중요한 의사결정에 자신들의 의사와 선호를 참여시키는 적극적인 역할자로 활동하는냐의 여부는 행정활동의 성패를 좌우하게 될 것이다. 따라서 이제 국민들도 문제의식과 제안, 공익질서에 기반한 적극적인 행정참여를 통해 품질의 행정서비스를 담보하는 좋은 파트너로 변모할 필요가 있다. 미래사회의 행정은 결국 정부와 국민의 협력관계 다양화와 참여의 진정성이 요구된다.

제2절

사례로 보는 정부역할의 변화

1 거버넌스의 등장과 변화

1) 초기 거버넌스의 모습

2000년대 초 관료제 내부의 효율을 강조하는 전통적 정부운영의 논리를 벗어나, 국정운영에 있어 거버넌스(governance) 관점이 등장하였다. 정부와 시민사회의 역할과 상호작용이 변화함에 따라 기존의 정부 중심의 국정운영체제는 민과 관의 협력적 및 분권적 체제로 전환되고 있다. 이와 같은 환경변화 속에 공공부문과 민간부문의 상호의존성이 강조되는 근본적인 정부역할의 변화가 추진되었다. 새롭게 등장한 거버넌스의 경향은 기존의 정부주도적, 폐쇄적, 일방적 국정운영방식을 탈피한 시민사회와 정부가 대등한 관계에서 참여하는 행정구현으로 변모하였다(김미경, 2020).

민과 관이 서로 상호파트너로서 인식하고 공동생산을 이루어내는 역할 협력자로, 또는 시민이 정부를 대체하는 역할자 혹은 협력의 주도자로 행정이 변모한 사례를 살펴보면 다음의 초기 거버넌스 사례와 같다.

초기 거버넌스의 모습은 주체가 정부로 정부 주도 하에 관련 전문가, 관련 기관이 협력하여 공공문제를 해결하는 양상이다. 정부의 독점적 의사결정에 폐지되고 민이 협력하는 모습이 등장되고 있지만 여전히 정부 주도의 모습은 탈피되지 않고 있다.

2) 신거버넌스의 모습

신거버넌스(Neo Governance) 국가운영은 정부와 시민사회의 역할분담과 균형에서 시민사회의 참여 강화로 공동규제(co-regulation), 공동정진(co-steering), 공동생산(co-production)이 활발하게 작동된다. 초기 거버넌스가 정부 주도의 시민사회와의 협치 관점이라면, 신거버넌스 관점은 시민사회의 역할분담과 균형이 다양한 모습으로 진일보하여 공유사업, 공유서비스 생산 등으로 전개되고 있다.

사례 **초기 거버넌스 사례**

경찰 '가정폭력 솔루션팀' 구성

서울 강서구 A고교 1학년 최모군은 지난 10월 14일 어머니를 폭행했다. 어머니가 컴퓨터 게임을 못하게 했다는 이유였다. 18일에는 이 사실을 알게 된 최군의 아버지가 최군을 때렸고, 다음 날에는 자식 교육을 잘못시켰다며 어머니마저 폭행했다. 초등학교 3학년 막내아들이 3건 모두를 112에 신고해 형사입건 처리되었다. 올해 6월 이후 넉 달 새 무려 13건의 신고가 들어올 만큼 강서경찰서에서는 유명한 가족이었다.

서울 강서경찰서는 지난 10월 31일 변호사와 교사, 심리상담사, 아동보호전문기관 등 여러 전문가들이 참석한 가운데 '4대악 솔루션팀' 회의를 열어 최군 가족에 대한 지원방안을 논의했다.

먼저, 한사회성장연구원 양시영 심리상담사는 "가족구성원들의 심리상태가 불안정해 빨리 심리상담 치료에 들어가야 한다"고 지적했다.

그러나 아동보호전문기관 이지미 팀장은 "최군의 '청소년새날쉼터' 입소를 추진했으나 인터넷 사용을 못하게 한다는 이유로 최군이 입소를 거부한 상태"라며, "지금과 같은 상황에서는 입소를 한다 해도 적응을 못하고 가출할 가능성이 높다"고 설명했다.

심건우 변호사는 "피해자이지만 최군의 어머니가 정상적인 대화가 힘들 정도로 분노가 커 막내도 위험한 상황"이라며, "원가정에서 보호가 가능한지를 판단해 가족구성원의 분리를 위한 법적 절차를 진행하는 것이 바람직해 보인다"고 말했다.

한참을 논의한 끝에 솔루션팀은 빠른 시간 안에 개입하기로 결정하고 우선 심리상담사와 아동보호전문기관, 경찰관이 함께 일주일 안에 가정방문을 실시하는 것으로 결론을 지었다.

서울지방경찰청에 따르면, 지난해 10월 가정폭력 재발방지 및 피해자 보호를 위해 일선 경찰서에 가정폭력 솔루션팀 구성을 완료하였다. 현장대응성도 높이기로 했다. 솔루션팀 회의가 열리기까지 상당한 시간이 걸리는 만큼 경찰관과 변호사 간 자문네트워크 구축 등을 통해 실시간 자문이 가능하도록 개선할 예정이다. 아울러 솔루션팀 위원의 참여도와 사건발생 빈도 등을 감안해 한국여성변호사회, 열린의사회에 이어 대한신경정신의학회 등과 추가로 업무협약을 체결, 인력풀을 확충할 계획이다.

출처: 파이낸셜뉴스(2014.11.4. 윤경현 기자)

[그림 15-2]의 사례는 송파구와 지역사회가 공유사업으로 주차난을 해결한 경우이다. 거주자우선주차구획이 비는 시간대를 공유하고 공유자에게는 경제적 혜택을 주고 이용자에게는 적은 비용으로 주차 고민을 해결해 준 정부와 민간의 거버넌스 사례이다.

그림 15-2 신거버넌스 사례

서울시 송파구 모두가 함께하는 스마트 주차장 공유사업
주차장, 함께 쓰면 기쁨이 두 배 '모두의 주차장' 이용해보세요/
공유자에게는 경제적 혜택을, 이용자에게는 주차 고민해결을

□사업 개요

- 거주자우선주차구획의 비어 있는 시간대를 공유하여 수익을 얻고 주차장 이용자는 주변의 공유된 주차장을 저렴한 가격에 이용하는 맞춤형 스마트 주차서비스, 서울시 공유기업 모두컴퍼니와 진행
- 이용방법 : 스마트폰 어플리케이션 '모두의주차장' 설치 및 회원가입 후 주차장 공유등록 및 이용가능
- 이용요금 : 기본 30분 600원, 초과 10분당 200원
- 참여혜택 : 주차장 공유 참여자에게 주차구획 이용료 수입금의 30%를 적립하여 문화상품권으로 교환 지급

□거주자우선주차구획 현황

- 거주자우선주차제 란?
도심의 주차난 해소를 위해 이면도로 등에 주차구획을 설치하여 주민들에게 저렴한 사용료를 받고 주차할 수 있게 하는 제도

- 전일 / 주간 / 야간으로 구분하여 운영

주차장 공유사업 '모두의주차장(스마트폰앱)' 설치 안내

조회수 1788 | 2016/08/25 | 작성자 문정1동

거주자우선주차장 공유하고 상품권 받아가세요
- 주차장 공유사업「모두의주차장(스마트폰앱)」설치 안내 -

❑ **사업내용** :「모두의 주차장(앱)」을 활용하여 거주자우선주차구획 배정자는 비는 시간대를 공유하고 이용자는 주변의 빈 거주자우선주차공간을 실시간 검색함으로서 주차장 증설 효과가 발생하는 스마트주차공유시스템
❑ **참여대상** : 송파구 거주자우선주차구획 16,500여면 배정자
❑ **주차장 공유방법** : 스마트폰 앱「모두의 주차장」설치 및 회원가입 후 이용가능
❑ **공유 주차면 이용요금 결제방법** : 스마트폰을 통한 소액결제
❑ **공유된 주차면 이용요금** : 기본 30분 600원, 초과시 10분당 200원
❑ **주차면 공유자 혜택**
○ 배분된 수익금은 포인트로 전환하여 분기별 주차요금의 100분의 50을 한도로 적립할 수 있고 5,000포인트(5,000원) 단위로 문화상품권으로 교환 지급
○ 일반인 전일제 이용자의 경우 분기당 12만원 중 6만원까지 문화상품권 수령가능
○ 장애인 전일제 이용자의 경우 분기당 6만원 중 3만원까지 문화상품권 수령가능
문 의 : 송파구청 주차관리과(☎2147-3200)
송파구 시설관리공단(☎2157-1114~5)
문정1동주민센터(☎2147-4517)

2 공공관리의 진화

1) 전통적 공공관리와 신공공관리의 등장과 후퇴

전통적 공공관리(Old Public Administration)의 원칙은 다음과 같다. 첫째, 공공행정은 정치적으로 중립적이며 중립적 역량의 개념을 중시한다. 둘째, 정부의 초점은 직접 서비스를 제공하는 것이다. 셋째, 최고의 조직구조는 중앙집권적인 관료조직이다. 넷째, 프로그램은 하향식 제어 메커니즘을 통해 구현되며, 재량권을 최대한 제한한다. 다섯째, 관료기구는 가능한 한 폐쇄적인 시스템을 추구하며, 따라서 시민의 참여를 제한한다. 여섯째, 공공기관에서는 효율성과 합리성이 가장 중요한 가치다. 일곱째, 공공관리자는 정책수립과 거버넌스에서 중심적인 역할을 하지 않는다. 여덟째, 공공관리자의 직무는 귤릭(L. Gulick)의 POSDCoRB에 의해 설명된다. 전통적 공공관리의 고집은 정책의 실효성 문제어 행정서비스의 품질저하 및 고객만족의 하락을 가져와 반성과 함께 대안적인 정부운영을 모색하게 되었다.

전통적 방식을 뛰어넘는 새로운 방식의 고안은 신공공관리론(New Public Management: NPM)으로 이어졌다. 1990년대 오스본과 개블러(Osborne & Gaebler)의 기업가적 정부 지향과 더불어 신공공관리론(NPM)은 규범적인 모델이 되었고 정부에 적용되었다. 신공공관리론의 기조 아래 정부는 생산성을 높이고 대체 서비스 제공 메커니즘을 찾기 위한 노력을 시작하였으며 이는 공공의 기능을 민영화하고, 최고관리자에게 성과목표에 대한 책임을 묻고, 생산성과 효과성을 측정하는 새로운 프로세스를 수립하는 등의 내용을 동반하였다. 한편, 신공공관리론은 단지 새로운 기술의 구현이 아니라, 새로운 가치를 수반하여야 한다고 강조하며, 정부가 경영의 기법만 채택할 것이 아니라 특정한 사업적(경영) 가치도 채택해야 한다고 주장하였다.

2000년대에 들어서며 신공공관리론에 대한 비판의 일환으로 사회의 관념과 가치에 관한 논의, 그리고 문제 지향성에 있어 신공공관리가 갖는 한계를 지적하고, 정부의 의사결정체계에서 정치적 · 사회적 요인에 관한 고려가 필요하다고 주장하는 움직임이 일어났다. 신공공관리론은 정부 내에서 조직분화를 통해 조직간 경쟁을 유도하고 부처별 · 개인별 목표와 성과를 강조하는 수직적 효율성을 추구한 관계로 기관 간 칸막이가 높아져 상호협력과 같은 수평적 효율성이 높지 않았다고 본다(성지은, 2010). 던리비 외(Dunleavy et al., 2006)는 신공공관리가 분화와 경쟁을 강조하면서 정부조직 내의 복잡성을 증가시키고 시민의 자율성을 침해시켰다고 주장하면서 "신공공관리는 죽었다(NPM is dead)"라고 하였으며, 그루트와 부딩(Groot & Budding, 2008)은 신공공관리가 기업가주의와 책임성, 인센티브와 역기능적 행동과 같은 문제점을 야기시켰다고 비판하였다.

2) 신공공서비스론의 대두[1)]

우리 정부는 오랜 시간 김대중 정부와 노무현 정부, 이명박 정부는 시장, 효율성, 고객 논리를 통한 성과 극대화의 모습을 보여주면서 신공공관리론(New Public Service)의 가치 아래 정부혁신을 주도하면서 여러 학자들이 직면한 정부운영의 어려움에 봉착하였다.

이에 대한 대안으로 사회 속에서 시민들의 공유된 의식과 가치가 대화와 담론 등의 소통 결과로 공익이 생산될 수 있다는 견지의 신공공서비스론이 출발하고 있다. 공익추구에 있어 담론을 바탕으로 참여자의 진정성이 강조되며, 사회적 이슈의 발견과 해결이 정부에 의해 해결될 수 없다는 입장이 확대되고 있다.

박근혜 정부와 문재인 정부로 이동하며 민주적 시민성을 토대로 공공서비스 생산을 강화하는 신공공서비스론이 모습이 발견된다. 즉, 지역공동체 안에서 신뢰와 약속을 기반으로 공공서비스의 생산과 사용이 이루어지고 있다.

이와 관련하여 가장 밀접한 관계를 가지는 이론적 논의는 신공공서비스론이다. 신공공서비스(NPS)의 개념은 전통적 공공관리(Old Public Administration)과 신공공관리(New Public Management)와 연계되지만 행정환경의 다양화, 복잡성의 가중, 특히 시민권과 민주주의, 공동체 개념의 강조로 인해 이전과 차별화된 새로운 공공서비스 생산방안을 제시하고 있다.

신공공서비론은 지역공동체 안에서 신뢰와 약속을 기반으로 한 공공서비스의 생산과 사용을 중시하면서 공공관리자의 제1의 역할은 시민들을 돕고(help citizens), 그들의 공유된 흥미를 충족(meet their shared interests)하는 것이지, 그들을 통제하거나 사회를 조정하는 것이 아니라고 강조한다. 신공공서비스론이 시민, 시민정신, 그리고 공공 흥미를 가장 최우선으로 둔다(Denhardt & Denhardt 2000). 신공공서비스론 관점의 사례를 살펴보면 [그림 15-3]과 같다.

---

1) Denhardt & Denhardt(2000)의 일부를 참조하여 작성.

그림 15-3 신공공서비스론 사례

[쓰레기 불법투기로 마을의 골칫거리인 공한지를 마을주차장으로]

마을공동체가 함께 협의하고 해결하는 마을주차 공유사업으로 마을주민들이 자체적으로 뜻을 모아 공공문제를 해결한 사례이다.

마을의 애물단지 공한지를 마을의 애로사항인 교통문제를 해결하고자 마을주차장으로 만들었다.

동네 주민들은 〈풍암동 마을주차 실천선언 5개 약속〉 선언문을 작성하여 서로 신뢰하며 이를 지키고자 하였다.

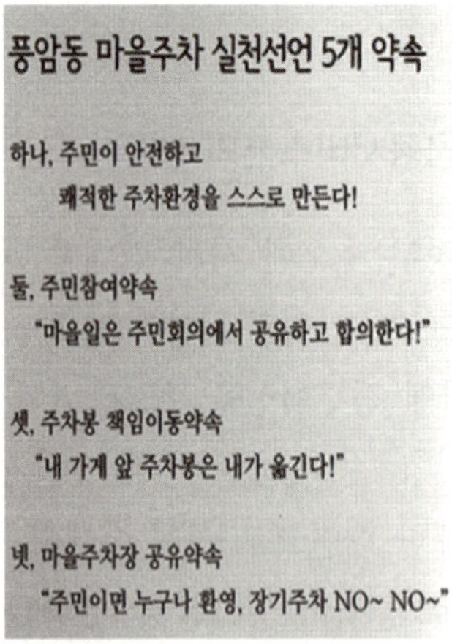

마을의 애물단지 공한지

- 쓰레기 불법투기로 인해 마을 흉물거리로 전락
- 불법 쓰레기 문제로 이웃 간 분쟁 증대

→

마을주차장 조성

- 토지소유주와 협의를 통해 공용주차장으로 활용
- 주차장공간 확보로 주민이 통행하기 좋은 골목길 조성

제 3절

미래사회를 위한 새로운 행정의 진화

1 생태계 공진화 전략

다양한 사회적 변화와 정보통신기술의 발달, 개인들의 자기조직화는 조직과 계층 간의 경계를 무너뜨리면서 예측 불가능하고 불확실한 양상을 보인다. 상호작용하는 조직과 개인들에 의해 지원되는 경제공동체이자 비즈니스계의 유기체로 정의되는 비즈니스 생태계를 살펴보면, 원료 공급자, 선도 생산자, 경쟁자, 기타 이해관계자가 포함된다. 비즈니스 생태계는 소비자에게 재화와 서비스를 공급하는데 그 소비자들도 생태계의 일원이 된다. 과거의 경쟁이 제품이나 서비스만 중시할 뿐 환경이라는 맥락을 무시하였다면, 비즈니스 생태계에서는 기업들이 주어진 환경에서 다른 기업들과 갈등하고 협력하면서 공진화해야 한다(우윤석, 2011).

생태계적 접근방법은 상호의존성, 다양성, 자기조직화, 공진화 등에 따라 부분적인 불균형과 급격한 변화가 발생하더라도 개별 주체들의 협력과 조화를 통해 전체 생태계가 항상성을 유지하면서 발전할 수 있다는 긍정적인 관점을 제공한다. 포식자와 피식자가 존재하지만 개체 간에 균형을 이루면서 공진화하는 생태계 개념을 적용한다면 정부가 혼자만 진화할 것이 아니라 생태계의 일원으로서 국민이나 다른 행위자들과 함께 공진화하려는 노력이 필요하다. 기존의 정부개혁에 관한 논의가 정부만의 진화를 위한 것이었다면 정부가 가진 정보를 공개하고 국민과의 협업을 유도하여 공진화하려는 노력이 새로운 정부개혁의 중점이 되어야 한다고 본다(오철호, 2017).

이제 정부 혼자 해결하기 어려운 문제를 감당할 수도 제대로 대응하기도 어렵다는 전제 아래 행정에 대한 새로운 고민이 필요하게 되었다. 정부만의 진화를 위한 논리 발굴에서 벗어나, 이젠 정부가 가진 정보를 공개하고 국민과의 협업을 유도하여 생태계 안에서 서로 공진화하려는 노력이 새로운 정부운영의 중점으로 등장하고 있다.

돈 텝스콧(Don Tapscott)의 『위키노믹스(*WIKINOMICS*)』에서 발견되는 골드코프사의 난제를 풀어내는 방안으로 다음의 생태계 공진화 사례에서 확인할 수 있다. 이는 새로운 창조의 방법으로 기존의 일하는 방식을 변화시키면서 위키노믹스의 세상에 입성

> **사례** **생태계 공진화 사례**
>
> **캐나다 토론토의 작은 금광회사 골드코프 이야기**
>
> 캐나다 토론토의 금광회사 골드코프는 파업이 장기화되고 부채가중이 심화되었으며 생산비용도 상승하자 채굴작업을 중단하였다. 전문가들은 그동안 금을 채굴하던 캐나다 온타리오의 레드레이크 광산이 고갈되었다고 진단하였다.
>
> 그런데 채굴업에 경험이 없는 골드코프의 맥이웬(Rob McEwen) 회장은 회사에 고용한 지질학자에게 1천만 달러씩 전달하며 금 매장 지역을 발굴하라고 지시하였다. 몇 주 후 그들은 현재 금 채굴량의 3배가 더 매장되었다는 것을 발견하였다. 다만, 금이 묻힌 정확한 위치를 찾아내지는 못하였다.
>
> 낙담하던 맥이웬 회장은 골드코프 직원이 아닌 누군가 다른 사람이 금을 찾을 수 있지 모른다고 판단하였다. 이를 위해 1948년부터 회사가 보유한 지질학 관련 자료 전부를 세상에 공개하고 전 세계에 물어보기로 결정하였다. 사내 지질학자들은 다소 회의적 입장을 취하며 광산업계에서 지질 데이타는 철저히 지켜야 하는 가장 귀중한 자원임으로 공개를 반대하였다.
>
> 맥이웬 회장은 엄청난 량의 회사 자료를 공개하고 2000년 3월 '도전 골드코프' 콘테스트를 여러 총 57만 5천 달러 상금을 걸고 진행하며 금이 매장된 곳을 찾았다. 그 결과 110곳의 후보지가 탄생되었다. 이 중 절반은 회사에서 찾지 못한 곳이었다. 새로운 후보지의 80% 이상에서 상당량의 금 발굴되었으며, 대규모 협력 덕분에 탐사기간이 2~3년 단축되었다. 그 결과 골드코프는 1억 달러 저조한 실적에서 90억 달러의 실적을 달성하며 회생에 성공하였다.
>
> 회사의 지적 재산을 다른 사람들과 공유하며 집단의 재능과 능력을 활용하여 회사가 풀어야 할 난제의 답을 찾은 것이다.
>
> 출처: 돈 텝스콧 외(2009). 『위키노믹스(*WIKINOMICS*)』 인용

한 것이다. 이러한 생태계 공진화 전략은 미래사회의 행정을 풀어낼 토대로 자리매김하고 있다.

국민과 경찰이 정보공유를 통해 함께 사건을 해결하는 생태계 공진화 사례를 [그림 15-4]를 통해 살펴볼 수 있다. 스마트폰이나, 차량 블랙박스 장착이 보편화되어 가는 추세이나 증거물 등에 관한 제보 부재로 범죄사건이나 교통사고 등의 유력한 단서(증거물)들이 사장되는 사례가 발생하고 있다.

경찰청은 경찰의 힘으로 중요 단서를 수집하는 것이 한계가 있다고 보고, 국민이

그림 15-4 국민과 경찰이 함께 만드는 서비스

국민과 경찰청의 국민참여형 목격자 정보공유시스템

갖고 있는 정보들을 경찰이 함께하는 공유하는 정보공유시스템을 구축하였다. 이러한 각종 제보된 사진, 동영상 정보들은 경찰청 내 교통사고처리시스템 및 형사사법통합시스템과 연계되어 정보를 분석함으로써 범죄사건 등을 해결하는 데 실마리를 제공하였다. 국민들은 경찰은 아니지만 습득하게 된 수사정보를 경찰에게 제공하여 범죄수사에 활용되도록 하였다.

국민과 경찰의 생태계 공진화 전략을 통한 치안행정 구현의 새로운 모습을 확인하며 공공정보와 공공데이터가 이용자의 정보와 협력하면서 접점미팅을 통해 현장밀착형 문제를 풀어줄 것으로 기대된다.

미국의 경우, 공공정보를 바탕으로 민간이 개발한 앱 중 하나인 FlyOnTime은 Data.gov 사이트를 통해 공개된 교통통계국, 연방항공청, 국립기상국 등의 관련 정보와 이용자들의 피드백을 활용하여 만들어졌다.

이용자가 접속하여 출발공항과 도착공항을 입력하면 날씨 변동에 따른 평균 지연시간, 정시운행 항공사 순위, 실시간 기상정보, 정시출발 가능 요일과 시간대, 휴가기간 중 연착시간 등을 상세하게 제공함으로써 여행일정을 세우는 데 유용한 툴을 제공하고 있다.

2 이용자 경험 중심전략

UX는 시스템 · 제품 · 서비스 등 모든 재화에 대한 이용 경험과 경험을 통해 발생되는 고객의 지각과 반응, 그리고 행동을 모두 포함하는 총체적인 개념이다. 아직 행정학의 영역에서 중점적으로 연구되고 있지는 않으나, 행정환경의 변화에 대응하기 위하여 국민의 경험을 서비스로 제공하는 이용자 경험(User Experience: UX)의 관점에 관한 논의가 점차 공공서비스 고안과정에서 작동되고 있다.

이를 행정학적 논의로 연결할 경우, 수요자 맞춤형 관점에서 행정서비스에 대한 필요성을 가지는 수요자의 요구에 맞춘 행정서비스의 필요성이 논의 가능하다. 실제 행정서비스에 대한 성과는 결국 행정서비스를 경험하는 국민의 개인적인 만족과 깊이 연결될 수 있으며, 이와 같은 개념에 입각하여 점차 사용자의 경험에 바탕을 둔 행정서비스의 개발과 개선에 관한 논의는 지속적으로 대두될 것으로 판단되며, 국민의 생각에 바탕을 두고 일 잘하려는 정부의 기대와 맞물리게 될 것이다. 이런 견지에서 이용자 경험 활용전략을 제시하고자 한다.

정책의 현안 발굴과 그 대응에 있어 실제 정책수요자 또는 행정서비스 수요자의 생각과 반응에 대한 대응이 중요하다. 이와 같은 개념은 민간부문에서 시작된 논의로써 수치 또는 값으로 표현되는 효율성만을 추구하기보다는 수요자에게 맞춘 서비스를 제공하는 것을 강조하며, 이전과 같이 경쟁적인 환경에 대처하여 효율적인 서비스만을 제공하기 위한 관점이 아닌 사용자의 경험에 바탕을 두거나 사용자의 선호 및 의견에 기초를 둔 맞춤형 서비스 추구를 강조한다.

공공서비스는 다양한 이해관계자들과 연관되었다는 점에서 사람의 의식의 문제가 중요하며, 정부 혼자서 이를 해결 할 수 없다는 점에서 공동체주의에 기반한 사명감과 실천이 필요하다. 담론적 공익관점에서 사회적으로 공유된 의식과 가치에 대한 대화와 담론의 결과로 얻어지는 개념으로 공익을 이해하고 정부의 민주적 책임성이 강조되어야 한다. 결국 스마트한 정부는 스마트한 시민으로 기능하며 그 가운데 국민과 정부 간 공동생산작업이 노정될 것이다. 이때 정부는 공공서비스 이용자인 국민의 생각과 경험을 공공정보로 찾아 스마트한 정책으로 연결하여야 한다.

[그림 15-5]와 같이 공공서비스의 생산과정에서 이용자의 경험을 활용하려는 여지도 다양하게 전개되면서 이용자 중심의 생각 발견과 개발 및 서비스 전달을 모색하는

시도들이 우리 정부에서도 현재화되고 있다. 정부3.0 혁신방안의 하나로 2013년부터 행정안전부에 의해 전개된 공공서비스 국민디자인단의 활동이 그 맥락의 일환 중 하나이다. 정보와 데이터 분석, 이용자 피드백을 바탕으로 고객의 행동과 심리를 인식하고 수요자 중심의 공공정책을 개발해 나가는 증거 기반의 과학적 행정은 결국은 유능한 정부를 구현하는 토대인 것이다. 정부3.0 혁신의 일환으로 행정안전부는 이용자 관점의 공공서비스 디자인을 추진하고자 2013년부터 전 공공기관을 대상으로 국민디자인단을 운영하여 왔으며, 디자인 개발의 기본 포맷은 4D(Discover-Define-Develop-Deliver) 관점을 기본으로 운영하고 있다(김미경, 2017).

그림 15-5 국민디자인단

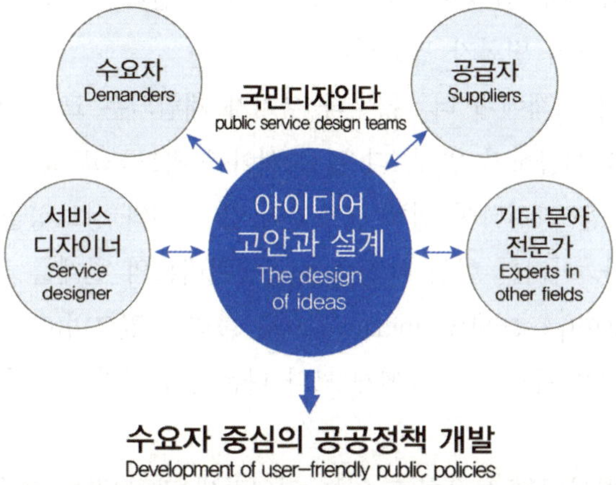

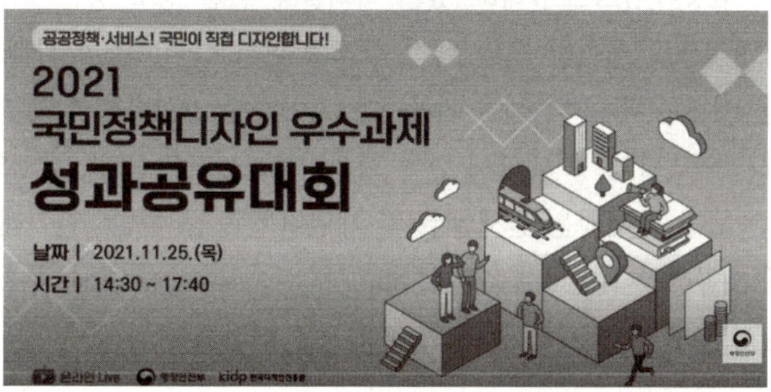

3 연계형 정부 전략

새로운 문제 해결방식인 협업 행정은 기존에 풀기 어려웠던 문제를 해결하거나 새로운 수요를 대응하는 방안으로 등장하고 있다. 협업 행정은 풀기 어려운 문제를 효과적이고 효율적으로 해결하기 위해 기관 간, 그리고 기관 내 나아가 민관협력의 다양한 형태로 나타나면서 정부부처 간 연계를 확대하고 있다.

연계형 정부(Joined-up Government)가 필요한 이유는 다음과 같다. 첫째, 특정, 독점, 칸막이방, 불통 주체의 역량에 의존하는 전략은 더 이상 유효하지 않다. 둘째, 각 개별 영역의 주체가 다양한 역량과 전문성을 갖추어 동등계층으로 협력의 시너지을 극대화하여야 한다. 셋째, 정부 내부 생태계의 연계를 통한 본격적 협업이 작동되어야 한다. 넷째, 이를 위해 정부 안의 누군가 조정자로서 이전과는 다른 정부부처 간 연계의 조정을 수행하는 제도적 변화가 필요하다.

이러한 견지에서 고객에게 더 나은 다 부처가 개입되는 교차적인 프로그램(cross-cutting programs)을 제공하기 위해, 더 넓은 시야를 확보하고 갈등을 예방하고 다루기 힘든 사회적 이슈들을 고려하여 정책 프로그램 간 연계와 상보성을 높이는 연계형 정부가 대두되고 있다. 이러한 협업 행정은 신공공관리론의 한계를 극복하려 한 점에서 후기 신공공관리 모형(post-NPM-initiative)으로 불리고 있으며(Christensen & Lægreid, 2012), 정부 내 협업을 통해 국민들에게 보다 나은 공공서비스를 제공하려는 움직임으로 이어지고 있다.

국세청과 관세청이 상호보유하고 있는 역외탈세 관련 정보 등을 교환하여 지능적 역외탈세에 효과적으로 대처한 협업 행정 사례를 살펴보면 다음의 사례와 같다.

양해각서를 체결한 후, 지속하여 관세청은 지하경제 양성화를 위해 착수한 불법외환거래 조사에서 역외탈세 등 내국세 탈루 혐의정보 139건을 적발, 국세청에 제공하였으며 같은 기간 동안 국세청은 관세탈루 및 채권미회수 등 불법외환거래 혐의정보 17건을 관세청에 제공하였다(한국세정신문, http://www.taxtimes.co.kr). 부처 단독으로 추진하던 업무에서 부처 간 연계를 통한 협업 행정은 이전보다 더 많은 성과를 가져왔다.

사례 **협업 행정 사례**

국세청 · 관세청, 역외탈세 공동대응

국세청과 관세청이 역외탈세 관련 정보를 적극적으로 공유하고 혐의 조사 시 공동대처하는 등 협력을 강화하기로 했다.

두 기관은 2일 이 같은 내용을 담은 역외탈세 정보교환 양해각서(MOU)를 체결했다. 국세청과 관세청은 날로 지능화하는 역외탈세 적발에 상당한 노력이 필요하다는 점에 뜻을 같이하고 현재 두 기관이 보유해 별도로 관리하고 있는 역외탈세 혐의 정보를 교환하는 데 적극 협력하기로 했다. 지금까지는 비정기적으로 필요시 정보를 교환하는 수준에 그쳤으나 이를 상시 · 정례화하고 조사사례 분석 등의 작업도 공동으로 하겠다는 것이다.

양해각서의 내용에는 두 기관이 2010년부터 비정기적으로 운영하고 있는 외환거래 감독기관 협의회에서 외환거래 조사업무 중 발견한 국세 · 관세의 탈루 혐의 정보를 정기적으로 교환한다는 내용이 포함되었다.

출처: 한국경제신문(2013.9.2. 임원기 기자)

제4절

결론: 지식 크리에이터로서의 행정가

오즈베컨(Ozbekham, 1968, 김재권 역)은 기획자는 새로운 가치의 탐색과 이를 제도로 고안하기 위하여 사실적인 자료의 수집 및 분석에 의존하는 기술자에서 벗어나야 한다고 하였다. 기획가는 변화매개자로서 변화를 관리함으로써 조직의 경계를 유지하여 조직을 살아있는 유기체로 존재하게 한다고 보았다.

이를 위해 기획가는 사색하고 상상해야 한다고 보았다. 사색과 상상을 통한 기존 가치의 비판은 내 삶에 있지 않았던, 내 삶에 있을 것이라 기대조차 하지 못했던 새로운 규범을 도출하여 세상을 바꾸어 낼 것이라고 전망하였다. 아울러 이러한 활동은 개인, 즉 국민에 대한 결과로 이어져야 한다는 것이다. 지침과 상의하달로 대표되는 전통적 관료제 운영에서 공직자의 사색과 상상을 강조하다니, 당시에는 천지개벽이었을 것이다.

최근 들어 소셜미디어(SNS)의 일상화와 정보처리 기술의 발달에 힘입어 메시지, 게시물, 위치정보, 동영상 등 방대하고 정형·비정형적인 데이터들이 스마트폰이나 태블릿 PC 같은 모바일 기기와 SNS의 활용과 병합되면서 새로운 지식을 분출시키고 있다. 공공의 빅데이터 확산과 이용은 단순히 정보를 전달하던 웹1.0이나 참여와 소통을 중시하는 웹2.0을 넘어 새로운 융합지식을 창출하는 기회를 제공하고 있으며, 개인 맞춤형 공공서비스 제공이 가능해지는 계기로 작용하고 있다.

개인 맞춤형이 강조되면서 세상은 누군가의 어려움이나 문제 해결에 구체적 도움을 줄 수 있는 새로운 방법들을 찾게 되었다. 그중 하나가 크리에이터들의 활동이다. 크리에이터들은 집안의 미세먼지를 줄여 줄 수 있는 노하우 등 자신만의 차별화된 콘텐츠를 전문성을 바탕으로 만들어내면서 누군가의 문제 해결에 도움을 주고 있다. 게다가 크리에이터는 무엇이든 새롭게 만드는 창작자로 콘텐츠 제작과정에서의 지속적인 자기계발로 콘텐츠의 변화를 재촉하여 더 나은 세상을 지속하여 열어준다. 그러니 실제 경력과 경험이 있는 지식 크리에이터에 대한 기대와 수요가 날로 높아질 수밖에 없다. 누군가 지금껏 쌓아 온 경험과 지식, 정보, 재능으로 다른 누군가의 어려운 문제를 해결해 준다니 이 경향은 환영할 만하다.

공직자 각자가 공직 경험과 노하우를 겸비한 전문성 풍부한 창작자로 기능하여 제도개선과 규제개혁, 그리고 공공서비스 개선의 창조적 콘텐츠를 생산하는 지식 크리에이터로서의 역할을 확장한다면 국민들이 원하는 문제 해결에 크게 도움이 될 것이다. 지식 크리에이터 역할에 대한 진지한 고민과 진정성 있는 노력이 미래 공직사회에서[2)]확대될 것으로 예측된다.

2) 인사혁신처는 공무원의 효율적인 학습을 통한 창조적 역량을 개발하고자, 직무 중심의 맞춤형 학습을 제공하고 민간 지식 크리에이터가 참여하는 개방형 학습 플랫폼을 운영하고 있다. 이곳에서 내 이력과 선호에 꼭맞는 맞춤형 추천 콘텐츠를 통해 업무에 필요한 다양한 정보들을 습득하게 하여 국민의 어려움을 해결할 새로운 콘텐츠 고안을 지원하고 있다. 공직사회에서도 공무원의 지식 크리에이터 역량 개발이 시작되고 있다.

참고문헌

김미경(2017). 정부3.0의 성과와 향후 발전방안. 행정안전부 혁신전문가워크샵 발표문.

김미경(2020). 우리나라 역대 정부별 정부혁신 흐름과 특성 분석. 『한국인사행정학회보』 19(1): 131. 한국인사행정학회.

김재권 역(1991). 『기획론』. 서울: 대영문화사.

돈 텝스콧 · 앤서니 윌리엄스(2009). 『위키노믹스(*WIKINOMICS*)』. 서울: 21세기북스.

(사)거버넌스센터. 『창립기념 세미나 내부자료집』.

성지은(2010). 새로운 행정개혁 기조로서 통합형 정부의 등장과 과제. 『정부와 정책』, 2(2): 1-19.

오철호(2017). 『정부3.0백서』 오철호 작성편.

오철호 · 김미경 · 우윤석 · 이명석(2013). 정부3.0의 이론적 배경 및 변화관리에 대한 연구. 한국정책학회. 안전행정부 용역보고서.

우윤석(2011). 지속가능한 공진화를 통한 상생의 개념화와 활용에 대한 탐색적 연구: 대리운전과 택시의 관계를 중심으로. 『도시행정학보』, 24(3): 3-30.

지은희(2007). Government 2.0: 웹 2.0 시대의 공공서비스. 『KALI 지역정보화』, Vol. 44, 2007 May.

Christensen, T. & Lægreid, P.(2012). Beyond NPM? Some Development Features. in Christensen, T. & Lægreid, P.(eds.). *The Ashgate Research Companion to New Public Management*. Aldershot: Ashgate(www.dpmc.gov.au/implementation/docs/implementation_guidelines.rtf).

Denhardt, Robert B. & Janet Vinzant Denhardt(2000). *The New Public Service: Serving Rather than Steering*(http://www.flyontime.us).

Dunleavy, P., Margetts, H., Bastow, S., & Tinkler, J.(2006). *Digital Era Governance: IT Corporations, The State, and E-Government*. NY: Oxford Univ. Press.

Groot, T. & Budding, T.(2008). New Public Management's Current Issues and Future Prospects. *Financial Accountability & Management*, 24(1): 1-13.

파이낸셜뉴스.

한국세정신문.

찾•아•보•기

ㄱ

ㅂ

ㅅ

ㅇ

ㅈ

ㅊ

저자 소개

권향원(權享遠)

[주요 학력]

성균관대학교 행정학과 행정학사(1998~2004)
서울대학교 행정대학원 정책학석사(2004~2007)
University of Southern California(USC) 공공관리학 박사(2007~2012)

[주요 경력]

아주대학교 행정학과, 과학기술정책대학원, 공공정책대학원 조교수
한국행정연구원 정부혁신연구실 부연구위원

[연구 분야]

정부개혁 및 혁신, 조직전략, 성과관리, 행정이론과 철학, 연구방법론

김대건(金大建)

[주요 학력]

성균관대학교 행정학과(행정학사-행정학)(1990)
성균관대학교 대학원 행정학과(행정학석사-조직이론)(1992)
Arizona State University(행정학석사-조직관리)(1998)
Arizona State University(행정학박사-조직이론)(2003)

[주요 경력]

강원대학교 교수(2006.8~현재)
강원도자치경찰위원회 위원(2021.4~현재)
춘천시 마을자치지원센터 비상임이사(2020.7~현재)
강원대학교 사회과학연구원장(2020.2~2022.1)
강원대학교 사회과학대학 부학장(2017.3~2019.2)
한국조직학회장(2020.1~2020.12)
한국조직학회 편집위원장(2015.1~2018.1)
국민권익위원회 청렴사회민관협의회 위원(2018.2~2022.2)
참여와 자치를 위한 춘천시민연대 대표(2016.1~2019.1)
통일부 자체평가위원(2017~현재)
행정안전부 책임운영기관 평가 단장(2018.1~2018.6)
서울연구원 부연구위원(2004.4~2006.8) 등

[연구 분야]

공공관리론, 조직론, 공동체 공유자원 관리론

김미경(金美冏)

[주요 학력]

상명대학교 행정학과 행정학사(1981~1985)
성균관대학교 대학원 행정학과 행정학석사(1987~1989)
성균관대학교 대학원 행정학과 행정학박사(1990~1995)

[주요 경력]

전) 한국미래행정학회 회장
전) (사)거버넌스연구센터 연구소 소장

[연구 분야]

조직관리, 역량개발평가, 정책평가

라휘문(羅輝紋)

[주요 학력]

성균관대학교 철학과 문학사(1984~1991)
성균관대학교 대학원 행정학과 행정학석사(1991~1993)
성균관대학교 대학원 행정학과 행정학박사(1993~1996)

[주요 경력]

한국지방행정연구원 책임연구원(1995~2004)
경인행정학회 회장(2014)
한국정책분석평가학회장(2017)
자치분권위원회 기능이양비용평가전문위원회 위원장(2020~2022)
성결대학교 행정학과 교수(2004~현재)

[연구 분야]

지방행정, 지방재정, 조직론, 정부혁신

박윤(朴允)

[주요 학력]

강원대학교 행정학과 행정학사(2004~2008)
성균관대학교 대학원 행정학과 행정석사(2010~2013)
성균관대학교 대학원 행정학과 행정박사(2013~2019)

[주요 경력]

경찰대학교 행정학과 강사(2019.9~2021.12)

[연구 분야]

조직 및 인사관리, 리더십, 조직문화 등

박충훈(朴忠勳)

[주요 학력]
성균관대학교 행정학과 행정학사
성균관대학교 대학원 행정학과 행정학석사
성균관대학교 대학원 행정학과 행정학박사

[주요 경력]
경기연구원 자치분권연구실 선임연구위원
경인행정학회 회장

[연구 분야]
정책분석, 정책평가, 성과관리, 지방재정

신열(申烈)

[주요 학력]
성균관대학교 행정학과 행정학사
성균관대학교 대학원 행정학과 행정학석사
성균관대학교 대학원 행정학과 행정학박사

[주요 경력]
전) 한국자치경영평가원 책임전문위원
전) 한국정책분석평가학회 회장
전) 한국정책학회 연구이사 · 편집이사
현) 목원대학교 공공인재학부 교수

[연구 분야]
정책분석 및 평가, 성과관리, 공공기관론

오수길(吳洙吉)

[주요 학력]
성균관대학교 행정학과 행정학사
성균관대학교 대학원 행정학과 행정학석사
성균관대학교 대학원 행정학과 행정학박사

[주요 경력]
고려사이버대학교 정보관리보안학과 교수(2004~현재)
한국NGO학회 부회장(2021~현재)
인천광역시부평구 지속가능발전위원회 위원장(2022~현재)
전국지속가능발전협의회 정책위원장(2021~현재)
한국환경민간단체진흥회 이사장(2018~현재)

[연구 분야]
지속가능발전, 거버넌스, 행정철학

이미애(李美愛)

[주요 학력]
성신여자대학교 법학과 법학사(2004)
성균관대학교 국정전문대학원 행정학석사(2007)
성균관대학교 국정전문대학원 행정학박사(2014)

[주요 경력]
현) 인천연구원 도시사회연구부 연구위원(2016~현재)
현) 인천광역시 지방재정계획심의위원회 위원(2017~현재)
전) 경기연구원 공존사회연구실 연구원(2007~2015)
전) 대통령소속 자치분권위원회 중앙권한이양 제3전문위원회 위원(2019~2020)
전) 대통령소속 자치분권위원회 자치혁신전문위원회 위원(2021~2022)

[연구 분야]
지방재정, 지방행정

이상미(李相美)

[주요 학력]
성균관대학교 국정관리대학원 행정학박사

[주요 경력]
경기연구원 경기도공공투자관리센터 선임투자분석위원

[연구 분야]
정책평가, 성과관리, 지방재정, 사업 타당성 분석

조경훈(趙卿勳)

[주요 학력]
성균관대학교 법학과 법학사
성균관대학교 국정전문대학원 행정학석사
성균관대학교 국정전문대학원 행정학박사

[주요 경력]
전) 한국방송통신대학교 공존협력연구소 전임연구원
전) 경기연구원 연구위원
현) 한국방송통신대학교 행정학과 교수

[연구 분야]
공공갈등, 성과관리, 이민행정, 지방자치, 인사조직 등

주희진(周希眞)

[주요 학력]

성균관대학교 행정학과 행정학사(2004)
성균관대학교 대학원 행정학과 행정학석사(2008)
성균관대학교 대학원 행정학과 행정학박사(2015)

[주요 경력]

전) 대통령소속 자치분권위원회 전문위원(전문임기제)
전) 경기도의회 의회사무처 입법조사관
현) 한국지방행정연구원 부연구위원

[연구 분야]

지방행정, 지방의회, 정책평가

최남희(崔南希)

[주요 학력]

성균관대학교 행정학과 행정학사(1983~1987)
성균관대학교 대학원 행정학과 행정학석사(1987~1989)
성균관대학교 대학원 행정학과 행정학박사(1992~1996)

[주요 경력]

국립한국교통대학교 행정정보학과 교수(1997.3~현재)
한국전자통신연구원 Post-Doc 연구원(1996.2~1997.2)
청주시 도시계획위원(2002.1~2005.12)
한국시스템다이내믹스학회 편집이사, 부회장, 회장 (2013.1~2014.12)
한국미래행정학회 회장(2019.1~2020.12)
국토교통부 스마트시티 통합플랫폼 기술표준화 자문위원장(2017.3~2018.12)
한국행정학회 학술상 수상(1996)
올해의 논문상 수상(Telecommunication Review, 2003)

[연구 분야]

시스템다이내믹스와 미래학, 행정정보화와 스마트시티, 사회・환경생태계의 동태성

최정우(崔正佑)

[주요 학력]

성균관대학교 국정전문대학원 행정학박사(2019)

[주요 경력]

한국지방재정공제회 선임연구원(2020~현재)
한국재정정보원 연구원(2016~2020)

[연구 분야]

재무행정, 지방재정, 지방행정

최준규(崔俊圭)

[주요 학력]

성균관대학교 경제학과 경제학사(2006)
성균관대학교 국정관리대학원 행정학석사(2008)
성균관대학교 국정관리대학원 행정학박사(2013)

[주요 경력]

경기연구원 의정연구센터 연구위원(2013.2~2013.8)
경기연구원 연구위원(2013.9~현재)

[연구 분야]

거버넌스, 시민사회, 사회적경제, 공동체, 주민자치, 지방의회 등

행정학개론

펴낸날 제1판 제1쇄 2023년 1월 20일

지은이 권향원 · 김대건 · 김미경 · 라휘문 · 박 윤
박충훈 · 신 열 · 오수길 · 이미애 · 이상미
조경훈 · 주희진 · 최남희 · 최정우 · 최준규

펴낸이 임춘환

펴낸곳 도서출판 **대영문화사**

주소 (본사) 사무실: 경기도 고양시 일산서구 주화로 70
우신프라자 307호 (우 10387)
(본사) 물류센터: 경기도 고양시 일산서구 덕산로
107번길 68-50 (우 10205)

등록 1975년 12월 26일 제3-16호

전화 (031) 913-3062, (031) 914-3884~5

팩스 (031) 913-3839

홈페이지 http://www.dymbook.co.kr

ISBN 978-89-7644-878-1

값 29,000원